Roland Gradwohl / Dieter Petri /
Jörg Thierfelder / Rolf Wertz

Grundkurs Judentum

Materialien und Kopiervorlagen
für Schule und Gemeinde

calwer materialien

Technischer Hinweis:
Für die Abbildungen wurde bewusst ein grobes Raster gewählt. Dies bedeutet für den Druck zwar einen leichten Qualitätsverlust, ermöglicht aber eine deutlich bessere **Kopierqualität**.

Die Deutsche Bibliothek – CIP-Einheitsaufnahme

Grundkurs Judentum: Materialien und Kopiervorlagen
für Schule und Gemeinde / Roland Gradwohl ... –
Stuttgart: Calwer Verl., 1998
   (Calwer Materialien)

ISBN 3–7668–3540–8

© 1998 by **Calwer Verlag Stuttgart**
Alle Rechte vorbehalten.
Satz und Herstellung: Karin Klopfer, Calwer Verlag
Satz der Kopiervorlagen: ES Typo-Graphic, Stuttgart
Umschlaggestaltung: ES Typo-Graphic, Stuttgart
Druck und Verarbeitung: Gutmann + Co., 74388 Talheim

Inhalt

Vorwort 5

Einleitung: Der jüdische Glaube (Roland Gradwohl) 7
    Der Ursprung 7
    Das Bundesverhältnis zwischen Gott und Israel 8
    Die Quintessenz jüdischer Ethik 9
    Der jüdische Festkalender 10
        Rosch Haschana und Jom Kippur 11
        Die Wallfahrtsfeste 13
        Freuden- und Trauertage 16
    Der Sabbat 18
    Von der Wiege bis zum Grabe 20
    Der Gottesdienst 22
    Grundgedanken des Judentums 23

I Glaube und Leben im Judentum 25

II Geschichte des Judentums in der Antike 41

III Geschichte des Judentums im Mittelalter 58

IV Geschichte des Judentums in der Neuzeit 67

V Geschichte des Judentums im 20. Jahrhundert 76

VI Jüdische Präsenz in Palästina / Israel 99

VII Domino zum jüdischen Leben: Spiel, Bauanleitung, Quiz 101

Anhang: Das Thema Judentum im christlichen Religionsunterricht 102

Arbeitsblätter / Kopiervorlagen 107

I.1	Abraham, der erste Jude	I.14	Synagoge II (Blatt A)
I.2	Der Bund Gottes mit seinem Volk am Sinai	I.15	Synagoge II (Blatt B)
I.3a	Kaschrut (Speisegesetze)	I.16	Jüdische Bibelauslegung
I.3b	Kaschrut (Speisegesetze)	II.1	Der Tempelberg
I.4	Feste im jüdischen Jahreskreis	II.2	Tempelberg mit Fels
I.5	Pessach I	II.3	Tempelberg zur Königszeit
I.6	Die Sedertafel (Pessach II)	II.4	Tempelberg mit herodianischem Tempel
I.7	Die Ordnung der Seder-Feier (Pessach III)	II.5	Tempelberg heute
I.8a	Sederteller (Pessach IV)	II.6	Jüdische Gruppen zur Zeit Jesu
I.8b	Sederteller (Pessach V)	II.7	Jüdische Gruppen zur Zeit Jesu (Textblatt)
I.9	Der Ruhetag (Schabbat I)	II.8a	Die Schuld am Tod Jesu aus der Sicht der Evangelien
I.10	Der Ruhetag (Schabbat II)		
I.11	Von der Wiege bis zum Grabe	II.8b	Die Schuld am Tod Jesu – Wer trägt die Verantwortung?
I.12	Die Merkzeichen		
I.13	Synagoge I	II.9	Die Jüdische Diaspora I – ihre Entstehung

II.10	Die Jüdische Diaspora II – Apg 2	V.14	Bilder zur Collage I
II.11	Die Jüdische Diaspora III – im Römischen Reich	V.15	Bilder zur Collage II
II.12	Der Talmud	V.16	Stationen des Holocaust – Textblatt
II.13	Erinnerungsstätten der Juden	V.17	Gedichte zur Shoa I: Nelly Sachs, Chor der Geretteten
II.14	Erinnerungsstätten der Christen	V.18	Gedichte zur Shoa II: Paul Celan, Todesfuge
II.15	Erinnerungsstätten der Muslime	V.19	Jüdische Gruppen in Israel
III.1	Jüdische Kultur im Mittelalter	V.20	Von der Disputation zum Dialog I
III.2	Judenverfolgung zur Zeit der Kreuzzüge	V.21	Von der Disputation zum Dialog II
III.3	Vertreibung und Auswanderung der Juden im Mittelalter	V.22	Israel und die besetzten Gebiete (bis 1991)
III.4	Verunglimpfung der Juden im Mittelalter	VI.1	Die römische und die byzantinische Periode (70–638 n. Chr.)
IV.1	Martin Luther und die Juden	VI.2	Die erste muslimische Periode (638–1099 n. Chr.)
IV.2	Osteuropäisches Judentum: Das Schtetl	VI.3	Die Kreuzfahrerperiode (1099–1291)
IV.3	Emanzipation der deutschen Juden im 19. Jahrhundert	VI.4	Die Periode der Ajubiden und Mamelucken (1291–1517)
IV.4	Bedeutende deutsche Juden	VI.5	Die türkische Periode (1517–1917)
IV.5	Drei Formen des Judenhasses	VI.6	Die britische Mandatszeit (1920–1948)
IV.6a	Vulgärantisemitismus I	VII.1	Domino I
IV.6b	Vulgärantisemitismus II	VII.1	Domino II
IV.7	Jüdische Friedhöfe und Grabsteinsymbole (in Baden-Württemberg)	VII.1	Domino III
V.1	Bücherverbrennung I	VII.1	Domino IV
V.2	Bücherverbrennung II	VII.1	Domino V
V.3	Die Nürnberger Gesetze von 1935 I	VII.1	Domino VI
V.4	Die Nürnberger Gesetze von 1935 II	VII.1	Domino VII
V.5	Juden in aller Welt 1937	VII.1	Domino VIII
V.6	Juden in aller Welt 1983	VII.1	Domino IX
V.7	Juden in Deutschland – 1933 und heute	VII.1	Domino X
V.8a	Antisemitische Kinderbücher I	VII.1	Domino XI
V.8b	Antisemitische Kinderbücher II	VII.1	Domino XII
V.8c	Antisemitische Kinderbücher III	VII.2	Chanukka-Dreidel
V.8d	Antisemitische Kinderbücher IV	VII.3	Quiz
V.8e	Antisemitische Kinderbücher V	VII.3	Quiz (Fortsetzung)
V.9	Emigration deutscher Juden im »3. Reich« I	VII.3	Quiz (Fortsetzung)
V.10	Emigration deutscher Juden im »3. Reich« II	VII.4	Bibeltexte zum Quiz
V.11	Konzentrationslager		
V.12	Massenmord an den Juden		Pessach Haggada
V.13	Stationen des Holocaust		

Vorwort

Sich mit dem Judentum und seiner Geschichte zu beschäftigen, ist wichtig, weil das Judentum als eine der Weltreligionen zumindest das Abendland in kultureller Hinsicht stark geprägt hat. Für Christen ist diese Beschäftigung darüber hinaus geradezu notwendig, weil das Christentum im Judentum wurzelt. Dies ist vielen Christen erst nach der Shoa richtig ins Bewusstsein gerückt. Schalom Ben Chorin drückt das so aus: »Die Kirchen versuchen eine besonders tiefgreifende Revision: Während sie früher vom verworfenen Israel ausgingen, wird heute von deutschen Kanzeln allenthalben über die Stelle im Römerbrief (11,18) gepredigt: ›So sollst du wissen, dass du die Wurzeln nicht trägst, sondern die Wurzel trägt dich.‹ Also das Christentum trägt nicht das Judentum, sondern das Judentum – die Wurzel – trägt die Kirche.« Die Beschäftigung mit dem Judentum trägt also über das Verstehen des Judentums hinaus zu einem tieferen Verständnis des Christentums bei.

Sie hilft aber auch, das Judentum besser zu verstehen. In der Vergangenheit gaben sich die Christen wenig Mühe, das Judentum kennen und verstehen zu lernen. Das Nichtwissen war groß, Begegnungen zwischen christlichen Theologen und jüdischen Gelehrten waren selten. Dies hat sicher auch zu den Vorurteilen beigetragen, die die bekannte mörderische Wirkung hatten. Ohne ein Sich-gegenseitig-Kennenlernen kann es aber kein neues Verhältnis zwischen Juden und Christen geben. Die Christen haben hier einen besonders großen Nachholbedarf. Hermann Maas, Pfarrer an der Heidelberger Heiliggeistkirche, der in der Zeit des Nationalsozialismus an der Rettung vieler Juden beteiligt war, schrieb nach 1945 von der Notwendigkeit, sich besser zu informieren: »Wieviele Christen wissen denn, dass in der Rangordnung der Fragen die Judenfrage hohen, ja höchsten Wert hat? Wieviele kennen die besondere Art des jüdischen Gottesdienstes, der jüdischen Gebete, Liturgien und musica sacra? ... Und wieviele ahnen wirklich etwas vom Zionismus und seiner Bedeutung nicht bloß für das Volk Israel, für die jüdische Jugend, für die Totalität der jüdischen Menschen, sondern auch für das soziale Leben und den Frieden der Welt, besonders auch für die Christen und ihre Eschatologie?«

Der »Grundkurs Judentum« möchte die Kenntnisse über das Judentum erweitern und so zum besseren Verständnis des Judentums beitragen. Großen Wert haben wir dabei auf die Möglichkeiten der methodischen Erschließung jüdischer Geschichte und Bräuche gelegt, so dass dieser Grundkurs sowohl in verschiedenen Schulstufen als auch in der Erwachsenbildung eingesetzt werden kann.

Der »Grundkurs Judentum« hat eine lange Geschichte. Ursprünglich sollte er als Nr. 3 der »Arbeitsfolien Religion« erscheinen, in denen der Calwer Verlag Karten zum Alten und Neuen Testament sowie zur Kirchengeschichte vorgelegt hat. Die Veröffentlichung war zeitnah zu den Arbeitsfolien 2 geplant. Bereits im entwurf 3 / 88 veröffentlichten wir einen Vorabdruck der Karten zur Geschichte des Judentums. Danach verzögerte sich das Vorhaben der Veröffentlichung durch verschiedene Umstände. Der Grundkurs Judentum erscheint jetzt in der Reihe »Calwer Materialien«. Ganz besonders dankbar sind wir für die Darstellung von Roland Gradwohl »Der jüdische Glaube«. Sie legt als eine kurzgefasste, präzise Einführung in Glaube und Leben im Judentum die Grundlage für die Vorlagen zu Glaube und Leben der Juden. Herzlicher Dank gebührt auch Rolf Wertz, der für die Gestaltung der Vorlagen verantwortlich zeichnet.

Die Vorlagen sind in sieben Kapitel gegliedert. An erster Stelle stehen die Vorlagen, die aufgrund der Einführung von Roland Gradwohl entstanden (I), dann werden Arbeitsblätter zur Geschichte des Judentums (II–VI) vorgelegt. Notwendigerweise können die Arbeitsblätter nicht die ganze Geschichte »abdecken«. Sie sind exemplarisch zu verstehen. Wichtig war uns der Grundsatz, die Juden in der Diaspora nicht nur als Opfer von Verfolgungen und Vertreibungen darzustellen, sondern zu zeigen, wie sie zur Kultur in den Ländern, in denen sie wohnten, wichtige Beiträge gegeben und Impulse gesetzt haben und dies noch heute bzw. heute wieder tun. Besonders wird dies an der Geschichte des Judentums im Mittelalter und in der Neuzeit herausgestellt. Naturgemäß spielt bei der Darstellung der Judenverfolgung die Zeit des Nationalsozialismus eine wichtige Rolle. Neben den vier Phasen der nationalsozialistischen Judenverfolgung wollten wir auch einen Einblick in die antisemitische Propaganda des Dritten Reiches geben. Darum nehmen die vom Stürmer-Verlag herausgegebenen antisemitischen Kinderbücher einen breiten Raum ein. Ihre Propaganda ist raffiniert, ihre Perfidie schrecklich. Der mögliche Einfluss auf Kinder und Erwachsene darf sicher nicht unterschätzt werden. Beim Einsatz dieser Materialien ist deshalb Zurückhaltung geboten; es muss sorgfältig darauf geachtet werden, dass sie nicht die gegenteilige Wirkung als von uns beabsichtigt erzielen.

Einen verhältnismäßig großen Raum nehmen auch statistische Daten ein. Im Blick auf die Zeit vor dem Nationalsozialismus sind diese Zahlen bedeutsam, widerlegen sie doch ein weit verbreitetes Vorurteil: Bei Befragungen nennen Schüler/innen immer wieder viel zu hohe Zahlen. Sie gehen von mehreren Millionen Juden in Deutschland im Jahr 1933 aus. Andererseits gehört die Reduktion der Zahl der Opfer der Shoa zum beliebten Repertoire des Neonazismus. Im Blick auf die Zahl der Juden in Deutschland 1933 und heute bieten die statistischen Angaben ein interessantes Bild: Nachdem in Folge des Holocaust die Zahl der Juden in Deutschland auf unter 10% der Zahl von 1933 gesunken war, hat sich ihre Zahl innerhalb einer relativ kurzen Zeitspanne in den letzten Jahren vor allem durch den Zuzug aus den GUS-Staaten etwa verdoppelt.

Zu den Informationen gesellen sich eine große Zahl didaktisch-methodischer Hinweise. Sie sind vor allem für den evangelischen und katholischen Religionsunterricht gedacht. Jedoch können ebenso die Fächer Ethik und Geschichte von den Materialien und den Hinweisen profitieren. Die Vorlagen sind nicht im Blick auf eine bestimmte Schulstufe konzipiert, für die Grundschule sind allerdings nur wenige der Vorlagen geeignet, z. B. die zu den jüdischen Festen. Der Schwerpunkt des Einsatzes wird in Sekundarstufe I und II liegen; ein Großteil der Vorlagen ist aus dem konkreten Unterricht in diesen Stufen erwachsen. Aber auch wer in der Erwachsenenbildung über das Judentum, sein Wesen und seine Geschichte, über die Verfolgungen, vor allem die Shoa sowie den Nahostkonflikt arbeiten will, findet hier viele Anregungen. Die Vorlagen stellen jeweils das »Endprodukt« einzelner Arbeitsschritte dar. Methodisch ist es geboten – auch wenn dies nicht bei jeder Vorlage genauer ausgeführt wird –, aus ihnen Arbeitsblätter zu erstellen. Dabei dürfte es nicht schwer fallen, die Arbeitsblätter so zu entwickeln, dass auf das Alter, das Fassungsvermögen und das Vorwissen der Lerngruppe Rücksicht genommen wird. An einigen Stellen (z. B. S. 36 und S. 71) wird dies exemplarisch aufgezeigt. Die vorliegenden Materialien sind in ihrer Gesamtheit nicht als Freiarbeitsmaterialien konzipiert. Die meisten können jedoch bei entsprechender Veränderung als Freiarbeitsmaterialien Verwendung finden; ein Beispiel hierfür stellen die Vorlagen über den Sabbat (I.9 und I.19, S. 36) dar. Einige können ohne Veränderung als Freiarbeitsmaterialien – z. B. als Stationen einer Lernstraße Judentum – eingesetzt werden: das Domino, das Quiz, aber auch die Vorlage über die Stufen des Holocaust (V.13 und 16).

Die Vorlagen sind so gestaltet, dass sie sich gut zum Kopieren auf Papier oder Folie eignen und so ein kreatives Arbeiten mit den Materialien ermöglichen. Zum Umgang mit Folien siehe Arbeitsfolien Religion 2, Calwer Verlag, Stuttgart 1989, S. 5ff.

Einen solchen kreativen Umgang mit dem »Grundkurs Judentum« wünschen wir uns.

Dieter Petri / Jörg Thierfelder

Einleitung

Roland Gradwohl
Der jüdische Glaube

Der Ursprung

»Es sagte der Herr zu Abram: ›Zieh hinweg aus deinem Land und aus deiner Verwandtschaft und aus deinem Vaterhaus in das Land, das Ich dir zeigen werde. Ich mache dich zu einem großen Volk. Ich werde dich segnen und deinen Namen groß machen. Sei ein Segen! Ich werde segnen, die dich segnen, und fluchen jenem, der dich verflucht. Gesegnet werden durch dich alle Familien der Erde‹« (1. Mose 12,1–3). Abram heißt der Mann, den Gott ruft, auf deutsch: ›Hoher Vater‹. Später wird der Name erweitert in Abraham: ›Vater einer Völkermenge‹ (1. Mose 17,4f). Abraham lebt in der syrischen Stadt Harran, in welcher der Mondgott Sin verehrt wird. Zusammen mit seinem Vater Terach – wie Abrahams Mutter heißt, wird verschwiegen – und der Familie ist er aus Ur im Chaldäerland, am Südlauf des Eufrat, dahin gelangt. Doch hier, in diesem Zentrum der Götterverehrung, darf er nicht bleiben. Nach Terachs Tod fordert ihn Gott zum Aufbruch auf: »Zieh hinweg ... in das Land, das Ich dir zeigen werde.« Über das Ziel ist sich Abraham von allem Anfang an im Klaren, denn er schlägt von Harran die Route in den Süden ein, zum Land Kanaan. Und doch ›zeigt‹ ihm Gott das Land, weil Er Abraham dessen Umfang wissen lässt und ihm zugleich bekräftigt, es werde ihm und seinen Nachkommen zu Eigen gegeben.

Mit dem Ruf Gottes an Abraham beginnt die Geschichte Israels, die Geschichte eines neuen Volkes. Abraham ist sein (erster) Stammvater. Juden nennen ihn daher verehrend *Awraham awinu*, ›unser Vater Abraham‹. Ein eigentlicher Religionsstifter ist Abraham nicht, wenn er auch durch sein Eintreten für Gott vor den Menschen und für die Menschen vor Gott (etwa in 1. Mose 18,17–33) seinen Glauben bezeugt. Nach der Tora (= Fünf Bücher Mose; Pentateuch), der ›Lehre‹ und Weisung Gottes, kennen auch Adam oder Noah nur den Einen-Einzigen Gott, den Schöpfer des Universums, der sie anspricht und dem sie antworten. Dass sie – wie später Israel – »fremden Göttern gedient« hätten, wird nirgends gesagt. Erst Terach, Abrahams Vater, wird als Polytheist gekennzeichnet (Jos 24,2). Nicht in der monotheistischen Ausrichtung unterscheiden sich Adam und Noah von Abraham, vielmehr in diesem: Adam ist der Vater der ersten Menschheit, der Menschheit vor der Wasserflut, Noah der Vater der zweiten Menschheit, der Menschheit nach der Wasserflut. Der Schauplatz des Geschehens ist die ganze Erde. Bei Abraham konzentriert sich das Geschehen auf ein einzelnes Volk und ein einzelnes Land: auf das Volk Israel und das Land Israel. Abraham ist der Begründer eines »großen Volkes« – nicht mehr einer neuen Menschheit, sondern eines Teils innerhalb der bestehenden – und der Empfänger eines kleinen Stücks Erde. Die Dimensionen der Masse und des Raums sind unvergleichlich enger geworden, aber sie werden erweitert um die Dimension des Tuns, des Wirkens. Abrahams Nachkommen sind nämlich nicht bloß gesegnet, sondern zugleich Segensträger. Bei Adam und Noah heißt es (gleichlautend) »Seid fruchtbar und mehret euch und füllet die Erde ...« (1. Mose 1,28; 9,1), bei Abraham aber – auch wenn ihm Fruchtbarkeit und »Erde« zugesagt sind – »gesegnet werden durch dich alle Familien der Erde.« Konkret bedeutet dies, dass Abrahams Nachkommen Gottes Wirken in der Schöpfung und Geschichte verkünden und Seinen am Sinai offenbarten Willen (2. Mose 20) beispielhaft und beispielsetzend zu verwirklichen trachten. Der Segen für ein einzelnes Volk wird dann zum Segen für die Völkerwelt.

Gott spricht zu Abraham, erwählt ihn zu einem Auftrag (»Zieh hinweg ...«), verheißt ihm Nachfahren und einen Landbesitz. Die Verheißung wird – nach dem Zeugnis der Tora und der biblischen Propheten – von Gott nicht widerrufen, und daher besteht auch die ›Dreiheit‹ von Gott, Volk Israel und Land Israel für alle Zeiten. In der Berufung Abrahams sieht Israel bis heute den Beginn seiner Geschichte und seiner spezifischen Glaubensweise. Bemerkenswert ist dabei, dass auch jene Juden, die sich nicht nach allen Glaubensvorschriften richten wollen und sich im Extremfall als atheistisch einstufen, die Bindung an Abraham nicht aufgeben. Zu Recht nicht, denn auch der glaubenslose Jude ist als Abraham-Nachfahre hineingenommen in die Geschichte des Volkes Israel. Er ist und bleibt Teil der Gemeinschaft, und selbst wenn er zu einer anderen Religion konvertiert, ist sein Judesein nicht aufgekündigt. (»Obschon er gesündigt hat, ist er Israel«, lehren die Weisen[1].) Weil der nationale Aspekt im Christentum keine Rolle spielt – es gibt kein ›christliches Volk‹, wie es ein jüdisches Volk gibt – und nur das religiöse Bekenntnis besteht, ist ein ›atheistischer Christ‹ oder ein Christ, der Jesus nicht als seinen Messias akzeptiert, kein Christ mehr.

Das Bundesverhältnis zwischen Gott und Israel

Was Gott dem Abraham verheißt, besiegelt Er durch einen »Bund auf ewig« (hebr. *b'rit olám*[2]; 1. Mose 17,7), der daher für Abrahams Nachkommen gültig bleibt. Abermals wird das Land zugesprochen: »Das ganze Land Kanaan zum ewigen Besitz« (1. Mose 17,8), ähnlich in 1. Mose 15,18: »dieses Land vom Strom Ägyptens (vermutlich Wadi El-Arisch im nördlichen Sinai) bis zum großen Strom, dem Eufrat« (15,18). Daneben erklärt Gott: »Ich werde ihnen (den Nachkommen) zum Gott sein« (1. Mose 17,8). Abraham und seine Nachfahren müssen zum »Zeichen des Bundes« (1. Mose 17,11) das männliche Genitale »beschneiden« (1. Mose 17,11.24). Die Beschneidung (hebr. *milá*) ist ein Brauch, der bereits vor diesem Bundesschluss existiert und – so bei Naturvölkern bis heute – als sogenannter Initiationsritus den Beginn der Mannbarkeit kennzeichnet. Bei Abraham erhält er eine betont religiöse Färbung, zumal dann die jüdischen Knaben bereits im Alter von acht Tagen zu beschneiden sind (1. Mose 17,12). Zu diesem frühen Zeitpunkt werden sie in den ›Abrahamsbund‹, den ›Bund der Beschneidung‹ (*brit milá*), aufgenommen.

Das Bundesverhältnis Gottes mit Abraham überträgt sich kontinuierlich auf dessen Sohn Isaak (1. Mose 17,21) und den Enkel Jakob (2. Mose 6,8; 3. Mose 26,42), und es dauert weiter, hin zum Sinai. Nach der Offenbarung der Zehn Gebote verpflichtet sich Israel durch die Aussage »Alles, was der Herr gesprochen hat, wollen wir tun und (darauf) hören« (2. Mose 24,7) in völlig freier Entscheidung, den göttlichen Willen zu respektieren. Gott seinerseits schließt mit der Volksgemeinschaft einen Bund (24,8). Neu ist er allerdings nicht, dieser Bund, sondern nur erneuert. Der Bund vom Sinai ist von seinem Inhalt her identisch mit dem Abrahamsbund. Wie Gott Abraham ein Land und eine reiche Nachkommenschaft verheißt und »ihnen zum Gott sein« will, so verspricht Er – nach der Aussage des Propheten Jeremia (Jer 11,4f) – den aus Ägypten Ausgezogenen: »Ihr sollt mir zum Volk, und Ich werde euch zum Gott sein. Um den Eid, den Ich euren Väter geschworen, einzuhalten, und ihnen (den Nachkommen) ein Land zu geben, das von Milch (Viehzucht) und Honig (Feigen- und Dattelhonig; also Landwirtschaft) fließt ...« Selbst der »neue Bund«, von dem Jeremia kündet (Jer 31,31–34), ist kein wirklich neuer, sondern nur ein verinnerlichter Bund. Er dringt in die Tiefe: »Ich gebe meine Tora in ihr Inneres, und auf ihr Herz schreibe Ich sie. Ich werde ihnen zum Gott, und sie werden mir zum Volk.« Noch einmal genau dieselbe Verheißung, die seit Abraham Israel begleitet und es nicht aus ihr entlässt. Mag das Volk auch noch so sehr den »fremden Göttern« nachlaufen, ihnen, wie eine Dirne den »fremden Männern«, nachbuhlen (Hos 2) – Gott steht zu seinem Wort und seiner Bindung, die der Ehe gleicht, »in Gerechtigkeit und Recht, Liebe und Erbarmen«, vor allem auch »in Treue« (Hos 2,21f). Und Er glaubt an die dereinst sich einstellende Einsicht des Volkes und an seine Umkehr zu Ihm.

Der Bund Gottes mit Israel beruht – wie jeder Bund – auf der gegenseitigen Verpflichtung der Kontrahenten. »Ihr sollt mir zum Volk, und Ich werde euch zum Gott sein.« Gott ist der Herr der Welt und der Herr aller Völker, doch Er geht mit Israel, wenn es »auf meine Stimme hört und meinen Bund bewahrt«, eine besondere Beziehung ein: »Ihr sollt mir ein Kleinod sein unter allen Völkern, denn mir ist die ganze Erde« (2. Mose 19,5). Israel ist ›erwählt‹ – nicht ›auserwählt‹, denn bei diesem Wort schwingt ein Unterton von Überheblichkeit mit –, doch erwählt zu einer Aufgabe, einem Dienst: »Ihr seid mir ein Königreich von Priestern und ein heiliges Volk« (2. Mose 19,6). Zu den Aufgaben eines Priesters im alten Israel zählte neben dem Darreichen der Tempelopfer die Unterweisung der Gemeinde. Er war nicht nur der Geistliche, sondern auch der Mann des Geistes, der Schriftdeutung. Ein Priestervolk innerhalb der Völkerwelt soll Israel sein, willig und durch sein Beispiel befähigt, den von Gott gewünschten Weg zu weisen. ›Heilig‹ (*qadósch*) meint im hebräischen Wortschatz soviel wie ›abgesondert‹ vom Schlechten und Niedrigen und erfüllt vom Guten und Erhabenen, wobei im Letzten nur Gott »heilig ist«, der Mensch aber »heilig zu werden« sich bemühe (3. Mose 19,2) – etwa durch die Realisierung der ungeteilten, auch den Fremden einbeziehenden Mitmenschlichkeit (3. Mose 19,18.34). Israels *Erwählung* ist daher kein unverdienter Lorbeerkranz, sie ist vielmehr eine Gabe, die zu einer Aufgabe wird – zu einer äußerst schweren Aufgabe, die keiner je wirklich zu meistern vermag. Tragischerweise ist Israel seiner Aufgabe nicht gewachsen gewesen. Es hat den Bund mit Gott durch die Hinwendung zur Götterverehrung immer wieder gebrochen, und es hat auch seine Priesterfunktion für die übrige Menschheit nicht oder jedenfalls nicht genügend wahrgenommen. Die Erwählung durch Gott missverstand es als Schutzvorrichtung gegen Elend und Unglück, gegen die Bedrohung durch Feinde. Da muss es dann etwa vom Propheten Amos das Folgende hören (Am 3,2): »Euch nur habe Ich erkannt von allen Sippen des (Erd-)Bodens, deshalb ziehe Ich euch zur Verantwortung für all eure Verfehlungen.« Weil es von Gott »erkannt« wurde, wird vom ›Priestervolk‹ ein Mehr, nicht ein Weniger an Menschlichkeit und Opferbereitschaft erwartet. Die Gabe der Erwählung ist in der Tat eine schwere Aufgabe.

Die Quintessenz jüdischer Ethik

Ein Heide wollte das Judentum kennenlernen. Er kam zu SCHAMMAI und sagte: »Ich will Jude werden unter der Bedingung, dass du mich die ganze Tora (Weisung) lehrst, solange ich auf einem Bein stehen kann.« Der Meister stieß ihn von sich, weil er den offensichtlichen Spott nicht dulden wollte. Darauf kam der Heide zu Schammais Kollegen HILLEL (dem Älteren), der wegen seiner Geduld berühmt war. Hillel gab ihm auf seine Provokation die Antwort: »Was dir verhasst ist, tu dem anderen nicht an. Das ist die ganze Tora, alles übrige ist nur Erklärung – geh hin und lerne sie!« Der fremde Mann ist Jude geworden.[3]
Die Tora lehrte (3. Mose 19,18): »Sei lieb zu deinem Nächsten, denn er ist wie du« (weniger sachgemäß übersetzt mit: »Liebe deinen Nächsten wie dich selbst«); sei anständig zu ihm, weil er dieselben Rechte und Pflichten, aber auch dieselben Bedürfnisse wie du besitzt. Hillel zeigt mit seiner Antwort auf das Begehren des Nichtjuden die Kehrseite des biblischen Gebots: Weil man zum Nächsten – und das ist jeder – »lieb«, anständig zu sein hat, daher ist alles Hassenswerte zu unterlassen. Graduell besteht zwischen der Forderung der Tora und jener Hillels ein Unterschied. Die Forderung der Tora ist schwerer zu erfüllen, weil sie nicht nur wie Hillel die Abwendung vom Schlechten, sondern die Zuwendung zum Guten erwartet, nicht nur das Vermeiden des Negativen, sondern auch das Tun des Positiven.
In die Fußstapfen Hillels, der im 1. Jh. v. d. Z. im Land Israel lebt und – wie Schammai – eine Lehrschule, das ›Haus Hillels‹, begründet, tritt im 2. Jahrhundert d. Z. RABBI AKIBA, der bedeutendste Gelehrte seiner Zeit. Er ist ein Sympathisant des Freiheitskämpfers BEN KOSEBA (= Bar Kochbá, ›Sternensohn‹; nach 4. Mose 24,17), der im Kampf gegen die Römer 135 d. Z. ums Leben kommt. Rabbi Akiba erklärt: »Sei lieb zu deinem Nächsten, denn er ist wie du‹ – dies ist eine große Regel in der Tora.«[4] Bis heute hat sich an dieser wichtigen Trägersäule des ethischen Gebäudes nichts geändert.
Was es faktisch bedeutet, nach der »großen Regel« zu leben, lehren im Einzelnen die Gebote des Dekalogs (2. Mose 20; 5. Mose 5) und die vielen anderen Satzungen der Tora. Kein Lebensbezirk wird von ihnen ausgeklammert, wobei immer der Schutz der sozial Schwächeren – der Witwen, Waisen und Fremden, aber auch der Tiere – akzentuiert ist (z. B. 3. Mose 19,9–10; 23,22; 25,6–7; 5. Mose 22,1–4; 24,19–22 u. a.).[5] Soziales Denken und Handeln beschreibt Psalm 15, der ursprünglich vermutlich vor Beginn einer Wallfahrt zum Tempel in Jerusalem gesprochen worden ist:

Du,
wer darf gasten in deinem Zelt?
wer wohnen auf deinem Heiligtumsberg?
Der in Schlichtheit geht,
der Wahrhaftigkeit wirkt,
der treulich redet in seinem Herzen,
mit seinem Zungenkram nicht umherrennt,
seinem Genossen Übles nicht tut,
Hohn auf den ihm Nahen nicht lädt,
der Verworfne ist in seinen Augen verächtlich,
aber die IHN Fürchtenden ehrt er,
verschwur zum Übel er sich, ändert er's nicht,
sein Geld gibt er nicht auf Zins,
Bestechung nimmt er wider Unsträfliche nicht:
der dies tut,
wird in Weltzeit nicht wanken.
Übersetzt von M. Buber, Die Schriftwerke, 1952, S. 24

Zur *Ethik des Judentums* gehören auch die *Speisegesetze* (hebr. *kaschrút*) und die Gesetze über den Sabbat und die Feiertage (s. u.). Die Vorschriften über die zum Genuss freigegebenen Tiere (3. Mose 11; 17,10–12; 5. Mose 14,3–21) führen zur Unterscheidung von »rein« und »unrein« (3. Mose 11,47) und zur ›Heiligung‹ des Lebens: »Ich bin der Herr, euer Gott, und ihr sollt euch heiligen und heilig werden; denn heilig bin Ich ...« (V. 44). Das Ziel liegt demnach – wie bei den sozialen Satzungen von 3. Mose 19,2ff – in der Nachahmung Gottes. Hygienische Gründe mögen bei der Auswahl der zum Genuss erlaubten Tiere eine Rolle spielen, sie werden jedoch in der Schrift nicht erwähnt. Generell erlaubt sind Früchte, Getreide und Gemüse (sofern sie natürlich nicht der Gesundheit schaden), Milch und Milchprodukte sowie die Eier der zugelassenen Tierarten. Generell verboten ist der Genuss von Blut, denn Blut ist Symbol des Lebens (3. Mose 17,10–14). Eine Blutwurst kommt daher nicht auf den Tisch eines gesetzestreuen Juden. Gestattet sind wiederkäuende Säugetiere, die gespaltene Hufe besitzen (Rind, Schaf, Ziege, Reh u. a.), Fische mit Schuppen und Flossen (der Aal ist nicht erlaubt), Geflügel, Truthahn, Gans, Ente, Taube (orientalische Juden essen auch Wachtelfleisch). Raubvögel sind nicht gestattet, desgleichen nicht Weichtiere (Schnecken, Austern, Hummer, Krevetten). Das Schwein hat gespaltene Klauen, ist aber kein Wiederkäuer und daher untersagt. Das Gleiche gilt für das Kamel. Pferde und Esel entziehen sich ebenso der jüdischen Küche, weil bei ihnen sogar beide Merkmale fehlen.

Aufgrund des dreimal genannten Verbots »Koch nicht das Böcklein in der Milch seiner Mutter!« (2. Mose 23,19; 34,26; 5. Mose 14,21) wurde von den Weisen das Kochen und Essen und überhaupt die Verwendung einer Fleisch-Milch-Mischung (erschwerend auch einer Hühnerfleisch-Milch-Mischung) untersagt. Erlaubt ist hingegen das Kochen und Essen von Milch und Milcherzeugnissen mit Fisch. Ein Rahmschnitzel wird sich daher ein Jude, der die Kaschrut beachtet, nicht schmecken lassen.

Wesentlich ist ein letzter Punkt: Die erlaubten Säugetiere und Vögel müssen durch die *Schechitá* (›Schächten‹) getötet werden, die jegliche Schmerzempfindung verhindert. Mit einem überaus scharfen Messer ohne jegliche Scharten werden durch einen Schnitt Halsschlagader und Luftröhre durchtrennt. Das Blut fließt sofort stoßartig aus, das Tier verliert sein Bewusstsein und die Schmerzempfindung. Jede Tierquälerei ist verboten, weshalb beispielsweise ein umherirrender Ochse oder Esel seinem Besitzer zugeführt oder einem unter seiner Last gestürzten Esel auf die Beine geholfen werden muss, selbst wenn der Finder des Tiers mit dessen Besitzer zerstritten ist (2. Mose 23,4f; 5. Mose 22,1–4).

Durch die Kaschrut lernt bereits das jüdische Kind, auf Dinge zu verzichten, die ihm munden würden und die es gerne haben möchte. Nicht alles, was es in die Hand nimmt, darf es in den Mund stecken und hinunterschlucken. Der Verzicht aber führt – immer wieder vollzogen – zur Selbstbeschränkung und Selbstbeherrschung, die dann nicht nur beim Essen, sondern im ganzen Leben wichtig sind und sich auch in der mitmenschlichen Beziehung bewähren. Die Kaschrut erweist sich als ein Erziehungsmittel ersten Ranges.

Der jüdische Festkalender

Der Kalender der Tora ist ein *Mondkalender*. Wenn der Mond die Erde einmal umkreist hat, ist ein Mondmonat vorbei. Zwölf Mondmonate ergeben 354 Tage. Im Vergleich zum Sonnenjahr mit seinen 365 Tagen ist demnach das Mondjahr um 11 Tage kürzer. Nach zwei Mondjahren ergibt sich bereits eine Differenz von 22, nach drei Jahren von 33 Tagen, also von über einem Monat, der 29 oder 30 Tage besitzt.

Die Jahreszeiten entstehen durch den jeweiligen Stand der Erde auf ihrer elliptischen Bahn um die Sonne. Damit die jüdischen Feiertage nicht – in rückläufiger Weise – durch die Jahreszeiten hindurchgehen, wurde bereits vor über zweitausend Jahren alle zwei bis drei Mondjahre ein Schaltmonat eingeschaltet. Als Kriterium galt zur Zeit des Zweiten Tempels (er wurde 70 d. Z. durch die Römer zerstört) der Zeitpunkt von *Pessach* (Passa), dem Osterfest, welches im »ersten Monat der Monate des Jahres« (2. Mose 12,2) zu feiern ist. Am Vorabend von Pessach – vom Mittag an bis zur Dämmerung – ließ jede Sippe ein Lamm-Opfer im Tempelbezirk schlachten, dann briet sie es auf offener Glut an einem Stück und verzehrte es möglichst vor Mitternacht, spätestens bis zum Morgengrauen (2. Mose 12). Die Sippenmitglieder kamen von allen Landesgegenden nach Jerusalem.

Waren die Lämmer noch nicht groß und fett genug und zudem die Straßen wegen des Winterregens – und nur im Winter regnet es im Land Israel – voller Schlamm und schwer zu begehen, so war der Zeitpunkt für Pessach offensichtlich verfrüht. Das Synhedrion, die Oberste Gerichtsbehörde, schob daher einen Schaltmonat von 30 Tagen ein. Erst danach wurde Pessach gefeiert. Im Jahr 359 d. Z. publizierte der Patriarch Hillel II. den jüdischen Kalender aufgrund jahrhundertelanger Beobachtungen und Berechnungen. Der Blick auf die Lämmer und Straßen erübrigte sich. Hillel II. ordnete an, siebenmal in 19 Jahren einen Schaltmonat, den Zweiten Adar, zu interkalieren. Der Zweite Adar kommt vor dem Nissan, in dessen Abendstunden des 14. Tages Pessach beginnt.

Ein weiterer Brauch fiel damit dahin: der Blick zum Himmel in der Nacht des erwarteten Neumonds. Wer bislang die Neumondsichel gesehen hatte, war verpflichtet, nach Jerusalem zu eilen und das Oberste Gericht zu informieren. Nach der wahrheitsgemäßen Aussage von mindestens zwei Zeugen verkündete das Synhedrion den Beginn des neuen Monats. In diesem Fall ging der Monat mit 29 Tagen zu Ende. War die Neumondsichel wegen eines bedeckten Nachthimmels nicht zu erkennen, so wurde der Monatsbeginn automatisch um einen Tag verschoben. Der vergangene Monat besaß dann 30 Tage. Die Fixation des Kalenders setzte der Willkürlichkeit ein Ende. Jeder konnte sich nunmehr im voraus über die Kalenderdaten erkundigen. Allerdings entfiel auch die feierliche Proklamation des Neumonds durch die Behörde.

Werden die Monate des jüdischen Jahres der Reihenfolge nach gezählt, so beginnt man mit dem »ersten Monat der Monate des Jahres« im Frühling, mit dem Nissan. Wird aber der Festkalender beschrieben, steht der siebte Monat, der Herbstmonat Tischri, mit dem Neujahrsfest Rosch Haschana an der Spitze.

Die Namen der Kalendermonate sind:
Tischri, Marcheschwan, Kislew, Tewet, Schwat, Adar (im Schaltjahr wird der Zweite Adar eingefügt), Nissan, Ijjar, Siwan, Tamus, Aw, Elul.

Die Festtage lassen sich in die folgenden Gruppen einteilen: Die *Hohen Feiertage* (Rosch Haschaná und Jom Kippúr), die *Wallfahrtsfeste* (Péssach, Schawuót, Sukkót mit Simchát Torá) und die *Freuden- und Trauertage*, die teilweise erst aus nachbiblischer Zeit stammen. Eine Sonderstellung besitzt der Schabbát (Ruhetag). Er wird in einem speziellen Kapitel behandelt.

Rosch Haschana und Jom Kippur

Rosch Haschaná, ursprünglich nur einen, heutzutage aber – mit Ausnahme von manchen Gemeinden des progressiven (liberal-religiösen) Judentums – zwei Tage lang gefeiert, ist das jüdische Neujahrsfest. Es fällt auf den ersten Tag des siebten Monats (3. Mose 23,23–25; 4. Mose 29,1). Wie alle jüdischen Feiertage beginnt Rosch Haschana am Abend, genauer: eine Stunde vor Anbruch der Dunkelheit, und findet 25 Stunden später seinen Abschluss. Die Tora spricht von einem »Tag des Lärmblasens« und der »Einberufung der heiligen Festversammlung«, ohne nähere Charakterisierung. Erst die im Talmud (Traktat Rosch Haschana) überlieferte mündliche Tradition nennt die vielen Einzelheiten. Rosch Haschana gilt als Tag des göttlichen Gerichts über die Menschheit. Gott, der Weltenschöpfer, ist zugleich der Weltenlenker, auch nach dem eigentlichen Schöpfungsprozess involviert im Geschehen seiner Schöpfung. Im zentralen Gebet der Rosch Haschana-Liturgie, dem *Awínu Malkénu* (›Unser Vater, unser König‹), ist Gott als König, als Richter angeredet. Ihm zu Ehren wird – wie bei einem menschlichen König, wenn er sich vor seinem Volk zeigt – die Fanfare geblasen, nur besteht die ›Fanfare‹ aus einem Horn (*Schofár*), in der Regel einem Widderhorn. Das Widderhorn assoziiert die Erzählung von der »Bindung (Opferung) Isaaks« (1. Mose 22), der im letzten Augenblick vor dem Opfertod gerettet worden ist. Ein Widder hat an seiner Statt den Opfertod erlitten. Abrahams unbedingter Gehorsam und Isaaks Bereitschaft, das Leben für Gott hinzugeben, wenn es von Ihm gefordert wird, gelten allen Generationen als beispielhaft. Nicht zufällig wurde daher 1. Mose 22 für die Tora-Lesung des zweiten Rosch-Haschana-Tags ausgewählt. Die verschieden langen Schofartöne – der lange ›gestoßene‹ Ton (*Tekia*), die mittellangen, ›gebrochenen‹ Töne (*Schewarim*) und die kurzen ›Lärm‹-Töne (*Teruá*) – erklingen zu Ehren Gottes, sie sollen aber zugleich die Betenden bewegen, ihr Leben zu überdenken und reumütig zu Gott umzukehren.

Wesentliches Glaubensmoment an Rosch Haschana ist nämlich der Ruf nach Buße, nach Umkehr. Umkehr heißt *Teschuwá*, und das bedeutet auch ›Antwort‹. Jede Umkehr ist gleichzeitig eine neue Antwort auf die alten Fragen, die an den Menschen gestellt sind. Das Judentum geht von der Voraussetzung aus, dass die Umkehr jederzeit möglich ist. Ein Mensch ist nie für immer von Gott geschieden, wenn er die Scheidung, die Trennung wirklich zu überwinden sucht. Wie die Schuld seine eigene Schuld ist, so muss auch die Umkehr seine eigene Umkehr sein. Von einem Jammertal, aus welchem der Mensch nicht zu entkommen vermöchte, weiß der jüdische Glaube nichts. Selbst der Pharao, Moses großer Widersacher, könnte sich zu Gott hinwenden und damit das drohende Unheil von sich und seinem Volk abwenden. Er will es nicht, weil sein Herz »verstockt« ist, doch gerade deshalb muss er für sein Verhalten geradestehen. Die Schuld eines

Menschen hängt mit seiner Willensfreiheit zusammen. Besäße er die Freiheit der Entscheidung nicht, keiner könnte ihn zur Rechenschaft ziehen. Doch weil ein Mensch, so lehrt die Tora, frei ist in seiner Entscheidung, deshalb wird er für sein Tun zur Verantwortung gezogen. Seine Schuld – in der religiösen Terminologie: seine Sünde – ist kein Verhängnis. Er hat die Schuld selbst verschuldet. Am Menschen liegt es auch, ob er den Weg der Umkehr beschreiten will oder nicht. Gott fordert: »Bringt (euer Herz) zurück und lebt!« (Ez 18,32). Rabbi Bunam, ein Meister des Chassidismus, der im 18. Jh. in Osteuropa durch Rabbi Israel Baal Schem-Tow begründeten Frömmigkeitsbewegung, sagte zu Recht: »Die große Schuld des Menschen sind nicht die Sünden, die er begeht – die Versuchung ist mächtig und seine Kraft gering! Die große Schuld des Menschen ist, dass er in jedem Augenblick die Umkehr tun kann und nicht tut.«[6] Ob die Umkehr geschieht oder nicht, ist ausschließlich eine Frage des Willens, und zwar des ehrlichen Willens, der sich bemüht, die eingespurten Pfade auch wirklich zu verlassen. Die Weisen Israels lehren: »Sagt jemand: Ich will sündigen und dann umkehren, sündigen und dann umkehren, so ist es ihm nicht vergönnt, die Umkehr zu vollziehen.«[7]

Eine Reihe von Bräuchen geben dem Gedanken des Neubeginns und der Buße Ausdruck. In der Synagoge dominiert die weiße Farbe. Der Vorhang vor der Heiligen Lade mit der handbeschriebenen Tora-Rolle ist weiß. Weiß ist die Decke auf dem Almemor, dem Tisch, auf den die Rolle bei der Lesung gelegt wird. Weiß ist der Talar von Rabbiner und Vorbeter (*Chasan*), aber auch die Männer der Gebetsgemeinschaft tragen unter ihrem *Tallit* (Gebetsmantel) einen weißen Überwurf, *Sargenes* oder ›Kittel‹ genannt – »Sargenes«, weil der Tote mit ihm in den Sarg gelegt wird. Weiß ist die Farbe der Reinheit. Rein soll der Jude werden, wenn er ein neues Jahr beginnt und den ›Schmutz‹ des vergangenen hinter sich zu lassen sucht.

Nach dem Gottesdienst begrüßen sich die Leute mit einem *Schaná Towá* (»Ein gutes Jahr!«) oder – ursprünglicher – mit einem *Leschaná towá tikatéwu* (»Zu einem guten Jahr möget ihr [von Gott] eingeschrieben werden!«). Hinter diesem Wunsch steht das Bild vom ›Lebensbuch‹ (*Séfer Hachajím*), in welches Gott seine Geschöpfe einschreibt, nachdem Er über sie zu Gericht gesessen hat. Am Nachmittag des ersten Rosch-Haschana-Tages (wenn er auf einen Sabbat fällt, dann am zweiten) pflegen fromme Juden an ein Gewässer zu gehen und das *Taschlích-Gebet* zu sprechen. ›Taschlích‹ bedeutet: ›Du (Gott) mögest werfen‹. Rezitiert wird der Abschnitt aus dem Propheten Micha (7,18–19): »Wer ist ein Gott wie Du, der Sünde verzeiht ... Er möge sich unser erbarmen, unterdrücken unsere Sünde! Und Du mögest werfen in die Tiefen des Meeres all ihre Schuld! ...« Nach der Rückkehr aus dem Gottesdienst des ersten Abends von Rosch Haschana spricht der Familienvater wie an allen Feiertagen den *Kiddusch*, das Gebet der ›Heiligung‹ über den Tag. Anschließend zerschneidet er einen Apfel und taucht die einzelnen Stücke, ehe er sie unter den Anwesenden verteilt, in Honig. Vor dem Essen wird der folgende Wunsch ausgesprochen: »Es sei der Wille vor Dir, Ewiger, unser Gott, und Gott unserer Väter, dass Du uns ein gutes und süßes Jahr erneuerst.« Der Honig weist auf die erhoffte ›Süße‹ hin.

Bereits während des vorangehenden Monats – dem Monat Elul – wird nach dem Morgen- und Abendgottesdienst der Wochentage das Schofar-Horn kurz geblasen. An Rosch Haschana sind es dann aber hundert Töne, die erklingen. Die eigentliche Bußzeit beginnt am Sonntag vor Rosch Haschana. Noch in der Nacht – so im Staat Israel und in manchen Gemeinden außerhalb des Staates – oder dann in den frühen Morgenstunden versammeln sich die Gemeinden zu den *Selichót*, den ›Bußgebeten‹. Von Rosch Haschana bis zum Versöhnungstag Jom Kippur sind es zehn Tage, die ›Zehn Bußtage‹.

Jom Kippúr fällt auf den zehnten Tischri (3. Mose 23,26–32; 4. Mose 29,7–11). Die Tora fordert: »Ihr sollt eure Seelen quälen«. Die Mündliche Tradition versteht unter dem »Quälen der Seelen« in erster Linie die vollständige Enthaltung von Speise und Trank, das Fasten. Wer die religiöse Reife erreicht – ein Mädchen im Alter von zwölf, ein Knabe im Alter von dreizehn Jahren –, ist zum Fasten verpflichtet, falls nicht medizinische Gründe dagegensprechen. Das Fasten dauert »von Abend bis Abend« (rund 25 Stunden lang, weil der Beginn eine Stunde vor Anbruch der Nacht angesetzt ist). Die Selbstkasteiung ist allerdings nicht Selbstzweck, sondern Mittel zum Zweck: zum Überdenken des Tuns im vergangenen Jahr und zur Umkehr. Nicht zufällig werden während des Morgengottesdienstes als Prophetenabschnitt (*Haftará*) nach der Tora-Vorlesung Kapitel 57,14–21 und 58 des Jesaja-Buches vorgetragen, wo vom echten Fasten die Rede ist, ein Fasten, das in der echten Mitmenschlichkeit gipfelt. Als Haftara beim Mittagsgottesdienst ist das biblische Prophetenbuch Jonas bestimmt, wo desgleichen der Sinn des Jom

Kippur anklingt: echte Buße und Mitgefühl mit den Menschen.

Zentrale Gebete an Jom Kippur sind die von der Gemeinde laut gesprochenen Sündenbekenntnisse (*Aschámnu* und *Al Chet*). Der Betende schlägt sich dabei (mit der rechten Hand) aufs Herz, um auf den Ort zu weisen, wo (nach früherer Vorstellung) die Gedanken, die zur Schuld führen, ausgedacht werden. Im früheren Tempeldienst Jerusalems betrat der Hohepriester am Versöhnungstag – als einziges Mal im Jahr – das Allerheiligste, um ein Opfer aus Räucherwerk darzubringen und für sich, seine Familie und das Volk die Schuldvergebung zu erbitten. Mehrmals warf er sich während der Gebete vor Gott nieder.

An Jom Kippur wurde auch ein Bock – symbolhaft mit den Sünden Israels beladen – als ›Sündenbock‹ in die Wüste geschickt (3. Mose 16,8–10). Heutzutage ist nur die Erinnerung an dieses Ritual geblieben. Es wird im speziellen Gebetbuch für Jom Kippur eingehend beschrieben.

Den Ausklang des Fasttages bildet ein einzelner langgezogener Schofarton. Zuvor hat die Gemeinde das jüdische Glaubensbekenntnis »Höre, Israel, der Ewige ist unser Gott, der Ewige ist einzig« (5. Mose 6,4) und den in den Tagen des Propheten Elia ausgerufenen Glaubenssatz »Der Ewige, Er ist unser Gott!« (1. Kön 18,39) mit größter Konzentration gesprochen. Mit einem langgezogenen Tekiá-Schofarton geht der Jom Kippur bei Anbruch der Dunkelheit zu Ende.

Die Wallfahrtsfeste

Das Judentum kennt drei Wallfahrtsfeste, also Feste, an der die Pilgerfahrt zum Heiligtum in Jerusalem vorgeschrieben war: Pessach im Frühling, Schawuot im Sommer und Sukkot im Herbst. Die drei Wallfahrtsfeste besitzen eine historische und eine landwirtschaftliche Komponente. Anders als die Hohen Feiertage sind die Wallfahrtsfeste ausgesprochen fröhliche Feste.

Péssach (Passa) – das Wort bedeutet ›Überschreitungsopfer‹ (2. Mose 12,27) – fällt auf den 15. bis 21. (außerhalb Israels: 22.) Nissan. Es erinnert an den Auszug Israels aus der ägyptischen Sklaverei. Während der ganzen Festwoche ist der Genuss von Brot oder mehlgesäuerten Speisen (*Chaméz*) untersagt. Die traditionelle Familie besitzt ein extra Pessach-Geschirr, in welchem Mehlspeisen nie zubereitet worden sind. Der erste und letzte Pessach-Tag (in der Diaspora, außerhalb des Landes, die ersten zwei und die letzten zwei Tage) ist ein eigentlicher Feiertag mit dem strengen Arbeitsverbot. Die Tage dazwischen sind ›Halbfeiertage‹ (*Chol Hamo'éd*, das bedeutet ›Wochentag des Feiertags‹). Nur die notwendigste Arbeit wird getan.

In der Antike wurde alljährlich während der Abenddämmerung des 14. Nissan ein Lamm von den Schafen oder Ziegen geschlachtet und über einer Glut an einem Stück gebraten. Dabei mussten alle Knochen des Tieres unbeschädigt bleiben. Während vieler Jahrhunderte wiederholte das Volk das Prozedere vor dem Auszug (2. Mose 12). Zusammen mit dem Opferfleisch wurden ungesäuerte Mehlfladen (hebr. *Mazzót*, ›Mazzen‹) und bittere Kräuter gegessen. Die Mazzen sind Zeichen des Sklavenbrots und des beim überstürzten Auszug nicht genügend durchgebackenen Brotteigs (2. Mose 12,39), das Bitterkraut ist Zeichen der ›bitteren‹ Sklavenjahre. Die Kinder beobachteten das außergewöhnliche Geschehen und stellten ihre Fragen. Der Vater antwortete mit der ausführlichen Erzählung über das Auszugsereignis. Wenn das Fleisch gar war – und es sollte es möglichst vor Mitternacht sein –, fand der Festschmaus statt, das Abendmahl.

Wie die übrigen Opfer ist mit dem Untergang des Jerusalemer Tempels auch das Pessach-Lamm verschwunden. Die Samaritaner, welche etliche Bräuche des antiken Judentums übernommen haben (2. Kön 17,27–28), bringen an ihrem Pessach-Fest auf dem ihnen »heiligen Berg Garizim« bis heute die Pessach-Opfer dar.

Mit dem Ende des Opferdienstes hat Pessach sein Gesicht völlig verändert. Die Familie befindet sich nicht mehr im Freien beim Zubereiten eines Lammes, sondern am gedeckten Tisch. Nach einer genau festgelegten ›Ordnung‹ (hebr. *Séder*) läuft das Prozedere ab. Auf dem Tisch liegt eine *Séder-Platte* mit verschiedenen Speisen. Die wichtigsten sind ein leicht angebratener *Knochen* (Erinnerung an das einstige Pessach-Lamm), *Bitterkraut* und *drei Mazzen* (entsprechend den drei Gesellschaftsklassen im alten Israel: *Kohén* (Priester), *Leví* (Priester eines niedrigeren Rangs), *Jisraél* (Israel, die breite Volksmasse). Dann finden sich *Radieschen* und *Lattich* (einfache Sklavenkost), das *Charóset* (›Lehm‹-Speise, ein bräunlicher Brei aus Früchten, der die Lehmarbeiten der israelitischen Sklaven assoziiert), Salzwasser (Symbol der von den Geknechteten vergossenen Tränen) und ein *Ei*. Für das Vorhandensein eines Eis gibt es verschiedene Erklärungen: Es deute auf das sich immer drehende, Glück und Unglück bringende Lebensrad hin, es gemahne an das Festopfer, das in biblischer Zeit vor dem Pessach-Lamm gegessen wurde, oder es sei ein Überbleibsel des römischen Brauchs, an Feiertagen Eier zu genießen und um die Fruchtbarkeit von Mensch und Tier zu bitten. Ein Becher *Wein*, der gefüllt, doch nicht getrunken wird, ist für den Propheten Elia, den Vorboten des Messias (*Maschíach*), des »gesalbten« Friedensfürsten (Mal 3,23), hingestellt. Elias Ankunft wird gerade an Pessach, dem Fest der Freiheit, alljährlich erhofft. Getrunken werden allerdings vier Becher Wein oder Traubensaft im Verlauf des Abends – Zeichen der Freiheit.

Im Zentrum steht die Lektüre der *Haggadá* (›Erzählung‹), des Leitfadens für den *Seder-Abend*, den Abend, der nach einer bestimmten Ordnung abläuft. Er beginnt mit dem *Kiddúsch*, dem Gebet der ›Heiligung‹ des Festes. Der Familienvater bricht die *Levi-Mazze*, die mittlere der drei Mazzen, entzwei und legt das größere Stück auf die Seite. Er ahmt einen Sklaven oder überhaupt einen bedürftigen Menschen nach, der nie alles isst, was er besitzt, weil er sonst vielleicht am nächsten Tag hungern müsste. Die Kinder verstecken das größere Mazzen-Stück, den sogenannten *Afikoman* (›Nachtisch‹). Vor dem Tischgebet am Schluss der Mahlzeit muss es der Vater suchen, und wenn er es nicht zu finden vermag – und er vermag es nie! –, erhält jedes Kind ein Geschenk. Mit diesem ›Trick‹ werden die Kinder am frühzeitigen Einschlafen gehindert. Sie bleiben wach und nehmen an der Feier teil. Und darauf kommt es an!

Nunmehr heben die Anwesenden die Seder-Platte in die Höhe und sprechen einen Text in aramäischer Sprache, der mit den Worten »Dies ist das Brot des Elends, das unsere Vorfahren im Land Ägypten gegessen haben« beginnt. Mit dem nächsten Satz wird jeder »Hungrige« eingeladen, »zu kommen und zu essen, jeder Bedürftige zu kommen und Pessach mitzufeiern.« Am Seder-Abend soll es keinen Juden geben, der nicht einer Tischgesellschaft angehört. Mehr noch als sonst ist die Gastfreundschaft wichtiges Anliegen. Nach diesem Text kommen die Kinder – ursprünglich war es das jüngste allein – zu ihrem Recht. Sie sprechen oder singen das *Ma Nischtaná* (»Worin unterscheidet sich ...«; gemeint ist: worin unterscheidet sich diese Nacht von allen anderen Nächten?) mit seinen *vier Fragen* zum Seder-Abend: Weshalb essen wir in dieser Nacht nur ungesäuerte Mehlspeisen und keine gesäuerten? – Weshalb vor allem Bitterkraut? – Weshalb werden Speisen zweimal eingetunkt (Radieschen in Salzwasser und Bitterkraut in Charoset)?

– Weshalb pflegen wir uns in dieser Nacht anzulehnen? (Weil wir keine Sklaven mehr sind, sondern freie Menschen und es ähnlich wie die Römer halten können, die sich bei der Mahlzeit anlehnten. Genauer: die sich auf ein Sofa zu legen pflegten und die Speisen mit der rechten Hand Schalen entnahmen, die auf einem kleinen Tisch vor ihnen standen.) Ursprünglich waren die Fragen der Kinder spontan und sie lauteten auch etwas anders, nun sind sie in der *Haggadá* nachzulesen. Der Vater gibt die Antwort, indem er die Haggadá vorträgt. Er kann aber auch nach Belieben eigene Betrachtungen einfügen. Das macht die Feier nur umso interessanter, vor allem auch, wenn Parallelen zur Gegenwart gezogen werden. Pessach ist das Fest der Freiheit, und die Freiheit ist ein unerschöpfliches Thema.

Die eigentliche Festmahlzeit folgt auf den Hauptteil der Haggadá, der mit Psalmen und anderen Lobgesängen schließt. Bis spät in die Nacht hinein mag die Feier dauern, laut dem Motto, das in der Haggadá steht: »Je mehr einer vom Auszug aus Ägypten erzählt, desto lobenswerter ist es.«

Während Pessach – und zwar am Sabbat, der in den ›Halbfeiertag‹ (*Chol Hamo'éd*) fällt – liest die Gemeinde das biblische »Lied der Lieder« (Hohelied, hebr. *Schir haschirím*). Es schildert die Liebe zwischen einem Hirten und einer Hirtin und wurde schon in der Antike als Allegorie für die Gott-Israel-Beziehung interpretiert.

Im Altertum kennzeichnete Pessach den Beginn der Gerstenernte. Am ersten Tag Pessach schnitt der Bauer zum ersten Mal das frische Korn, und er brachte Gott als Ausdruck seiner Dankbarkeit ein Opfer, das *Omer* (Name eines Hohlmaßes; 3. Mose 23,10ff) dar. Von diesem Termin an wurden und werden die ›sieben Wochen‹ (49 Tage) der Omer-Zeit gezählt. Der ›Fünfzigste Tag‹ ist ein Feiertag: *Schawuót*, das Fest der ›Wochen‹.

Ein wichtiger Hinweis: Das dem Judentum entstammende Christentum hat manches aus der Mutterreligion übernommen. Pessach wurde zu Ostern, der Seder-Abend mit seinen Symbolen (Lamm, Mazze, Wein) zum ›Abendmahl‹, zur Eucharistie. Das Abendmahl hat dabei seine zeitliche Fixierung verloren. Es kann genauso gut am Morgen oder Mittag eingenommen werden, und auch nicht nur ein einziges Mal im Jahr. Sieben Wochen liegen zwischen Ostern und dem ›Fünfzigsten Tag‹, der griechisch *Pentecosté* heißt. Davon stammt das deutsche ›Pfingsten‹ und das französische ›Pentecôte‹.

Schawuót, das ›Wochenfest‹, fällt auf den 6. (in der Diaspora: 6. und 7.) Siwan. Es erinnert an die Offenbarung der Zehn Gebote am Sinai, weshalb als Text für die Toralesung 2. Mose 19–20 gewählt wurde. Die Zehn Gebote werden stehend vernommen. Wenn Pessach die körperliche Befreiung kennzeichnet, so Schawuot die geistige. Indem sich der Jude Gott unterwirft und Seine Gebote annimmt, gewinnt er die eigentliche Freiheit, die Freiheit echten Menschseins. Pessach und Schawuot hängen eng zusammen. Ohne Israels Annahme des »Jochs des Himmlischen Königreichs« – so lautet eine Formulierung des Talmud – wäre im Letzten die Lösung der Sklavenfessel an Pessach nur eine halbe Sache gewesen.

In vielen Gemeinden ist es Brauch, das biblische Buch Rut vorzutragen, ehe die Toralesung beginnt. Rut, die Moabiterin, die sich in ihrer Liebe zu ihrer Schwiegermutter Noomi dem Volk und der Religion Israels zuwendet (Rut 1,16f), gilt als Beispiel der Glaubenstreue und der Anhänglichkeit. Israel, das sich am Sinai in freiwilliger Entscheidung zu Gott bekannt hat, soll sich Rut immer wieder zum Vorbild nehmen.

Die Eingangsnacht von Schawuot ist dem Studium der Tora gewidmet. Gelegentlich dauern die Lernvorträge bis zum Morgengrauen, und sie sind dann gefolgt vom Morgengottesdienst – in Jerusalem bisweilen vom Morgengottesdienst vor der *Kótel*, der Westmauer am Tempelberg.

Schawuot ist auch das Fest der Erstlingsfrüchte. Die ersten – und sie galten als die besten – Früchte des Ackers oder des Fruchthains sollte ein Bauer in alten Zeiten in den Jerusalemer Tempel bringen. Ehe er dem Priester die Opfergabe überreichte, sprach er den Dank für das Land und seinen Ertrag (5. Mose 26,1–11). Eine Reminiszenz ist geblieben: Die Synagoge ist an Schawuot mit Blumen geschmückt.

Die Kirche hat – analog Pessach – Schawuot als Pfingsten (fünfzig Tage nach Ostern) aus dem Judentum übernommen und ihm einen neuen Sinn gegeben. Beim christlichen Glaubensmoment des Einströmens Seines Geistes schimmert der jüdische Hintergrund von der Offenbarung Seines Wortes an Israel durch.

Das dritte der drei Wallfahrtsfeste heißt *Sukkót*, Fest der ›Hütten‹, *Laubhüttenfest*. Es dauert vom 15. bis zum 21. (außerhalb Israels: 22.) Tischri, am Anfang des Herbstes. Der erste und letzte Tag der Festwoche sind eigentliche Feiertage mit Arbeitsverbot, die Tage dazwischen – wie bei Pessach – ›Halbfeiertage‹ (*Chol Hamo'éd*). Sukkot erinnert an die Wüstenwanderung der Israeliten, als das Volk in Hütten (Sukkót) lebte und vor der Unbill der Witterung und der Natur geschützt war (3. Mose 23,42f). Während dieser Tage tauscht der fromme Jude seine Wohnung mit einer Hütte, der *Sukká*. Er stellt sie im Freien auf: auf dem Flachdach, im Garten, Hof oder selbst auf der Straße, nur nicht unter einem Dach oder unter einem Baum. Sie muss unter ›dem Himmel‹ stehen. Abgeschnittene Zweige oder auch Strohmatten bilden die Bedachung der ›Laubhütte‹. Gegen Regen wird sie durch ein aufziehbares Dach oder – einfacher – eine Plastikfolie geschützt. Die Wände bestehen aus Holz, aber auch aus Tüchern, die mit Latten gefestigt sind – die Sukka soll einem nicht besonders heftigen Windstoß widerstehen können –, das Innere der Sukka schmücken Girlanden, Bilder, vor allem auch Früchte. Seit geraumer Zeit gibt es (im Staat Israel) die ›Sukka für immer‹. Mit ihren Stangen und ihrem Tuch-Umhang gleicht sie einem Zelt, nur die Bedachung erinnert noch vage an die eigentliche ›Hütte‹.

Wichtig ist an Sukkot der *Feststrauß* mit seinen vier Pflanzenarten: dem Palmzweig (*Luláw*), dem Paradiesapfel (*Etróg*), den Myrthen und Bachweiden (3. Mose 23,40). Der Feststrauß wird täglich während des Morgengebets ›geschüttelt‹, d. h. in die vier Himmelsrichtungen bewegt. Zudem ziehen die Betenden um den *Almemor*, den Tisch, auf den die Tora-Rolle bei der Lesung gelegt wird. Das Gebet, das sie beim Umgehen sprechen, beginnt mit den beiden Worten: »Hoschána na« (= Hosianna), das bedeutet: »Hilf bitte!« Jeder Jude besitzt nach Möglichkeit seinen eigenen Feststrauß, den er sich – in Israel – auf einem der speziellen Märkte erwirbt.

Sukkot steht am Beginn der Regenzeit im Land Israel. Sie setzt im September/Oktober ein und geht im April/Mai zu Ende. Im Sommer fällt kein Regen. Eine allfällige Feuchtigkeit schlägt sich als Tau während der Nachtzeit nieder. Die vier Pflanzen bedürfen des Wassers, wenn sie gedeihen sollen, und sie unterstreichen daher sinnfällig die Bitte um ein regenreiches Jahr. Im Tempel waren neben dem großen Altar große Bachweiden aufgestellt, und ein Wasseropfer war darzubringen. Das Wasser wurde aus der Gichon-Quelle im Kidrontal, östlich vom Tempelberg, geschöpft. Die Freude war in Jerusalem sehr groß, vor allem während dieses ›Wasserschöpf-Festes‹.

Den letzten Tag von Sukkot, den 21. Tischri, kennzeichnen sieben Umgänge um den Almemor. Daher nennt man ihn *Hoschána rabbá* (das ›große Hosianna‹).

Sukkot besitzt eine zweite Bedeutung. Die Tora (5. Mose 16,13–17) fordert: »Das Fest der Laubhütten sollst zu begehen, wenn du einsammelst von deiner Tenne und deiner Kelter. Freu dich dann an deinem Fest ...« Sukkot ist ein *Erntedankfest*. Anders als Schawuot, das Fest der ›Erstlingsfrüchte‹, wird es zum Abschluss der Ernte begangen. Daher ist dann auch die Freude über den Erntesegen groß, eine Freude, die »deinen Knecht und deine Magd, den Leviten, den Fremden, die Waise und die Witwe, die in deinen Toren sind« (V. 13), mit einschließt. Bei aller Freude wird allerdings nicht übersehen, dass irdischer Besitz vergänglich ist. Es ist daher höchst sinnvoll, dass an Sukkot – und zwar am Sabbat, der in die Festwoche fällt – das biblische Buch *Kohelet* (Prediger Salomos) vorgetragen wird. Mit seinem Motto »Eitelkeit der Eitelkeiten, alles ist eitel« (Koh 1,2) setzt es gleich zu Beginn den richtigen Akzent.

Unmittelbar an Sukkot schließen sich *Schminí Azéret*, das »Schlussfest am achten Tag« (3. Mose 23,36), und *Simchát Torá*, die »Freude an der Tora«, an. In Israel fallen Schmini Azeret und Simchat Tora auf einen einzigen Tag: den 22. Tischri. Außerhalb des Landes Israel ist das Schlussfest auf zwei Tage verteilt: Am 22. Tischri ist Schmini Azeret, am 23. ist Simchat Tora.

Die Bibel kennt kein Tora-Freudenfest. Vermutlich hat Schmini Azeret im 3./4. Jh. d. Z. diesen besonderen Anstrich erhalten, nachdem schon zuvor Freudenfeste zu Ehren der Tora – losgelöst von einem bestimmten Kalenderdatum – gefeiert wurden. Die Kombination des Tora-Freudenfestes mit dem Laubhüttenfest ist höchst sinnvoll. Die Freude am Erntesegen soll in der Freude an der Tora gipfeln, dem kostbarsten Besitz Israels.

An Simchat Tora wird das letzte der Fünf Bücher Mose mit Kapitel 33 und 34 beendet und das erste Buch begonnen. Abschluss und Wiederbeginn stehen nebeneinander. Der Zyklus, der sich über die Sabbate eines vollen Jahres erstreckt, geht faktisch immer weiter. Die Tora kann keiner je wirklich erschöpfend abschließen. Es ist üblich, alle männlichen Gottesdienstteilnehmer (Knaben nach dem 13. Geburtstag, da sie *Bar Mizwá*, ein ›Sohn des Gebotes‹ werden) zur Tora ›aufzurufen‹. Wer die Tora beenden darf – und dies ist eine besondere Ehre –, heißt ›Bräutigam der Tora‹ (*Chatán Torá*), wer sie beginnt, ›Bräutigam des Anfangs‹ (*Chatán B'reschít*). Bereits am Eingangsabend und dann während des Morgengebets vor der eigentlichen Tora-Vorlesung werden alle Rollen aus der Heiligen Lade genommen und in Umzügen durch die Synagoge getragen. Diese Umzüge sind begleitet von Gesang und Gruppentanz. Im Staat Israel tanzen die Frommen mit den Tora-Rollen auf den Straßen, in Jerusalem begeben sie sich mit ihr gelegentlich zur *Kótel* (Westmauer des Tempelbergs). Die Tora-Rollen befindet sich – wie Braut und Bräutigam am Tag der Hochzeit – unter einem *Baldachin* (zumeist unter einem *Tallit*, einem ›Gebetsmantel‹). Die kleinen Kinder werden an Simchat Tora mit Süßigkeiten beschenkt.

Freuden- und Trauertage

Der jüdische Kalender kennt neben den biblischen Festen eine Reihe von besonderen Tagen, von fröhlichen und traurigen.

Zu den *Tagen der Freude* zählen *Chanukká*, *Purím*, *Lag Baómer* und *Tu Bischwát*, seit der Gründung des Staates Israel auch *Jom Haazmaút*.

Zu den *Tagen der Trauer* gehören *Tischá Beáw* und die übrigen Fasttage.

Chanukká ist das ›Tempelweihe-Fest‹, auch ›Lichterfest‹ genannt. Es dauert vom 25. Kislew bis zum 2. Tewet. Während der acht Abende von Chanukka werden in der Synagoge und in jeder Familie Öllichter oder Kerzen am achtarmigen Leuchter, der *Chanukkiá*, entzündet, wobei die Lichterzahl jeden Abend um ein Licht zunimmt. Der volle Schein ist am letzten Abend erreicht.

Im Jahre 165 v. d. Z. bricht in Modeïn (unweit vom heutigen internationalen Flughafen bei Lod) ein Aufstand gegen die griechisch-seleukidische Herrschaft aus. König Antiochus IV. Epiphanes versuchte, die jüdischen Untertanen zur Verehrung der Olympischen Götter und zum Verzicht auf die Ausübung der jüdischen Religionsgesetze zu zwingen. Im Jerusalemer Tempel wurden zu Ehren des Zeus Schweine geopfert. Es gibt eine Reihe von Märtyrern, die sich eher töten lassen als die Glaubensgebote zu übertreten. Der greise Hohepriester Matitjáhu (Mattathias) erteilt das Signal zur Revolte. Er tötet einen jüdischen Mitläufer, der in Modeïn zur Opfergabe an Zeus bereit ist, und verjagt die griechischen Aufseher. Mit seinen fünf Söhnen flüchtet er in die judäischen Höhenzüge, wo sich ihm viele Gefolgsleute anschließen. Nach kleineren Überfällen auf griechische Armeeeinheiten gelingt den Widerstandskämpfern – sie nennen sich Makkabäer, nach Juda Makkabi, dem ältesten Sohn Matitjahus, der nach dessen Tod die Führung der Freischärler übernimmt – die Eroberung des

Tempelareals in Jerusalem. Sie säubern das Heiligtum von den Spuren der Götterverehrung und feiern ein achttägiges Weihefest: Chanukká. In seinem Zentrum stehen Opfer auf dem wiedererbauten Altar und das abendliche Entzünden des siebenarmigen Leuchters mit reinstem Olivenöl.

Die Volkstradition[8] weiß von einem Wunder, dem ›Chanukkawunder‹, zu berichten. Die Makkabäer finden nur einen einzigen Krug, der verwendet werden darf, weil er das Siegel des Hohenpriesters besitzt. Doch sein Ölinhalt reicht lediglich für eine einzige Nacht aus. Am nächsten Abend wollen die Makkabäer die Lichter des Tempelleuchters erneut entzünden, und siehe da, der Ölkrug ist wiederum voll. Er bleibt voll, bis schließlich – am neunten Tag – neugepresstes Olivenöl zur Verfügung steht. Dieses Wunder gilt es für immer zu verkünden. Der Chanukkaleuchter wird daher an ein Fenster oder in einen Glasbehälter neben die Haustüre gestellt. Jeder, der vorbeigeht, kann ihn sehen und sich an die Kunde von Chanukka erinnern.

Von den Ereignissen vor und nach Chanukka berichten das erste und zweite der vier apokryphen Makkabäerbücher.

Von *Purim* (14. Adar; in Jerusalem und anderen alten, von einer Mauer umgebenen Städten am 15. Adar) erzählt das biblische Ester-Buch, das im Abend- und Morgengottesdienst aus einer handbeschrifteten Pergamentrolle vorgesungen wird. Haman, Wesir des persisch-medischen Großkönigs Achaschwerosch (vermutlich Xerxes I.), will aus verletztem Stolz heraus alle Juden umbringen: Mordechai, Onkel der Königin Ester, war nicht bereit, sich vor ihm zu verbeugen und ihm die entsprechende Ehre zu erweisen. Haman weiß, dass Mordechai dem jüdischen Volk angehört, er weiß aber nicht, dass Ester eine Jüdin ist. Durch eine klug eingefädelte Hofintrige wird der Judenfeind schließlich gestürzt und auf königlichen Befehl hin durch den Strang hingerichtet. Mordechai übernimmt den freigewordenen Staatsposten. Am Tag, da die Juden hätten umgebracht werden sollen, setzen sie sich zur Wehr und besiegen ihre Feinde. Dieser Tag heißt Purim (›Lose‹), weil Haman Lose geworfen hatte, um den günstigsten Zeitpunkt für die geplante Judenvernichtung herauszufinden, und es ist ein Tag der Freude, an welchem »einer dem anderen Gaben sendet und Geschenke an die Bedürftigen« (Est 9,22).

Lag Baómer (›33 im Omer‹) ist der 33. Tag der Omerzeit (s.o.) zwischen Pessach und Schawuot. Lag Baomer fällt auf den 18. Ijar.

Sein Sinn wird durch zwei verschiedene Deutungen erklärt:

An einem Lag Baomer um die Mitte des 2. Jh. d. Z. ist – so erzählt die Volksüberlieferung – Rabbi Schimón Bar Jochaí gestorben, ein Mann von großem Wissen, der den *Sóhar* (›Glanz‹), das Grundwerk der jüdischen Mystik, verfasst haben soll. Die Geschichtsforschung widerspricht zwar dieser Annahme, doch bis heute besitzt der Rabbi – vor allem in Kreisen orientalischer und chassidischer Juden – eine hohe Verehrung. Am Vorabend des Lag Baomer begeben sich viele Zehntausende von ihnen zum Grab des Rabbi Schimon ins galiläische Bergdorf Meron. Sie zünden am Grab Gedenkkerzen an und verbringen die Nacht mit Gesängen und Gebeten. Landesweit entfachen die Kinder Israels in den Abendstunden Freudenfeuer.

Eine zweite Deutung bezieht sich auf Rabbi Akiba, einen Zeitgenossen des Rabbi Schimon Bar Jochai. Bis zum 40. Lebensjahr ein ungebildeter Hirte, beginnt er nach der Hochzeit mit Rahel, der Tochter des reichen Kalba Sabua aus Jerusalem, das Judentum kennenzulernen. Nach wenigen Jahren wird er Rabbi (›Meister‹ der Schriftdeutung) und schart viele Schüler um sich. Diese Schüler kämpfen in den Reihen des Ben Koseba gegen die Römer (132–135 d. Z.). Ben Koseba, den Rabbi Akiba zusammen mit einem großen Teil des Volkes als Messias verehrt und daher mit dem Ehrentitel *Bar Kochbá* (›Sternensohn‹, nach 4. Mose 24,17) bezeichnet, kommt in einer Schlacht bei Betar unweit von Jerusalem ums Leben. Auch viele seiner Getreuen fallen, unter anderem Rabbi Akibas Schüler. Der Rabbi wird von den Römern zunächst nicht behelligt, doch als Kaiser Hadrian das öffentliche Dozieren der Tora unter Androhung der Todesstrafe verbietet und sich Rabbi Akiba nicht an das Verbot hält, wird er verhaftet und durch den Feuertod hingerichtet. Er stirbt als Märtyrer, als ›Glaubenszeuge‹. Die Überlieferung weiß, dass die Schüler des Weisen in die Rebellion verwickelt waren, sie verklausuliert aber die Tatsache und stellt fest, viele seiner Schüler seien durch eine Seuche dahingerafft worden. Weil am Lag Baomer diese Seuche zu Ende ging, wird der Tag als Freudentag begangen.

Tu Bischwat, der ›15. Schwat‹ – einer der ›vier Jahresanfänge‹[9] – ist das ›Fest der Bäume‹, der Frühlingsbeginn, an dem die Kinder in Israel kleine Baumsetzlinge pflanzen. Der Mandelbaum steht bereits in voller Blüte und zeigt an, dass sich die Natur zu regen beginnt. Am 15. Schwat ist es üblich, fünfzehn verschiedene Früchte zu essen, mit Vorliebe

Früchte, durch die das Land Israel ausgezeichnet ist.

Jom Haazmaút ist der israelische ›Tag der Unabhängigkeit‹. Er fällt auf den 5. Ijjar. Am 5. Ijjar des jüdisches Jahres 5708, das war der 14. Mai 1948, ist der Staat Israel durch David Ben-Gurion in Tel Aviv proklamiert worden. An diesem Tag ging das Britische Mandat zu Ende. Am Jom Haazmaút sind alle Geschäfte und Schulen geschlossen, in den Synagogen werden Sondergebete gesprochen.

Der wichtigste Trauertag ist *Tischá Beáw* (der ›9. Aw‹), im Gedenken an die Zerstörung der Tempel von Jerusalem. Der erste, von Salomo erbaute Tempel ging 586 v. d. Z., am Ende der Belagerung Jerusalems durch den Babylonier Nebukadnezar, in Flammen auf. Der zweite Tempel wurde 70 d. Z. durch die Soldaten des römischen Feldherrn Titus zerstört. An Tischa Beaw wird – wie an Jom Kippur – von Abend zu Abend gefastet. Besondere Klagegesänge (*Kinót*), die zum Teil wegen der Judenverfolgungen zur Zeit der Kreuzzüge und der Vernichtung der jüdischen Rhein-Gemeinden von Speyer, Worms und Mainz verfasst wurden, bilden den Kern der Gottesdienste. Wenn die Klagegesänge gesprochen werden, sitzen die Betenden – wie Menschen, die um einen nahen Verwandten trauern – auf niedrigen Stühlen oder auf dem Boden. Besonders eindrücklich sind an Tischa Beaw die Gottesdienste vor der *Kótel* in Jerusalem, in der Nähe des einstigen Schauplatzes der Katastrophe.

Im Zusammenhang mit der Belagerung Jerusalems und seinem Untergang in babylonischer und römischer Zeit stehen andere Fasttage: das ›Fasten für Gedalja‹ (*Zom Gedaljáhu*). Gedalja war der von Nebukadnezar nach dem Sieg über die Juden eingesetzte Statthalter. Er wurde, wie die Bibel mitteilt (2. Kön 25,25; Jer 41,2), ermordet. Der Fasttag fällt auf den 3. Tischri, also auf den Tag nach Rosch Haschana. Ferner der ›Zehnte Tewet‹ (*Assará b'Tewét*), an welchem die Belagerung Jerusalems durch Titus begann, der ›Siebzehnte Tamus‹ (*Schiw'á Asár b'Tamús*), da die Römer eine Bresche in die Stadtmauer Jerusalems schlugen.

Einen Tag vor Purim wird das ›Fasten Esters‹ (*Taanít Esthér*) angesetzt (am 13. Adar). Es erinnert an die drei Tage des Fastens und Betens, welche die Königin – im Rahmen der Hofintrige gegen Haman – verordnete, ehe sie zu Aschaschwerosch ging (Est 4,16).

Im Unterschied zu den biblischen Feiertagen besteht an den Freuden- und Trauertagen kein Arbeitsverbot.

Der Sabbat

Der Sabbat – hebr. *Schabbát* – ist der ›Ruhetag‹, der siebte Tag der Woche nach den sechs Arbeitstagen. Er ist der einzige Tag mit einer Namensbezeichnung. Die übrigen Tage heißen ›erster Tag‹ (für Sonntag), ›zweiter Tag‹ (für Montag), und so fort. Weil sie auf den Sabbat hinweisen, bedürfen sie keines eigenen Namens. Sie sind nicht mehr als Vorboten des kommenden Ruhetags. Wenn der Sabbat kommt, ist die Woche zu Ende, ist der Gipfel erreicht. Das Sabbatgebot wird auf zweifache Weise begründet:
1. Mit dem Gottes-Sabbat am Ende des Weltschöpfungsprozesses: Gott schuf die Welt in »sechs Tagen«, in sechs Perioden, und »ruhte am siebten Tag«. Daraufhin »segnete Gott den siebten Tag und heiligte ihn«, heißt es in 1. Mose 2,2f. Oder im Dekalog von 2. Mose 20,11: »Denn sechs Tage lang erschuf der Herr den Himmel und die Erde, das Meer und alles, was in ihnen ist, und Er ruhte am siebten Tag; deshalb segnete der Herr den Sabbat-Tag und heiligte ihn.«
Wer daher sechs Tage arbeitet und am siebten Tag die Arbeit einstellt, ahmt Gottes Wirken nach. Wie durch seine Arbeit, so bekennt er durch den Verzicht auf die Arbeit am ›siebten Tag‹, dass die Welt geschaffen worden ist – geschaffen durch den göttlichen Schöpfer. Arbeit und Ruhe werden zur ›Nachahmung Gottes‹.
2. Mit dem Hinweis auf die Sklavenzeit in Ägypten: »Denk daran, dass du ein Sklave gewesen bist im Land Ägypten, und dich der Herr, dein Gott, von dort befreit hat, mit starker Hand und ausgestrecktem Arm. Deshalb befiehlt dir der Herr, dein Gott, den Sabbat-Tag einzuhalten« (5. Mose 5,15).
Gott ist der Weltenschöpfer, und Er ist zugleich der Weltenlenker. Seine Macht und sein Wirken entfalten sich im kosmischen wie im geschichtlichen Bereich – als Schöpfer und als Retter. Wer den Sabbat beachtet, bezeugt beides, und jede Woche aufs Neue.
Die Arbeit ist Teil des Bekenntnisses. Wer nicht arbeitet, kann auch nicht wirklich ruhen. In den Zehn Geboten (2. Mose 20,9; 5. Mose 5,13) steht der Auftrag: »Sechs Tage sollst (wirst) du arbeiten«. Die Arbeit ist kein Fluch, sondern ein Segen, auch wenn manch einer im Schweiß seines Angesichts sein Brot verdienen muss (1. Mose 3,19). Arbeit bedeutet im Zusammenhang mit dem Sabbat ›kreative Arbeit‹ (*m'lachá*), Arbeit, die etwas Neues

schafft – analog zur Gottesarbeit während der ›Schöpfungswoche‹ – oder Bestehendes umformt. Die Bibel nennt ein paar Beispiele: Neben dem Entzünden von Feuer (2. Mose 35,3), dem eigentlichen Prototyp schöpferischer Tätigkeit, die Feldarbeit (2. Mose 34,21), das Tragen von Lasten (Jer 17,21f), den Handel und Wandel (Amos 8,5). Im Rahmen der Anweisungen zum Bau eines tragbaren Wüstenheiligtums (2. Mose 25,1–31,11) fordert die Tora das »Hüten des Sabbats« (31,12–17). Nach Ansicht der Weisen wird dadurch der Begriff der Arbeit definierbar: Jede Tätigkeit ist am Sabbat untersagt, die beim Bau jenes Heiligtums ausgeübt werden musste. Insgesamt sind es 39 Hauptarbeiten mit ihren Untergruppen. Wesentlich ist dabei, dass das Arbeitsverbot im Fall einer Lebensbedrohung aufhört. Das Prinzip lautet: »Lebensgefahr verdrängt den Sabbat«[10] (= die Sabbatverbote), denn die Lebenserhaltung ist wichtiger. Es ist dabei nicht nur erlaubt, es ist die höchste Pflicht auch des orthodoxesten Juden, den Sabbat zu entweihen, wenn er ein Menschenleben retten kann. Im Talmud[11] heißt es: »R. Simon ben Gamliel sagte: Man entweihe den Sabbat wegen eines einen Tag alten lebenden Kindes, man entweihe den Sabbat aber nicht wegen des toten David, des Königs von Israel. Man entweihe den Sabbat wegen eines einen Tag alten lebenden Kindes, denn die Tora sagt, dass man seinetwegen den einen Sabbat entweihe, damit es viele Sabbate einhalte.«

Im Staat Israel ist der Sabbat (in von Juden bewohnten Ortschaften) der staatliche Ruhetag. Die Geschäfte und Schulen sind geschlossen. Es ist aber klar, dass die lebensrettenden Dienste auch am Sabbat weitergehen. Daher sind Polizisten, Feuerwehrleute, Soldaten, Ärzte und Krankenschwestern auch am Sabbat im Einsatz – im Einklang mit dem jüdischen Religionsgesetz.

Der Sabbat gilt für jeden Juden und für jeden Nichtjuden, sofern er im Dienstverhältnis eines Juden steht: »Der siebte Tag aber ist ein Ruhetag dem Herrn, deinem Gott. Da sollst du keinerlei Arbeit verrichten, weder du noch dein Sohn oder deine Tochter, dein Knecht und deine Magd und dein Vieh und dein Fremder, der in deinen Toren ist« (2. Mose 20,10). Weil der Sabbat immer ein »Ruhetag dem Herrn, deinem Gott« ist, dem Gott aller Geschöpfe, muss der Arbeitgeber ihn auch allen gewähren, die von ihm abhängig sind: seinen Bediensteten und seinem Vieh nicht minder, aber selbst dem Fremden, der in seinen Toren weilt. Dieser Fremde – er heißt *ger*, und dieses Substantiv kommt vom Verb *gur*, ›wohnen‹ – ist nicht der vorbeiziehende Fremde, etwa der Tourist, der kommt und geht. Er ist vielmehr der Mitbewohner, vielleicht auch der Asylant, in jedem Fall der Schutzbedürftige, der allzu leicht missbraucht werden könnte. Um der Schwachen willen ist der Sabbat da. Das wird unmissverständlich in 5. Mose 5,14 – bei der Wiederholung des Dekalogs – ausgesprochen: »(Da sollst du keinerlei Arbeit verrichten ...), damit ruhen werden dein Knecht und deine Magd wie du.«

Wo Gott als Weltenschöpfer und als Weltenlenker verehrt wird, gewinnt ein jedes Geschöpf seinen Stellenwert. Der Sabbat erweist sich gleichsam als die erste ›Magna charta‹ der Menschheit.

Und wie sieht die Praxis aus? Der Sabbat beginnt am Freitagabend, rund eine Stunde vor Anbruch der Dunkelheit. Kein Jude soll bis zum letzten Augenblick arbeiten, sondern den Beginn des Ruhetags vorverlegen, sozusagen in einen Schutzraum hinein. Der ›Zaun‹, der vor den Sabbat geschoben wird, schützt ihn. Weil die Arbeit am Sabbat untersagt ist und daher etwa das Feuerentzünden, kocht die Hausfrau alle Speisen schon am Freitag. Was warm bleiben soll, wird auf eine elektrische Wärmeplatte gestellt. Am Sabbat selbst darf es nicht erhitzt werden. Gesetzestreue Juden rauchen nicht (Kettenraucher werden am Sabbat ›entkettet‹) und drehen auch keinen elektrischen Schalter oder eine Lampe an, weil das vom Strom erzeugte Licht mit einer Feuerproduktion verglichen wird. Das Licht, das in der Wohnung brennt, kann allenfalls mit Hilfe einer Schaltuhr – sie ist kein Lebewesen und daher nicht zur Sabbatruhe verpflichtet – ausgelöscht werden. Am Sabbat benützen gesetzestreue Juden auch kein Motorfahrzeug und sie fliegen nicht. Die Reise auf einem Meeresdampfer, die vor Sabbat begonnen hat, können sie natürlich nicht unterbrechen.

Die Hausfrau und Mutter lässt den Sabbat – die ›Königin Sabbat‹ oder die ›Prinzessin Sabbat‹, wie ihn Heinrich Heine in seinem Gedicht »Prinzessin Sabbat« preist – durch das Entzünden der Sabbatkerzen in die Familie eintreten. Wenn die Kerzen brennen – es sind mindestens zwei –, spricht sie einen Segensspruch, und dann ist für sie die Arbeit der Woche zu Ende. Zugleich bringt sie mit dem Lichterentzünden die Feierlichkeit des Sabbats in ihre Familie.

Nach dem Gottesdienst in der Synagoge und vor Beginn des Abendessens – zu welchem oft auch Freunde und fremde Gäste eingeladen sind – segnen die Eltern ihre Kinder mit dem levitischen Priestersegen (4. Mose 6,24–26), und sie legen ihnen dabei die Hände auf den Kopf. Es erklingt das Lied *Schalóm alechém*, »Friede sei euch, ihr Engel des Dienstes«, und darauf das letzte Kapitel aus den biblischen Sprüchen Salomos (Kapitel 31): »Wer hat eine treffliche Frau gefunden?«. Der Gatte singt es seiner Gattin vor – jeden Sabbat ein erneuter Ausdruck seiner Liebe und Verehrung. Dann spricht der Familienvater den Kiddúsch, das Gebet der ›Heiligung‹ des Sabbats, über Wein oder Traubensaft und zwei Brote, die *Chalót* (auch *Bérches* oder *Bárches* genannt, von hebr. *mewaréch*, ›segnen‹, ›einen Segen sprechen‹). Jeder Anwesende erhält ein Stückchen der Chalót, das mit Salz, Zeichen des Opfers (s. o.) bestreut worden ist. Während der Mahlzeit werden die Sabbatgesänge (*semirót*) gesungen, zu ihrem Abschluss das Tischgebet mit seinen schönen Melodien.

Die Familie findet am Freitagabend zueinander, jeder hat Zeit für den anderen. Man könnte von einer regelmäßigen ›Familientherapie‹ sprechen, die jede Woche wiederkehrt.

Im Zentrum des Morgengottesdienstes steht die Tora-Vorlesung. Der Wochenabschnitt beginnt dort, wo der Wochenabschnitt am Sabbat zuvor aufgehört hat. Der Zyklus streckt sich über ein Jahr und findet an Simchat Tora sein Ende und seinen Anfang (s. o.). Sieben männliche Personen werden ›aufgerufen‹. Sie treten dabei vor Beginn eines Abschnitts zur Tora hin und sprechen vor und nach der Lesung einen Segensspruch. Die achte Person übernimmt im Anschluss an die Tora-Lesung die *Haftará*, einen Abschnitt aus den Propheten. Manche Gemeinden besitzen eine Pergamentrolle, auf der jede Haftará des Kalenderjahres aufgeschrieben ist. In der Regel wird die Haftará jedoch aus dem Buch vorgesungen. Die Melodien für die Tora-Vorlesung und die Haftará sind verschieden, und sie variieren bei den verschiedenen jüdischen Gemeinschaften des Orients und Okzidents.

Bei Anbruch der Nacht ist der Sabbat vorbei. In der Synagoge und im Familienkreis wird die Zeremonie der *Hawdalá*, der ›Trennung‹ des Sabbats von den beginnenden Arbeitstagen, vorgenommen. Es brennt dabei eine Kerze mit mehreren Dochten, die eine Flamme erzeugen. Das große Feuer zeigt an, dass nunmehr das Verbot, Feuer zu entfachen und zu benützen, nicht mehr gilt. Zugleich weist die Flamme auf das Licht hin, das Gott am ersten Tag der Schöpfung geschaffen hat. Während der Hawdala riechen die Anwesenden an einer Gewürzdose, um mit einem ›angenehmen Geruch‹ in die neue Woche einzutreten. Über einem Glas Wein oder Saft wird der Segen gesprochen.

»Mehr als die Israeliten den Sabbat beschützt haben, hat der Sabbat die Israeliten beschützt«, schrieb der jüdische Schriftsteller und Politiker Ascher Ginzberg (*Achád Haám*; 1856–1927). In der Tat, weil der Sabbat nicht nur einmal im Jahr, sondern jede Woche gefeiert wird, ist seine Wirkung entsprechend groß.

Von der Wiege bis zum Grabe

Als Jude wird man geboren, insofern die Mutter eine Jüdin ist. Eine Taufe wird nicht vollzogen. Die Religionszugehörigkeit des Vaters fällt bei der Bestimmung der Religion des Kindes nicht ins Gewicht. Wer nicht als Jude zur Welt gekommen ist, kann vor einem Rabbinatsgericht konvertieren. Er muss sich zuvor intensiv mit dem jüdischen Glauben beschäftigt und sich ihm auch gefühlsmäßig angeschlossen haben. Ein männlicher Kandidat hat sich vor dem Glaubensübertritt auch der Beschneidung – sie wird im Spital vorgenommen, sofern es sich nicht um einen Säugling handelt – zu unterziehen. Die Aufnahmeprozedur findet ihren Abschluss mit der *Tewilá* (›Taufe‹), dem Untertauchen des Kandidaten oder der Kandidatin im rituellen Tauchbad (*Mikwé*), das teilweise mit Regenwasser gefüllt ist.

Der Übergetretene (Proselyt) gilt in jeder Hinsicht als Jude, und zwar als Volljude. Halb- oder gar Viertelsjuden gibt es nach jüdischer Auffassung nicht. Der Zugehörigkeit zum jüdischen Glauben impliziert die Zugehörigkeit zur Volksgemeinschaft.

Die *Beschneidung* (hebr. *milá* oder *Brit Milá*; ›Bund der Beschneidung‹) findet am achten Tag nach der Geburt statt, selbst wenn er auf einen Sabbat oder Feiertag fällt. Nur ein medizinischer Grund kann die Verschiebung bewirken. Jeder Jude kann sich als Beschneider (*mohél*) ausbilden lassen.

Im Alter von zwölf Jahren wird ein jüdisches Mädchen *Bat Mizwá*, ›Tochter des Gebotes‹. Es gilt in religiöser Hinsicht als volljährig und ist verpflichtet, die Gebote einer jüdischen Frau wahrzunehmen. Weil die körperliche Entwicklung beim Knaben langsamer ist, wird er erst mit dem dreizehnten Geburtstag *Bar Mizwá*, ›Sohn des Gebotes‹. Am Sabbat nach diesem Geburtstag – gegebenenfalls auch an einem Montag- oder Donnerstagmorgen, an denen kurz aus der Tora vorgelesen wird – tritt er zum ersten Mal zur Schriftrolle hin, spricht den Segen und singt den Tora-Text vor der Gemeinde. In der Familie findet dann eine Feier statt. In Jerusalem pflegen viele Knaben ihre Bar Mizwa vor der *Kótel*, der Westmauer des Tempelbergs, zu begehen. Mädchen tragen in traditionellen Gemeinden – anders als in konservativen oder Reformsynagogen – keinen Text aus der Tora vor, doch auch ihre Bat Mizwá besitzt mehr und mehr einen großen Stellenwert.

Von der Bar Mizwa an ist der jüdische Knabe verpflichtet, während des Morgengottesdienstes an Wochentagen seine *Tefillín* (Phylakterien), die ledernen ›Gebetsriemen‹, und den *Tallít* (›Gebetsmantel‹) zu tragen. Am Sabbat und den Feiertagen wird nur der Tallit benützt. Die Tefillin bestehen aus zwei Teilen: aus den Gebetsriemen für den Kopf und den Gebetsriemen für den (linken) Arm. An den Riemen ist eine Kapsel befestigt, die verschiedene Tora-Texte, unter anderem das Glaubensbekenntnis Sch'ma Jisraél (›Höre, Israel‹) aus 5. Mose 6,4–9 enthält. Mit seinem Denken (Kopf), seinem Fühlen (linker Arm beim Herzen) und seinem Tun (Arm) will der Jude Gott dienen.

Der Tallit – eine viereckige und ursprünglich togaähnliche Gewandung – besitzt an jeder Ecke acht weiße Wollfäden, die sogenannten Schaufäden (hebr. *zizít*). Diese Fäden – einer von ihnen wurde im Altertum mit purpurblauem Farbstoff, dem Sekret der Purpurschnecke, gefärbt – sollen den Juden an seine religiösen Pflichten erinnern (4. Mose 15,37–41).

Neben Tefillin und Tallit gibt es ein drittes, sehr wichtiges Symbol: die *Mesusá* (›Türpfosten‹), die kleine Kapsel an den Türpfosten jüdischer Wohnungen. In die Kapsel ist ein kleines, von Hand durch einen Tora-Schreiber beschriftetes Pergamentstück eingelegt. Es enthält wiederum das Glaubensbekenntnis (5. Mose 6,4–9), dann aber auch den Abschnitt 5. Mose 11,13–21. Nur an Toilette und Badezimmer fehlt die Mesusa, hingegen wird sie an der Eingangstüre und auch an Stadttoren befestigt (5. Mose 6,8).

Die *Ehe* ist im Judentum zwar eine ›Heiligung‹, doch kein eigentliches Sakrament. Sie kann daher wieder geschieden werden. In westlichen Ländern mit ihrer Trennung von Staat und Religion muss zuerst die Zivilehe geschlossen werden, ehe die religiöse Trauung durchgeführt werden darf. Diese Trauung findet in der Synagoge, oftmals aber auch unter freiem Himmel statt. Das Brautpaar steht unter einem Baldachin (hebr. *Chuppá*), der Rabbiner singt die Segenssprüche, der Bräutigam übergibt seiner Braut einen Ring – es werden keine Ringe getauscht – und sagt dabei den traditionellen Vers: »Du seist mir geheiligt mit diesem Ring nach dem Gesetz von Mose und Israel.« Zwei Zeugen, die mit dem Paar nicht verwandt sein dürfen, sind bei der Ringübergabe anwesend. Daraufhin liest der Rabbiner die *Ketubá*, den Ehevertrag, vor, der von den beiden Zeugen unterschrieben worden ist. Der Bräutigam hat sich vor der Unterzeichnung verpflichtet, alle Bedingungen des Ehevertrags zu erfüllen und im Fall einer Scheidung seiner Frau die vorgesehene Abfindungssumme auszuhändigen. Die Institution der Ketuba geht in die Antike zurück und bietet der Gattin einen optimalen Schutz. In der Regel hält der Rabbiner während der Hochzeit eine Rede, doch wesentlich ist die Ringübergabe vor zwei Zeugen. Zum Abschluss der Trauung tritt der Bräutigam auf ein Glas und zerbricht es: Zeichen der Trauer um die Zerstörung des Jerusalemer Tempels und Hinweis auf die Zerbrechlichkeit ehelichen Glücks.

Im Staat Israel fehlt die Zivilehe. Der Rabbiner besitzt den Status eines Staatsbeamten, und er muss für die Eintragung des neuen Ehebunds ins Zivilstandsregister sorgen. Bei Christen besitzt der Pfarrer, bei Moslems der Kadi diese Aufgabe. Eine Mischehe, d. h. eine Ehe zwischen einem Juden und einem Angehörigen einer anderen Konfession, darf ein Rabbiner nicht schließen. Zivilehen aus dem Ausland werden in Israel jedoch anerkannt, selbst wenn es sich um Mischehen handelt. Nur gewinnt damit der nichtjüdische Partner nicht die jüdische Religionszugehörigkeit.

Bei einer religiösen Scheidung, die vor einem Rabbinatsgericht erfolgt, lässt der Gatte einen Scheidebrief (*Get*) schreiben. Sobald der Scheidebrief von der Gattin freiwillig akzeptiert ist, gilt die Ehe als aufgelöst. Eine neue Verehelichung ist möglich, sofern die Gattin in der Zwischenzeit nicht mit einem anderen Mann verheiratet gewesen ist.

Eine Ehefrau beachtet die Reinheitsgesetze der Religion. Nach ihrem Monatszyklus begibt sie sich in die *Mikwé*, das Tauchbad, und darf dann ihre ehelichen Beziehungen wieder aufnehmen.

Wenn ein Mensch dem *Sterben* nahe ist, treten Mitglieder der *Chewrá Kadischá*, der ›heiligen Gemeinschaft‹, an sein Bett – Männer zu einem männlichen, Frauen zu einem weiblichen Patienten – und halten bei ihm rund um die Uhr Wache. Kurz vor seinem Tod sprechen sie das Glaubensbekenntnis »Höre, Israel (*Sch'ma Jisraél*), der Ewige ist unser Gott, der Ewige ist einzig (*echád*)«, wobei sie es so einrichten, dass das Wort ›einzig‹ dann gesprochen wird, wenn der Sterbende seinen letzten Atemzug tut. Die Chewrá Kadischá kümmert sich um das

Einkleiden des oder der Verstorbenen in das weiße, linnene Totengewand (*Sargenes*) und um die Beerdigung. Das Totengewand ist für alle gleich. Die sozialen Unterschiede fallen nach dem Tod dahin. Entsprechend darf der einfache Sarg nicht mit Silber beschlagen sein. Schmuck wird im Übrigen dem Toten nicht ins Grab gegeben. Im Staat Israel werden die Verstorbenen nur im Sargenes, d. h. ohne Sarg, beerdigt – ein Mann ist zudem in den Tallit, den Gebetsmantel gehüllt. Im Grab selber wird durch Steinplatten ein Gewölbe um den Toten gebildet, der auf dem Erdboden liegt: »denn Staub bist du und zum Staub sollst du zurückkehren« (1. Mose 3,19). Eine Kremation kennt das Judentum nicht, nur die Erdbestattung wird toleriert. Nach alter Auffassung »erwirbt der Tote sein Grab«, eine Exhumierung ist nicht erlaubt. (Eine Ausnahme bilden die posthume Untersuchung der Leiche nach einem vermutlichen Mord oder der Wunsch einer nachträglichen Bestattung im Land Israel.)

Nach der Beerdigung beginnt für die Hinterbliebenen die siebentägige Trauerwoche (*Schiw'á*). Sie wird begonnen mit dem Essen eines Hühnereis, das zuvor mit Asche (Zeichen der Trauer) bestreut worden ist. Morgens und abends findet im Trauerhaus ein Gottesdienst statt. Die Trauernden sprechen das *Kaddísch*, Gebet der ›Heiligung‹ Gottes. Es hat nichts mit dem Tod zu tun und wird auch sonst während des Gemeindegottesdienstes vom Vorbeter vorgetragen. Dass die Trauernden es sprechen sollen – und zwar für die Eltern ein volles Jahr –, hat einen tiefen Sinn. Gerade in der Zeit ihrer seelischen Not preisen sie Gott und bekennen sich zu Ihm. Sie rebellieren nicht, sondern akzeptieren das Unabänderliche.

Während der Trauerwoche sitzen die Trauernden auf niedrigen Stühlen oder (wie der biblische Hiob) auf der Erde. Entferntere Angehörige und Freunde bringen ihnen Speise und Trank. Trauerbesuche sind erwünscht, weil die Trauernden spüren sollen, dass sie nicht allein stehen. Am Sabbat nehmen die Trauernden am Synagogen-Gottesdienst teil. Im Trauerhaus brennt eine kleine Lampe, das ›Seelenlicht‹, zur Erinnerung an den verstorbenen Menschen. Am dreißigsten Tag (*Schloschím*) wird im Staat Israel der Grabstein eingeweiht, in anderen Ländern in der Regel erst nach einem Jahr.

Wenn der Todestag sich jährt, ist ›Jahrzeit‹. Wie im Trauerjahr sprechen die Angehörigen das Kaddisch während des Gemeindegottesdienstes. Vierundzwanzig Stunden lang – von Abend zu Abend – brennt das kleine ›Seelenlicht‹.

Das Judentum kennt, wie viele andere Religionen, den Glauben an die Unsterblichkeit der Seele, an ein Paradies (›Garten Eden‹), und an die leibliche Auferstehung der Toten zu einem unbestimmten Zeitpunkt. Mit dem Tod des Körpers ist – so lehrt das Judentum – die Existenz eines Menschen nicht zu Ende.

Der Gottesdienst

Seit der Zerstörung des Tempels durch die Römer im Jahr 70 d. Z. ist der Gottesdienst ausschließlich ein Wortgottesdienst. Tier- und Speiseopfer gibt es nicht mehr. Gesetzestreue Juden beten indessen um den Wiederaufbau eines neuen Tempels in Jerusalem. Er müsste dort stehen, wo die beiden früheren gestanden haben: auf dem Tempelberg, dem *Zion*. Das ist allerdings aus ›technischen Gründen‹ nicht möglich, weil auf dem Tempelberg die beiden Moscheen erbaut worden sind: der Felsendom und die Al-Aksa-Moschee. Konservative und Reformjuden lehnen einen erneuerten Opferdienst aus ideologischen Gründen ab.

Der synagogale Gottesdienst ist nach dem Prozedere des einstigen Tempelkults ausgerichtet. Morgens und nachmittags (oder abends) finden die Gottesdienste statt, entsprechend den Opferzeiten im Jerusalemer Heiligtum. Am Sabbat- und Feiertagsmorgengottesdienst wird das ›Zusatzgebet‹ (*Mussáf*) – in Analogie zum ›Zusatzopfer‹ – beigefügt.

Die Aufgaben der Priester und Leviten sind minimal. Die Priester sprechen im Gottesdienst den *aaronitischen Priestersegen* 4. Mose 6,24–26, nachdem ihnen die Leviten zuvor – als Hinweis auf die körperliche und seelische Reinheit, die das Judentum fordert – die Hände mit Wasser übergossen haben. Bei der Tora-Vorlesung werden Priester und Leviten mit den ersten zwei Aufrufen beehrt.

Jeder männliche Gottesdienstbesucher, der dreizehn Jahre alt und damit Bar Mizwa ist, darf das Vorsingen der Gebete übernehmen. Die Gemeinde respondiert. Es bedarf für das Vorbeten keines bestallten Vorbeters (*Chasán*). Wichtige Gebete sind die Psalmen Davids, das *Sch'ma Jisraél* (›Höre, Israel‹) und die *Schmoné Esré*, das Gebet mit den achtzehn (später neunzehn) Segenssprüchen. Es gibt Gebete für den Privatbereich, eines der wichtigsten ist das Tischgebet nach der Mahlzeit. Die Sprache der Gebete ist Hebräisch, die ›lingua franca‹ des jüdischen Volkes, in welcher auch die meisten Glaubensschriften verfasst sind. Für Nichtkundige gibt es Übersetzungen in allen Weltsprachen. Die bekannteste deutsche Übersetzung stammt von Rabbiner Dr. S. Bamberger und ist im Victor Goldschmidt Verlag, Basel, nach dem Zweiten Weltkrieg neu aufgelegt worden.

Der Rabbiner (hebr. *Rabbí*) kann, muss aber nicht predigen. In westlichen Ländern entspricht sein Aufgabenbereich in etwa dem eines Pfarrers. Weil das Zölibat abgelehnt wird, soll auch ein Rabbiner im Prinzip heiraten.

Jeder, der sich berufen fühlt, kann Rabbiner werden. Nach der Ausbildung an einem entsprechenden Seminar oder an einer Talmudschule erhält er die Ordination (hebräisch: *Semichá*). In den Rabbinerseminaren der Konservativen oder Reform-Richtung der USA und Großbritanniens werden seit einigen Jahren auch Frauen ordiniert. Sie übernehmen nach dem Studium wie ihre männlichen Kollegen eine Gemeinde, oder sie arbeiten in den sozialen Bereichen, die wie im Christentum von größter Wichtigkeit sind. Jede jüdische Gemeinschaft besitzt seit altersher ihre Fürsorge, die *Kupat Zedaká* (›Wohltätigkeitskasse‹).

Im Innenraum der Synagoge findet sich die ›Heilige Lade‹ (*Arón hakódesch*) mit den Pergamentrollen der Tora. Während der Vorlesung liegt die Tora-Rolle auf dem Tisch der *Bimá* (›Erhöhung‹, von griechisch: ›béma‹). In europäischen Gemeinden heißt die Bima auch *Almemor* (eine Verballhornung des arabischen Wortes ›Al-Minbar‹, Kanzel in einer Moschee). Der Almemor steht im Zentrum der Synagoge. Die Tora, Gottes ›Lehre‹, wird gleichsam ›inmitten Israels‹ vernommen.

In den Synagogen der sogenannten orthodoxen Richtung sitzen männliche und weibliche Gottesdienstbesucher nicht zusammen. Für Frauen und Mädchen ist in der Regel eine Empore reserviert. Desgleichen fehlt der gemischte Chor (nur Knaben singen!) und die Orgel. Die Landessprache wird für die Gebete kaum verwendet. Bei der progressiven Richtung fallen diese Beschränkungen dahin, wobei auch hier Unterschiede im Detail vorhanden sind.

Grundgedanken des Judentums

Dogmen, also von einem Konzil beschlossene Glaubenssätze, fehlen. Daher ist auch eine Exkommunizierung von ›Ketzern‹ nicht möglich. Wer in krasser Weise gegen die Glaubensüberzeugungen verstößt, kann aus der Gemeinde – nicht aus dem Glauben – durch den ›Bann‹ (*Chérem*) ausgeschlossen werden. Wenn er seine Abtrünnigkeit bereut, wird der ›Bann‹ gelöst. Wohl am bekanntesten ist der Bannspruch gegen den jüdischen Philosophen Baruch Spinoza (1632–1677) durch die jüdische Gemeinde von Amsterdam. Spinoza widerrief seine ›Irrlehren‹ nicht und kehrte nie mehr in die Gemeinde zurück.

R. Mose ben Maimon (Maimonides, 1135–1204) hat dreizehn Glaubensartikel aufgestellt, in denen er die Quintessenz seiner Überzeugung zusammenfasst. »Ich glaube in vollkommenem Glauben«, so beginnt jeder Abschnitt. Maimonides glaubt an die Einzigkeit, Unkörperlichkeit und Zeitlosigkeit Gottes, an die Erschaffung und Lenkung der Geschöpfe durch Ihn, an die Kraft des Gebets, an die Wahrheit prophetischer Verkündigung, an die ewige Gültigkeit der von Gott offenbarten und sich nicht wandelnden Tora, an das Überblicken menschlichen Tuns durch Gott, an Lohn und Strafe, an die Ankunft des Messias und die Auferstehung der Toten.

Entscheidend ist der Glaube an den Einen-Einzigen Gott, den Schöpfer und Lenker der Welt. Die Einheit Gottes findet in der Einheit der Menschheit ihr Gegenstück: Ein einziger Gott schuf Adam und Eva, von denen alle Menschen abstammen. Daher sind alle Menschen Brüder. In den Worten des Talmud, der Mündlichen Lehre:[12] »Deshalb wurde der Adam (der ›Mensch‹, und das sind Mann und Frau) als einziger erschaffen: ... um des Friedens willen. Damit keiner zu seinem Nächsten sagen kann: Mein Vater ist größer als der deine.« Die Gleichheit und damit auch Gleichberechtigung aller Menschen beruht auf ihrem gleichen Ursprung. Aus dieser Gleichheit entspringt die unbedingte und niemals eingeschränkte Nächstenliebe (3. Mose 19,18).

Des Menschen Tun ist Gottes ›Auge‹ unterstellt. Gott »prüft Herz und Nieren« (die Nieren sind nach altem Verständnis der Sitz des Denkens), heißt es zum Beispiel in Jer 11,20. Für seine Fehler muss ein Mensch geradestehen, seine guten Taten werden belohnt. Von einem Lohndenken ist indessen nicht die Rede, eine Werkgerechtigkeit im Sinne von »ich handle gut, damit ich belohnt werde« wird verworfen. Die Weisen lehren:[13] »Antigonos ... pflegte zu sagen: Seid nicht wie Diener, die ihrem Herrn dienen, um Lohn zu empfangen, sondern seid wie Diener, die ihrem Herrn dienen, auch wenn sie keinen Lohn empfangen. Und die Furcht vor Gott sei über euch.« Freiwillig unterstelle sich ein Jude dem »Joch des Himmlischen Königreichs«. Wesentlich ist die Überzeugung, dass Fehler wiedergutgemacht werden können. Voraussetzung ist die Einsicht, die zur Buße, zum Umkehr führt (s. o. zu den Hohen Feiertagen).

Die jüdische Religion betrachtet die Geschichte der Menschheit und ist überzeugt, dass diese Geschichte dereinst in das Messianische Zeitalter einmündet. Messias – so haben die griechisch sprechenden Juden das hebräische *Maschíach* wiedergegeben – bedeutet der ›Gesalbte‹. ›Gesalbt‹ war im alten Israel neben dem König auch der Priester. Der Ehrentitel Maschiach-Messias gilt indessen insbesondere für den von den Propheten (etwa Jes 11) angesagten Herrscher im ›Friedensreich‹. In dieser vom gläubigen Juden noch immer erwarteten Periode, da die Zerstreuten des Volkes Israel von den »vier Enden der Erde wiederkehren« und der Aufbau zerstörter Städte wie das Erblühen der Wüste beginnen, gibt es keine Kriege mehr. »Sie (die Völker, die zum Gottesberg nach Jerusalem pilgern) werden umhauen ihre Schwerter in Pflugscharen und ihre Speere in Rebmesser, kein Volk wird wider das andere das Schwert erheben, und sie werden nicht mehr den Krieg (Kriegskunst) erlernen.« Universaler Pazifismus und dann auch die Anerkennung Gottes als des Herrschers im Universum (Sach 14,9) – das sind die Zukunftsparolen. Man kann das Messianische Friedensreich als ein neues, wiedergewonnenes Paradies ansehen und sagen: Am Anfang der Menschheitsgeschichte stand das Paradies. Durch eigene Schuld trat die Menschheit aus ihm heraus. Sie zieht seither durch die Geschichte mit ihren Höhen und Tiefen, doch sie geht zugleich dem zweiten Paradies entgegen, in welchem wiederum, wie im ersten, der Friede unter seinen Bewohnern herrscht.

Der Messias – nach Jes 11,1 ein später Nachfahre, ein »Reisig«, aus dem »Stamme Isaias«, des Vaters von David – ist ein Mensch aus Fleisch und Blut. Er wird geboren und stirbt und besitzt nach jüdischem Verständnis keine göttlichen Attribute. Der Friede wird von Gott, dem »Erlöser Israels«, wie er in der Liturgie verehrt wird, herbeigeführt, nicht durch den Messias. Israels Messias lenkt sein Volk auf hervorragende Weise, doch er ist dazu nur imstande, weil ihn der »Geist Gottes, der Geist der Weisheit und Einsicht ...« (Jes 11,2) erfüllt.

Ehe die Messianische Friedenszeit beginnen kann, welche die Weisen mit einer Geburt vergleichen, sind die ›Geburtswehen‹ durchzustehen. Die Menschheit durchschreitet eine schlimme Phase. Ein Text hält fest:[14] »Vor der Ankunft des Messias (eigentlich: in den Fußspuren des Messias) ist die Frechheit übergroß ... Die Regierung wird der Ketzerei verfallen, und es gibt keine Zurechtweisung ... Auf wen können wir uns noch verlassen? Auf unseren Vater im Himmel.«

Eine Wesensänderung des Menschen ist in der Messianischen Zeit nicht zu erwarten. Der Talmudweise Samuel erklärte:[15] »Es gibt zwischen dieser Zeit (Welt) und den Tagen des Messias nur einen einzigen Unterschied: die Unterjochung der Königreiche.« Die Völker werden sich nicht mehr gegenseitig zu unterjochen suchen, sondern in Frieden miteinander leben.

Diese glückliche Ära wird vom Juden noch immer erwartet, wobei sich Unterschiede im Messias-Verständnis abzeichnen. Der liberal-religiöse Jude lehnt zumeist den personenhaften Messias – die Messias-Gestalt – ab, weil er mit dem Königsbild nichts anfangen kann. Der Akzent liegt daher für ihn auf der Messianischen Zeit, einer Zeit, für deren Beginn alle Menschen die Voraussetzungen schaffen, den Weg bereiten müssen.

Anmerkungen

1 Babylonischer Talmud, Sanhedrin, 44a
2 Als Hinweis auf die korrekte Betonung der Wortsilben sind die hebräischen Begriffe in der Einleitung mit einem Akzent versehen.
3 Babylonischer Talmud, Sabbat, 31a
4 Midrasch Sifra, 12
5 Zum Thema: R. Gradwohl, Hasse nicht in deinem Herzen. Grundgesetze des Judentums, Calwer Verlag, 1991
6 Bei Martin Buber, Die Erzählungen der Chassidim (1949, 755)
7 Mischna, Joma, VIII,9
8 Babylonischer Talmud, Schabbat, 21b
9 Mischna Rosch Haschana, I,1
10 Babylonischer Talmud, Schabbat, 132a
11 Babylonischer Talmud, Schabbat, 151b
12 Mischna Sanhedrin, IV,5
13 Sprüche der Väter, I,3
14 Mischna Sota, IX,15
15 Babylonischer Talmud, Berachot, 34b

I Glaube und Leben im Judentum

Mit Hilfe der Vorlagen I.1–I.16 kann man einen kurzen Überblick über Glaube und Leben der Juden gewinnen.

Die Vorlagen I.1–I.16 wurden auf dem Hintergrund der Ausführungen von Roland Gradwohl konzipiert. Seine Ausführungen sind auf S. 7–24 im Zusammenhang wiedergegeben. Bei den einzelnen Vorlagen wird in dem Teil Informationen auf sie verwiesen.

I.1 Abraham, der erste Jude

Informationen
Siehe Einleitung, S. 7–9.

■ *Ergänzende Informationen zu den noachitischen Geboten*

Die sogenannten noachitischen Gebote (1. Mose 9,1–17) spielen im Urchristentum eine wichtige Rolle: Nach Apg 15,29 wird den Christen, die aus dem Heidentum kommen, nicht die ganze Tora auferlegt. Im sogenannten Apostaldekret wird jedoch bestimmt, dass sie sich an vier Vorschriften zu halten haben, die nach 3. Mose 17,7–16; 18 auch für Nichtjuden galten, die im israelitischen Siedlungsgebiet lebten. Der Hintergrund im alten Israel war der, dass so auch Juden mit Nichtjuden zusammenleben konnten, ohne sich zu verunreinigen. Die »Heidenchristen« sollen sich von Götzenopferfleisch, vom Blut, vom Erstickten und von Unzucht enthalten.

Wahrscheinlich wurde diese Regelung beim Apostelkonvent nicht getroffen – Paulus widerspricht in Gal 2,6 energisch, dass ihm beim Apostelkonvent irgendwelche diesbezüglichen Auflagen gemacht wurden. Diese Regelung war jedoch wohl die Kompromissformel nach dem Streit in Antiochien (Gal 2,11–21) und einige Zeit gängige Praxis in den Gemeinden, in denen Judenchristen und Christen aus dem Heidentum zusammenlebten.

In der christlichen Tradition setzte sich die Verpflichtung zur Einhaltung der noachitischen Gebote nicht durch. Damit ist die christliche Tradition von der Linie, wie sie in der Apostelgeschichte vorgezeichnet wurde, abgewichen und auf die radikalere Linie des Paulus eingeschwenkt.

Der Grund dafür, dass die noachitischen Gebote ihre Bedeutung verloren, lag darin, dass das Problem, wie jüdische Christen und nichtjüdische Christen in einer Gemeinde zusammenleben können, wegen der geringer werdenden Zahl der aus dem Judentum stammenden Christen nach und nach kleiner wurde.

Es stellt sich die Frage, ob und in welcher Form die noachitischen Gebote für Christen heute noch Bedeutung haben können. Sicher haben sie dort ihre Berechtigung, wo Christen und (religiöse) Juden in Gemeinschaft miteinander leben. Hier kann es geboten sein, dass auch Nichtjuden die Grundregeln jüdischen Lebens kennen und achten, wie z. B. das Verbot, Blut zu essen.

Andererseits wäre es sicher weltfremd, heute die Einhaltung dieser Regeln von jedem Christen zu fordern. Jedoch bleibt die Leben schützende Absicht, die mit diesen Geboten gegeben ist, auch für Christen verpflichtend.

Angesprochen ist in diesen Geboten zum einen die Beziehung zwischen Mensch und Gott (kein Götzendienst!). Hier geht es um die Einhaltung des – auch für uns Christen entscheidenden – ersten Gebots.

Zum anderen geht es um die Beziehung des Menschen zur Schöpfung, insbesondere zu den Tieren (kein Blut, kein Ersticktes!). Im Blut ist das von Gott geschenkte Leben. »Kein Blut« bedeutet, dass dem Menschen die willkürliche Verfügungsgewalt über die Tiere, die ihm zur Nahrung erlaubt sind, verboten ist. »Kein Ersticktes« bedeutet, dass Tiere bei der Schlachtung und bei ihrer Haltung nicht gequält und verletzt werden dürfen.

In dem Gebot, sich von Unzucht zu enthalten, ist die Beziehung von Mensch zu Mensch angesprochen. Es gilt, den Mitmenschen als Ebenbild Gottes zu achten und ihn nicht zu missbrauchen.

Will man diese Frage mit Schüler/innen oder jungen Erwachsenen eingehender erörtern, so kann die folgende Aufstellung bei der Erstellung eines Tafelanschriebs oder der Erstellung eines Arbeitsblattes helfen:

Wortlaut des Gebots nach Apg 15: Ihr sollt euch enthalten	Bibelstelle	Bedeutung im Judentum	praktische Auswirkung heute, Auslegung
vom Götzenopfer	2. Mose 20,3: Du sollst keine anderen Götter haben neben mir.	Auf Gotteslästerung und Götzendienst stand die Todesstrafe	M. Luther: Woran du nun dein Herz hängst, das ist dein Gott
vom Blut	1. Mose 9,4: Esset das Fleisch nicht mit seinem Blut, in dem sein Leben ist!	Es darf nur Fleisch von geschächteten Tieren gegessen werden, d. h. von Tieren, die voll ausgeblutet sind	Der Mensch darf nicht willkürlich über das Leben der Tiere verfügen.
vom Erstickten	3. Mose 11,39: Wenn eins von den Tieren stirbt, die euch zur Speise dienen: wer ihr Aas anrührt, wird unrein bis zum Abend.	Neben dem Fleisch von gestorbenen oder durch wilde Tiere gerissenen Tieren gilt das Fleisch, das nicht nach jüdischem Ritus geschlachtet wurde, als Ersticktes (= Aas).	Bei der Schlachtung von Tieren und bei ihrer Haltung dürfen Tiere nicht gequält und verletzt werden!
von Unzucht	3. Mose 20,14: Wenn jemand eine Frau nimmt und ihre Mutter dazu, der hat eine Schandtat begangen; man soll ihn mit Feuer verbrennen und die beiden Frauen auch, damit keine Schandtat unter euch sei.	Im AT, z. B. im 3. Buch Mose Kapitel 18 und 20, werden viele Einzelfälle aufgezählt, in denen Geschlechtsverkehr verboten ist.	Jeder Mensch ist Ebenbild Gottes und muss als solches geachtet werden. Unzucht meint den Missbrauch eines Menschen, die Verletzung seiner Menschenwürde.

Vgl. zur Tabelle: *Materialdienst Evangelischer Arbeitskreis für Kirche und Israel in Hessen und Nassau, Ausgabe Nr. 4 / August 1995, S. 14.*

Hinweise zu den Bildern

■ *Adam, der Vater der ersten Menschheit*
Der Holzschnitt stammt aus der deutschen Bibel von Günther Zainer, Augsburg (um 1475). Er zeigt Adam und Eva im Paradies unter dem Baum mit der Schlange. Außerhalb des mit einer Mauer umgebenen Paradieses sind Felder mit Tieren und eine Stadt zu sehen. Dies weist auf die Welt hin, in der wir leben: jenseits von Eden.

■ *Noah, der Vater der zweiten Menschheit*
Das Bild, nach einer französischen Buchmalerei aus einer Pariser Bilderbibel des 13. Jh. (Codex series nouae 2611, fab 1–22; Österr. Nationalbibliothek, Wien), zeigt Noah mit seiner Familie in der Arche. Einige Tiere sind zu erkennen: Die Taube kehrt mit dem Ölzweig zurück. Das Ganze wird überspannt vom Regenbogen, dem Zeichen des Bundes Gottes mit Noah.

■ *Abraham, der Vater des Judentums*
Abgebildet ist ein Bildmedaillon (ähnlich wie in Fenstern gotischer Kathedralen) nach einer französischen Buchmalerei aus einer ›Bible moralisée‹, 13. Jh., Champagne (Codex Vindobonensis 2554; Österr. Nationalbibliothek, Wien). In einer ›Bible moralisée‹ wird der biblischen Erzählung ein Kommentar in Text und Bild gegenübergestellt.
Dargestellt ist hier die »Bindung Isaaks«, wie die Geschichte von Isaaks Opferung (1. Mose 22) in der jüdischen Tradition genannt wird. Im Hintergrund ist der Altar zu erkennen. Abraham hält mit der linken Hand seinen gebundenen Sohn; in der rechten hält er das Messer, bereit, seinen Sohn zu opfern. Der Engel hält den Stoß Abrahams zurück. Im Gestrüpp ist der Widder zu erkennen, den Abraham anstelle seines Sohnes opfern soll.

■ *Jerusalem*
Diese idealisierte Ansicht Jerusalems stammt aus der Schedelschen Weltchronik, Nürnberg 1493.

Jerusalem ist als Stadt der Sehnsucht der Juden heute noch ein wichtiges Symbol. Nach jüdischer Überlieferung ist der Tempelberg in Jerusalem der Berg im Lande Morija, auf dem Abraham seinen Sohn Isaak zum Zeichen seines Glaubensgehorsams opfern sollte. Heute steht über dem Felsen, auf dem sich in biblischer Zeit wahrscheinlich der Brandopferaltar des Tempels befand, der muslimische Felsendom. Nach islamischer Tradition soll Mohammed von diesem Felsen aus mit seinem Pferd in den Himmel entrückt worden sein, um den Koran zu empfangen.

Methodische Hinweise

Die Schüler/innen erhalten als Arbeitsblatt die Landkarte mit den Abbildungen und der Tabelle. In der Tabelle sind nur die ersten drei Spalten ausgefüllt. Folgende Schritte sind denkbar:

■ *Erster Schritt*
Die Schüler/innen benennen wesentliche Merkmale der Bilder und setzen sie zu den entsprechenden Bibeltexten in Verbindung.

ADAM: Abgebildet ist 1. Mose 3,1ff; herangezogen werden muss aber auch 1. Mose 1,27–30:
27 Und Gott schuf den Menschen zu seinem Bilde, zum Bilde Gottes schuf er ihn; und schuf sie als Mann und Weib.
28 Und Gott segnete sie und sprach zu ihnen: Seid fruchtbar und mehret euch und füllet die Erde und machet sie euch untertan und herrschet über die Fische im Meer und über die Vögel unter dem Himmel und über das Vieh und über alles Getier, das auf Erden kriecht.
29 Und Gott sprach: Sehet da, ich habe euch gegeben alle Pflanzen, die Samen bringen, auf der ganzen Erde, und alle Bäume mit Früchten, die Samen bringen, zu eurer Speise.
30 Aber allen Tieren auf Erden und allen Vögeln unter dem Himmel und allem Gewürm, das auf Erden lebt, habe ich alles grüne Kraut zur Nahrung gegeben.

Die Herrschaft des Menschen über die Schöpfung ist nicht als Gewaltherrschaft gemeint, sondern als Ermächtigung des Menschen zum Ackerbau, damit er sich die ihm zugewiesene Nahrung (s. u.) selber beschaffen kann. Der ›Herrschaftsauftrag‹ des Menschen über die Tiere ist eher die Zuweisung einer Schiedsrichterrolle, wenn es zum Konflikt über die Nahrung zwischen den Landtieren und dem Menschen kommen sollte. Mensch und Tier sind als Vegetarier gedacht: Während dem Menschen die Kulturpflanzen zur Nahrung gegeben sind, sind den Tieren die wildwachsenden Pflanzen zugewiesen (das »grüne Kraut«).

NOAH: 1. Mose 8,8–12 und 1. Mose 9,1–17 (Gottes Bund mit Noah). Nach der großen Flut wird der Segen von 1. Mose 1 erneuert. Die Herrschaft des Menschen über Pflanzen und Tiere wird (unter der Bedingung der auf der Erde herrschenden Gewalttat) neu geregelt. Das Verhältnis zwischen dem Menschen und den Tieren wird in Analogie zum Kriegsgeschehen beschrieben: »Furcht und Schrecken« beherrschen die Tiere; sie sind »in der Hand des Menschen«; all dies sind Formulierungen aus der Sprache der sog. Heiligen Kriege. Dem Menschen ist jetzt der Genuss von Fleisch gestattet.
Allerdings werden beim Noahbund von Gott Maßnahmen getroffen, die die Gewaltherrschaft des Menschen über die Tiere einschränken: »Allein esset das Fleisch nicht mit seinem Blut, in dem sein Leben ist!« (1. Mose 9,4). Aus diesem Gebot leitet sich die jüdische Sitte des Schächtens ab (s. u. S. 30). Dem Menschen ist die Verfügungsgewalt über das Leben jedenfalls entzogen.

ABRAHAM: 1. Mose 12,1ff (Der Weg Abrahams); 1. Mose 22,1ff (Die ›Opferung‹ Isaaks)

JERUSALEM: Siehe dazu die Informationen zum Tempelberg S. 41f. Hierzu kann der Text 2. Sam 24,1–25 gelesen werden (Gott lässt David den Tempelplatz finden).

■ *Zweiter Schritt*
Mit Hilfe der Bibeltexte (s. o.) füllen die Schüler/innen in Partner- oder Gruppenarbeit die Spalten 4, 5 und 6 der Tabelle aus. Es ist sinnvoll, die Überschrift der Vorlage »mit Gottes Ruf an Abraham ...« ebenfalls wegzulassen und sie mit den Schüler/innen zu erarbeiten. Zu den Bildern können sie Bildunterschriften suchen.
Mit der letzten Spalte (»Nahrung«) ist der Bezug zu den jüdischen Speisegesetzen gegeben (vgl. dazu Vorlage I.3 und unten S. 30f).

I.2 Der Bund Gottes mit seinem Volk am Sinai

Informationen
Siehe Einleitung, S. 8f.

Methodische Hinweise

Die Vorlage I.2 besteht aus drei Teilen:

☐ Im *oberen Teil* ist Mose abgebildet, der das Volk mit Blut besprengt (2. Mose 24,8). Links und rechts von ihm befinden sich die Gesetzestafeln mit den 10 Geboten nach jüdischer Zählung. Bei der jüdischen Zählung ist zu beachten, dass das erste »Gebot« kein eigentliches Gebot ist, sondern die Erinnerung an die Befreiungstat Gottes, der sein Volk aus der ägyptischen Knechtschaft geführt hat.

☐ Im *mittleren Teil* werden Worte der jüdischen Gelehrten Hillel und Rabbi Akiba wiedergegeben. Beide Aussagen zeigen, dass es im Judentum nicht um »Gesetzlichkeit« geht, sondern um den Sinn der Gebote, die zum Leben gegeben sind.
HILLEL stammte aus Babylonien, wirkte dann aber um 30 v. Chr. bis 10 n. Chr. in Jerusalem. Er war einer der Begründer der mündlichen Tora und die größte Autorität in der Auslegung des Gesetzes in der Zeit vor der Zerstörung des Tempels durch die Römer. Im Gegensatz zu seinem Kontrahenten Schammai, der als aufbrausend bekannt war, galt Hillel als Vorbild an Gelassenheit und Sanftmut (vgl. dazu die von R. Gradwohl angeführte Legende, S. 9).
Die sogenannte *Goldene Regel* ist bereits im apokryphen Buch Tobit (4,16) überliefert. Dort heißt es wörtlich: »Was du nicht willst, dass man dir tu, das füg auch keinem andern zu.« Im Neuen Testament ist dieselbe Aussage in der Bergpredigt so formuliert: »Alles nun, was ihr wollt, dass euch die Leute tun sollen, das tut ihnen auch! Das ist das Gesetz und die Propheten« (Mt 7,12).
RABBI AKIBA war ein bedeutender jüdischer Lehrer, der um 50 bis 135 n. Chr. lebte. Er war beteiligt an der Kanonisierung der Hebräischen Bibel. Sein Ausgangspunkt war, dass jedem Buchstaben in der Tora ein Sinn zukommt, da in der Tora nichts überflüssig geschrieben ist. Seine Überlieferungen bildeten den Grundstock der *Mischna*. Er erlitt unter dem römischen Kaiser Hadrian nach der Niederschlagung des Aufstands des Bar-Kochba, den er als ›Messias‹ bezeichnet hatte, den Märtyrertod.
Rabbi Akiba liegt auf der gleichen Linie wie Hillel, wenn er das Gebot aus 3. Mose 19,18 als eine »große Regel der Tora« erklärt.
Ganz ähnlich formuliert Jesus, wenn er im Liebesgebot (zusammen mit dem ersten Gebot) das Gesetz und die Propheten zusammengefasst sieht (Mt 22,37ff).
Die Worte »... wie dich selbst« (3. Mose 19,18) werden von einigen jüdischen Gelehrten übersetzt mit: »... denn er ist wie du« (vgl. die Bibelübersetzung von Buber/Rosenzweig).

☐ Der *untere Teil* zeigt, wie die Propheten immer wieder die Einhaltung der Gebote anmahnen müssen. Aus der Erwählung durch Gott (1. Gebot) folgt die Notwendigkeit zur Einhaltung der Gebote. Nichteinhaltung der Gebote bedeutet Bruch des Bundes mit Gott.
Das Bild zeigt den klagenden Jeremia auf den Trümmern des zerstörten Jerusalem.

Hinweise zu den Bildern

■ *Mose*
Das obere Bild zeigt, wie Mose Israel mit Blut besprengt; damit wird der Bund vollzogen. Das Bild stammt aus der Bilderbibel von Richard Seewald, Freiburg 1957. Seewald malt bewusst nicht realistisch, weil er nicht will, dass man an seinen Bildern Geographie und Kostümkunde betreiben kann; dafür seien Fotos oder Filme geeigneter. Er möchte die Zeitlosigkeit des biblischen Geschehens zum Ausdruck bringen: »Immer und überall geschehend«.

■ *Jeremia*
Das historisierende Bild unten rechts zeigt den auf den Trümmern des zerstörten Jerusalem klagenden Jeremia. Das Bild ist ein Ausschnitt aus einem Bild von Philipp Schumacher in der Schulbibel von Jakob Ecker, 1906. Schumachers Bilder stehen stilgeschichtlich am Ende des Klassizismus. Sie sind durch gute Komposition, lebhafte Charakteristik und den Ausdruck von Empfindungen gekennzeichnet. Schumacher war zu seiner Zeit einer der besten Zeichner, die sich mit biblischen Themen beschäftigten. Seine Bibelbilder prägten insbesondere die Vorstellungen vieler deutscher Katholiken, die in der Zeit zwischen 1910 und ca. 1955 ihre Schulzeit absolviert haben.

Methodische Hinweise

■ *Erster Schritt*
Die Vorlage wird ohne den Text der 10 Gebote ausgeteilt. Die Schüler/innen lesen 2. Mose

20,1ff und tragen die Gebote stichwortartig in die beiden Tafeln ein. Dabei wird die Frage der Zählung der Gebote im Unterrichtsgespräch geklärt: Das erste »Gebot« jüdischer Zählung macht deutlich, dass das bundesgemäße Verhalten des Volkes abgeleitet wird von Gottes Befreiungstat. Die Gesetzestafeln sind das Grundgesetz des Bundes. Dass die Gebote in Stein gehauen (und damit ›verewigt‹) sind, zeigt, dass die Gebote gültig bleiben sollen und der Text nicht einfach beliebig verändert werden kann; daran hält das Judentum (stärker als das Christentum) bis heute fest.

■ *Zweiter Schritt*
Die Schüler/innen lesen den zum Bild gehörenden Bibeltext (2. Mose 24,3–8): Wie hat der Künstler diesen Text interpretiert? Der Bibeltext selbst schildert eine ganz archaische Szene (Mose besprengt das Volk mit Blut). Dem Künstler ist es gelungen, diese Handlung nicht im Historischen zu belassen, sondern sie als ein uns heute noch betreffendes Ereignis darzustellen. Um dies erreichen, werden die Menschen zwar als Einzelpersonen gezeichnet, jedoch nur skizzenhaft. Damit will er ausdrücken: Alle sind gemeint; wir selber könnten in dieser Menge stehen. Er will zeigen, dass diese archaische, uns eher befremdende Geschichte dennoch auch *unsere* Vorgeschichte ist, von der wir herkommen.

■ *Dritter Schritt*
Die beiden Zitate zeigen, dass die Zehn Gebote der Niederschlag von menschlichen Erfahrungen sind: Wenn ich leben will, dann muss ich auch anderen ihren Lebensraum gewähren (»... denn er ist wie du«).
Die Schüler/innen lesen die Formulierung der Goldenen Regel im Buch Tobit (4,16) und im Neuen Testament (Mt 7,12).
Zum Liebesgebot lesen sie 3. Mose 19,18 und Mt 22,39f. Die Stelle Mt 5,43–45: »*Ihr habt gehört, dass gesagt ist (3. Mose 19,18): ›Du sollst deinen Nächsten lieben‹ und deinen Feind hassen. 44 Ich aber sage euch: Liebt eure Feinde und bittet für die, die euch verfolgen, 45 damit ihr Kinder seid eures Vaters im Himmel*« hat vielfach zu Missverständnissen geführt, die im Unterrichtsgespräch mit den Schüler/innen geklärt werden sollten. Das Gebot, den Feind zu hassen, steht nicht im Alten Testament. Wahrscheinlich wird hier auf eine Regel der Essener Bezug genommen, die besagt, dass die »Söhne des Lichts« ihre Feinde, die »Söhne der Finsternis«, hassen.

■ *Vierter Schritt*
Auf dem Hintergrund der Botschaft des Amos kann aufgezeigt werden, dass es dem Propheten darum geht, dass das Volk sich an die von Gott gegebenen Gebote, wie sie im Buch Exodus aufgezeichnet sind, hält. Folgende Aufstellung kann bei der Erstellung eines Tafelanschriebes oder/und eines Arbeitsblattes helfen (zu Amos vgl. Arbeitsfolien Religion Teil 1, II,2c).

> **Die Botschaft des Amos**
> Amos lebt zwischen 800 und 750 v.Chr.; er stammt aus dem Südreich, wirkt aber im Nordreich. Er will dem alten Recht, wie es dann später in der Tora, den 5 Büchern Mose, schriftlich niedergelegt wurde, wieder Geltung verschaffen: Gott steht auf der Seite der Schwachen. Amos droht denen das Gericht an, die sich gegen Gottes Gebote vergehen.

Stelle	Inhalt	Gottes Wille (Tora)
Amos 5,7–10	Die Gerechtigkeit wird zu Boden gestoßen. Missstände vor Gericht (Tor = Ort der Rechtsprechung)	2. Mose 23, 1–3. 6–8 für Gerechtigkeit – gegen Bestechung
Amos 2,6	Arme werden für ein Paar Sandalen verkauft – Schuldsklaverei wegen Kleinigkeiten	2. Mose 22, 20–23 Schutzlose werden geschützt
Amos 2,8	Sie liegen neben den Altären auf gepfändeten Kleidern	2. Mose Exodus 22,25–27 Das zum Leben Notwendigste darf nicht als Pfand genommen werden
Amos 8,4–6	Der Sabbat behindert die Geschäfte – falsche Maße und Gewichte – schmutzige Handelsgeschäfte	2. Mose 20,8; 23,12 5. Mose 25,13–16 Sabbatgebot gegen Verfälschung der Gewichte
Amos 5,21–24	Gott hasst ihre Feste – Gerechtigkeit statt falscher Gottesdienste	2. Mose 23,6 für Gerechtigkeit (s.o.)

■ *Fünfter Schritt*
Betrachten des Bildes »klagender Jeremia«. Das historisierende Bild zeigt Jeremia, wie er auf den Trümmern Jerusalems klagt. Dazu kann eines der Klagelieder Jeremias gelesen werden. Daran kann gezeigt werden, dass das Volk Israel den Untergang des Reiches und die Zerstörung Jerusalems und des Tempels als Strafe für den Bruch des Bundes angesehen hat. Klgl 5 zeigt die Hoffnung, dass Gott sein Volk nicht für immer verlassen hat.

I.3 Kaschrut (Speisegesetze)

Informationen
Siehe Einleitung, S. 9f.

■ *Ergänzende Hinweise zu den Speisegesetzen*
Speisen, die weder aus Fleisch noch Milch bestehen, werden als neutral bezeichnet. Dazu gehört neben Obst und Gemüse auch der (koschere) Fisch; Fisch darf also zu Milch und Fleisch gegessen werden.

Zunächst erscheinen uns diese Vorschriften sehr fremd. Ein möglicher Zugang zum Verstehen ist darin zu sehen, dass es unter den Schüler/innen häufig einen oder mehrere Vegetarier gibt. Manche Jugendliche möchten – aus Achtung vor dem Leben der Tiere – deren Fleisch nicht essen. Hier ist ein Anknüpfungspunkt zum Schächtungsgebot möglich: Das Gebot des Schächtens wird damit begründet, dass Gott allein die Verfügung über das Leben hat.
Außerdem gibt es auch bei anderen Völkern ungeschriebene oder geschriebene Vorschriften darüber, welche Tiere man essen darf und welche nicht.

Methodische Hinweise

Die Vorlage I.3a zeigt in der Mitte verschiedene – reine und unreine – Lebensmittel. Die dazugehörenden Texte geben an, welche Speisen zum Verzehr erlaubt und welche nicht erlaubt sind. In der Collage sind folgende Speisen abgebildet:

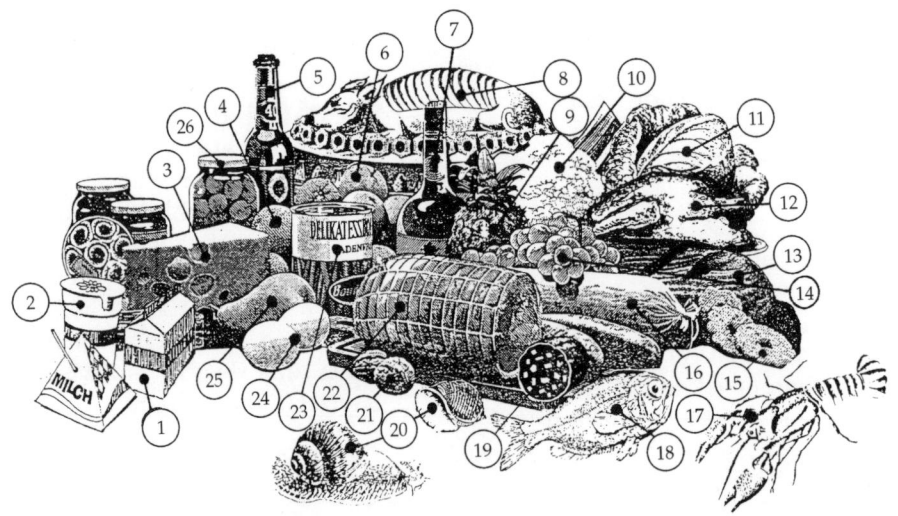

1. Milch = erlaubt
2. Joghurt = erlaubt
3. Käse = erlaubt
4. Apfelsinen = erlaubt
5. Alkohol 40% = erlaubt
6. Äpfel = erlaubt
7. Wein = erlaubt
8. Spanferkel = verboten
9. Ananas = erlaubt
10. Blumenkohl = erlaubt
11. Grünkohl = erlaubt
12. Hähnchen = erlaubt
13. Roggenbrot = erlaubt
14. Trauben = erlaubt
15. Gebäck = erlaubt
16. Hartwurst (aus Eselsfleisch) = verboten
17. Hummer = verboten
18. Fisch mit Schuppen = erlaubt
19. Blutwurst = verboten
20. Schnecken = verboten
21. Nüsse = erlaubt
22. Rollbraten (aus Schweinefleisch) = verboten
23. Bohnen = erlaubt
24. Eier = erlaubt
25. Birnen = erlaubt
26. eingemachte Pflaumen = erlaubt

Im unteren Teil der Vorlage sind zum einen die Milch- und Fleischspeisen sowie das Schächten Thema. Auf dem abgebildeten Teller steht = »milchig« (zum Schächten vgl. oben S. 10).
Die wichtigsten Vorschriften über reine und unreine Tiere finden sich in 3. Mose 11. Dieser Text kann helfen, die abgebildeten Lebensmittel als unrein oder rein zu kennzeichnen. Die erlaubten Lebensmittel werden mit +, die unerlaubten mit – gekennzeichnet. Zur Unterstützung kann Vorlage I.3b herangezogen werden.
Zu beachten ist dabei immer, dass das

Fleisch erlaubter Tiere nur *koscher* ist, wenn sie geschächtet wurden, und dass Milch- und Fleischspeisen nie zusammen gegessen werden dürfen.

Zwei Vorurteile sollten im Unterricht angesprochen werden:

1. Vorurteil: »Schächten ist Tierquälerei.« – Dieses Vorurteil wurde u. a. in antisemitischen Kinderbüchern im Dritten Reich verbreitet (vgl. hierzu S. 80.83–85). Dazu ist zu sagen, dass durch das Durchschneiden der Halsschlagader das Tier sofort bewusstlos wird, so dass bei dieser Art des Schlachtens dem Tier auf keinen Fall größere Schmerzen zugefügt werden als bei einer anderen.

2. Vorurteil: »Die Vorschriften über reine und unreine Tiere sind völlig willkürlich und unlogisch.« Dazu ist Folgendes zu sagen:

– Wahrscheinlich gelten bei den Israeliten solche Tiere als unrein, die bei ihren Nachbarvölkern als heilig galten. So war z. B. das Schwein Opfertier bei den Kanaanäern. Auch Hase und Kamel galten bei benachbarten Völkern als heilig. Der ursprüngliche Sinn der Vorschrift 2. Mose 23,19b, die im Judentum zur Trennung zwischen Fleisch- und Milchküche geführt hat, liegt im Dunkeln. Vielleicht richtete sie sich ursprünglich gegen einen Fruchtbarkeitszauber bei den Nachbarvölkern Israels.

– In allen Kulturen, auch bei uns, gibt es Vorstellungen darüber, welche Tiere gegessen werden dürfen und welche nicht, ohne dass die Gründe dafür immer offensichtlich sind. So gibt es bei uns eine Abscheu dagegen, Hundefleisch zu essen, was in manchen Gegenden Chinas durchaus üblich ist. Hinweisen kann man auch darauf, dass es bei uns eine weit verbreitete Abscheu dagegen gibt, Pferdefleisch zu essen, während im Hinduismus z. B. Rindfleisch verboten ist, weil die Kuh als heiliges Tier gilt.

– Schließlich gibt es aus heutiger ernährungswissenschaftlicher Sicht gute Gründe z. B. dafür, Milch- und Fleischgerichte nicht zusammen zu essen.

Man kann mit den Schüler/innen auch die Frage erörtern, warum bei uns an Fastentagen Fleisch verboten ist, Fisch dagegen erlaubt. Diese Regelung hängt sicher mit den jüdischen Reinheitsvorschriften zusammen. Zum einen steht hinter dem Verbot, Fleisch zu essen, sicher die Scheu, Leben zu vernichten. Zum anderen gilt im Judentum Fisch nicht als Fleisch und darf zusammen mit Milchspeisen gegessen werden.

I.4 Feste im jüdischen Jahreskreis

Informationen
Siehe Einleitung, S. 10ff.

Hinweise zu den Bildern

Das Bild Nr. 2 ist nach einem Kupferstich von Bernhard Picart gezeichnet. Picarts Kupferstiche finden sich in Joh. Baptist Ott, Eigentliche Beschreibung der auswendigen gottesdienstlichen Kirchen-Gebräuchen und Gewohnheiten der Juden, Zürich 1739.

Methodische Hinweise

Man kann den jüdischen Kalender dem christlichen Kalender gegenüberstellen. Je nach Situation der Lerngruppe kann es auch sinnvoll sein, die muslimischen Feiertage mit einzubeziehen.

In den Medienzentralen stehen Medienkoffer zur Verfügung, die es ermöglichen, die einzelnen Kultgegenstände, die zu den Festen gehören, zu zeigen. Diese Kultgegenstände können teilweise auch selbst hergestellt werden:

☐ Für das *Schofar* kann man ein Kuhhorn verwenden, das beim Bauern oder auf dem Schlachthof zu bekommen ist.
Das Klassenzimmer lässt sich als *Laubhütte* dekorieren und/oder man kann eine Laubhütte im Freien bauen.
☐ Eine *Torarolle* ist leicht herstellbar. Aus einem Rundholzstab lässt sich ein *Torazeiger* schnitzen und drechseln (Hand mit zeigendem Finger schnitzen); diesen Zeiger kann man mit Silber- oder Goldbronze anmalen.
☐ Auch ein 8-armiger *Chanukkaleuchter* kann aus Holz oder Metall leicht hergestellt werden.
Die Schüler/innen erhalten die Vorlage ohne die Bilder; die Bilder erhalten sie auf einem gesonderten Blatt. Sie werden ausgeschnitten und der Reihenfolge nach mit Nummern versehen.
Die Bilder und die (selbsthergestellten) Gegenstände werden den Festen zugeordnet.

I.5 Pessach I (Textblatt)
I.6 Pessach II – Die Sedertafel
I.7 Pessach III (Textblatt)

Informationen
Siehe Einleitung, S. 13f.

■ *Ergänzende Information:*
Jesus, das Passalamm
Die Heilsbedeutung des Todes Jesu wird im Johannesevangelium in Parallele zum Passalamm gesehen. Jesus wird vor dem Passafest gekreuzigt (Joh 19,31). Am ersten Tag der Woche (= erster Tag der Passawoche) findet die Auferstehung statt (Joh 20,1).
Das Pessachfest, das Fest der Befreiung, heißt auf Deutsch »Überschreitungsfest« (= schlechte Wiedergabe des hebr. ›pessach‹ = vorübergehen; engl. passover). Der Würgeengel, der die ägyptische Erstgeburt tötete, ging an den Häusern der Israeliten vorüber; sie hatten die Türpfosten mit dem Blut des geschlachteten Passalammes bestrichen; daran erkannte der Engel Gottes die Israeliten. So brachte der Tod des Passalammes, genauer gesagt: sein Blut, Leben für die Israeliten.

Jesus stirbt nach dem Johannesevangelium zu der Stunde, da die Passalämmer geschlachtet werden (also am Rüsttag = Freitagnachmittag). Er ist das ›Passalamm‹, das für die Menschen stirbt. Sein Tod bedeutet für die Glaubenden Leben. Ein wichtiger Hinweis auf diese Deutung besteht darin, dass Jesus kein Bein gebrochen (Joh 19,33) wird. Das Johannesevangelium zitiert dazu 2. Mose 12,46.
Ob Jesu letztes Mahl ein Passamahl war oder nicht, ist in der Exegese umstritten. G. Theissen stellt dazu mehrere Überlegungen an, die die johanneische Chronologie stützen. Danach wäre »Jesus zum Passafest in Jerusalem gezogen. Aber bevor er das Passa dort feiern konnte, wurde er hingerichtet« (Theissen/Merz, S. 376).

Methodische Hinweise

Die Bedeutung Jesu als Passalamm lässt sich durch einen Vergleich des Textes 2. Mose 12,43–51 mit Joh 19,31–37 herausarbeiten. Dabei wird man insbesondere Joh 19,36 mit 1. Mose 12,43–46 vergleichen:

******

2. Mose 12
43 Und der HERR sprach zu Mose und Aaron: Dies ist die Ordnung des Passa: Kein Fremder soll davon essen. **44** Jeder um Geld gekaufte Sklave eines Mannes aber, wenn du ihn beschneidest, dann darf er davon essen. **45** Ein Beisasse oder Lohnarbeiter darf nicht davon essen. **46** In einem Haus soll es gegessen werden; du sollst nichts von dem Fleisch aus dem Haus hinausbringen, und ihr sollt kein Bein an ihm zerbrechen. **47** Die ganze Gemeinde Israel soll es feiern. **48** Wenn sich aber ein Fremdling bei dir aufhält und dem HERRN das Passa feiern will, so soll [bei] ihm alles Männliche beschnitten werden, und dann komme er herbei, um es zu feiern; und er soll wie ein Einheimischer des Landes gelten. Es darf jedoch kein Unbeschnittener davon essen. **49** Ein Gesetz soll gelten für den Einheimischen und für den Fremdling, der sich mitten unter euch aufhält. **50** Darauf machten es alle Söhne Israel, wie der HERR Mose und Aaron geboten hatte; so machten sie es. **51** Und es geschah an eben diesem Tag, da führte der HERR die Söhne Israel, nach ihren Heerscharen [geordnet], aus dem Land Ägypten heraus.

Johannes 19
31 Die Juden nun baten den Pilatus, damit die Leiber nicht am Sabbat am Kreuz blieben, weil es Rüsttag war – denn der Tag jenes Sabbats war groß –, dass ihre Beine gebrochen und sie abgenommen werden möchten. **32** Da kamen die Soldaten und brachen die Beine des ersten und des anderen, der mit ihm gekreuzigt war. **33** Als sie aber zu Jesus kamen und sahen, dass er schon gestorben war, brachen sie ihm die Beine nicht, **34** sondern einer der Soldaten durchbohrte mit einem Speer seine Seite, und sogleich kam Blut und Wasser heraus. **35** Und der es gesehen hat, hat es bezeugt, und sein Zeugnis ist wahr; und er weiß, dass er sagt, [was] wahr [ist], damit auch ihr glaubt. **36** Denn dies geschah, damit die Schrift erfüllt würde: »Kein Bein von ihm wird zerbrochen werden.« **37** Und wieder sagt eine andere Schrift: »Sie werden den anschauen, den sie durchstochen haben.«

I.8 Pessach IV (Der Sederteller)

Informationen
Siehe Einleitung, S. 13f.

■ *Ergänzende Informationen zur Sederfeier*
Die Speisen für die Sederfeier lassen sich alle selbst herstellen. Die Schüler/innen kosten davon, um etwas vom Geschmack des Sederabends kennenzulernen. Vielfach ist es üblich, mit der Klasse das Sedermahl liturgisch zu feiern. Unbestritten kann das für die Schüler/innen sehr eindrücklich sein; sie sind meistens auch mit vollem Ernst bei der Sache. Wir empfehlen dieses Vorgehen trotzdem nicht. Riten einer anderen Religion dürfen nicht ›nachgespielt‹ werden. Sinnvoll ist es dagegen, von der Feier mit Hilfe von Bildern zu erzählen und dabei Passagen aus der Haggada vorzulesen (vgl. die Haggada-Kurzfassung am Ende der Vorlagen). Eindrücklich ist es, die Speisen selbst herzustellen oder zu kaufen, sie auf einen Sederteller zu legen und die Schüler/innen davon kosten zu lassen.
Steht kein Sederteller zur Verfügung, so kann man diesen mit Hilfe der Vorlage selbst herstellen. Die Vorlage wird vergrößert, foliert und auf Karton oder Sperrholz aufgeklebt.

Methodische Hinweise

Die Vorlage I.8 besteht aus zwei Teilen: Auf Vorlage I.8a sind die Speisen mit hebräischer und deutscher Benennung sowie kurzen Texten zur Bedeutung der Speisen abgedruckt. Auf Vorlage I.8b ist der Sederteller ohne die dazugehörenden Speisen abgebildet; in hebräischer Schrift werden die Speisen benannt. Die Schüler/innen schneiden die Speisen und die Texte aus und kleben sie in Vorlage I.8b ein. Der Reiz dieser Aufgabe besteht u. a. darin, dass sie für die Zuordnung der Texte und Speisen in Vorlage I.8b das hebräische Schriftbild vergleichen müssen.

I.9 Der Ruhetag (Schabbat I)
I.10 Der Ruhetag (Schabbat II)

Informationen
Siehe Einleitung, S. 18–20.

Zum Ablauf des Sabbat bringen wir hier den transkribierten Text des Videos »Sabbat«, das von der Basler jüdischen Gemeinde erstellt wurde. Es schildert anschaulich, wie Juden in Basel heute den Sabbat feiern. Die Schüler/innen können dem Text entsprechend den Stichworten auf dem Rand Bilder zuordnen; sie können dazu die Bilder des Dominos verwenden. (Vgl. Kursbuch Religion 2000, 5./6. Schuljahr, Lehrerband, Frankfurt a. M. / Stuttgart 1997).

Die auf Vorlage I.9 abgebildeten Piktogramme stellen Folgendes dar (sie stammen aus: Familien Hagada, Bearbeitet von Rabbiner Jean Schwarz, Zentralrat der Juden in Deutschland, Düsseldorf, Pessach 5720/1960):

Verboten sind:

1. Gegenstände tragen
2. Autofahren
3. Stromstecker in Steckdose stecken
4. Rauchen (es darf kein Feuer angezündet werden)
5. Feldarbeit
6. Einkaufen
7. Elektrische Geräte einschalten
8. Es ist jedoch erlaubt, elektrische Geräte durch eine Zeitschaltuhr in Betrieb zu setzen

Da die Gebote zum Leben gegeben sind, wird das Gebot der Sabbatruhe bei lebenserhaltenden Maßnahmen außer Kraft gesetzt:

9. Arbeit im Krankenhaus
10. Arbeit der Polizei
11. Arbeit der Feuerwehr
12. Landesverteidigung

Der Sabbat

Es ist Freitagabend – es dämmert. Der Sabbat, der wöchentliche Ruhetag, beginnt. Wir brechen unsere Arbeit ab. Jede Art Arbeit, Haushalt, Schule und Beruf treten für einen Tag in den Hintergrund; denn der Sabbat soll der Erholung, dem Studium, dem Gebet und der Familie gewidmet sein. An diesem Tag haben wir füreinander Zeit.

Die Mutter entzündet zu Hause die Sabbatkerzen und spricht den Segen über das Licht. Früher waren es Öllampen, die das jüdische Heim am Beginn des Sabbat erstrahlen ließen.	Mutter: Sabbatkerzen
Der Vater begibt sich zum Abendgottesdienst in die Synagoge und wenn er nach Hause kommt, segnet er die Kinder.	
Bevor das festliche Sabbatmahl beginnt, spricht der Vater den »Kiddusch« – die Heiligung des Sabbat über einem Becher Wein. Kidduschbecher sind oft aus Silber, manchmal vergoldet und bisweilen kunstvoll graviert mit hebräischen Inschriften, die den Sabbat preisen.	Unterwegs zur Synagoge
Unter einem bestickten Tüchlein liegen zwei Brote bereit – »Berches« genannt, über die der Vater einen weiteren Segen spricht. Dann schneidet er eines der beiden Brote auf und gibt jedem ein salzbestreutes Stück.	Berches
Das folgende festliche Abendessen dient nicht nur dem leiblichen Genuss, sondern wir singen und führen ungezwungene Gespräche.	
Am nächsten Morgen, also am Sabbatmorgen, ist der Gottesdienst in der Synagoge feierlicher als an anderen Tagen der Woche. Die Männer hüllen sich in den »Tallit«, ein großes, viereckiges Tuch mit den Schaufäden an den Ecken. Sie heißen »Zizit«.	Gebetsmantel
Alle Gebete werden hebräisch gesprochen und aus dem Gebetbuch vorgetragen, das oft auch eine Übersetzung enthält. Das jüdische Glaubensbekenntnis »Sch'ma Jisrael« ist auch am Sabbat ein wesentlicher Bestandteil des Gebetes. Meistens werden die Gebete von einem Vorsänger, dem »Kantor« vorgetragen. Es kann aber auch ein anderes Gemeindemitglied sein.	Kantor
Mittelpunkt des Gottesdienstes am Sabbatmorgen ist die Vorlesung eines Abschnittes aus der Torarolle. Tora, das sind die fünf Bücher Moses, Geschichte und Grundgesetz des jüdischen Volkes. Sie bilden den Anfang des christlichen Alten Testaments.	Tora
Die Torarollen werden in der »Heiligen Lade«, einem Schrank an der Ostseite der Synagoge, aufbewahrt. Die Lade ist mit einem farbigen, kunstvoll bestickten Vorhang aus Samt und Seide geschmückt.	Lade
Auf Toravorhängen sind oft Darstellungen zu sehen, die symbolische Bedeutung für das Judentum besitzen. Eine Krone z. B., als Sinnbild der Tora, und Löwen, die schon den Thron des Königs Salomo zierten und den Stamm Juda kennzeichnen.	Toravorhang
Besonders feierliche Momente des Sabbatgottesdienstes sind das »Ausheben« der Torarolle aus der Heiligen Lade zur Vorlesung und später auch das Zurücktragen, das »Einheben« der Rolle in den Schrank. Dabei werden Verse aus der Tora und den Psalmen vom Vorbeter und der Gemeinde gesungen.	Ausheben der Torarolle

Die im Gottesdienst benutzten Torarollen sind bei uns aus Pergament, im Orient sind sie aus Wildleder. Die Schrift ist immer sehr sorgfältig von Hand geschrieben, denn der Text muss unbedingt fehlerfrei bleiben. Er wird in Wochenabschnitte unterteilt, so dass im Laufe eines Jahres die ganze Tora vorgetragen wird. Da sie die Grundlage der jüdischen Gesetze enthält, wird sie sehr ehrfürchtig behandelt. Und weil die Schrift nicht mit der bloßen Hand berührt werden darf, wird für die Vorlesung immer ein Torazeiger zur Hilfe genommen. Seine Spitze hat die Form einer Hand mit gestrecktem Zeigefinger. Daher der Name »Jad« – Hand.	Torarolle mit Jad
Wenn die Vorlesung beendet ist, wird die Rolle geöffnet emporgehoben, damit die ganze Gemeinde sie sehen kann. Die Tora wird zusammengerollt und mit einem bestickten oder bemalten Band umwickelt, dem Torawimpel oder der »Mapa«.	Torawimpel
Schließlich wird die Torarolle mit einem Mantel bedeckt. Toramäntel können ganz verschieden geschmückt sein, mit Inschriften, mit Ornamenten und Verzierungen und ausnahmsweise auch mit bildlichen Darstellungen bestickt.	Toramantel
Der eigentliche Schmuck der Tora besteht aus einer der Rolle aufgesetzten Krone oder aus zwei turmförmigen mit Glöcklein behängten Aufsätzen, den »Rimmonim«, und dem Toraschild.	Rimmonim
Dieses Schild hier zeigt einen siebenarmigen Leuchter, der an den in der Bibel beschriebenen Leuchter erinnert, der im Tempel von Jerusalem stand. Dieser Leuchter ist heute nur noch ein Symbol und wird nicht mehr praktisch verwendet.	Toraschild
Nach der Toravorlesung kommt die »Haftara« zum Vortrag, also ein Abschnitt aus den Prophetenbüchern. Meistens wird die »Haftara« aus einem gedruckten Buch vorgelesen, aber manche Synagogen besitzen auch »Haftararollen«, die von Hand auf Pergament geschrieben sind. Als Ruhetag hat der Sabbat von jeher auch eine soziale und kulturelle Bedeutung. Die freie Zeit wird zum Beisammensein und zur Weiterbildung genutzt, von den Männern vor allem zum Studium des »Talmud«, der ursprünglich mündlichen Lehre. Diese Talmudausgabe wurde 1580 in Basel gedruckt. Im Zentrum der Seite steht der eigentliche Talmudtext, eingerahmt von Kommentaren aus verschiedenen Epochen. Zahlreiche ältere und neuere Erklärungen beleuchten die vielschichtige Bedeutung der Texte für das Leben des Einzelnen und für die Gemeinschaft.	Talmudseite
Mit Eintritt der Nacht am Samstagabend verlässt die »Königin Sabbat« das jüdische Haus. Die »Hawdalakerze« wird angezündet. Sie ist meistens aus verschiedenfarbigen Wachsbändern geflochten und brennt wie eine Fackel.	Hawdalakerze
Der Vater spricht den Segen über einem vollen Becher Wein, dann über wohlriechenden Gewürzen, die »Besamin«, die sich in einer »Besaminbüchse« befinden. Jeder Anwesende riecht daran, zur symbolischen Stärkung nach dem schmerzlichen Abschied vom Sabbat. Bei der Gestaltung der schönen Gewürzbüchsen konnten die Silberschmiede ihre Phantasie walten lassen. Sehr oft wählten sie die Form eines Thrones.	Besaminbüchse
Nach einem Segensspruch über das Licht erhebt der Vater den mit Wein gefüllten Becher und spricht die »Haftara«, den Segen der Trennung zwischen Sabbat und Wochentag. Dann löscht er die Kerze mit etwas Wein, und Abschiedsgesänge beschließen den Ruhetag.	Segensbecher

Methodische Hinweise

■ *Erster Schritt*

Um die Informationen der beiden Vorlagen I.9 und I.10 zu verarbeiten, empfiehlt es sich, aus beiden *ein* Blatt mit den ungeordneten Informationen (Blatt 1) herzustellen und dieses von den Schüler/innen zu einem kleinen Plakat umarbeiten zu lassen (Blatt 2).

Blatt 1 könnte so aussehen (einige Elemente der Vorlage I.9 wurden weggelassen):

Nach dem Gottesdienst beginnt in der Familie das feierliche Abendessen. Die Kinder werden durch die Eltern gesegnet. Der Vater singt das »Lob der tüchtigen Frau«. (Sprüche 31,10–31)

Der Vater und die Kinder besuchen zu Beginn des Sabbats den Gottesdienst in der Synagoge.

Der Nachmittag gehört der Familie.

Danach erhebt er den Kidduschbecher und spricht den Weinsegen.

Am Samstagabend nimmt die Familie Abschied von der Königin Sabbat: die Hawdala-Kerze wird angezündet. Man riecht an der Besaminbüchse, die mit wohlriechenden Kräutern gefüllt ist, um sich den Abschied zu erleichtern.

Mit dem Entzünden der Sabbatkerzen begrüßt die Mutter die eintretende Königin Sabbat. Sie spricht einen Segensspruch.

Nachdem alle aus dem Becher getrunken haben, spricht der Vater den Brotsegen über die zwei Sabbatbrote (Berches). Jeder Anwesende bekommt ein Stück Brot, bestreut mit Salz. Dann beginnt die Sabbatmahlzeit.

Am Samstagmorgen findet ein Gottesdienst in der Synagoge statt. Sieben Männer werden nacheinander zur Toralesung aufgerufen und sprechen den Segen.

Daraus können Schüler/innen folgendes Blatt 2 herstellen:

Der Ruhetag

Mit dem Entzünden der Sabbatkerzen begrüßt die Mutter die eintretende Königin Sabbat. Sie spricht einen Segensspruch.

Am Samstagabend nimmt die Familie Abschied von der Königin Sabbat: die Hawdala-Kerze wird angezündet. Man riecht an der Besaminbüchse, die mit wohlriechenden Kräutern gefüllt ist, um sich den Abschied zu erleichtern.

Der Nachmittag gehört der Familie.

Der Vater und die Kinder besuchen zu Beginn des Sabbats den Gottesdienst in der Synagoge.

Nach dem Gottesdienst beginnt in der Familie das feierliche Abendessen. Die Kinder werden durch die Eltern gesegnet. Der Vater singt das »Lob der tüchtigen Frau«. (Sprüche 31,10–31)

Danach erhebt er den Kidduschbecher und spricht den Weinsegen.

Nachdem alle aus dem Becher getrunken haben, spricht der Vater den Brotsegen über die zwei Sabbatbrote (Berches). Jeder Anwesende bekommt ein Stück Brot, bestreut mit Salz. Dann beginnt die Sabbatmahlzeit.

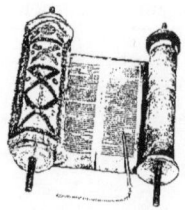

Am Samstagmorgen findet ein Gottesdienst in der Synagoge statt. Sieben Männer werden nacheinander zur Toralesung aufgerufen und sprechen den Segen.

■ *Zweiter Schritt*
Der Text »Der Sabbat« wird mit den Schüler/innen gelesen. Besser ist es, das Video »Sabbat« zu zeigen. Dabei können die Gegenstände aus dem Medienkoffer »Judentum« verdeckt auf dem Pult liegen. Sie werden kurz aufgedeckt und gezeigt und dann wieder zugedeckt. Die Schüler/innen werden darauf hingewiesen, dass diese Gegenstände in dem folgenden Video (bzw. Text) vorkommen und dass sie selbst nachher die Aufgabe haben, diese zu benennen. Nach dem Betrachten des Videos (bzw. dem Lesen des Textes) benennen die Schüler/innen die Kultgegenstände mit zuvor gefertigten Schildern, ohne zunächst darüber zu reden. Nach Abschluss dieser Phase werden dann die Erklärungen zusammengetragen und durch den Lehrer/die Lehrerin ergänzt. Folgende Kultgegenstände, die in dem Video (Text) vorkommen, können benannt werden:

Sabbatkerzen, Kiddusch-Becher, Berches, Tallit, Gebetbuch, Torarolle, Zizit, Jad, Besaminbüchse, Schofar, Purim-Rassel, Menora, Mesusa, Hawdala-Kerze, Tefillin, Kippa, Sabbatdecke, Esterrolle, Sederteller, Chanukkaleuchter, Pessach-Haggada.

Der Text des Videos lässt sich auch als Arbeitsblatt verwenden; den einzelnen Abschnitten können die entsprechenden Abbildungen, die zunächst als Arbeitsblatt ausgeteilt wurden, zugeordnet werden. Dieses Arbeitsblatt kann aus den gebotenen Abbildungen (z. B. Domino, VII.1) zusammengestellt werden.

■ *Dritter Schritt*
Sinnvoll ist ein Unterrichtsgespräch über den Sinn des Ruhetages. Dabei kann die Praxis der ›Sonntags(ent)heiligung‹ bei uns zur Sprache kommen.
Der Sabbat beginnt – wie jeder jüdische Tag – am Vorabend mit Sonnenuntergang. Hierzu gibt es durchaus auch bei uns Parallelen, z. B. Weihnachten beginnt am Heiligen Abend; Feier der Osternacht. Der Martinsumzug findet am Vorabend des Martinstages statt.

I.11 Von der Wiege bis zum Grabe

Informationen
Siehe Einleitung, S. 20–22.

Auf der Vorlage I.11 sind Texte und Bilder zu einem ›jüdischen Lebenslauf‹ angeordnet. Vgl. dazu auch die Informationen zu Vorlage IV.7 (Jüdische Friedhöfe und Grabsteinsymbole).

Hinweise zu den Bildern

Das Bild von der Heirat ist nach einem Kupferstich von Bernhard Picart gezeichnet; Picarts Kupferstiche finden sich in Joh. Baptist Ott, Eigentliche Beschreibung der auswendigen gottesdienstlichen Kirchen-Gebräuchen und Gewohnheiten der Juden, Zürich 1739.

Methodische Hinweise

Im Zusammenhang mit dieser Vorlage ist es sinnvoll, das Video »Fest und Feier im Judentum« einzusetzen. Dieses Video bietet sehr anschauliche Bilder und verständliche Texte zu den Themen Beschneidung, Bar Mizwa und Hochzeit.
Die Vorlage kann – für sich genommen – als Arbeitsblatt eingesetzt werden. Dabei werden Texte und Bilder einander zugeordnet. Man kann auch ein Plakat erstellen.
Die Schüler/innen können ein entsprechendes Blatt für die christlichen Bräuche und Riten im Lebenslauf entwerfen. Man kann muslimische Mitschüler/innen bitten, Ähnliches für ihre Religion zu tun. Möglich ist auch eine vergleichende Tabelle.

I.12 Die Merkzeichen

Informationen
Siehe Einleitung, S. 21.

Methodische Hinweise

Der einfachste methodische Umgang mit dieser Vorlage besteht darin, die Texte und Gegenstände einander zuordnen zu lassen. Eine weitere Möglichkeit besteht darin, gemeinsam in der Klasse bzw. Lerngruppe die einzelnen abgebildeten Gegenstände herzustellen.

I.13 Synagoge I
I.14 Synagoge II – Bastelbogen (Blatt A)
I.15 Synagoge II – Bastelbogen (Blatt B)

Informationen
Siehe Einleitung, S. 22f.

Ergänzende Informationen finden sich bei Vorlage II.9 (Jüdische Diaspora I – ihre Entstehung). Dort wird auf die Bedeutung der Synagoge für das Diasporajudentum hingewiesen.

Methodische Hinweise

Die Schüler/innen sollen die Synagogeneinrichtung kennenlernen und benennen können. Das dreidimensionale Klappbild soll besonderer Anreiz sein, sich mit dem Thema ›Synagoge‹ auseinanderzusetzen. Das Klappbild kann ins Reli-Heft eingeklebt werden und so zu dessen Gestaltung beitragen.

■ *Hinweise zur Herstellung der ›Synagoge‹*
Die Vorlagen ›Synagoge II A und B‹ werden auf wenigstens 120 g/m² schweres Papier kopiert; die meisten Schulkopierer schaffen das. Noch besser geeignet ist 140 g/m² schweres Papier. Sollte dies nicht realisierbar sein, müssen die Vorlagen ›Synagoge II A und B‹ in halber Größe auf ein 80 g/m² DIN A 4-Papier (= normales Kopierpapier) kopiert werden; noch kleinere Kopien sind für die Schüler/innen zu schwierig zu bearbeiten.

■ *Zur Bemalung*
Sehr geeignet sind Aquarellstifte, d. h. Buntstifte, die mit Wasser und Pinsel vermalbar sind. Dabei ist darauf zu achten, dass nur wenig Wasser mit dem Pinsel aufgenommen wird, weil sonst das Papier seine Spannung und Glätte verliert.

■ *Zur Farbgebung*
Baldachin mit Säulen (3) = beige/ocker oder braun (Holzfarbe)
Baldachindach = gebrochenes rot oder gold
Flügeltüren des Toraschreins / Gesetzestafeln auf Baldachin / Dekor auf Toramantel und Toraschrein – Vorhang / Ewiges Licht = gold/gelb.
Toramantel und Vorhang = purpurrot
Tuch am Lesepult = olivgrün
Geländer = holzfarbig
Fußboden = rötlich-braun, dunkler als Holzfarbe
Rückwand = zart ocker
Gebetsschal des Rabbiners/Kantors = weiß
Torarolle = pergamentfarbig (zart ocker)

Den Schüler/innen macht es gewöhnlich besonders Spaß, wenn für die zu ›vergoldenden‹ Teile goldene Wasserfarbe oder Leuchtstifte verfügbar sind.

■ *Zum Schneiden*
Beim Schneiden mit Teppichmesser auf Pappunterlage ist auf besondere Sorgfalt zu achten. Bevor das ›Holzgeländer‹ mit dem Lesepult aus Vorlage II B ausgeschnitten wird, sollten zuerst die schraffierten Flächen zwischen den Geländerstäben mit dem Messer ausgeschnitten werden.
Bevor das nächste Bauteil aus Vorlage II B ausgeschnitten wird, sollte das schon ausgeschnittene Teil auf Vorlage II A geklebt werden, damit kein Teil verloren geht.

■ *Zum Falzen*
Damit die Falzkanten gerade werden, sollten die Schüler/innen unbedingt das Geodreieck anlegen: bei gepunkteten Linien auf der Vorderseite, bei gestrichelten Linien auf der Rückseite des Blattes anlegen.

■ *Zum Kleben*
Keine Klebestifte benutzen! Flüssigkleber sind geeigneter.

I.16 Jüdische Bibelauslegung

Informationen

Ausgangspunkt der jüdischen Bibelauslegung ist der Glaube, dass Gott in den Büchern der Bibel seinen Willen offenbart. Aufgabe des gesetzestreuen Juden ist es, den Willen Gottes zu studieren und auf konkrete Situationen jeweils neu anzuwenden. Deshalb steht neben der schriftlichen Überlieferung der Bibel die (ursprünglich mündlich überlieferte) Auslegung der Bibel, die im *Talmud* ihren schriftlichen Niederschlag gefunden hat.
Die mündliche Überlieferung hat aber mit der Fixierung im Talmud (5. Jh.) nicht ihren Abschluss gefunden. Sie geht heute noch weiter. Auslegungsmethode ist vor allem das Gespräch. Eine wichtige Rolle bei der jüdischen Bibelauslegung spielt das assoziative Denken. Dabei wird nicht eine einzige Auslegung als ›die‹ richtige herausgestellt, sondern mehrere, auch sich widersprechende Meinungen können nebeneinander stehen bleiben. ROLAND GRADWOHL schreibt zu den Grundsätzen der jüdischen Bibelauslegung:
Viele Textstellen des Tanach (= der schriftlichen Lehre) bedürfen der Erklärung. Die Bedeutung einzelner Wörter, zumal wenn sie nur ein einziges Mal auftreten, ist unklar. Selbst wo der Sprachbestand unproblematisch ist, stößt das Verständnis eines oder mehrerer Verse bisweilen auf beträchtliche Schwierigkeiten. Kein Wunder, dass die Bibelexegese schon in der Antike unentbehrlich ist. Juden haben die Bibel nicht bloß

geschrieben, sie haben sie auch interpretiert. Die ersten Interpretationen finden sich in der Bibel selbst. So wird beispielsweise das Arbeitsverbot am Schabbat mit dem Hinweis auf die Weltschöpfung (2. Mose 20,8–11) und die Befreiung aus der ägyptischen Knechtschaft (5. Mose 5,12–16) begründet. Die Forderung nach der ungeteilten Mitmenschlichkeit (3. Mose 19,18) umschließt auch den »Fremden, der mit dir in eurem Land wohnt« (V. 33) und wird desgleichen durch Israels Sklavenschicksal motiviert (V. 34). In anderer Formulierung (2. Mose 23,9): »Den Fremden sollst du nicht bedrücken. Ihr kennt die Seele des Fremden, denn Fremde seid ihr im Land Ägypten gewesen.«

Die im Bibeltext vermerkten Erklärungen werden im Verlauf der Jahrhunderte um die zunächst nur mündlich überlieferten, später schriftlich fixierten Kommentare erweitert. Es entstehen vom 2. Jh. n. Chr. an die Sammlungen des *Midrasch* (»Erforschung«), der *Mischna* (publiziert um 200) und der beiden Talmude – des Jerusalemischen (um 400) und des Babylonischen *Talmud* (um 500). Die schriftliche Lehre (*Tanach*) findet ihr Gegenstück in der mündlichen Lehre. HILLEL DER GROSSE (1. Jh. v. Chr.) hat dabei mit seinen sieben hermeneutischen Regeln die Methoden der Exegese genauer definiert. Wenn ein Jude heutzutage die Schrift studiert, so orientiert er sich zusätzlich und in besonderem Maße auch an den Werken der großen Exegeten des Mittelalters, etwa der französischen Interpreten RABBI SCHLOMO BEN JIZCHAK (abgekürzt: Raschi, 1040–1105) und seines Enkels RABBI SCHMUEL BEN MEÏR (Raschbam, ca. 1080–1158), der spanischen Gelehrten RABBI ABRAHAM IBN ESRA (1089–1164), RABBI MOSCHE BEN NACHMAN (Ramban, 1194–1270), RABBI DAVID KIMCHI (Redak, 1160–1235) und des spanischen Finanzministers DON ISAAK ABARBANEL (1492 durch königliches Dekret mit den übrigen Juden aus Spanien vertrieben), oder auch des RABBI OWADIA SFORNO (ca. 1470–1550), der in Rom gelebt hat. Schon im Mittelalter wurde der Bibeltext zusammen mit den Kommentaren von Raschi, Raschbam, Ibn Esra, Ramban, Redak und Sforno ediert (in den »Großen Lesungen«, *miqraot g'dolot*, von Christen auch ›Rabbinische Bibel‹ genannt). Die übersichtliche Darstellung – ein paar hebräische Verse pro Seite mit den dazugehörenden Erklärungen – ermöglicht es, beim synoptischen Studium Gemeinsamkeiten und Verschiedenheiten der Deutungen des betreffenden Abschnitts zu erkennen. Gelegentlich kommen in modernen *miqraot g'dolot*-Ausgaben auch weitere mittelalterliche Exegeten zu Wort.

Eine Vielfalt von Deutungen ist möglich: Neben dem eigentlichen Wortsinn (*p'schat*) auch das hintergründige Schriftverständnis (*d'rasch*) in seinen verschiedenen Formen. »Siebzig Gesichter hat die Tora«, lehrten die Weisen des Talmud, und in allen spiegelt sich ein Teil der Wahrheit. Kein Mensch besitzt die vollumfassende Wahrheit.

Mit MOSES MENDELSSOHN (1729–1786), dem jüdischen Philosophen und Freund Ephraim Lessings, gewinnt die jüdische Bibelexegese einen weiteren Aufschwung. Mendelssohn kommentiert den Text nicht nur, er übersetzt ihn auch ins Deutsche, wobei er die deutschen Buchstaben mit hebräischen Lettern wiedergibt. Wegen dieser Übersetzung wurde er für die deutschen Juden, was Luther für die deutschen Christen war: Er ›lehrte‹ sie Deutsch.

Im 19. Jh. befassen sich die Begründer der »Wissenschaft des Judentums« – LEOPOLD ZUNZ, ABRAHAM GEIGER, MICHAEL SACHS, HEINRICH GRAETZ u. a. – mit biblischen Studien. In Italien veröffentlichen die Rabbiner ISAAK SAMUEL REGGIO (1784–1855) und SCHMUEL DAVID LUZZATTO (1800–1865) ihre Kommentare, in Deutschland der »neo-orthodoxe« Rabbiner SAMSON RAPHAEL HIRSCH (1808–1888), einer der heftigsten Gegner des aufkommenden Reformjudentums, und Rabbiner DAVID ZWI HOFFMANN (1843–1921), der sich eingehend mit der Bibelkritik des christlichen Alttestamentlers Julius Wellhausen auseinandersetzte. In Osteuropa erfreuen sich die ausführlichen Erörterungen des rumänischen Oberrabbiners MALBIM (= Meïr Loeb ben Jechiel Michal) großer Beliebtheit.

BENNO JACOB (1862–1945), Rabbiner in Göttingen, Dortmund, Hamburg und nach 1939 in Großbritannien, schreibt auf Deutsch einen beeindruckenden Kommentar zu 1. Mose, den die Nazis 1935, kurz nach seinem Erscheinen in Berlin (1934), vernichten lassen. Der bisher nur auf Englisch erschienene Kommentar zu 2. Mose ist 1997 im Calwer Verlag erstmals in deutscher Sprache veröffentlicht worden (Benno Jacob, Das Buch Exodus. Herausgegeben im Auftrag des Leo-Baeck-Instituts von Shlomo Mayer unter Mitwirkung von Joachim Hahn und Almuth Jürgensen, ISBN 3–7668–3515–7). Im Staat Israel, wo Hebräisch die erste Landessprache und Tanach Abiturfach ist, erscheinen kontinuierlich gründliche Studien zur Bibel. Maßgebend sind dabei die Werke von JECHESKEL KAUFMANN, MOSCHE DAVID CASSUTO und N. H. TUR-SINAI, die an der Hebräischen Universität Jerusalem lehrten. Kaufmann und Tur-Sinai lehnen die Quellen- und Textkritik nicht ab, ebenso ihre Schüler und

Nachfolger an den Hochschulen von Jerusalem, Tel Aviv, Haifa und Beerschewa. An der religiös orientierten Bar Ilan Universität, Ramat Gan/Tel Aviv, liegt demgegenüber das Hauptgewicht auf der traditionellen jüdischen Bibelexegese. Insgesamt stehen jüdische Bibelforscher in engem Kontakt zu ihren christlichen Kollegen. Wie diese bringen sie Erkenntnisse der vergleichenden altorientalischen Sprachwissenschaft, Religionsgeschichte, Archäologie und Geographie in ihre Arbeiten ein. Und das Forschen hat kein Ende...

Zusätzliche Hinweise zu einigen der auf der Vorlage erwähnten Bibelexegeten

☐ JOSEPH ALBO (Italien, 1380–1444)
In seinem Buch der »Grundlehren« (*Sefer Ikkarim*) benennt er drei Grundprinzipien des jüdischen Glaubens: 1. Es gibt einen einzigen, einigen, höchsten Gott. 2. Die Tora wurde unmittelbar von Gott gegeben. 3. Gott ist ein gerechter Richter, der die Menschen nach ihrem Verdienst belohnt und bestraft (vgl. RGG³, Bd. III, Sp. 1008; Nachama/Sievernich, Jüdische Lebenswelten, Katalog, S. 467).

☐ SAADJA BEN JOSEPH (Babylonien, 892–942)
Er war das Haupt (*Gaon*) der jüdischen Gelehrtenschule in Susa (Babylonien) und die höchste Autorität für das Judentum seiner Zeit. Er übersetzte die Bibel ins Arabische und versah sie mit einem ausführlichen Kommentar (vgl. RGG³, Bd. V, Sp. 1255; Nachama/Schoeps/van Voden, Jüdische Lebenswelten, Essays, S. 292).

☐ RABBI MOSCHE AUS COUCY (Frankreich, 13. Jh.)
Jüdischer Wanderprediger, der die Juden seiner Zeit dazu aufrief, die Tora zu befolgen. Sein Hauptwerk war »Das Große Buch der Gebote« (*Sefer Mizwot Gadol*). Es basiert auf Maimonides' »Mischne Tora«, das Rabbi Mosche Seite für Seite zitiert und mit Ergänzungen und Erläuterungen versieht (vgl. Nachama/ Sievernich, Jüdische Lebenswelten, Katalog, Bd. I, S. 130f und S. 444).

☐ SALOMO BEN JEHUDA IBN GABRIOL (Spanien, um 1020–1057/58)
Sein Lehrgedicht »Königskrone« (*Keter Malchut*) wurde teilweise in die Liturgie aufgenommen. In seinen philosophischen Schriften versucht er, eine Synthese zwischen dem biblischen Schöpfungsglauben und der Philosophie des Neuplatonismus herzustellen (vgl. Schoeps, Neues Lexikon des Judentums, S. 404).

☐ MAIMONIDES (Rabbi Moses ben Maimon, abgek. RaMBaM, 1135–1204)
Wurde in Cordoba (Spanien) geboren. Er musste bei der Judenverfolgung 1148 mit seiner Familie zunächst nach Nordafrika fliehen. Anschließend lebte er in Palästina und schließlich in Ägypten; dort war er Leibarzt des Sultans von Fostat (Altkairo) und Vorsteher der jüdischen Gemeinde. Maimonides gilt als der bedeutendste jüdische Philosoph des Mittelalters. Bekannt geworden ist er insbesondere durch seinen Kommentar zur Mischna und durch sein Werk »Führer der Irrenden«, in dem er in Auseinandersetzung mit Aristoteles die »vernünftige Struktur« (RGG³, Bd. I, Sp. 612) der jüdischen Religion darlegte. Maimonides hat keinen Bibelkommentar geschrieben, sein Werk enthält jedoch lange Passagen zu biblischen Themen, in denen er »neben dem offenkundigen, auch den verborgenen Sinn zu erhellen sucht« (Gradwohl, Bibelauslegungen aus jüdischen Quellen, Bd. 1, Seite 26).

☐ RABBI HISQUIA BAR MANOACH (auch: Chisquni, Frankreich, 13. Jh.)
Er schreibt um 1240 einen Kommentar zur Tora und setzt sich darin für eine Auslegung nach dem Wortsinn ein.

Methodische Hinweise

Um ein wenig zu erahnen, wie die jüdische Bibelauslegung vorgeht, erscheint es sinnvoll, jeweils ein bis drei Schüler/innen je eine der abgedruckten Auslegungen zu überlassen. Nach einer Phase, in der sie sich in die jeweilige Auslegung vertieft haben, trägt jede dieser Gruppen ihre Auslegung vor; es folgt ein Rundgespräch über die Auslegung des Textes. So kann deutlich werden, dass in die jüdische Auslegung jeweils die eigene Situation und Sichtweise, aber auch die Tradition der Bibelauslegung einfließen.

II Geschichte des Judentums in der Antike

II.1 Der Tempelberg (4 Bilder)
II.2 Tempelberg mit Fels
II.3 Tempelberg zur Königszeit
II.4 Tempelberg mit herodianischem Tempel
II.5 Tempelberg heute

Die Vorlagen II.1–5 stellen den Versuch dar, die Tempelbaugeschichte zu rekonstruieren. Es gilt dabei zu bedenken, dass die Zeichnungen ungenauer werden, je weiter sie in die Geschichte zurückreichen.

Informationen

■ *Jerusalem und der Tempel* (vgl. dazu auch S. 53f)
Jerusalem, über 700m über dem Meeresspiegel auf dem Gebirge Juda gelegen, ist eine uralte Stadt. Die Herkunft des Namens ist umstritten, am wahrscheinlichsten ist die Bedeutung: »Gründung des Gottes Salem« (TRE, Bd. 16, S. 590). Im Alten Testament wird Jerusalem zuweilen auch ›Zion‹ genannt. Ursprünglich bezeichnete ›Zion‹ wohl die Burg auf dem Südosthügel, später den ganzen Hügel, später den Tempelberg oder ganz Jerusalem. Schon im 4. Jh. v. Chr. wird ›Zion‹ zur Bezeichnung des Südwesthügels verwendet. Nach dem letzten großen Aufstand gegen die Römer, dem Bar-Kochba-Aufstand (132–135 n. Chr.), gaben die Römer Jerusalem den Namen ›Aelia Capitolina‹, um jede Erinnerung an die rebellischen Juden auszulöschen. Die Araber nennen die Stadt ›El-Quds‹, die Heilige.
Gegründet zu Beginn des 3. vorchristlichen Jahrtausends, blieb Jerusalem nach der Landnahme durch die israelitischen Stämme zunächst selbständig. Seine Einwohner, die kanaanäischen Jebusiter, konnten aufgrund der strategisch günstigen Lage der Stadt auf einem Hügel (vgl. 2. Sam 5,6) alle Angriffe der Neueinwanderer abwehren. Erst König David gelang es im 10. Jh. v. Chr., Jerusalem mit Hilfe seiner Söldner einzunehmen. Die Stadt wurde sein Eigenbesitz. David machte die »Stadt Davids« zur Hauptstadt seines Großreichs. Dies war taktisch klug, weil er so weder die südlichen noch die mittleren und nördlichen Stämme benachteiligen musste. David ließ in Jerusalem einen kleinen Palast errichten. Die Bundeslade, möglicherweise ursprünglich ein Heiligtum der Rahel-Stämme (Ephraim, Manasse und Benjamin), ließ er nach Jerusalem bringen und in einem Zelt aufstellen. So wurde Jerusalem mit der Zeit auch zum religiösen Mittelpunkt Israels. Der Wunsch Davids, in Jerusalem einen Tempel zu bauen, konnte aufgrund prophetischen Einspruchs nicht realisiert werden (2. Sam 7).
Erst Salomo erweitere Jerusalem nach Norden und errichtete auf dem heutigen Tempelplatz einen große Palastanlage, zu der auch der Tempel als Staatsheiligtum gehörte (vgl. zum Folgenden Metzger, [7]1987, S. 95f). Der salomonische Tempel entsprach einem Tempeltyp, den man bei Ausgrabungen im syro-palästinischen Raum gefunden hat. Die Höhe des Tempels betrug etwa 15m, seine Breite etwa 10m und seine Länge insgesamt 40m. Der Vorraum maß etwa 5m x 10m, das Heiligtum 20m x 10m und das Allerheiligste 10m x 10m. Das Allerheiligste »lag höher als das Heiligtum und war über dem heiligen Felsen errichtet, wo sich wahrscheinlich bereits eine kanaanäische Kultstätte befunden hatte und schon David einen Altar errichten ließ (1. Kön 6)« (a. a. O., S. 41). Nach Auffassung anderer war der heilige Felsen allerdings die Stätte des Brandopferaltars (vgl. RGG[3], Bd. VI, Sp. 684). Im Allerheiligsten wurde die Bundeslade aufgestellt; sie war bedeckt von den schützenden Flügeln zweier Kerubenfiguren (1. Kön 8,6–8). Nach dem Tempelweihspruch 1. Kön 8,12f gehörte der Jerusalemer Tempel zum Typus des Wohntempels.
Anfangs gab es neben dem Jerusalemer Tempel noch andere Jahweheiligtümer im Land. Im 7. Jh. ordnete jedoch König Joschija an, dass Jahwe, der Gott Israels, nur noch in Jerusalem verehrt werden dürfe.
Zu Beginn des 6. Jh. (587 v. Chr.) wurde Jerusalem von den Babyloniern eingenommen und Stadt und Tempel zerstört. Damit fand die staatliche Selbständigkeit Judas ein Ende, nachdem bereits rund 150 Jahre vor-

her das Nordreich infolge der Eroberung durch die Assyrer seine staatliche Selbständigkeit verloren hatte.

Die Bundeslade wurde beim Brand des Tempels vernichtet, die Tempelgeräte nach Babel verbracht. Die Oberschicht Jerusalems wurde ins Zweistromland zur Zwangsarbeit deportiert (vgl. Psalm 137: »An den Wassern Babels saßen wir und weinten«). Die Einwohnerschaft Jerusalems, das ungeschützt den feindlichen Nachbarn ausgesetzt war, schrumpfte auf ein Minimum.

Doch dann gestattete der persische König Kyros, der das babylonische Reich (538 v. Chr.) vernichtet hatte, die Heimkehr der Deportierten nach Juda und Jerusalem. Unter großen Schwierigkeiten wurde der Tempel wieder aufgebaut und eine Befestigungsmauer um Jerusalem gezogen. Diese Ereignisse werden in den alttestamentlichen Büchern Esra und Nehemia geschildert.

Jerusalem war keine politische Hauptstadt mehr, aber das Zentrum der jüdischen Kultgemeinde um den Jerusalemer Tempel.

Es folgten Jahrhunderte der politischen Abhängigkeit: Perser, Ptolemäer, Seleukiden hatten das Sagen. Noch einmal erlangte Juda mit seiner Hauptstadt Jerusalem unter den Makkabäern politische Unabhängigkeit; wegen Übergriffen auf den Tempelschatz war es zum Aufstand gegen die Seleukiden (167 v. Chr.) gekommen. Das so entstandene hasmonäische Königtum verlor jedoch zusehends an Macht. Im Streit um die Macht riefen die verfeindeten Brüder Aristobul und Hyrkanus (76–63 v. Chr.) Rom zu Hilfe. Die Folge war die Eroberung Jerusalems durch Pompeius im Jahre 63 v. Chr. Seitdem waren die Römer die Herren im Land. In der Burg Antonia neben dem Tempelbezirk lag eine römische Besatzung. Herodes der Große (37–4 v. Chr.), König der Juden von Roms Gnaden, ließ den Tempel ab 20 v. Chr. vergrößern, verschönern und teilweise neu bauen. Den Tempelbezirk ließ er durch eine Mauer neu fassen und den ursprünglichen hügeligen Platz zu einer ebenen Fläche umgestalten.

In Jerusalem verurteilten die Römer Jesus von Nazareth zum Tod am Kreuz. Die Kreuzigung war die schlimmste und schimpflichste Todesstrafe der Römer.

Der jüdische Aufstand (66–73 n. Chr.) endete mit der Zerstörung Jerusalems und des Tempels durch Titus (70 n. Chr.). Nur wenige Bauwerke blieben erhalten. Vom Tempel blieb einzig die Umfassungsmauer des herodianischen Tempelplatzes stehen. Jerusalem wurde zu einer römischen Stadt. Nach einem erneuten Aufstand gegen die Römer unter Bar Kochba (= Sternensohn, 132–135 n. Chr.) wurde den Juden der Aufenthalt in der nun Aelia Capitolina genannten Stadt verboten. An der Stelle des früheren Tempels wurde ein dem Jupiter geweihter römischer Tempel errichtet. Seit dem Ende des 3. Jh. durften sich die Juden einmal im Jahr dem Ort des früheren Tempels nähern, um die Zerstörung ihrer heiligsten Stätte zu beklagen; der Ort, an dem dies geschah – der Westteil der Umfassungsmauer des Tempelplatzes – trägt deshalb auch den Namen »Klagemauer«.

Die Verbindung der Juden zu Jerusalem riss nie ab. Noch heute betet man bei jedem Sederabend »Heute sind wir noch hier, aber nächstes Jahr vielleicht im Land Israel.« »Nächstes Jahr in Jerusalem!« – diese Sehnsucht hat sich so bei den Juden über die letzten zwei Jahrtausende erhalten.

Für die Juden hat Jerusalem – übrigens ebenso für Christen und Moslems – auch endzeitlichen Charakter: Nach Jes 2,2 sollen alle Völker am Ende der Tage nach Jerusalem wallfahren, um dort »Weisung« zu empfangen und das endgültige Friedensreich zu erwarten. Am Ende der Tage wird der Messias als Heilsbringer in Jerusalem einziehen.

Daten zur Geschichte Jerusalems

19. Jh. v. Chr.	Erwähnung Jerusalems in ägyptischen Texten
18. Jh. v. Chr.	Jerusalem wird mit einer Mauer umgeben
um 1250 v. Chr.	Landnahme der israelitischen Stämme
1004–965 v. Chr.	David ist König von Juda und Israel; Eroberung Jerusalems (Davids Stadt)
965–926 v. Chr.	König Salomo; Ausbau Jerusalems, Bau des Tempels
926 v. Chr.	Teilung des Landes in Nord- und Südreich. Jerusalem ist Hauptstadt Judas
701 v. Chr.	Abgebrochene Belagerung Jerusalems durch den assyrischen König Sanherib
598 v. Chr.	Eroberung Jerusalems durch die Babylonier. 1. Wegführung
587 v. Chr.	Eroberung und Zerstörung Jerusalems und des Tempels durch die Babylonier; Babylonisches Exil

538 v. Chr.	Der Perserkönig Kyros II. (Eroberung Babyloniens 537 v. Chr.) gestattet den Juden die Rückkehr in ihre Heimat
520 v. Chr.	Beginn des Baus des 2. Tempels
515 v. Chr.	Einweihung des Tempels
ab 444 v. Chr.	Unter Nehemia: Bau der Mauer um Jerusalem
um 425 v. Chr.	Esra: Fortsetzung des Wiederaufbaus Jerusalems; strenge Religionsgesetze
166–164 v. Chr.	Makkabäeraufstand gegen die Seleukiden
ab 160 v. Chr.	Herrschaft der Hasmonäer; Jerusalem Hauptstadt eines unabhängigen jüdischen Staates
63 v. Chr.	Eroberung Jerusalems durch Pompeius, römische Oberherrschaft über das Land Israel
37–4 v. Chr.	Herodes der Große. Nach seinem Tod: Aufteilung des Landes Israel unter seine drei Söhne
6 n. Chr.	Judäa und damit auch Jerusalem wird direkt in die römische Provinz Syrien eingegliedert
26–36	Pontius Pilatus Procurator von Judäa
41–44	Agrippa, König von Judäa; Bau der neuen (3.) Stadtmauer um Jerusalem (jetzt liegt Golgatha innerhalb der Mauern Jerusalems)
66–73	Jüdischer Aufstand gegen Rom (»Jüdischer Krieg«), Zerstörung Jerusalems und des 2. Tempels (70 n. Chr.), Fall Massadas (73 n. Chr.)
132–135	Aufstand des Bar Kochba Der römische Kaiser Hadrian (117–138) macht Jerusalem zur römischen Stadt Aelia Capitolina. Das Land Israel wird zu Palästina (= Philisterland). Juden dürfen Jerusalem nicht mehr betreten
324–638	Byzantinische Epoche; die Mutter Kaiser Konstantins, Helena, entdeckt den Ort der Kreuzigung; Bau der Grabeskirche
638	Arabische Eroberung Jerusalems, Bau des Felsendoms (691)
638–1099	Arabische Epoche
1009	Zerstörung der Grabeskirche durch Kalif Hakim
1096–1099	Erster Kreuzzug; Eroberung Jerusalems durch die Kreuzfahrer; Königreich Jerusalem
1187	Sultan Saladin, ein Kurde, erobert Jerusalem
1229–1244	Vertrag mit dem Sultan Al-Kamil: Jerusalem unter der Herrschaft des Stauferkaisers Friedrich II.
1244	Eroberung Jerusalems durch den Sultan As Salih von Ägypten.
1291–1517	Herrschaft der Mamelucken
1517–1917	Palästina im Osmanischen Reich
1538–1540	Bau der (heute noch bestehenden) Stadtmauer um Jerusalem durch Sultan Suleiman den Prächtigen
1860	Juden siedeln sich außerhalb der Mauern Jerusalems an
1882–1948	6 Einwanderungswellen (Alijas) von europäischen Juden nach Palästina
1898	Besuch Theodor Herzls in Jerusalem Besuch Kaiser Wilhelms II. in Jerusalem; Einweihung der Erlöserkirche
1920–1948	Palästina unter britischem Mandat
1948	Gründung des Staates Israel; Teilung Jerusalems; Ostjerusalem gehört zu Jordanien
1967	Sechstagekrieg. Eroberung Ostjerusalems und der Westbank durch die Israelis
1980	Annexion Ostjerusalems durch die israelische Regierung

Methodische Hinweise

Die vier Zeichnungen sind so aufeinander abgestimmt, dass man sie als Folien aufeinanderlegen kann, wenn man z. B. die bauliche Entwicklung im Bereich des heiligen Felsens zeigen möchte. Als Anlegehilfe können der Rahmen oder die Linie »Kidron-Tal« dienen.

Weil im Religionsheft das Aufeinanderlegen schwerer möglich ist, wurde die Vorlage II.1 mit den vier Zeichnungen auf je einem DIN-A 4-Blatt beigefügt.
Die Namen der einzelnen Tempelteile können von den Schüler/innen auch in die verkleinerten Zeichnungen eingetragen werden.

II.6 Jüdische Gruppen zur Zeit Jesu (Arbeitsblatt)
II.7 Jüdische Gruppen zur Zeit Jesu (Textblatt)

Informationen

■ *Jüdische Gruppen zur Zeit Jesu*

Die Pharisäer
Die Bedeutung des Namens ›Pharisäer‹ ist unklar. Vielleicht nannten sich die Pharisäer selbst *paroschim*, d. h. die ›genau Unterscheidenden‹, vielleicht wurden sie aber auch von anderen missbilligend *peruschim,* d. h. ›Spalter‹ oder die ›Abgesonderten‹ genannt (vgl. Theissen/Merz, S. 134). Die Gruppe der Pharisäer entstand etwa um das Jahr 150 v. Chr. aus der Bewegung der *chassidim* (= die ›Frommen‹), die sich schon in vormakkabäischer Zeit gegen Hellenisierungstendenzen in der Jerusalemer Priesterschaft wehrten. Die Pharisäer suchten sich »durch frommes Leben, Gebet und Fasten auf die zukünftige Wende zu rüsten, die Gott heraufführen würde« (Lohse, S. 54). Im Mittelpunkt ihrer religiösen Praxis stand die strenge Einhaltung der Tora, die durch die (pharisäischen) Schriftgelehrten ausgelegt wurde. Vor allem die Vorschriften kultischer Reinheit und die Zehn Gebote waren ihnen wichtig. »Die alttestamentlichen Gebote, die die erforderliche priesterliche Reinheit beschreiben, sollten nicht nur von Priestern und Leviten, sondern von allen Pharisäern auch während des Alltags eingehalten werden« (Lohse, S. 54).
Die Pharisäer waren eine Laienbewegung. Sie bestand zum größten Teil aus Bauern, Kaufleuten und Gewerbetreibenden, also aus Mitgliedern des Kleinbürgertums. Sie schlossen sich zu religiösen Bruderschaften zusammen. Nach Josephus (geb. 38 n. Chr.) gab es zu seiner Zeit etwa 6 000 Pharisäer im Land.
Einerseits war es das Ziel der Pharisäer, das ganze Volk zur Einhaltung der Tora zu bringen, andererseits achteten sie aber auf Trennung von denen, die sich nicht so streng an die Tora hielten; sie nannten diese mit einem alttestamentlichen Ausdruck ›Volk des Landes‹ (Jer 1,18 u. ö.).
Sie sahen sich im Gegensatz zu den Menschen, die das Gesetz wegen Unkenntnis oder wegen ihrer sozialen Stellung nicht einhalten konnten. Gemeint sind die, die »nicht die in der Gesetzesauslegung vorgeschriebenen Zehntabgaben für bestimmte Erzeugnisse geleistet« haben und die »sich nicht an die rituellen Reinigungsgebote der Pharisäer hielten« (Leipoldt/Grundmann, Bd. I, S. 285).
Viele Pharisäer nahmen nicht an Gastmählern teil, zu denen auch Angehörige des ›Volks des Landes‹ eingeladen waren. Solche Menschen waren auch von der Liebestätigkeit, die die Pharisäer mit großem Ernst praktizierten, ausgeschlossen.
Die Pharisäer pflegten eine stark messianische Hoffnung. Ihre Überzeugung war: »Wenn das Volk sich in Reinheit und Heiligkeit auf sein Kommen vorbereitet, dann werde der Messias als der Davidssohn erscheinen, um die zerstreuten Stämme Israels zu sammeln und das Reich wieder aufrichten« (Lohse, S. 57). In den Psalmen Salomos, die in pharisäischen Kreisen im 1. Jh. v. Chr. entstanden, wird darum gebetet: »Sieh darein, o Herr, und lass ihnen entstehen ihren König, den Sohn Davids, zu der Zeit, die Du erkoren, Gott, dass er über deinen Knecht Israel regiere. Und gürte ihn mit Kraft, dass er ungerechte Herrscher zerschmettere, Jerusalem reinige von den Heiden, die es kläglich zertreten!« Die Herrschaft der Römer lehnten die Pharisäer konsequenterweise ab. Doch eine Befreiung von dieser Herrschaft ist nach ihrer Auffassung Aufgabe des Messias, nicht die der Frommen; daher waren sie mit den aufrührerischen Aktivitäten der Zeloten (s. u.) nicht einverstanden.
Die Pharisäer nahmen am Tempelkult teil, wie es die Tora vorschrieb. Bei ihrer Betonung der Torafrömmigkeit hatten sie freilich schwere Bedenken gegen eine nur äußerliche Opferpraxis. Zu den Sadduzäern (s. u.), zu denen ja die führenden Priesterkreise gehörten, lebten sie auf Distanz, nicht zuletzt wegen deren Kollaboration mit den ›heidnischen‹ Römern. Die Pharisäer fanden wegen ihrer religiösen Ernsthaftigkeit in weiten Kreisen der Bevölkerung Zustimmung und wurden nach dem jüdischen Krieg (68–70 n. Chr.) und schließlich, nach dem zweiten Aufstand gegen die Römer (132–135 n. Chr.) zur einflussreichsten Gruppe innerhalb des Judentums. Von allen jüdischen Gruppen stand Jesus den Pharisäern am nächsten.

Die Sadduzäer
Im Unterschied zu den Pharisäern, die die schriftliche Tora und deren schriftgelehrte Auslegung (›mündliche Tora‹) gleich ernst nahmen, beachteten die Sadduzäer ausschließlich die schriftliche Tora. Sie lehnten daher den Auferstehungsglauben ab, der für die Pharisäer ganz wichtig war, und hielten nichts von einem Glauben an Engel und Dämonen. Zu den Sadduzäern gehörte die religiöse und politische Oberschicht im Ju-

dentum, die Mitglieder der Adels- und Priesterfamilien. Sie zeigten eine starke Tendenz zur Anpassung an die herrschenden politischen Verhältnisse. Das führte zur Zusammenarbeit mit der jeweils herrschenden Macht. So konnten sie fast zu allen Zeiten die wichtigsten Ämter bekleiden. Die Sadduzäer spielten eine große Rolle im Synhedrium, dem Hohen Rat, der obersten Behörde des Judentums, das von den Römern als Vertretung der Juden anerkannt war. Wegen ihrer Zusammenarbeit mit den Römern genossen sie im Volk wenig Sympathie. Nach den Aufständen gegen die Römer sind sie als eigenständige Gruppe untergegangen.

Die Essener

Die Essener sind aus den selben Kreisen hervorgegangen wie die Pharisäer. Sie werden von Josephus beschrieben, kommen aber im Neuen Testament namentlich nicht vor. Möglicherweise spielt aber Jesus mit dem Wort »Ihr habt gehört, dass gesagt ist (3. Mose 19,18): ›Du sollst deinen Nächsten lieben‹ und deinen Feind hassen. Ich aber sage euch: Liebt eure Feinde und bittet für die, die euch verfolgen …« (Mt 5,43f) indirekt auf die Essener an, für die die Vernichtung der Feinde Gottes beim Kommen des Messias wichtig war. Näher bekannt wurde diese Gruppe durch den bahnbrechenden Fund der Rollen in den Höhlen von Qumran. Umstritten ist freilich, ob die Essener und die Leute von Qumran identisch sind. Dabei ist »immer noch das beste, diese beiden Gruppen gleichzusetzen, woran auch kleine Unterschiede nichts ändern können. Die Qumrangemeinschaft und die Essener stimmen in vielen wichtigen Punkten überein, in denen sie sich gerade von allen anderen jüdischen Gruppierungen unterscheiden« (Betz/Riesner, S. 66). Die Essener sind wohl aus einem schweren Konflikt in der Jerusalemer Priesterschaft hervorgegangen. Während die Jerusalemer Priesterschaft mit den Römern zusammenarbeitete, zogen sich die Leute von Qumran mit ihrem Leiter, dem ›Lehrer der Gerechtigkeit‹, in ein entlegenes Gebiet zurück. Sie distanzierten sich vom Jerusalemer Tempelkult. Sie verstanden sich als abgeschlossene Gemeinschaft und grenzten sich von der Welt ab. Freilich war die Gruppe der Essener nicht auf Qumran beschränkt. Ihre Mitglieder lebten über das ganze Land verstreut in eigenen Siedlungen und Stadtvierteln. Wahrscheinlich gab es in Jerusalem im Bereich des Südwesthügels ein eigenes Essenerviertel.

Über den sozialen Status der Essener ist wenig bekannt. Auch die Essener übten einen strengen Toragehorsam, der in manchem sogar strenger als der der Pharisäer war, denn es gab bei ihnen keine Erleichterung und kein Zugeständnis an die alltägliche Praxis. So gab es bei den Pharisäern durchaus Erleichterungen in der strengen Sabbatpraxis, nicht aber bei den Essenern. So galt bei diesen das Prinzip: »Wenn Vieh in einen Brunnen fällt oder in eine Grube, so soll man es am Sabbat nicht wieder herausholen.« Eben dies war bei den Pharisäern erlaubt. Jesus wiederum setzt dieses Prinzip der Pharisäer als gültig voraus und folgert daraus, dass, wenn man schon das Vieh retten dürfe, um so mehr dem Menschen Hilfe zukommen lassen dürfe, der sich in Not befindet (vgl. Lohse, S. 74). Nach der in den Höhlen von Qumran gefundenen Gemeinderegel hatten die Leute von Qumran Gütergemeinschaft. Der Verzicht auf die Ehe galt freilich nicht für alle Essener. Auch die Essener waren erfüllt von einer starken messianischen Hoffnung. Sie erwarteten nicht nur das Kommen eines endzeitlichen Propheten, sondern das von *zwei* Gesalbten, eines priesterlichen und eines königlichen Messias.

Die Zeloten

Die Zeloten (griechisch = ›Eiferer‹, nämlich für die Tora) werden von Josephus, der während des ersten Aufstands gegen Rom zu den Römern übergelaufen war, als ›Räuber‹ beschrieben und dadurch gründlich verzeichnet. Es waren »radikale sozial-messianische Gruppen«, die im Stile von »Freischärlern oder Guerillakämpfern« lebten (Heiligenthal, S. 85). Entstanden ist diese Gruppe bei jener aus dem Neuen Testament (Lk 2) bekannten Volkszählung im Jahr 6 n.Chr., bei der es mit Unterstützung durch pharisäische Kreise zu einer Steuerverweigerungskampagne kam. Begründet wurde diese Kampagne theologisch. Eine Steuerabgabe wäre ein Vergehen gegen das Erste Gebot gewesen. Theologisch den Pharisäern nahestehend, waren die Zeloten von glühender Naherwartung und intensiver messianischer Hoffnung erfüllt. »Jedoch war es im Unterschied zu anderen eschatologisch-apokalyptisch ausgerichteten jüdischen Religionsbewegungen ihre Überzeugung, das Kommen des Messias durch eigene Aktivitäten beschleunigen zu können. Hierin liegt ihre militante Ablehnung der römischen Besatzungsmacht und ihrer jüdischen Kollaborateure ebenso begründet wie ihr sozialrevolutionäres Engagement. In grenzenloser Freiheitsliebe lehnten sie Herren und Könige ab; Herr und König war für sie allein Gott, der Israel den Messias als endgültigen Befreier senden wird (vgl. ebd. S. 86).

Die Samaritaner

Die Samaritaner waren Nachkommen jener von den Assyrern im Nordreich eingebürgerten fremden Kolonistenschicht, die sich mit der einheimischen Bevölkerung vermischt hatte. Sie verehrten Jahwe als Gott des Landes, wurden aber von den Juden nach dem Exil nicht als ›echte‹ Israeliten anerkannt. Die Jerusalemer Kultgemeinde, die von Esra und Nehemia angehalten wurde, sich von fremden Völkern fernzuhalten, sonderte sich ab und lehnte einen Verkehr mit den Samaritanern ab. Das schuf Verbitterung auf deren Seite, was schließlich zum völligen Abbruch der Beziehungen führte. Vom Alten Testament halten die Samaritaner nur den Pentateuch, die fünf Bücher Mose, heilig. Dieser lag in der Zeit ihrer Trennung von den Juden im Unterschied zu den ›Propheten‹ und den ›Schriften‹ wohl schon vor und besaß kanonische Geltung. Auf dem Garizim bei Sichem (heute Nablus) errichteten die Samaritaner ein Heiligtum. Obwohl dieses später zerstört wurde, gilt der Garizim ihnen heute noch als Heiligtum, auf dem sie alljährlich ihr Passafest nach uraltem Ritus feiern. Die Römer sahen offensichtlich Juden und Samaritaner eng miteinander verbunden und behandelten sie gleich. Die Beziehungen zwischen Samaritanern und Juden waren auch z. Zt. Jesu schlecht. Man verkehrte nicht miteinander. Es war deshalb etwas Besonderes, dass Jesus gerade am Beispiel eines Samaritaners aufzeigte, was Nächstenliebe bedeutet.

Methodische Hinweise

Das Textblatt zu den Gruppen Jesu (Vorlage II.7) wird von den Schüler/innen gelesen. Aufgrund dieser Informationen wird die Tabelle (II.6) ausgefüllt.
Hinweise zu den Zeichnungen der einzelnen Gruppen:
Pharisäer = Schriftstudium/Schriftgelehrte
Sadduzäer = »Priesterkaste«/Tempel im Hintergrund
Essener = Qumran/Schriftrollen/Schreibsaal
Zeloten = Gewaltanwendung
Samaritaner = Torarolle bewachender Priester

Vorschläge zum Ausfüllen des Arbeitsblattes

	Pharisäer	Sadduzäer	Essener	Zeloten	Samaritaner
Lebensweise	Sie leben als Bauern und Handwerker streng nach der Tora; sie legen die Tora für ihre Verhältnisse aus.	Sie passen sich teilweise der (hellenistischen) Lebensweise der Römer an.	Sie leben teils in klosterähnlichen Siedlungen, teils in Stadtvierteln streng nach der Tora und ihren eigenen Regeln.	Viele Zeloten leben als Untergrundkämpfer in abgelegenen Gebieten; sie leben wie die Pharisäer streng nach der Tora.	Sie leben als eigene religiöse Gemeinschaft in der Gegend des früheren Samaria (heute Nablus).
Soziale Stellung, Berufe	Mittelschicht, Handwerker	Großgrundbesitzer, Oberschicht; viele Mitglieder des Hohen Rates sind Sadduzäer	alle Schichten	Mittelschicht, Unterschicht	alle Schichten
Umgang mit der Tora	schriftliche und mündliche Tora	nur schriftliche Tora	Sie haben neben der Tora noch eigene Schriften.	schriftliche und mündliche Tora	nur schriftliche Tora
Stellung zum Jerusalemer Tempel	positiv; kritisch gegen Veräußerlichung des Gottesdienstes	positiv	Sie lehnen den Tempelkult in Jerusalem ab.	positiv	eigener Tempel auf dem Berg Garizim
Messianische Hoffnung	Der Messias kommt, wenn alle Juden an einem Tag die ganze Tora erfüllen.	keine messianische Hoffnung	Sie warten auf einen priesterlichen und einen königlichen Messias, der die »Söhne der Finsternis« besiegen wird.	Sie wollen mit ihrem Kampf gegen die Römer das Kommen des Messias vorbereiten.	Sie erwarten einen neuen Mose (5. Mose 18,15–19).
Verhalten gegenüber der römischen Besatzungsmacht	Sie lehnen die Römer ab, aber kämpfen nicht gegen sie.	Sie arbeiten mit den Römern zusammen.	Sie lehnen die Besatzungsmacht ab und sind bereit, mit Gewalt gegen sie vorzugehen.	Sie kämpfen gegen die Römer.	Sie lehnen die Römer ab, kämpfen aber nicht gegen sie.

II.8 Die Schuld am Tod Jesu

Informationen

Die Frage nach den Gründen für die Kreuzigung Jesu lässt sich nach unseren heutigen Kenntnissen etwa wie folgt beantworten: Jesus wurde als Unruhestifter von den römischen Behörden gekreuzigt. Dabei haben die jüdischen Behörden (der Hohe Rat) mitgewirkt.
Zu fragen ist, warum die Römer und warum die führenden jüdischen Kreise in Jerusalem ein Interesse am Tod Jesu hatten.

Das Interesse der Römer: Für die Römer kamen Jesu Aktivitäten und Äußerungen (Tempelreinigung, Einzug in Jerusalem usw.) einem Aufruhr gleich. Und alles, was auch nur den Anschein eines Aufruhrs erweckte, wurde von ihnen mit aller Härte unterbunden. Sie waren schnell dabei, des Aufruhrs Verdächtige zu kreuzigen. So wurden z. B. zur Zeit der Geburt Jesu bei einem Aufstand 200 Rebellen gekreuzigt. Während der Belagerung Jerusalems im Jahre 70 n. Chr. wurden die Gefangenen massenweise ans Kreuz geschlagen.
Dass es sich bei Jesu Kreuzigung um eine Hinrichtung wegen Rebellion handelte, zeigt die Kreuzesüberschrift: INRI (= ›Jesus von Nazareth, König der Juden‹). Ein anderes Indiz für diese Annahme besteht darin, dass Pilatus bei der Frage an das Volk immer vom »König der Juden« spricht Das Volk kann deshalb gar nicht sagen: »Gib ihn frei!« Denn dann würde es sich offen auf die Seite der Rebellion stellen.

■ *Der Prozess vor dem Hohen Rat*
☐ Der Hohe Rat konnte kein Todesurteil durch Kreuzigung aussprechen – die jüdische Hinrichtungsart war die Steinigung. Möglicherweise konnte er überhaupt kein Todesurteil aussprechen, weil die Römer sich die Kapitalgerichtsbarkeit vorbehalten hatten.
☐ Im Prozess Jesu gibt es sehr viele Ungereimtheiten, die eigentlich dem jüdischen Prozessrecht entgegenstehen. Z.B. dürfen nach jüdischem Prozessrecht Tatsachen, die erst im Prozess bekannt werden, nicht gegen den Angeklagten verwendet werden. Ein solcher Widerspruch gegen das jüdische Prozessrecht ist z.B. die Frage an Jesus, ob er behauptet habe, er sei der Messias.
☐ Auch darf das Urteil nicht in derselben Sitzung gesprochen werden, in der das Verhör stattfindet.
☐ Unstrittig ist jedoch, dass sich die jüdischen Behörden an dem Prozess gegen Jesus beteiligt haben.

■ *Welches Interesse hatten jüdische Kreise an Jesu Verurteilung?*
Die jüdischen Behörden hatten kaum wegen Jesu Messiasanpruch ein Interesse an seinem Tod. Wegen des Messiasanspruchs ist nie ein Jude von Juden angeklagt oder gar hingerichtet worden. So konnte z. B. Rabbi Akiba Bar Kochba als Messias bezeichnen, ohne dass ihm oder dem Bar Kochba daraus ein ernsthafter Vorwurf gemacht wurde: Mit dem Messiasanspruch lässt sich der Vorwurf der Gotteslästerung nicht begründen.
Ein Interesse am Tod Jesu hatten die politisch führenden Kreise, denen auch der Tempel unterstand; zu ihnen zählten vor allem Sadduzäer. Sie mussten in begrenztem Umfang mit den Römern zusammenarbeiten. Ihr Hauptziel war, Ruhe und Ordnung zu erhalten. Deshalb waren Jesu Tempelkritik, sein Wort gegen den Tempel (Mk 14,58) und die Tempelreinigung (Mk 11,15–19), in doppeltem Sinne gefährlich: Sie konnten als Aufruhr gegen die herrschenden Verhältnisse gedeutet werden, und sie waren gegen den Tempel und seinen Betrieb gerichtet. »Vom Tempel hing der hohe Status und ein großer Teil der Einkünfte der Lokalaristokratie ab« (Theissen/Merz, S. 407).
Die Pharisäer, die wie Jesus auch tempelkritisch waren und denen Jesus sehr nahe stand (s.o.), hatten kein Interesse am Tod Jesu. Die harte Gegnerschaft Jesu gegen die Pharisäer, wie sie uns in den Evangelien fast auf jeder Seite begegnet, ist eine Projektion der Urgemeinde. Erst das Urchristentum stand in starker Gegnerschaft zu den Pharisäern; Streitpunkt war die Frage, wie weit für die ersten Christen, die Juden waren, das Gesetz noch verbindlich ist (vgl. oben S. 44).
Zusammenfassend kann man sagen: »Jesus wurde hingerichtet, weil der Jerusalemer Magistrat oder ein Teil befürchtete, er könnte Unruhen auslösen, denen die Römer nicht zusehen würden. Er starb nicht, weil sein Verhältnis zur Tora und zu Israel so war, dass toratreue Juden keine andere Wahl hatten« (Burchard, S. 54f). Hinter den Versen Joh 11,46ff wird noch sichtbar, dass offensichtlich auch die führenden jüdischen Kreise Jesus wegen befürchteter politischer Unruhen ausschalten wollten.

47

Die Rolle des Volkes wird in den Evangelien so gesehen, dass es trotz der Hosianna-Rufe beim Einzug Jesu in Jerusalem (Mt 21,9) dessen Tod will. Nach Theissen/Merz, S. 408 muss hier jedoch zwischen der Jerusalemer Stadtbevölkerung und den nicht in Jerusalem ansässigen Festpilgern unterschieden werden. Die Jerusalemer Stadtbevölkerung, auf die der Hohepriester Einfluss hatte, war Jesus eher feindlich gesinnt (vgl. die Barabbasszene Mk 15,6–15). Das mit Jesus sympathisierende Volk, dessen Aufwiegelung durch Jesus der Hohepriester befürchtete (vgl. Mk 14,1f), bestand aus den in Jerusalem anwesenden Festpilgern.

Eine unselige Rolle hat im Verlauf der Kirchengeschichte Mt 27,25 (»Sein Blut komme über uns und unsere Kinder«) gespielt. Mit diesem Satz wurden im Mittelalter Judenpogrome gerechtfertigt. Wahrscheinlich handelt es sich jedoch bei dieser Stelle um eine antijüdische christliche Deutung der Zerstörung des Tempels im Jahr 70 n. Chr.: Weil das jüdische Volk angeblich schuld war am Tod Jesu, wurden der Tempel und ganz Jerusalem zerstört (vgl. Mt 22,1ff).

Dass Jesus (wie in Lk 23,6–12 dargestellt) auch noch vor Herodes geführt wurde, ist historisch unwahrscheinlich. Lukas hat ein Interesse daran zu zeigen, dass die Römer unschuldig sind am Tod Jesu. Deshalb stellen bei ihm Herodes und Pilatus übereinstimmend fest, dass Jesus unschuldig ist.

Hinweise zu den Bildern

Die verwendeten Bilder sind Holzschnitte aus dem Werk: Anton Sorg, Passion nach den Texten der vier Evangelien, Augsburg 1480. Die Holzschnitte halten sich noch ganz an die spätgotische Ikonographie, wie sie von Fenstern, Buchmalerei und Altarbildern bekannt ist. Diese frühen Holzschnitte laden regelrecht ein, ausgemalt zu werden.

Methodische Hinweise

Ziel der Bearbeitung dieses Themas ist es, den Unterschied zwischen der Darstellung der Evangelien und dem wahrscheinlichen historischen Verlauf des Prozesses Jesu herauszustellen. Während die Evangelien die Schuld am Tode Jesu vor allem bei »den Juden« suchen, macht die historische Wissenschaft in erster Linie Pilatus für den Tod Jesu verantwortlich – auch wenn er dabei von führenden jüdischen Kreisen durchaus unterstützt wurde. Folgende Schritte der Behandlung der Vorlage sind möglich:

■ *Erster Schritt*
Die Schüler/innen erhalten die Vorlage ohne den Text, der die historischen Erkenntnisse zusammenfasst. Sie erschließen die Darstellung der Evangelien mit Hilfe der Bilder und des folgenden Rasters:

	Amt/Funktion	Anklage gegen Jesus	Schuldanteil
Hannas	früherer Hoherpriester	Er lästert Gott, weil er sich als Christus, den Sohn Gottes, bezeichnet.	Sie wollen den Tod Jesu, das Urteil aber soll Pilatus sprechen.
Kaiphas	Hoherpriester		
Herodes	König über das Gebiet von Galiläa, Landesherr Jesu	unklar	Er schickt Jesus zu Pilatus.
Pilatus	Statthalter Roms	Er behauptet, er sei der König der Juden. Er hetzt das Volk auf.	Er spricht das Urteil: Tod am Kreuz.
Volk		unklar	Sie wollen den Tod Jesu.

■ *Zweiter Schritt*
Aufgrund der Vorlage II.8b formulieren die Schüler/innen einen zusammenfassenden Text über den wahrscheinlichen historischen Hergang der Verurteilung Jesu.

■ *Dritter Schritt*
Die Schüler/innen stellen einen Vergleich an zwischen der Darstellung der Evangelien und dem wahrscheinlichen historischen Hergang.

II.9 Die jüdische Diaspora I – ihre Entstehung

Informationen

In Vorlage II.9 sind drei Ereignisse, die für die Entstehung der jüdischen Diaspora grundlegend waren, zusammengefasst: das babylonische Exil ab 598/587 v. Chr., die Zerstörung Jerusalems im Jahre 70 n. Chr. und der Aufstand des Bar Kochba im Jahre 132–135 n. Chr.

■ *Das babylonische Exil ab 598/587 v. Chr.*
In 2. Kön 25,1–4 wird die Eroberung und Zerstörung Jerusalems durch die Babylonier unter Nebukadnezar erzählt. Die Oberschicht wird ins Zweistromland deportiert, wo sie u. a. beim Bau von Bewässerungskanälen eingesetzt werden.
Im babylonischen Exil entsteht das Judentum; bis dahin spricht man von Israeliten oder Judäern, ab dem Exil spricht man von Juden. Der Name ist abgeleitet von Juda; die Exulanten gehörten hauptsächlich zum Stamm Juda. Im Exil bilden sich wesentliche Merkmale des Judentums heraus, die sich bis heute erhalten haben.

Wichtig sind folgende Punkte:
1. Im Exil liegen wohl die Anfänge des Synagogengottesdienstes, der aus Gebet, Lesung (Predigt) und Lied besteht. Opfer und damit auch die hierfür notwendigen Priester werden nicht benötigt; dies war für antike Religiosität etwas Einmaliges.
2. Man legt großen Wert auf die strenge Einhaltung der Tora, insbesondere auf die Einhaltung des Sabbatgebots und der Speisegebote. Die strenge Einhaltung der Tora wächst aus der Erkenntnis, dass das Exil als Strafe Gottes dafür zu sehen ist, dass man immer wieder den von Gott in den Geboten vorgezeichneten Weg verlassen hat. Die Kehrseite dieser Gesetzesfrömmigkeit zeigt sich bei der Rückkehr (vgl. Esra und Nehemia): Man kapselt sich von allem Nichtjüdischen ab, um sich ja nicht zu verunreinigen.
3. Die Unterschiede zu andern Völkern werden betont. Hierher gehört insbesondere die Sitte der Beschneidung, aber auch die Einhaltung der übrigen Gesetzesvorschriften (z. B. Sabbatgebot). Die Betonung der Unterschiede ist typisch für eine Minderheitensituation.
4. Die Hoffnung auf einen Retter, einen neuen Gesalbten, der das Volk erlösen wird, wächst.
5. Der Name ›Juden‹ (abgeleitet vom Stammesnamen ›Juda‹) für die im Land gebliebenen Israeliten und für die Exulanten bürgert sich ein.

Mit der Eroberung Babels (539 v. Chr.) durch den Perserkönig Kyrus ist der Untergang des neubabylonischen Reiches besiegelt. Die Juden dürfen nach Juda zurückkehren. Unter Esra und Nehemia vollzieht sich die Erneuerung des jüdischen Lebens in Palästina. Tora und Tempel sind der Mittelpunkt des religiösen Lebens. Der Hohe Rat (Synhedrion) als oberste religiöse (aber auch weltliche) Behörde entsteht. Es kehren jedoch bei weitem nicht alle Exulanten zurück, viele bleiben im Zweistromland und bilden dort jüdische Gemeinden.
In 2. Kön 25,22ff wird erzählt, wie sich nach der Eroberung Jerusalems durch die Babylonier eine Gruppe aufständischer Judäer nach Ägypten absetzt. Der Prophet Jeremia, der sich im Namen Gottes gegen die Auswanderung nach Ägypten wendet, wird gewaltsam mit nach Ägypten verschleppt (vgl. Jer 42 und 43).
Die Geflohenen bilden (wohl zusammen mit schon früher nach Ägypten ausgewanderten Israeliten) jüdische Gemeinden in Ägypten. Bekannt sind insbesondere die jüdischen Militärkolonien in Elephantine und Leontopolis; in beiden Städten gab es jüdische Tempel.

■ *Der jüdische Krieg, 66–70 (73) n. Chr.*
Während der Römerherrschaft in Israel/Palästina (seit 163 v. Chr.) gab es immer wieder Aufstände gegen die Besatzungsmacht. Den großen Aufstand, der im Jahre 66 n. Chr. ausbrach, bezeichnet man als den jüdischen Krieg. Die aufständischen Juden konnten zunächst die Römer vertreiben. Zum Zeichen ihrer wiedererlangten Unabhängigkeit prägten sie eigene jüdische Münzen. Dem Heer des Titus (Sohn des Kaisers Vespasian) konnte aber Jerusalem nicht widerstehen; Jerusalem wurde 70 n. Chr. erobert, der Tempel wurde endgültig zerstört. Mit der endgültigen Zerstörung des Tempels beginnt eine neue Epoche des Judentums. Opfer und Priester haben fortan keinen Platz mehr im Glaubensleben des frommen Juden, wenn auch die Erinnerung an den Tempel nie erlischt. Die Synagoge tritt nun ganz in den Mittelpunkt der jüdischen Religion; man konzentriert sich auf die Tora und ihre Auslegung. Noch während der Belagerung Jerusalems flieht Jochanan ben Zakhai, der zum gemäßigten Flügel der Pharisäer gehörte, und ergibt sich den Römern; sie erlauben ihm, in Jabne in der Küstenebene ein Lehrhaus zu eröffnen. Viele Juden werden als Sklaven in alle Welt verkauft.

■ *Der Aufstand des Bar Kochba,*
132–135 n. Chr.

Noch ein letztes Mal erheben sich die Juden im Land Israel gegen die Römer. Der Anlass waren judenfeindliche Maßnahmen Kaiser Hadrians im Jahr 132: Er verbot bei Todesstrafe die Beschneidung und befahl, Jerusalem als römische Stadt wieder aufzubauen und auf dem Platz des Tempels einen Jupitertempel zu errichten. Simon Bar Kosiba, dem Rabbi Akiba den Ehrennamen Bar Kochba (= Sternensohn) gab, um ihn als den Erfüller der messianischen Verheißung vom Stern, der aus Jakob aufgehen wird, 4. Mose 24,17, zu bezeichnen (vgl. Metzger, S. 21) gelingt es noch einmal, die Römer zu vertreiben. Auch er lässt als Zeichen der Befreiung Münzen prägen.

Nach dem Sieg der Römer lässt Kaiser Hadrian Jerusalem als römische ›Colonia Aelia Capitolina‹ wieder aufbauen und an der Stelle des jüdischen Tempels einen Jupitertempel mit einer Bildsäule Hadrians errichten. Er verbietet den Juden, Jerusalem zu betreten. Der Name Judäa wird von nun an von den Römern nicht mehr gebraucht. An seine Stelle tritt die Bezeichnung ›Palästina‹ (= Philisterland). Die überlebenden Juden fliehen in die Berge Galiläas.

Damit hat die politische Eigenständigkeit des Judentums ein Ende gefunden.

Methodische Hinweise

Zunächst wird die Karte mit den Pfeilen und den eingetragenen Jahreszahlen gezeigt. Die Schüler/innen erhalten ein Arbeitsblatt und auf einem gesonderten Blatt die Abbildungen der Münzen und Siegel zum Ausschneiden.

Dann werden entsprechend dem Lehrervortrag bzw. der Erarbeitung des Themas die Bilder und Texte zu den drei Ereignissen (Exil, jüdischer Krieg, Bar-Kochba-Aufstand) aufgelegt bzw. eingetragen:

1. Der Bericht 2. Kön 25 wird mit den Schüler/innen erarbeitet. Hierzu kann auch Psalm 137 herangezogen werden. Das Bild von Nebukadnezar und die Unterschrift werden auf die Folie aufgelegt und in die Arbeitsblätter eingeklebt, ebenso werden die in der Vorlage enthaltenen (oder ähnliche) Texte eingetragen.

2. Lehrervortrag über den jüdischen Krieg. – Die beiden Münzen weisen auf den Verlauf des jüdischen Krieges hin: Die erste Münze ist ein Silberschekel aus dem vierten Revolutionsjahr. Sie zeigt einen Becher und die Aufschrift »Schekel von Israel – das vierte Jahr«. Die zweite Münze ist eine unter Kaiser Vespasian geprägte römische Münze. Die Aufschrift lautet: »Judaea capta« (= Judäa ist erobert). Abgebildet sind eine sitzende trauernde (jüdische) Frau und ein gefesselter (jüdischer) Krieger. Die Münze weist auf die Eroberung und Zerstörung Jerusalems und des Tempels durch Vespasians Sohn Titus im Jahr 70 n. Chr. hin. Die Bergfeste Massada konnte allerdings erst im Jahre 73 erobert werden.

3. Lehrervortrag über den Aufstand Bar Kochbas. – Die Silbermünze trägt in althebräischen Buchstaben die Aufschrift »Lacherut Jeruschalajim« (= Zur Freiheit Jerusalems). Die zweite Münze zeigt Kaiser Hadrian.

Statt des Lehrervortrags können Auszüge aus Flavius Josephus, Der Jüdische Krieg, gelesen werden; insbesondere die Belagerung und Eroberung Massadas werden dort sehr eindrücklich geschildert.

II.10 Die jüdische Diaspora II – Apg 2

Informationen

Diese Vorlage geht aus von Apg 2. Dort werden die Gebiete genannt, aus denen Juden in Jerusalem anwesend sind. Diese Aufzählung zeigt, dass zur Zeit Jesu Juden in der ganzen damals bekannten Welt lebten.

Methodische Hinweise

Im UG wird noch einmal geklärt, wer Jude ist (= wer von einer jüdischen Mutter geboren wurde). Apg 2 wird gelesen; das Schawuot-Fest wird erklärt (vgl. oben S. 14f).

Die Schüler/innen erhalten das Arbeitsblatt ohne die eingetragenen Namen der Herkunftsländer. Unter Zuhilfenahme eines Atlas tragen sie die Herkunftsländer, wie sie in Apg 2 genannt werden, ein.

II.11 Die jüdische Diaspora III – im Römischen Reich

Informationen

Bereits in der Zeit vor Christi Geburt waren Juden in der ganzen damals bekannten Welt verbreitet. Grabdenkmäler und Reste von Synagogen legen Zeugnis von den frühen jüdischen Gemeinden ab. Um gemäß den Vorschriften der Tora leben zu können (z. B. Spei-

sevorschriften, Sabbatgebot usw.), pflegten die Juden in der Diaspora nahe beieinander, meist in besonderen jüdischen Vierteln, zu wohnen.
Die Diasporajuden setzten sich zusammen aus freiwilligen Auswanderern und solchen, die als Kriegsgefangene und Sklaven in fremde Länder verschleppt wurden. Jüdische Sklaven wurden im Laufe der Zeit von ihren Herren freigelassen oder von ihren Glaubensgenossen freigekauft.
Wenn es auch zur Zeit des römischen Reiches immer wieder antijüdische Ausschreitungen gab, so waren die Behörden den Juden gegenüber meist sehr tolerant. Der jüdische Glaube war vom Staat anerkannt (religio licita): Juden waren wegen ihrer Religion z. B. vom Kaiserkult und deshalb auch vom Wehrdienst befreit.

Hinweise zu den Bildern

Die Bilder und Pfeile weisen auf die Ausbreitung des Judentums bis nach Mitteleuropa hin. Sie zeigen Zeugnisse von jüdischer Anwesenheit in den verschiedenen Ländern und Regionen. Die Zeugnisse stammen allerdings meist aus der Zeit nach 200 n. Chr., weisen aber auf eine frühere jüdische Bevölkerung hin.

■ *Zweistromland*
Wandgemälde aus einer Synagoge aus Dura Europos.

■ *Kleinasien*
Marmorrelief aus der Synagoge von Priene.

■ *Nordafrika*
Mosaikfußboden aus der Synagoge von Naro (Ende 4. Jh., Tunesien).

■ *Rom*
Abgebildet ist das Relief auf einem jüdischen Marmorsarkophag in Rom. Das Motiv ist eine Verknüpfung jüdischer und römischer Elemente: Der siebenarmige Leuchter wird von zwei Genien getragen.

■ *Südfrankreich*
Lateinische Inschrift auf einem jüdischen Grabstein aus Narbonne (7. Jh. n. Chr.); in der vorletzten Zeile steht in hebräischer Schrift: »Frieden für Israel«. Eingeritzt ist ein siebenarmiger Leuchter.

■ *Germanien*
Grabstein eines römischen Legionärs, der vermutlich Jude war, aus Mainz. Der Legionär gehörte zur Ituräischen Kohorte. Die Einwohner Ituräas waren nach der Eroberung ihres Landes durch den Hasmonäerkönig Aristobul (104 v. Chr.) zum Judentum bekehrt worden.

II.12 Der Talmud

Informationen

Nach den Katastrophen von 70 und 135 n. Chr. bildeten sich in Palästina und im Zweistromland neue geistige Zentren des Judentums.

■ *Jabne*
Noch während der Belagerung Jerusalems im Jahre 70 n. Chr. gründete Rabbi Jochanan ben Zakai mit Einwilligung der Römer ein Lehrhaus in der kleinen Stadt Jabne in der Küstenebene (zwischen Haifa und Ashkelon). Hier entfaltete sich bald ein reges geistiges Leben. Man bildete hier zum ersten Mal außerhalb des Tempels in Jerusalem das Synhedrion (Hoher Rat) als religiösen und nationalen Mittelpunkt des Judentums. Die Autorität des Hohen Rates in Fragen der Schriftauslegung und des täglichen Lebens nach der Tora konnte sich rasch in der ganzen Diaspora durchsetzen.
Nachfolger Jochanan ben Zakais (gest. in hohem Alter zwischen 80 und 85 n. Chr.) wurde Gamaliel II., ein Urenkel Hillels. Der Vorsitzende des Hohen Rates trug den Titel Nassi (Patriarch). Eine wichtige Aufgabe des Synhedrions war z. B. die verbindliche Festlegung des jüdischen Festkalenders. In Jabne wurde auch der Kanon der 24 als autoritativ anerkannten Bücher der hebräischen Bibel, unseres Alten Testaments, festgelegt.
Im Lehrhaus in Jabne sammelte und ordnete man die mündliche Auslegung der Tora. Die Bedeutung Jabnes liegt u. a. darin, dass diese mündliche Überlieferung – die später in der Mischna schriftlich fixiert wurde – gerettet wurde.

■ *Galiläa – der palästinensische Talmud*
Im Zusammenhang mit dem Aufstand Bar Kochbas (132–135) wurde auch Jabne zerstört. Neues geistiges Zentrum des Judentums wurde nach der Katastrophe von 135 n. Chr. Galiläa. In Uscha versammelten sich die Gelehrten zu einer ›Synode‹. Ziel dieser Versammlung war die Wiederherstellung der jüdischen Selbstverwaltung und der Verfassung; man bildete ein neues Synhedrion.
In der Folgezeit sammelte man in Galiläa – zahlreiche Synagogen aus dieser Zeit u. a. in Kapernaum und Meron geben davon Zeugnis – die über viele Generationen hin angewachsenen und weitergegebenen Verhandlungen (Diskussionen) und Bestimmungen der Gesetzeslehrer, die als ›mündliche Lehre‹ die ›schriftliche Lehre‹ der Tora auslegte. Diese

Lehre wurde durch die Rabbiner von Generation zu Generation mündlich weitergegeben.
Um 200 n. Chr. machte sich der Patriarch (Nassi) Rabbi Jehuda ha-Nassi daran, die mündliche Überlieferung schriftlich festzuhalten. Das Ergebnis seiner Bemühungen war die *Mischna* (Wiederholung, Überarbeitung). Die mündliche Auslegung der Tora, wie sie in der Mischna festgehalten ist, besteht aus zwei Arten von Texten:
Zum einen aus der *Halacha*: Hier wird die Tora so ausgelegt, dass ihre Vorschriften auf alle Lebensgebiete angewendet werden können.
Zum andern aus der *Haggada*: Darin sind erbauliche und erläuternde Erzählungen und Legenden enthalten, dazu praktische und wissenschaftliche Anmerkungen.
Diese Mischna bildete die Grundlage für die weiteren Diskussionen über die Fragen der Auslegung der Tora. Diese weiteren Diskussionen, die dann auch schriftlich festgehalten wurden, nennt man *Gemara* (= ›Vervollständigung‹). Mischna und Gemara bilden zusammen den *palästinensischen Talmud*, der Anfang des 5. Jh. abgeschlossen war (Talmud = ›Enzyklopädie‹ des Lehrguts).
Ein wichtiges geistiges Zentrum war damals Tiberias; hier wurde z. B. die bis heute gebräuchliche Vokalisation des hebräischen Bibeltextes entwickelt. Anfang des 10. Jh. wurde in Tiberias die endgültige Form des hebräischen Bibeltextes festgelegt, wie er bis heute gilt.

■ *Der babylonische Talmud*
Ab dem 3. Jh. übertreffen die babylonischen Lehrhäuser die palästinensischen an Bedeutung. Nach wie vor wird aber das Synhedrion in Galiläa auch von den babylonischen Juden als höchste religiöse Autorität anerkannt.
An der Spitze des babylonischen Judentums, das sich unter günstigen äußeren Bedingungen entwickeln konnte, stand der Exilarch, der weitgehende religiöse und weltliche Vollmachten besaß.
Zwei Schüler des Patriarchen Jehuda ha-Nassi gründeten am Anfang des 3. Jh. die Lehrhäuser von Sura und Nehardea. Auch in den babylonischen Lehrhäusern bildete die (palästinensische) Mischna die Grundlage für die gelehrten Diskussionen über die Tora. Auch diese weitergehenden Diskussionen des babylonischen Judentums nennt man Gemara. Mischna und (babyl.) Gemara wurden im 6. Jh. im *babylonischen Talmud* zusammengefasst. Der babylonische Talmud ist gegenüber dem palästinensischen umfangreicher und arbeitet den Lehrstoff ausführlicher und gründlicher durch. In der Folgezeit erlangte der babylonische Talmud eine überragende Bedeutung für das Judentum. Er bildete die Grundlage des geistigen Lebens der Juden. Die religiöse Pflicht des Talmudstudiums ist bis heute ein Wesensmerkmal des Judentums und bildete durch die Jahrhunderte das einigende geistige Band für das über die ganze Welt zerstreute Judentum. Mit der Schaffung des babylonischen Talmuds war die Arbeit der Gelehrten aber keineswegs abgeschlossen. Spätere haben immer wieder neue Erläuterungen hinzugefügt.

Methodische Hinweise

Die Karte fasst die geistige Entwicklung des Judentums ab dem Untergang Jerusalems bis zur Entstehung des babylonischen Talmuds zusammen. Es empfiehlt sich, die Karte mit den Orten, den Bildern und der Überschrift (»Der Talmud«) auch als Arbeitsblatt an die Schüler/innen auszugeben. Nacheinander werden dann die Kurztexte aufgrund des Lehrervortrags und (oder) der Arbeit an Texten entwickelt.
Anhand des linken Bildes (Mose mit der Schriftrolle. Wandmalerei aus Dura Europos in Babylonien) wird auf die Bedeutung der Tora für das Judentum hingewiesen.
Die Frage der Auslegung der Tora war die Aufgabe der Gelehrten (*Rabbiner*); der Inhalt der Diskussionen fand seinen schriftlichen Niederschlag im Talmud.
Eintrag in die Karte »Der Talmud«
= Zusammenfassung der Lehre
= Auslegung der Tora
Rechts oben auf der Karte ist eine (babylonische) Talmudseite abgebildet. Die Spalte in der Mitte ist der Talmudtext. Am rechten Rand (Innenseite des Buches) ist der Talmudkommentar des Rabbi Schlomo ben Jitzchak (Raschi) aus dem 11. Jh. abgedruckt. An der linken Seite (äußerer Rand) steht ein weiterer Kommentar (die sog. *Tosafot* = ›Zusätze‹), der von mehreren Rabbinern des 12. und 13. Jh. verfasst wurde.
Man kann an dieser Talmudseite klar machen, dass die Diskussionen über die Auslegung der Tora für das tägliche Leben immer weiter gingen.
Wie weit man nun in die Einzelheiten der Entstehung des Talmud einsteigt, hängt von Alter und Situation der Klasse ab.
Für Mittel- und Unterstufe wird es genügen, grundsätzlich auf den Talmud als Auslegung der Tora hinzuweisen und (durch die entsprechenden Pfeile) aufzuzeigen, dass die Schriftgelehrten nach der Zerstörung Jerusalems zunächst in Jabne, dann in Galiläa eine Heimat fanden. Ebenso, dass sich der geis-

tige Schwerpunkt des Judentums dann nach Babylonien verlagerte.
In der Oberstufe bzw. bei einer intensiveren Behandlung des Themas Judentum kann man aufgrund von Talmudtexten dann zwischen babylonischem und palästinensischem Talmud und den einzelnen Bestandteilen des Talmud differenzieren.
Texteintrag als Ergebnissicherung siehe Vorlage II.12.

II.13 Erinnerungsstätten der Juden
II.14 Erinnerungsstätten der Christen
II.15 Erinnerungsstätten der Muslime

Informationen

Hier werden nur zu einer Auswahl von Erinnerungsstätten detaillierte Hinweise gegeben. Weitere Informationen sind vor allem in Reiseführern über Israel leicht zugänglich. Als besonders informativ hat sich erwiesen: Hollis / Brownrigg, Heilige Stätten im Heiligen Land.

■ *Grabeskirche und Gartengrab*
Die Grabeskirche geht zurück auf die Zeit Konstantins des Großen (4. Jh.). Eine legendäre Rolle spielt dabei die Kaisermutter Helena, die nach Jerusalem gepilgert war und an der Stelle der dann erbauten Grabeskirche das Kreuz Christi und zwei Nägel gefunden haben soll.
Das heutige Gesicht der Grabeskirche ist vor allem durch die Baumeister der Kreuzfahrerzeit geprägt.
Der Salbungsstein am Eingang der Grabeskirche ist ein wichtiger Ort griechisch-orthodoxer Frömmigkeit. Die Inbrunst zyprischer Frauen, die ihr Ölfläschchen auf den Stein ausgießen, um das dann geheiligte Öl mit Watte wieder aufzunehmen, mag uns westeuropäischen Christen befremdlich erscheinen; sie weist aber auf eine tiefe Religiosität hin, wie sie in der Grabeskirche seit Jahrhunderten zu Hause ist.
Die Grabeskirche überwölbt die Hinrichtungsstätte Jesu und in der Nähe gelegene Gräber. Zur Zeit des ersten und zweiten Tempels befanden sich hier Steinbrüche, später Gräber und eine Hinrichtungsstätte. Der Name Golgatha (Schädelstätte) kommt von der Form des Felsens und/oder der Funktion als Hinrichtungsstätte. Dieser Ort lag zur Zeit Jesu knapp außerhalb der Stadtmauer. Dies lässt sich sehr eindrücklich in der neben der Grabeskirche gelegenen russischen Kirche nachvollziehen; hier sieht man noch Reste eines alten Stadttores (Urteilstor), durch das man aus der Stadt hinaus zu der Richtstätte gelangte. Erst ab 44 n. Chr. wurde die Stadt durch die dritte Mauer erweitert; dadurch lag dann Golgatha innerhalb der Mauern Jerusalems.
Unter der Rotunde (ursprünglich aus dem 4. Jh.) liegt die Stätte des Grabes Jesu. Von dem ursprünglichen Grab mit Grabkammern und Rollstein ist heute nicht mehr viel zu sehen; die Grabanlage wurde zusammen mit der gesamten Grabeskirche im Jahre 1009 unter dem Kalifen Al Hakim völlig zerstört. Die ursprüngliche Kuppel der Grabeskirche diente als Vorbild für die Kuppel des Felsendoms.
An der Vorderfront der Grabeskirche kann man über dem doppelten Eingangstor Gesimsreste eines Tempels der Aphrodite erkennen, den Kaiser Hadrian nach der Niederschlagung des Aufstandes um 140 n. Chr. hier hatte errichten lassen. Dies könnte ein Hinweis darauf sein, dass schon vorher dieser Platz als Stätte des Todes und der Auferstehung Jesu von judenchristlichen Gemeinden verehrt wurde. Die Erinnerung an diese Stätte sollte dann durch den Bau eines heidnischen Tempels ausgelöscht werden.
Der englische General Gordon besuchte 1883 Palästina und identifizierte einen Ort in der Nähe des Damaskustores als Ort von Tod und Auferstehung Jesu, nachdem vor ihm schon andere Gelehrte diesbezügliche Vermutungen geäußert hatten. Wichtigstes Argument für diese Annahme waren wohl zum einen die fehlenden Kenntnisse über den Verlauf der Mauer zur Zeit des Todes Jesu und zum anderen die Gestalt des Felsens in diesem Garten, der mit seinen Höhlen wie ein Totenschädel aussieht. Unzweifelhaft befinden sich unterhalb dieses Felsens sehr alte Felsengräber, an denen man erkennen kann, wie Gräber zur Zeit Jesu aussahen; trotzdem lässt sich die Behauptung Gordons historisch nicht halten. Die Gestalt der Gräber zur Zeit Jesu mit dem Stein, der zum Verschließen vor die Öffnung des Grabes gerollt werden kann, lässt sich am besten bei den sogenannten Königsgräbern und beim Grab der Familie des Herodes kennenlernen.

■ *Tempelplatz*
Der Tempelberg, wie er sich heute darbietet, geht in seiner Gestalt wesentlich auf Herodes den Großen zurück.
Die ursprüngliche Stadt der Jebusiter, die von

David erobert wurde, befand sich auf einem Bergsporn südlich des heutigen Tempelberges. David kaufte nach 2. Sam 24,18–25; 1. Chr 18–2. Chr 1,1 die Tenne Araunas und ließ dort einen Brandopferaltar errichten.

Sein Sohn Salomo ließ an dieser Stelle den Tempel erbauen. In seinem Innern befand sich ein abgedunkelter Raum, das Allerheiligste, wo die Bundeslade stand. Der Tempel lag an der Stelle eines Felsens, der wohl schon ein vorisraelitisches Heiligtum (Opferstätte) war. Nach der Überlieferung war dies der Ort, an dem Abraham seinen Sohn Isaak opfern sollte.

Zu Beginn des 6. Jh. (587 v. Chr.) wurde Jerusalem von den Babyloniern eingenommen; Stadt und Tempel wurden zerstört. Die Bundeslade wurde beim Brand des Tempels vernichtet, die Tempelgeräte nach Babylonien verbracht, die Bevölkerung – vor allem die Oberschicht – wurde zu Zwangsarbeit nach Babylonien deportiert. Der größte Teil der Bevölkerung, vor allem die Landbevölkerung, blieb in der Umgebung Jerusalems zurück.

Der persische König Kyros, der das babylonische Reich 538 v. Chr. vernichtet hatte, gestattete die Heimkehr der Deportierten nach Juda und Jerusalem. Unter großen Schwierigkeiten wurden Stadt und Tempel unter Esra und Nehemia wieder aufgebaut.

Es folgten Jahrhunderte politischer Abhängigkeit: Perser, Ptolemäer, Seleukiden hatten das Sagen.

Unter den Makkabäern erlangte Juda mit seiner Hauptstadt Jerusalem noch einmal politische Selbständigkeit (ab 167 v. Chr.); es entstand das hasmonäische Königtum, das jedoch zusehends an Macht verlor. Die verfeindeten Brüder Aristobul und Hyrkanus (76–63 v. Chr.) riefen Rom um Hilfe. Das führte zur Eroberung Jerusalems durch Pompeius im Jahre 63 v. Chr. Seitdem waren die Römer die Herren im Land. In der Burg Antonia neben dem Tempelbezirk (erbaut durch Herodes den Großen) lag eine römische Einheit. Herodes der Große (37–4 v. Chr.) war König der Juden von Roms Gnaden.

Ab 20 v. Chr. ließ er den Tempel vergrößern, verschönern und teilweise neu bauen. Den Tempelbezirk ließ er durch eine Mauer neu fassen und den ursprünglich hügeligen Platz zu einer ebenen Fläche umgestalten. Der westliche Teil dieser Umfassungsmauer wird als Klagemauer (Western Wall) bezeichnet.

Sehr eindrücklich beschreibt Josephus den Umbau des Tempels durch Herodes: »Er ließ zunächst die alten Fundamente durch neue ersetzen und erbaute dann auf diesen den neuen Tempel selbst, hundert Ellen lang und hundertzwanzig Ellen hoch. Der Tempel wurde aus festen weißen Marmorsteinen erbaut, die ungefähr fünfundzwanzig Ellen lang, acht Ellen hoch und gegen zwölf Ellen breit waren. Wie die königliche Säulenhalle war der ganze Tempel auf beiden Seiten etwas niedriger, in der Mitte dagegen etwas höher, so dass er schon aus großer Entfernung sichtbar war, besonders für diejenigen, welche ihm gerade gegenüber wohnten, oder für solche, die auf ihn zugingen. Die Türen am Eingang waren wie das Innere des Heiligtums selbst mit bunten Vorhängen geschmückt, in welche purpurne Blumen und Säulen eingewebt waren. Darüber breitete sich innerhalb der Mauerkrönung ein goldener Weinstock mit herabhängenden Trauben aus, und es war überhaupt ein solch reicher Aufwand an kostbarem Material gemacht worden, dass der Anblick des überaus gewaltigen und kunstvollen Bauwerks wahres Staunen erregte. Den ganzen Tempel umgab er mit ungeheuren Säulenhallen, die zum eigentlichen Tempelhaus in richtigem Verhältnis standen und deren Pracht die der früheren weit übertraf, so dass es den Anschein gewann, als ob niemand sonst den Tempel so herrlich habe ausschmücken können. Beide Säulenhallen ruhten auf einer starken Mauer, die Mauer selbst aber war eines der großartigsten Werke, von denen man je gehört hatte« (Josephus, Jüdische Altertümer, 15. Buch, 11. Kapitel, Text leicht bearb.).

Der Aufstand der Juden gegen die Römer (66–73 n. Chr.) brachte das endgültige Ende des Tempels in Jerusalem. Im Jahre 70 wurden Stadt und Tempel zerstört. Nach dem Aufstand des Bar Kochba (Sternensohn, 132–135 n. Chr.) war den Juden der Aufenthalt in der nun Aelia Capitolina genannten Stadt verboten. An der Stelle des Tempels wurde ein dem Jupiter geweihter römischer Tempel errichtet. Das Land Israel wurde in Palästina (= Philisterland) umbenannt.

Von 135 n. Chr. bis zum Ende des 3. Jh. durften die Juden die ihnen heilige Stadt und den Tempelbezirk nicht betreten. Es blieb ihnen nur, vom Ölberg aus den Ort zu betrachten, an dem einst der Tempel stand.

Seit dem Ende des 3. Jh. durften sich die Juden einmal im Jahr dem Ort des früheren Tempels nähern, um die Zerstörung ihrer heiligsten Stätte zu beklagen; der Ort, an dem dies geschah – der Westteil der Umfassungsmauer des Tempelplatzes – trägt heute deshalb auch den Namen »Klagemauer«.

Im 7. Jh. eroberten die moslemischen Araber unter Kalif Omar Jerusalem. Seine Nachfolger ließen auf dem Tempelberg ein Heiligtum errichten, den sogenannten Felsendom, mit seinen farbigen Keramiken und Mosaiken außen und innen wohl eines der schönsten

Bauwerke der Welt. Am südlichen Ende des Tempelplatzes entstand die El-Aksa-Moschee. Vom Felsen, der heute noch im Felsendom gezeigt wird, soll Mohammed mit seinem Pferd für einen Tag in den Himmel geritten sein, um dort den Koran zu empfangen. Dieser Felsen war wohl im jüdischen Tempel der Brandopferaltar; er ist aber bereits ein vor-israelitisches Heiligtum. Mit dieser Stätte wird die Geschichte von Isaaks Opferung durch Abraham im Land Morija (1. Mose 27) in Verbindung gebracht.

Jerusalem ist bis heute nach Mekka und Medina der drittwichtigste heilige Ort des Islam.

Jerusalem wurde 1099 durch die Kreuzfahrer eingenommen und zur Hauptstadt des Königreiches Jerusalem gemacht. Felsendom (»templum domini«) und El-Aksa-Moschee (»templum Salomonis«) wurden zu christlichen Kirchen umfunktioniert.

1244 wurde Jerusalem endgültig von den Moslems eingenommen. 1516 machte der Türkensultan Selim I. das Heilige Land mit Jerusalem zu einem Teil des Osmanischen Reiches. Unter Sultan Suleiman dem Prächtigen (1520 bis 1566) erhielt die Mauer um die Altstadt von Jerusalem ihr heutiges Aussehen.

An der West- und der Südmauer des Tempelbezirks hat man seit einigen Jahren Ausgrabungen vorgenommen und dabei Reste aus byzantinischer und herodianischer Zeit freigelegt. Interessant sind vor allem die Läden an der Südseite, die wohl zum Einkaufen für die Pilger dienten, sowie die teilweise noch erhaltene Treppenanlage, auf der man hinauf auf den Tempelberg stieg. Um dorthin zu gelangen, musste man das Doppeltor der Hulda durchschreiten, das heute noch deutlich erkennbar ist.

■ *Burg Antonia*
Die Burg Antonia wurde von Herodes dem Großen zum Schutz des Tempels an der nordwestlichen Ecke des Tempelplatzes erbaut. Heute sind Teile dieser Anlage in der Kirche der Schwestern Zions an der Via Dolorosa zu besichtigen. Zu sehen sind neben einer Doppelzisterne vor allem die Pflasterung, teilweise mit eingeritzten Spielen, mit denen sich die Soldaten die Zeit vertrieben. Man identifiziert dieses Pflaster, das mehrere Meter unter dem heutigen Niveau der Via Dolorosa liegt, mit dem Hochpflaster des Innenhofes (Joh 19,13), dem Lithostrothos. Es ist jedoch umstritten, ob hier Jesus durch Pilatus zum Tode verurteilt wurde. Neuere Forscher nehmen an, dass das gezeigte Pflaster aus der Zeit des römischen Aelia Capitolina (nach 135 n. Chr.) stammt.

Orte in Galiläa

■ *Tabgha*
Tabgha ist eine arabische Verballhornung des griechischen Namens. Griechisch heißt diese Stelle am See Genezareth *heptapegon* (= ›sieben Quellen‹). Hier liegen auf engem Raum drei heilige christliche Stätten beieinander. Die Traditionen gehen auf die spanische Nonne Ätheria zurück, die Ende des 4. Jh. das Heilige Land bereiste; jeder dieser drei Orte war damals wohl schon durch eine Kirche oder Kapelle als Gedenkstätte gekennzeichnet: a) Der Ort der Brotvermehrung; b) die Stelle am See, an der Jesus nach Joh 21 nach seinem Tod in neuer Weise erschien und Petrus zum Leiter der Kirche berief; c) der Berg der Seligpreisungen.

■ *Ort der Brotvermehrung*
Über dem Felsen, auf den Jesus nach der Tradition (vgl. Mt 14,13–21) das Brot bei der Speisung der Menge legte, stand schon zur Zeit der Ätheria eine judenchristliche Kapelle, direkt an der Via Maris, die hier von Südwesten kommend nach Norden weiterführte. Wegen der Beliebtheit dieses Ortes wurde diese – wohl kleine – Kirche im 5. Jh. durch ein Kloster und eine Basilika ersetzt. In diesem Zusammenhang entstanden auch die herrlichen Bodenmosaiken mit Darstellungen von Pflanzen und Tieren. Die Darstellungen – insbesondere das Nilometer (Wasserstandsmesser am Nil) – weisen auf einen Künstler aus Ägypten. Mit am bekanntesten ist die – allerdings künstlerisch weniger bedeutende – Darstellung des Brotkorbs mit den beiden Fischen vor dem Felsen, die daran erinnern, was hier nach biblischem Zeugnis geschehen ist.

Die Basilika wurde beim Einfall der Perser im Jahre 614 n. Chr. zerstört; die Mosaiken blieben unter dem Schutt erstaunlich gut erhalten. Die heutige Kirche wurde 1980–1982 auf den Grundmauern der Basilika erbaut. Der Hauptaltar steht – wie in der Basilika – über dem heiligen Felsen, der schon im 5. Jh. vom Mutterfels gelöst und hier niedergelegt worden war.

■ *Mensa Christi*
Wenige Meter von der Brotvermehrungskirche steht an einer kleinen Bucht des Sees die 1932 aus Basaltsteinen erbaute Peterskirche. Dieser Ort erinnert an Joh 21, wo berichtet wird, wie der Auferstandene den Jüngern, die wieder ihrem Beruf als Fischer nachgingen, erscheint und Petrus zum Leiter der Urgemeinde beruft. In der idyllisch gelegenen Kirche wird der Fels gezeigt, auf den Jesus nach der Überlieferung Brot und Fi-

sche legte; er wird als Mensa Christi (Tisch Christi) bezeichnet. Auch hier stand schon im 4. Jh. eine kleine Kirche, Reste (z. B. die Stufen, die ins Wasser führen) sind noch zu erkennen. Eine Plastik zeigt die Berufung des Petrus.

Im See – bei niedrigem Wasserstand sind sie zu erkennen – liegen die Fundamente antiker Säulen; sie wurden von den Kreuzfahrern als ›Apostelstühle‹, die rund um den Tisch Jesu standen, gedeutet.

■ *Berg der Seligpreisungen*

Als Berg der Seligpreisungen gilt eine Anhöhe nordöstlich der Brotvermehrungskirche. Die ursprüngliche Kirche wurde bereits im 7. Jh. fast völlig zerstört. 1938 entstand nach den Plänen eines italienischen Architekten ein Zentralkuppelbau. Am Eingang wies bis vor wenigen Jahren ein Bodenmosaik auf den italienischen Faschismus hin: Inschrift »XV Italica Gens« (= im 15. Jahr des italienischen Volkes). Nach Protesten wurde es durch eine unverfängliche Inschrift ersetzt.

■ *Kapernaum, Korazin, Bethsaida*

Über alle drei Orte ruft Jesus nach Mt 11,20–24 sein Wehe! aus, weil sie Jesu Botschaft nicht angenommen haben. Kapernaum spielt – nicht nur archäologisch – eine besondere Rolle. Es ist die Stadt Jesu, in der er – wohl zusammen mit seinen Jüngern – gelebt hat.

Kapernaum (richtigere Schreibweise: Kafarnaum) heißt eigentlich K'far Nahum, Dorf des Nahum. Viele Orte in Israel enthalten das Wort *K'far*, das in unserem Wort ›Kaff‹ seinen Niederschlag gefunden hat.

Kapernaum wurde im 2. Jh. v. Chr. gegründet. Es lag an der Via Maris, jener Verbindungsstraße von Ägypten über Syrien/Palästina nach Norden und ins Zweistromland. Auf die Via Maris weist ein römischer Meilenstein, der in der Nähe gefunden wurde. Für Herodes Antipas war Kapernaum Grenz- und Zollstation (Grenze zu Batanäa, dem Gebiet seines Bruders Philippus); dies liefert den historischen Hintergrund für Jesu Begegnung mit den Zöllnern.

In Kapernaum zeugen die restaurierten Reste einer im hellenistischen Stil erbauten Synagoge aus dem 4. Jh. von der Blüte des Judentums in dieser Zeit. Sie ist erbaut auf den Grundmauern jener Synagoge, die zur Zeit Jesu hier stand. Zur gleichen Zeit oder etwas später (4./5. Jh.) wurde hier über dem ›Haus des Petrus‹, sozusagen als Konkurrenz, eine achteckige byzantinische Kirche gebaut. Die Tradition des Hauses des Petrus ist jedoch älter. Es gilt als gesichert, dass es hier seit frühester Zeit eine christliche Gottesdienststätte gab. Leider wurde das Haus des Petrus in den letzten Jahren mit einer großen Kirche, einem hässlichen Betonbau, der eher einem Touristenrestaurant ähnelt, überbaut.

Interessant ist der reiche ornamentale Schmuck der Synagoge, der in Kapernaum gezeigt wird (Früchte; eine fahrbare Bundeslade, eher jedoch ein fahrbarer Toraschrein, wie er wohl in der Synagoge Verwendung fand). Gezeigt werden außerdem Ölpressen und andere Geräte aus Basaltstein. Besonders zu erwähnen ist das Mosaik von zwei Schiffen aus dem 1. Jh. (aus Magdala nach Kapernaum gebracht).

In Korazin finden sich die Reste einer Synagoge eines ähnlichen Typs wie in Kapernaum.

Bethsaida, der Ort, aus dem die Jünger Petrus, Andreas und Philippus stammen (Joh 1,44), heißt zu deutsch: Fischhausen. Die Ausgrabungen begannen erst in jüngster Zeit.

■ *Gamla*

Die antike Stadt Gamla liegt auf einem Bergrücken östlich des Sees Genezareth im Golan. Ihren Namen hat sie von der Form des Bergrückens, der wie ein Kamelrücken aussieht. Hier hatten sich nach Josephus im Jüdischen Krieg jüdische Widerstandskämpfer verschanzt. Vespasian eroberte im Jahre 67 n. Chr. nach anfänglichen Misserfolgen die Stadt; 5000 jüdische Verteidiger stürzten sich vom Felsen in die Tiefe, um nicht den Römern in die Hände zu fallen. Mit dem Geschehen um Gamla steht eine menschliche Tragödie am Anfang des Jüdischen Krieges gegen Rom, wie die Katastrophe in Massada das Ende dieses Aufstandes bildet.

Interessant an den Ausgrabungen sind vor allem die Grundmauern einer Synagoge aus dem 1. Jh.

■ *Nazareth und Bethlehem*

Die heutige Forschung geht davon aus, dass nicht Bethlehem, sondern Nazareth der Geburtsort Jesu ist (vgl. Theissen/Merz, S. 158). In der neutestamentlichen Überlieferung ist mehrfach von Jesus als dem Mann aus Nazareth die Rede, während Bethlehem nur bei der Geburt eine Rolle spielt. Jesus wird gemäß Micha 5,1 in Bethlehem geboren. Nach Matthäus lebt die Familie Jesu in Bethlehem, kehrt aber aus Furcht vor Herodes nach der Flucht aus Ägypten nicht mehr nach Bethlehem zurück, sondern zieht nach Nazareth. Nach Lukas leben Josef und Maria in Nazareth, kommen wegen der Volkszählung nach Bethlehem und kehren dann wieder nach Nazareth zurück.

Unbestritten ist, dass Jesus in Nazareth aufgewachsen ist.

Die Ausgrabungen unter der Verkündigungskirche und in ihrer Umgebung haben Wohnhöhlen zutage gefördert. Diese zeigen, dass Nazareth, zur Zeit Jesu ein unbedeutender Ort, schon in der Bronzezeit besiedelt war. Die Wohnhöhlen dienten wohl auch noch zur Zeit Jesu den Bewohnern als Unterkunft. Sie weisen darauf hin, dass die Bewohner – auch die Familie Jesu – in sehr armen Verhältnissen lebten. Schon früh gab es – wie die Ausgrabungen zeigen – auch hier eine judenchristliche Gemeinde.

■ *Das Grab des Mose*

Obwohl nach der biblischen Überlieferung (5. Mose 34,5.6) Mose im Land Moab starb und er dort von Gott an einem Ort begraben wurde, den niemand je erfahren hat »bis auf den heutigen Tag«, wird in der muslimischen Tradition das ›Grab des Mose‹ gezeigt. An der alten Pilgerstraße, die vom Toten Meer nach Jerusalem hinaufzieht, an einem Platz, von dem aus man den Berg Nebo im Lande Moab sehen kann, liegt das Kloster, in dem sich angeblich das Grab des Propheten Mose befindet. Die entsprechende Tradition wurde von dem Mamelucken-Sultan Baibars im Jahr 1269 begründet. Bei den Muslimen hat sich die Tradition herausgebildet, sozusagen als ›Gegenveranstaltungen‹ zu den christlichen Feierlichkeiten während der Osterwoche Pilgerzüge vom Haram-esch-Sharif zum Grab des Nebi (Propheten) Mose zu veranstalten.

■ *Die Moschee in Akko*

Ende des 18. Jh. herrschte in Akko, dem Zentrum der osmanischen Provinz Sidon, der türkische Pascha Achmed El-Jassar (1755–1805). Er hatte seinen Vorgänger umgebracht und wurde wegen seiner Grausamkeit gegenüber seinen Untertanen *El-Jassar* (= ›der Schlächter‹) genannt. Er erbaute in Akko eine prächtige Moschee an der Stelle der Kreuzfahrerkathedrale zum Heiligen Kreuz.

■ *Jüdische und muslimische Gräber in Jerusalem*

Sowohl für Juden als auch für Muslime gilt der Tempelplatz in Jerusalem als Ort des Jüngsten Gerichts. In Joel 3 und 4 wird das Tal Joschafat (= ›Gott richtet‹; ident. mit dem Kidron-Tal) als der Ort benannt, an dem Gottes Gericht stattfinden wird. Dies ist der Grund, weshalb viele fromme Juden und Moslems in der Nähe Jerusalems begraben sein wollen.

Methodische Hinweise

Bei den Vorlagen II.13–15 (Erinnerungsstätten Juden / Christen / Moslems) ist wegen der Vielzahl von Eintragungen in den Karten das ›Sandwich-Verfahren‹ nicht geeignet. Dennoch ist es wichtig, Vergleiche anzustellen, um die Gemeinsamkeiten und Unterschiede zwischen den Erinnerungsstätten der drei monotheistischen Religionen festzustellen. Am sinnvollsten ist es, dazu die drei Karten nebeneinander zu legen.

Hilfreich kann es sein, zu einzelnen Erinnerungsstätten die entsprechenden Bibelstellen heranzuziehen:

☐ Patriarchengräber
1. Mose 23,1ff: Saras Tod; Abraham erwirbt ein Erbbegräbnis in Hebron.

☐ Tempelplatz in Jerusalem
1. Mose 22,1–3: Abrahams Weg ins Land Morija. *2. Sam 14,16–25*: Gott lässt David den Tempelplatz finden. *1. Kön 6; 2. Chr 3,1–14*: Bau des Tempels durch Salomo. *Psalm 122*: Wallfahrt zum Tempel.

☐ Wiederaufbau des durch die Babylonier zerstörten Tempels.
Esra 1: Erlaubnis zur Heimkehr und zum Tempelbau. *Esra 3*: Beginn des Tempelbaus. *Esra 4*: Behinderung des Tempelbaus.

Mt 10,17–19: Die dritte Ankündigung von Jesu Leiden und Auferstehung.

☐ Rahels Grab
1. Mose 35,16–20: Benjamins Geburt und Rahels Tod.

☐ Westmauer
Mk 13,1: Jünger bewundern Tempelbau.

☐ Geburtskirche
Lk 2,1ff: Geburt Jesu.

☐ Tabgha (Fisch-Mosaik)
Mk 6,30ff: Die Speisung der Fünftausend.

☐ Mosaik eines Schiffes zur Zeit Jesu
Mk 1,14–20: Berufung der Jünger.

☐ Kapernaum
Mk 1,21–28: Jesus in Kapernaum. *Mk 1,29–35*: Heilung der Schwiegermutter des Petrus.

☐ Tabor
Mk 9,2–13: Die Verklärung Jesu.

☐ Gethsemane
Joh 18,1–11: Jesu Gefangennahme.

☐ Grabeskirche
Joh 19,38–42: Grablegung Jesu.

III Geschichte des Judentums im Mittelalter

III.1 Jüdische Kultur im Mittelalter

Informationen

Die Vorlage III.1 soll aufzeigen, dass das Judentum im frühen Mittelalter bei allen äußeren Schwierigkeiten immer wieder kulturelle Höchstleistungen vollbrachte. Dabei verschoben sich die Schwerpunkte der jüdischen Kultur zunächst von Palästina ins Zweistromland; dann vom Zweistromland nach Nordafrika und von dort nach Spanien. Der bedeutendste jüdische Philosoph Maimonides musste dann aus Spanien fliehen und wirkte in Ägypten.

Der Mittelmeerraum ist für den Zeitraum unserer Karte durch das Vordringen des Islam geprägt. Im 7. Jh. eroberten die arabischen Armeen neben der arabischen Halbinsel und dem Zweistromland einen großen Teil des Mittelmeerraums. Damit gerieten große jüdische Siedlungsgebiete unter islamische Herrschaft. Für die Juden ergab sich damit die Notwendigkeit, die arabische Sprache zu lernen und sich an die arabische Kultur anzupassen.

Unter arabischer Herrschaft konnte sich die jüdische Kultur – trotz mancher Verfolgungen und Schwierigkeiten – weitgehend ungestört entfalten. Die Araber zwangen in den eroberten Ländern – anders als in Arabien – die Juden nicht, den Islam anzunehmen. Allerdings mussten sie sich die Duldung durch eine hohe Kopfsteuer erkaufen.

■ *Zweistromland*

Im Zweistromland gelangte das Judentum sowohl politisch als auch geistig zu einer neuen Blüte. Politisch genossen die jüdischen Gemeinden eine relative Freiheit. Für ihre Belange war der jüdische Exilarch zuständig. Er genoss am Hof des Kalifen in der neu gegründeten Hauptstadt Bagdad eine ehrenvolle Stellung. Gegenüber dem Kalifen war er dafür verantwortlich, dass die hohen Steuern der Juden regelmäßig eingingen.
Geistig wurde das Judentum durch die beiden Lehrhäuser von Sura und Pumpadita bestimmt. Die Häupter dieser beiden Lehrhäuser trugen den Titel Gaon (Exzellenz). Bis in die Mitte des 11. Jh. waren die Gaonen im Judentum des ganzen Mittelmeerraums als die höchsten Autoritäten anerkannt; diese Autorität bezog sich auf rein religiöse Fragen und auf Fragen des jüdischen Rechts.
In den Lehrschulen des Zweistromlands wurde das jüdische Recht systematisch geordnet, Kommentare zur Bibel und zum Talmud wurden verfasst. Weitere kulturelle Leistungen waren ein Wörterbuch zum Talmud, die Übersetzung der Bibel ins Arabische und philosophische Werke.
Mitte des 11. Jh. endete dieses Zeitalter der Gaonen wegen innerer Streitigkeiten.

■ *Nordafrika*

In Nordafrika war Marokko ein wichtiges Zentrum jüdischer Kultur. Ein reger Briefwechsel über religiöse und rechtliche Fragen mit den Gemeinden im Zweistromland ist belegt. Ende des 10. Jh. wurde in Kairuan ein Lehrhaus gegründet, das große Bedeutung erlangte. Mitte des 12. Jh. zwang die islamische Gruppe der Almohaden die Juden Nordafrikas entweder den Islam anzunehmen oder auszuwandern. Viele Juden traten damals zum Schein zum Islam über, lebten aber heimlich ihr Judentum weiter.

■ *Spanien*

In Spanien beendete die islamische Herrschaft die vielen Verfolgungen der Juden unter den Westgoten. Zu besonderer Bedeutung gelangte das Kalifat von Cordoba, das sich vom Kalifat in Bagdad unabhängig machte. Cordoba entwickelte sich zu einem wichtigen geistigen Zentrum des Islam. Zugleich erlangte das jüdische Lehrhaus von Cordoba eine zentrale Bedeutung für das spanische Judentum; es machte sich von den Lehrhäusern im Zweistromland unabhängig und zog viele jüdische Gelehrte an.
1013 wurde Cordoba durch nordafrikanische Moslems erobert und zerstört. Das Kalifat von Cordoba zerfiel in eine Vielzahl moslemischer Königreiche. Viele jüdische Gelehrte fanden an den Höfen der Emire neue Wirkungsstätten und spielten teils in der Verwaltung, teils im

Heer eine wichtige Rolle. Unter den arabischen Staaten errang das Emirat Granada besondere Bedeutung. Hier wirkte der Jude Samuel (Hannagid) († 1063). 28 Jahre lang leitete er im Auftrag des Emirs als Wesir die Staatsgeschäfte. In Granada kam es dann nach dem Tod Samuels zur ersten Judenverfolgung im moslemischen Spanien. Sein Sohn Joseph (Hannagid), der ebenfalls mit hohen Ämtern betraut war, erregte den Unwillen der Bevölkerung; man warf ihm vor, die Juden zu bevorzugen. 1066 wurde er bei kriegerischen Verwicklungen ermordet; die Juden wurden verfolgt und mussten fliehen.

Mitte des 12. Jh. gewannen auch in weiten Teilen des islamischen Spanien die Almohaden die Oberhand. Das führte dazu, dass sich die Juden nur in den nördlichen islamischen Staaten halten konnten. Im christlichen Kastilien fanden viele Zuflucht. Hier genossen am Hofe des Königs Alfons VII. (1126–1157) viele jüdische Gelehrte und Diplomaten hohes Ansehen.

Zum geistigen Aufschwung des Islam, zu seiner Blüte, haben die Juden zu einem großen Teil beigetragen. An vielen arabischen Hochschulen unterrichteten jüdische Gelehrte.

Die jüdischen Gelehrten in Spanien nahmen eine wichtige geistige Vermittlerrolle wahr; sie übersetzten große Teile der wissenschaftlichen Literatur der Antike ins Arabische und erhielten sie so der Nachwelt. Die mittelalterliche Scholastik war in ihrem Rückgriff auf die Antike auf diese Übersetzungen angewiesen.

Die Werke des Aristoteles, wichtige Grundlage der mittelalterlichen Scholastik, gelangten aus dem arabischen Raum ins nördliche Europa. Aus dem Arabischen werden die wissenschaftlichen Werke der Antike über Medizin, Astronomie und Mathematik ins Lateinische übersetzt und geben wichtige geistige Anstöße.

Als bedeutendster jüdischer Gelehrter wurde im Mittelalter Moses Maimonides (geb. 1135) verehrt. Er stammt aus einer Gelehrtenfamilie in Cordoba. Als Maimonides 13 Jahre alt war, musste seine Familie aus Cordoba fliehen, als 1148 Cordoba von den Almohaden erobert wurde. Mit seiner Familie gelangte Maimonides zunächst nach Nordafrika, von dort nach Palästina und schließlich nach Ägypten, wo er in Fostat (Kairo) bis an sein Lebensende (gest. 1204) als Leibarzt des Sultans lebte.

Maimonides verfasste die ›13 Glaubensartikel‹ (= ›Grundsätze‹), eine Zusammenstellung von jüdischen Lehraussagen.

Weite Verbreitung erlangte sein (aus dem Arabischen ins Hebräische und Lateinische übersetzter) ›Führer der Verirrten‹ (*more newuchim*), eine Religionsphilosophie, in der er den Versuch unternahm, Glauben und Wissen miteinander zu versöhnen. Der Glaube ist für ihn in der Bibel, das Wissen in den Werken des Aristoteles verkörpert.

Durch diese Rezeption des Aristoteles gewann Maimonides auch für die mittelalterliche Scholastik große Bedeutung, der es ja auch um eine Aussöhnung zwischen Vernunft und Glaube ging; dabei versuchte sie, wie vor ihr schon Maimonides, Aristoteles mit biblischem Gedankengut zu versöhnen. So lag dieser »Führer der Verirrten« z. B. dem Thomas von Aquin in lateinischer Übersetzung vor; es lässt sich nachweisen, dass er vielfältig auf Maimonides zurückgriff (vgl. zu Maimonides auch S. 40).

■ *Frankreich und Deutschland*

Nördlich der Pyrenäen änderte sich die Lage der Juden zum Positiven unter Karl dem Großen (und seinen Nachfolgern), der gegen den kirchlichen Widerstand die Juden unter seinen Schutz stellte. In der Folgezeit waren die Juden in der Landwirtschaft, im Handwerk und im Handel tätig, an vielen Fürstenhöfen wirkten sie als Berater.

In vielen Städten, in denen bereits in der Römerzeit jüdische Gemeinden existierten, kam das Judentum zu neuer Blüte, so z. B. in Köln, Regensburg, Trier, Metz, Mainz und Worms.

Die Juden lebten in den Städten in Gassen unter sich. Das hatte aber vor allem praktische Gründe; so war es notwendig, dass die Synagoge am Sabbat nur wenige Schritte von der Wohnung entfernt war. Das bedeutete damals aber noch nicht, dass sie abgesondert von den übrigen Bewohnern lebten.

Unter den Karolingern durften die Juden auch (heidnische) Sklaven halten und christliche Bedienstete beschäftigen. Heidnische Sklaven durften nur mit Zustimmung ihrer jüdischen Herren zum christlichen Glauben bekehrt werden, da man befürchtete, dass es aus reinem Zweckmäßigkeitsdenken zu solchen Bekehrungen käme. Diese Anordnung war aber immer Anlass zum Streit zwischen kirchlichen Würdenträgern und der staatlichen Macht.

Die tolerante Politik der Karolinger gegenüber den Juden kam insbesondere dem wirtschaftlichen Aufschwung des Karolingerreiches zugute.

Diese Politik änderte sich auch nach dem Zerfall des Karolingerreiches (843 Vertrag von Verdun: Aufspaltung des Reiches unter die Söhne Ludwigs des Frommen) nicht.

Allerdings gab es immer wieder Versuche von kirchlicher Seite, die alten christlich-römischen judenfeindlichen Gesetze wieder durchzusetzen.

Eine wichtige Rolle kam den Juden im Fernhandel zu. Europa war durch den Sieg des Islam vom Orient abgeschlossen. Die Sprachkenntnisse der Juden und die Beziehung zu ihren Glaubensbrüdern in den islamisch beherrschten Gebieten führten dazu, dass sie die Einzigen waren, die den wirtschaftlich notwendigen Fernhandel aufrecht erhalten konnten. Ihre Handelsreisen führten damals auf Land- und Seewegen bis nach China und Japan.

Große Bedeutung hatten jüdische Gelehrte bei der Vermittlung der ärztlichen Wissenschaft. 846 gründeten arabische Ärzte unter Beteiligung jüdischer Gelehrter in Salerno die erste medizinische Universität Europas. Viele Juden waren an arabischen und christlichen Fürstenhöfen als Leibärzte hoch geschätzt.

Zu einem großen Aufschwung des geistigen Lebens im Judentum Europas nördlich der Pyrenäen kam es um 1000 durch Gerschom ben Juda (Gerschom von Metz). Er gründete in Mainz eine jüdische Hochschule. Er machte das europäische Judentum unabhängig von den Toraschulen des Zweistromlands. Sein Verdienst war es, die Tora den europäischen Bedingungen anzupassen. Dazu verfasste er sog. Takkanot (Anordnungen). Durch solche »Anordnungen« wurde z.B. die Polygamie offiziell abgeschafft und die Verletzung des Briefgeheimnisses verboten. Seine Schüler wirkten in Metz, Mainz und Worms. Der wichtigste Gelehrte nach Gerschom war Rabbi Salomo ben Isaak (kurz »Raschi« genannt; vgl. die Raschi-Kapelle in der Wormser Synagoge). Er gewann großen Einfluss auf das geistige Leben der europäischen Juden im Mittelalter. Nach seinem Studium in Mainz und Worms gründete er 25-jährig in seiner Heimatstadt Troyes eine Talmudschule. Seine wichtigsten Leistungen waren ein übersichtlicher, verständlicher Kommentar des babylonischen Talmud und ein allgemein verständlicher Bibelkommentar.

Die Blütezeit endete in den Judenverfolgungen der Kreuzzüge.

Nach der Vertreibung der Juden aus Spanien spielten Südfrankreich, aber auch Süditalien eine wichtige Rolle bei der Vermittlung des arabisch-jüdischen Wissens nach Mitteleuropa. In Südfrankreich hatte u.a. die Stadt Narbonne eine wichtige Bedeutung.

In Süditalien beschäftigte Kaiser Friedrich II. (1215–1250) an seinem Hofe viele jüdische Gelehrte als Übersetzer. Arabische und jüdische Gelehrte hatten das gesamte antike Wissen verarbeitet und durch neue Erkenntnisse z.B. auf den Gebieten der Medizin und der Mathematik erweitert.

Dieser Wissensschatz gelangte durch die Vermittlung jüdischer Gelehrter langsam in den mitteleuropäischen Raum und war einer der Auslöser von Renaissance und Humanismus.

Methodische Hinweise

Zurecht wehren sich heute Juden dagegen, in der Geschichte nur als Opfer, nicht aber auch als Menschen dargestellt zu werden, die in den Ländern, in denen sie wohnten, viel zur jeweiligen ökonomischen und kulturellen Entwicklung beigetragen haben. Dieser Erkenntnis versucht Vorlage III.1 Rechnung zu tragen. Im Unterricht wird man entweder ein Land exemplarisch herausgreifen oder aber die verschiedenen Beiträge der Juden auf den Gebieten Volkswirtschaft, Medizin, Philosophie u.a. herausstellen.

Die Vorlage III.1 soll die umfassende Bedeutung des mittelalterlichen Judentums deutlich machen.

III.2 Judenverfolgungen zur Zeit der Kreuzzüge

Informationen

Im Vorfeld des ersten Kreuzzugs kam es zu den bis dahin schlimmsten antijüdischen Ausschreitungen des Mittelalters. Seit Jahrhunderten existierten jüdische Niederlassungen entlang den europäischen Handelsstraßen. Wegen des Zinsverbots für die Christen betätigten sich die Juden im Geldverleih. Im ganzen 11. Jh. nahmen die Feindseligkeiten gegen die Juden zu. Vor allem die Bauern und die ärmere Stadtbevölkerung waren in immer stärkere Abhängigkeit von den Juden geraten.

Der Aufruf zum Kreuzzug verschärfte die Spannungen. Der Führer des ›Volkskreuzzugs‹, Peter der Einsiedler, erzwang von den französischen jüdischen Gemeinden Empfehlungsschreiben an alle jüdischen Gemeinden Europas. Darin wurden diese aufgefordert, Peter und sein Heer mit dem Notwendigen zu versorgen. Gottfried von Bouillon erhielt von einzelnen jüdischen Gemeinden hohe Geldsummen. In seiner Provinz hörte man nämlich, dass Gottfried vor seinem Auszug den Tod Christi mit dem Blut der Juden sühnen wollte.

Bevor der ›offizielle‹ erste Kreuzzug begann, überfielen Kreuzritter wie Graf Emich von Leiningen, ein kleiner rheinischer Adliger, Volkmar und Gottschalk mit ihren Haufen jüdische Gemeinden. Graf Emich argumentierte: »Die Feinde Christi, die Juden, die sollen ungeschoren bleiben? Während wir kämpfen, mästen sie sich an unseren armen Frauen und Kindern; das darf nicht sein! Wir werden sie uns holen, wo immer sie sich auch versteckt halten!« Weit verbreitet war das Argument: Wenn wir schon ausziehen, um das Heilige Land von den gottlosen Heiden zu befreien, so wollen wir zuerst bei uns die ärgsten Feinde Christi, die Juden, ausrotten, wenn sie sich nicht taufen lassen.

Blühende Judengemeinden im Rheinland, die jahrhundertelang in Ruhe hatten leben können, wurden ausgelöscht. Tausende von Juden wurden umgebracht. Am 3. Mai 1096 wurde die jüdische Gemeinde in Speyer angegriffen: 12 Tote. Am 20. Mai wurden in Worms 400 Juden niedergemetzelt. Am 27./28. Mai wurden in Mainz über 1300 Juden umgebracht. Anfang Juni wurde die Synagoge von Köln niedergebrannt. Während Graf Emich dann nach Ungarn zog, zog ein Teil seiner Anhänger das Moseltal hinauf. Am 1. Juni brachten sie die Juden von Trier um. In Metz töteten sie 22 Juden. Zwischen dem 24. und dem 27. Juni wurden die Juden von Neuss, Wevelinghofen, Eller und Xanten umgebracht. Volkmar und seine Anhänger brachten massenweise Juden in Prag um. Gottschalks Heer, das den Weg über Bayern genommen hatte, tötete die Juden von Regensburg.

Die religiösen Begründungen für die Pogrome waren vielfach vorgeschoben und konnten nur schwer Habgier und Sadismus verbergen. Die Reaktionen der Christen waren unterschiedlich. Während Kaiser Heinrich IV. die Verfolgungen verbot und einzelne Bischöfe Juden in ihre Obhut nahmen, ließen andere die Schergen gewähren, nicht zuletzt aus Angst, selbst ermordet zu werden. Immer wieder wurden Kreuzfahrer und Einwohner durch Gerüchte, die Juden hätten Brunnen vergiftet, fanatisiert. Die Vorlage zeigt nur die Pogrome während des ersten Kreuzzugs auf; Judenpogrome gab es aber während der ganzen Zeit der Kreuzzüge. Ab dem 12. Jh. tauchen immer wieder Gerüchte von Ritualmorden und Hostienschändungen auf, die zu grausamen Verfolgungen führen.

Hinweise zu den Bildern

Das Bild links unten zeigt die große Bedeutung, die Worms in der Diaspora hatte. Es ist ein »Wandgemälde in einer alten Holzsynagoge in Kapust bei Mohilev (Weißrussland). Worms war in der ganzen Diaspora als der Sitz jüdischer Gelehrsamkeit und als das Symbol jüdischen Märtyrertums berühmt« (Wurmbrand, S. 121).

Das Bild rechts unten ist ein spätmittelalterlicher Holzschnitt aus der Schedelschen Weltchronik (Nürnberg 1493); er zeigt das Schicksal, das Juden im Mittelalter als »verstockte Christusfeinde« immer wieder erleiden mussten, den Tod auf dem Scheiterhaufen. Die Juden sind kenntlich an bestimmten Kopfbedeckungen, die seit Anfang des 13. Jh. seitens der Kirche vorgeschrieben waren (s. Vorlage III.3).

Sehr deutlich sind die »Judenhüte« auf dem mittleren Bild erkennbar. Der Holzschnitt bildet den Vorwurf ab, dass Juden, vor allem vor dem Passafest, christliche Kinder töten, um ihr Blut zu trinken, ein Vorwurf, der ähnlich den ersten Christen von den Römern gemacht wurde. Der Holzschnitt aus dem Jahr 1457 zeigt die angebliche Ermordung des christlichen Kindes Simon durch Juden im selben Jahr in Trient (s. u. S. 65). Weiter wurde den Juden Hostienschändung vorgeworfen.

Methodische Hinweise

Mit Hilfe der Vorlage kann der Lehrervortrag über das erste Judenpogrom in Deutschland strukturiert werden. Während des Vortrags werden die Daten auf der Grundfolie eingetragen. Im Zusammenhang mit den Kreuzzügen kann die Vorlage aufzeigen, zu welchen Konsequenzen es führt, wenn Christen meinen, die Sache Jesu mit Gewalt vorantreiben zu können.

III.3 Vertreibung und Auswanderung der Juden im Mittelalter

Informationen

Die Kreuzzüge (vgl. Vorlage III.2) markieren in der Stellung der Juden in Europa den großen Wendepunkt. Eine mehrhundertjährige Epoche, in der die Juden sich – abgesehen von einzelnen Verfolgungen – frei entfalten konnten, ging zu Ende. Mit dem Ende der Kreuzzüge waren Not und Verfolgung der Juden keineswegs zu Ende. U.a. die Politik der Kirche führte dazu, dass die Existenzmöglichkeiten der Juden immer mehr eingeengt wurden; die Juden sanken auf die niedrigste soziale Stufe herab.

Beim dritten Laterankonzil (1179) hatte man die Juden verdächtigt, mit den ketzerischen Albigensern zusammenzuarbeiten. Das hing damit zusammen, dass diese – wie auch andere Sekten – sich auf Vorschriften des AT beriefen (z. B. Einhaltung des Sabbat) und sich dazu Rat bei jüdischen Talmudgelehrten einholten. Bei der blutigen Verfolgung der Albigenser wurden die Juden ebenso grausam mitverfolgt.

Die antijüdischen Gesetze der Alten Kirche (die über 600 Jahre lang nicht angewendet worden waren) werden bei diesem Konzil erneuert:
☐ Juden dürfen keine Christen bei sich beschäftigen
☐ Juden dürfen nicht in der Nachbarschaft von Christen wohnen
☐ Neue Synagogen dürfen nicht gebaut, alte nicht erneuert werden
☐ Den Christen wird verboten, Zins zu nehmen

Das vierte Laterankonzil (1215) bestimmte:
☐ Juden dürfen keine christlichen Berufe ausüben
☐ Juden müssen sich durch eine besondere Kleidung kenntlich machen (Judenfleck, gehörnter Judenhut)
☐ Den Juden wird verboten, öffentliche Ämter zu bekleiden

All diese Regelungen hatten neben den psychologischen Wirkungen auch ganz konkrete wirtschaftliche Auswirkungen. Diese Maßnahmen wurden insbesondere nördlich der Alpen und Pyrenäen wirksam, in Spanien erst viel später; in Italien setzten sie sich nie vollständig durch.

Die Juden wurden aus der Landwirtschaft verdrängt. Ohne fremde Arbeitskräfte waren weder Weinbau noch Gemüse- und Obstbau – Gebiete, auf denen die Juden seit der Völkerwanderung Hervorragendes geleistet hatten – möglich.

Handwerk und Handel waren nur noch Mitgliedern von Zünften und Gilden erlaubt. Zugelassen zu den Gilden und Zünften waren aber nur Christen. Seit den Kreuzzügen wurden die Juden auch vom Fernhandel, den sie jahrhundertelang fast alleine aufrecht erhalten hatten, vor allem durch die italienischen Städte verdrängt.

Den Juden blieb nur der Geldhandel übrig. Seit dem dritten Laterankonzil konnten die Klöster, die bisher weitgehend die Aufgabe des Geldverleihs übernommen hatten, diese Aufgabe nicht mehr wahrnehmen. Die Gesellschaft blieb aber auf diese Geldgeschäfte angewiesen. So füllten die Juden – ihrer übrigen Existenzmöglichkeiten weitgehend beraubt – eine Lücke aus.

Aber auch im Geldverkehr waren sie besonders im Süden Europas von den großen Geldgeschäften ausgeschlossen; diese wurden von den Lombarden wahrgenommen.

Geldverleih wurde gewöhnlich gegen Annahme eines Pfandes getätigt. So wurden viele Juden zu Fachleuten im Juwelenhandel. Außerdem übten sie die Goldschmiedekunst und andere Metallarbeiten aus.

Zu den Demütigungen der Juden gehörte es, dass man sie an manchen Orten, zwang das (ehrlose) Geschäft des Scharfrichters auszuüben.

Der Mord an Juden, die Geldverleiher waren, hatte oft den konkreten Hintergrund, dass getötete Juden das ihnen geschuldete Geld nicht mehr eintreiben konnten. Zu dem Hass auf die Juden als Geldverleiher kamen die Vorwürfe des Ritualmords und der Hostienschändung. Diese aus der Luft gegriffenen Vorwürfe waren immer wieder Auslöser blutiger Verfolgungen.

Viele Juden waren nach wie vor als Ärzte tätig. In Italien gab es viele jüdische Handwerker, insbesondere in der (Seiden-)Weberei, in der Färberei und Gerberei.

■ *England und Frankreich*

In der Ausplünderung der Juden gingen Frankreich und England voran. Man plünderte die Juden aus, bis nichts mehr zu holen war; dann verwies man sie des Landes.

Die Fürsten schöpften durch hohe Abgaben und Sondersteuern einen großen Teil der Zinsgewinne ab.

In England ging die Schröpfung der Juden so weit, dass sie 1254 den König darum bitten, auswandern zu dürfen. Diese Bitte wurde ihnen nicht gewährt, da man auf die Juden als Geldquelle nicht verzichten wollte.

Als in der zweiten Hälfte des 13. Jh. die italienischen (christlichen) Bankleute – oft unter dem Schutz des Papstes – ihren Tätigkeitsbereich auf Nordeuropa ausweiteten, wurde die Bedeutung des jüdischen Geldhandels zurückgedrängt. Die Juden waren damit für die Krone überflüssig geworden. So verbot König Eduard I. 1275 den Juden alle Geldgeschäfte und wies 1290 alle Juden aus England aus. Den größten Teil ihres Vermögens ließ er zugunsten der Krone einziehen. Etwa 16 000 vertriebene Juden flohen insbesondere nach Holland, Deutschland und Frankreich. Erst seit dem 17. Jh. konnten Juden wieder nach England zurückkehren.

In Frankreich wurde allerdings die Lage der

Juden aufgrund der Laterankonzilien ebenfalls immer schwieriger. 1283 wurde ihnen verboten, auf dem flachen Land zu wohnen. Die Begründung war: Sie könnten die ungebildeten Bauern zu Irrlehren verleiten. 1306 verordnete Philipp der Schöne die Ausweisung aller Juden aus Frankreich und die Beschlagnahme ihres Vermögens. Der Grund war die Geldnot, in die er geraten war.
Diese Maßnahme wirkte sich allerdings auf die wirtschaftliche Lage Frankreichs so nachteilig aus, dass die Juden bald wieder zurückgerufen wurden. Sie mussten aber im Land unter äußerst unwürdigen Verhältnissen und unter ständigen Anfeindungen leben, so dass sie 1322 das Land wieder verließen. 1361 wurden noch ein zweites Mal jüdische Finanzleute zurückgeholt, um dem französischen Königshaus aus seiner Finanzkrise zu helfen. Aber bereits 1394 wurden die Juden erneut (diesmal endgültig) des Landes verwiesen. Seitdem gab es nur noch in Avignon und in der Grafschaft Comtat Venaissin jüdische Gemeinden unter päpstlichem Schutz (vgl. Wurmbrand, S. 165). Noch heute kann man in Carpentras und Cavaillon (bei Avignon) alte jüdische Synagogen besichtigen.
Die französischen Juden siedelten sich in Norditalien und in Deutschland an.

■ *Deutschland*
Im Unterschied zu Frankreich und England gab es in Deutschland nie eine allgemeine Vertreibung der Juden. Das hängt mit der politischen Zersplitterung und der fehlenden Zentralgewalt in Deutschland zusammen. Immer wieder kam es aber regional zu blutigen Verfolgungen und Vertreibungen. Auch in Deutschland verschlechterte sich die Lage der Juden im 13. Jh. als Folge der Beschlüsse der Laterankonzilien rapide.
1298 führten Gerüchte um Hostienfrevel von Juden zu ausgedehnten Judenverfolgungen in Süddeutschland. Ihren Ausgang nahmen die Verfolgungen in der Stadt Röttingen, wo sich ein bayrischer Edelmann namens Rindfleisch an die Spitze der Bewegung stellte und eine Bande um sich scharte. Rindfleisch zog mit seinen Anhängern durch viele Städte Frankens, Bayerns und Österreichs. Die Vernichtung von 146 jüdischen Gemeinden und der Tod von 20 000 Juden waren das Ergebnis (andere Quellen nennen 100 000 Tote).
Ein Höhepunkt der Judenverfolgungen wurde in Deutschland in den Jahren 1348/49 erreicht. In Deutschland wütete die Pest, den Juden warf man vor, durch Vergiftung der Brunnen und Quellen diese Epidemie ausgelöst zu haben. Überall wurden Juden verfolgt und grausam umgebracht.

Aufgrund der politischen Zersplitterung Deutschlands fanden vertriebene Juden – gegen entsprechende Bezahlung – immer wieder Zufluchtsstätten. 1421 wurden die Juden Österreichs »für immer« außer Landes verwiesen, nachdem man Hunderte wegen angeblichen Hostienfrevels grausam umgebracht hatte.
1519 wurden die Juden aus Regensburg vertrieben; dies war die letzte größere örtliche Judenvertreibung des Mittelalters in Deutschland. Ihren beweglichen Besitz durften sie mitnehmen; die Forderungen gegen christliche Schuldner mussten sie gegen geringe Entschädigungen an die Stadtbehörde abtreten. Auf den Grundmauern der Synagoge wurde die Wallfahrtskirche zur Heiligen Madonna zu Regensburg errichtet.
Viele der deutschen Juden wanderten nach Osten, insbesondere nach Polen, Litauen und Russland aus, wo man sie zeitweilig gerne aufnahm. »Dorthin nahmen die ›Aschkenasim‹, die ›Ostjuden‹ auch eine eigenartige Sprachform mit, das ›Jiddische‹, einen mit hebräischen Ausdrücken angereicherten deutsch-rheinischen Dialekt« (Hartmann III,2, S. 166). Das heutige Jiddisch enthält auch viele Ausdrücke aus dem slawischen Sprachraum.
Am Ende des Mittelalters gab es in Deutschland von den großen jüdischen Gemeinden fast nur noch die Gemeinden in Worms und Frankfurt/Main.

■ *Spanien und Portugal*
Etwa seit dem Jahre 1000 wurden die islamischen Staaten in Spanien zurückgedrängt; die *reconquista* (= ›Rückeroberung‹) war mit dem Fall des Königreichs Granada im Jahre 1492 abgeschlossen. Auch im christlichen Spanien hatte sich das Judentum – trotz hoher Steuern – sowohl in politischer wie auch in geistiger Hinsicht günstig entwickeln können. Die Juden waren als Handwerker und Kaufleute tätig (insbesondere im Textilhandel). Sie stellten bedeutende Ärzte, Mathematiker und Übersetzer. Allerdings kam es auch immer wieder zu vereinzelten Verfolgungen.
Erst im 14. Jh. griff der Judenhass auch in Spanien allgemein um sich.
Der Überfall auf das Judenviertel in Sevilla 1391 war ein Signal für das ganze Land: Überall wurden die Juden niedergemetzelt. In der Folgezeit kam es in Spanien immer wieder zu blutigen Ausschreitungen gegen die Juden. 1412 wurden durch einen königlichen Erlass die Juden Kastiliens aller Rechte beraubt. Man verbot die Auswanderung und führte einen Bekehrungsfeldzug gegen

63

die Juden. Diese Maßnahmen wurden auch auf das benachbarte Königreich Aragon ausgedehnt. Innerhalb kurzer Zeit wurden etwa 20000 Juden zum christlichen Glauben »bekehrt« Der größte Teil von ihnen hatte das Christentum nur angenommen, um ihr Leben zu retten. Die Folge war das Problem der ›Neuchristen‹ (= *Marranen*), die häufig hohe Ämter erlangten, aber immer im Verdacht standen, heimlich noch ihr Judesein zu leben. Um dieses Problems Herr zu werden, wurde in Spanien ab 1480 die Inquisition tätig. Dieser geistliche Gerichtshof hatte die Befugnis, verdächtige Neuchristen zur Vernehmung vorzuladen. Viele dieser Prozesse endeten mit Todesurteilen.

Letztlich konnte man das Problem der Marranen aber nicht lösen, solange im Lande noch Juden lebten, die das Recht genossen, ihre Religion auszuüben. Deshalb drängten kirchliche Fanatiker beim König immer wieder darauf, das »Judenproblem« durch drastische Maßnahmen endgültig zu lösen.

Solange das Ziel des spanischen Königs aber noch nicht erreicht war, den letzten maurischen Staat auf spanischem Boden, das Königreich Granada, zu erobern, konnte er diesem Drängen widerstehen; er brauchte die Juden als Finanzverwalter und als Einnahmequelle.

Als 1492 die muslimische Herrschaft in Spanien zu Ende ging, wurden die Juden des Landes verwiesen. Während sich einige Juden aufgrund einer regen »Bekehrungstätigkeit« taufen ließen, verließ die Hauptmasse der Juden – etwa 200000 – Spanien. Ihre Ziele waren Italien, Nordafrika, die Türkei; etwa die Hälfte ging ins Nachbarland Portugal.

Sie behielten ihre spanische Sprache und ihre Bräuche bei. Viele der aus Spanien vertriebenen Juden siedelten sich, teilweise von messianischen Hoffnungen getrieben, in Palästina an. Seit Palästina 1517 unter türkische Herrschaft kam, war die Anziehungskraft Palästinas auf Juden aus allen europäischen Ländern noch größer. Da der Zuzug der Juden nach Jerusalem eingeschränkt war, bildete sich ein neues Zentrum im Norden, in Galiläa. Mittelpunkt des jüdischen Lebens war dort die Stadt Safed mit einer bedeutenden Talmudschule.

Auch in Portugal, in dem es seit altersher eine große jüdische Gemeinde gab, mussten die Juden 1496 das Land verlassen.

Ein großer Teil der spanischen Juden fand schließlich in der Türkei Unterkunft. 1453 hatten die Türken Konstantinopel erobert. Der herrschenden türkischen Minderheit waren die Juden wegen ihrer Kenntnisse in der Verwaltung, im Handel und Gewerbe willkommen. Sie trugen – obwohl sie auch hier Einschränkungen unterworfen waren – viel zum inneren Aufbau des osmanischen Reiches bei.

Man schätzt, dass etwa 100000 Juden in der Türkei eine neue Heimat fanden. Allein 40000 von ihnen lebten in Konstantinopel, 20000 in Saloniki. Das jüdische Element prägte Saloniki bis in die Nazizeit hinein. 1943 wurden die 55000 Juden aus Saloniki in Güterzügen, die mit 2000 bis 2500 Menschen belegt waren, nach Auschwitz gebracht und dort ermordet (Arendt, S. 231).

Methodische Hinweise

Selbstverständlich kann im Unterricht nicht die gesamte mittelalterliche Judenverfolgung, die auch hier bereits sehr verkürzt wiedergegeben ist, dargestellt werden. Deshalb empfiehlt es sich, exemplarisch auf ein Land einzugehen. Keller (Und wurden zerstreut unter alle Völker) liefert hierfür gutes Anschauungsmaterial. Wichtig ist es, die Judenverfolgung herauszustellen, aber auch zu zeigen, wie etwa bei antijudaistischen Argumenten auch immer wieder reine Habgier eine große Rolle spielte.

Die Bilder von mittelalterlichen Judenabzeichen machen deutlich, dass die Nazis mit der Einführung des Judensterns 1941 eine alte unselige Tradition als Auftakt des Holocaust wieder aufnahmen.

Den ›gekennzeichneten‹ europäischen Juden ist der wohl gekleidete, angesehene jüdische Arzt in der Türkei gegenübergestellt.

III.4 Verunglimpfung der Juden im Mittelalter

Informationen

(Vgl. zum Folgenden: Gamm, S. 61ff und Röhm/Thierfelder, Bd. 1.)

Zu den traditionellen ›Argumenten‹ christlicher Judenfeindschaft wie z. B. die aus der Evangelienüberlieferung abgeleitete Behauptung, die Juden seien »Gottesmörder«, kamen im Mittelalter weitere infame Anschuldigungen hinzu, die insbesondere die volkstümliche Phantasie beflügelten.

■ *»Die Juden begehen Ritualmorde«*
Man warf den Juden vor, dass sie Christen, insbesondere Kinder, töteten, um ihr Blut für kultische Zwecke zu verwenden. Obwohl

diese Beschuldigungen jeglicher Grundlage entbehren und nur aufgrund von unter der Folter erzwungenen ›Geständnissen‹ aufrecht erhalten werden konnten, haben sie viele Verfolgungen ausgelöst.

Der Stauferkaiser Friedrich II. ging diesen Vorwürfen in Fulda und Lauda nach und sprach im Jahr 1236 die Juden ausdrücklich von aller Schuld frei. Es sei unwahrscheinlich, »dass diejenigen, denen sogar das Blut erlaubter Tiere verboten ist, einen Durst nach Menschenblut haben könnten«.

Solche Vorwürfe hatten ihren Ursprung wohl in der von allen Völkern und Religionen vertretenen Auffassung, dass im Blut besondere heilige und sühnende Wirkungen verborgen seien. Auch mag vieles im religiösen Brauchtum der Juden zu Vorurteilen Anlass gegeben haben, z. B. das besondere Schlachten der Tiere, das ›Schächten‹. Das, was fremd ist, kann in besonderer Weise Anlass zu Vorurteilen geben. Interessant ist in diesem Zusammenhang, dass den ersten Christen von seiten der römischen Behörden im Blick auf das Abendmahl ganz ähnliche Vorwürfe gemacht worden waren.

Bekannt ist die Darstellung aus der Schedelschen Weltchronik, Nürnberg 1493. Der Holzschnitt zeigt einen angeblichen ›Ritualmord‹ in Trient im Jahr 1475, der großes Aufsehen erregt hatte; über dieses ›Ereignis‹ wurde viel geschrieben, und es war Gegenstand zahlreicher bildlicher Darstellungen (vgl. o. S. 61 und Vorlage III.2). Das Kind Simon soll in der Passionszeit von Juden geraubt und grausam umgebracht worden sein. Dieser ›Fall‹ wird in der Schedelchronik in grausamer Ausführlichkeit in Wort und Bild beschrieben. Auf dem abgebildeten Holzschnitt ist zu erkennen, wie die Personen das Blut des Kindes auffangen. Selbstverständlich wurde das angebliche ›Verbrechen‹ aufgedeckt und die mutmaßlichen Beteiligten – auf dem Bild werden sie mit Namen benannt – »mit gepürlicher straff ausgetilgt«. Es wird dann noch berichtet, dass es nach der Beerdigung des Kindes zu wundersamen Erscheinungen gekommen sein soll. Das Kind Simon wurde heilig gesprochen.

■ *»Die Juden schänden Hostien«*

Die Juden wurden beschuldigt, sie würden sich in den Besitz geweihter Hostien bringen, an diesen durch Lanzenstiche die Marter Christi am Kreuz wiederholen, auf ihnen herumtreten und sie auf diese Weise verspotten. Dieser Vorwurf bekam durch die feierliche Dogmatisierung der Lehre von der Transsubstantiation, der leiblichen Verwandlung von Brot und Wein in Christi Fleisch und Blut beim Abendmahl (1215, 4. Laterankonzil), besondere Brisanz.

Zu diesem Vorwurf findet sich auf der Vorlage III.4 der Ausschnitt aus einem mittelalterlichen Holzschnitt (Lübeck 1492). Das Bild zeigt Juden, die Hostien mit Messern bearbeiten.

In eine ähnliche Richtung geht der Holzschnitt aus der Schedelschen Weltchronik von 1493. Die Abbildung zeigt einen Juden, der ein Kruzifix mit einer Lanze in die Seite sticht. In dem Bericht in der Schedelchronik wird erzählt, dass daraufhin Blut aus der Wunde geflossen sei; dieses Blut heftete sich an die Schuhe des Juden. Er hinterließ eine Blutspur, so dass man ihn leicht finden und seiner ›gerechten Strafe‹ zuführen konnte. Der Text in der Schedelchronik, der je nach Situation der Klasse als Quellentext eingesetzt werden kann, lautet:

»Diser zeit hat ein iud das pild eins crucifix gestoche dz dz plut milti gelich herauß floße un de iude besprenget also dz man des iude fußstapffen plutig spuret. die cristen die das sahen volgten dem gespot der plutigen fußtritt nach bis sie zu dem plutflußigen pild komen. als sie das funden do verstaynten sie den iuden.«

Dieser Text ist auf S. 66 als Faksimile gedruckt, um deutlich zu machen, dass es sich nicht um ein objektives Geschehen handelt, sondern um eine Schilderung, die der Phantasie des 15. Jh. entsprungen ist.

■ *»Die Juden vergiften Brunnen«*

Vor allem im Spätmittelalter, als Europa von furchtbaren Pestepidemien heimgesucht wurde und die jüdischen Gemeinden (vielleicht wegen ihrer besseren Hygiene als Folge der kultischen Reinheitsvorschriften) davon nicht so stark betroffen waren, warf man den Juden vor, vorsätzlich die Brunnen zu vergiften. Die Folgen dieser Anschuldigungen waren für die Juden verheerend. 1349 beispielsweise wurden während einer Pestepidemie die Juden u. a. der Brunnenvergiftung beschuldigt. In einem daraufhin angezettelten Pogrom wurden 2000 Juden gefangengenommen und umgebracht.

Das Bild – ein Holzschnitt von 1475 – zeigt, wie Juden – erkenntlich an den Judenhüten – gefoltert werden, damit sie gestehen, die Brunnen vergiftet zu haben.

■ *»Die Juden sind habgierig«*

Im Handwerk des Mittelalters – das nach Zünften organisiert war, die ein eigenständiges religiöses Leben pflegten – war für Juden kein Platz. Für sie blieben nur ›unehrenhafte‹ Berufe übrig.

Christen war durch Konzilsbeschlüsse (siehe dazu Vorlage III.3 und die dazugehörenden Informationen S. 62) aufgrund von Lk 6,35 seit dem 8. Jh. das Zinsnehmen verboten. Die mittelalterliche Wirtschaft konnte jedoch ohne Kreditgeschäfte nicht existieren. So durften die Juden – sie waren nach christlichem Verständnis ja ohnehin ›verloren‹ – diesen Geschäften nachgehen. Später war es dann aber auch Christen erlaubt, Geldgeschäfte zu tätigen, so dass es zu einer Konkurrenzsituation kam. Dies trug den Juden den Vorwurf der Habgier ein; man warf ihnen vor, durch zu hohe Zinsen die Christen auszusaugen. Dass diese hohen Zinsen aber zum Überleben nötig waren, zeigt der Wortlaut des Privilegs von Kaiser Friedrich III. aus dem Jahre 1470: »Wo der Christ zehn Schock nimmt, soll der Jude zwanzig nehmen dürfen, weil, wenn er so wenig nehmen würde wie der Christ, er nicht leben könnte, da er zuerst Uns gegenüber seinen Pflichten nachkommen muss, zweitens dem Herrn, dessen Schutz er sich empfohlen hat, zahlen muss, drittens selbst die Interessen zu berichtigen hat, viertens selten ein Amt, dessen Dienst er nötig hat, ihn umsonst entlässt, und er endlich selbst etwas haben muss, um davon mit Weib und Kindern leben zu können« (zit. nach Pendorf, S. 32).

Das Bild – ein Holzschnitt aus einem antijüdischen Flugblatt um 1500 – zeigt Josel von Rosenheim, wie er »das goldene Kalb anbetet«; in der Hand hält er einen Geldbeutel.

■ *Die Judensau*
Ein im Mittelalter ›beliebtes‹ Motiv zur Verunglimpfung der Juden war die Darstellung eines Schweines, an dem sich eine Gruppe von Juden zu schaffen macht. Die vorliegende Darstellung ist ein Einblattholzschnitt aus Süddeutschland 1470–1480.
Folgendes ist darauf zu erkennen: Drei Juden saugen die Milch aus den Zitzen der Sau. Eine Person hält den Schwanz der Schweins hoch, eine andere berührt den After des Schweins mit dem Finger; er streckt die Zunge heraus, als wolle er an dem After lecken.
Eine solche ›Judensau‹ befindet sich auch an der Wittenberger Stadtkirche; sie ist heute noch zu sehen. Luther schreibt dazu: »Es ist hier zu Wittenberg an unser Pfarrkirchen eine Sau in Stein gehauen, da liegen junge Ferkel und drei Juden unter, die saugen. Hinter der Sau steht ein Rabbiner, der hebt der Sau das rechte Bein empor ... und guckt mit großem Fleiß der Sau in den Hintern, als wollte er etwas Besonderes darin lesen« (WA 53, 600, 26–34; zitiert nach: H. Jürgens u.a., S. 17).

Methodische Hinweise

Die Vorlage III.4 wird ohne die Bilder ausgeteilt, die auf ein besonderes Blatt kopiert werden. Die Bilder werden den Texten zugeordnet.

Diser zeit hat ein iud das pild eins crucifix gestochē dz dz plůt mitiglich herauß floße vn̄ dē iudē besprenget also dz man des iudē fůßstapffen spüret. die cristen die das sahen volgten dem gespor der plütigen füßtritt nach bis sie zu dem plütflüßigen pild komen. als sie das funden do verstaynten sie iuden.

IV Geschichte des Judentums in der Neuzeit

IV.1 Martin Luther und die Juden

Informationen

■ *Martin Luther und die Juden**
(*von Eberhard Röhm*)
Der nationalsozialistische Judenhasser Julius Streicher, Herausgeber des Hetzblattes »Der Stürmer«, sagte als Angeklagter des Nürnberger Kriegsverbrecherprozesses:
»Wenn das Gericht Martin Luthers Buch ›Von den Juden und ihren Lügen‹ in Betracht ziehen würde, dann säße heute sicher Martin Luther an meiner Stelle auf der Anklagebank.«
Luther hat sich an den mittelalterlichen Vorwürfen, die Juden würden Brunnen vergiften, Hostien schänden und Kinder töten (vgl. Vorlage III.4 und oben S. 64–66), nicht beteiligt. Ebensowenig kann man ihm nachsagen, er habe – wie die Nazis – die Juden als gefährliches Volk oder als minderwertige Rasse gehasst.
In seiner Schrift aus dem Jahre 1523 »Das Jesus Christus ein geborener Jude sei« nennt Luther die Juden ausdrücklich »Blutsfreunde, Vettern und Brüder des Herrn«. Er fordert darin, ihnen freundlich und tolerant zu begegnen, damit man auch sie für den von der Reformation neu entdeckten christlichen Glauben gewinnen könne. Seine Hoffnung war die Konversion der Juden zum Christentum. Nach der Ankunft Christi auf der Erde hatte für Luther die jüdische Religion keine Zukunft mehr (vgl. Oberman, S. 57).
Luthers epochemachende theologische Erkenntnis, dass der Mensch aus der Vergebung Gottes leben darf (»simul iustus et peccator« = obwohl Sünder – weil ich auf das *meine* schaue –, doch gerecht, weil *Gott* um Christi willen, wohlwollend, auf mich schaut), müssten alle Menschen akzeptieren, ob es Katholiken, Muslime, Juden oder falsche Protestanten seien. Sonst seien sie Gottes Feinde. So heißt es etwa im Großen Katechismus (1528): »Der Glaube an die Kirche trennt uns Christen von allen Leuten auf Erden, es seien Heiden, Türken, Juden oder falsche Christen und Heuchler« (vgl. Oberman, S. 138).
Je länger, je mehr war Luther überzeugt, dass die Welttage sich dem Ende zuneigen, dass der universale Endkampf zwischen Christus und Satan begonnen hat. Er fürchtete, dass sich jetzt der Teufel mit dem Papst, den Türken, den Juden und allen Heuchlern (Ungläubigen) zusammentut, um das Offenbarwerden der Wahrheit der Reformation zu verhindern. Er sagt darum in der von Julius Streicher und seinesgleichen unentwegt zitierten Schrift »Von den Juden und ihren Lügen« (1543), die Juden wären verworfen und verdammt wie der Papst, die Türken (Muslime) und alle Glaubensfeinde. Um zu retten, was zu retten ist, bliebe den protestantischen Fürsten nur, sich in »scharfer Barmherzigkeit« gegen die vom Teufel Besessenen zu wehren.
In schrecklicher Verblendung rät Luther den protestantischen Fürsten, dort, wo es not tue, der Juden Synagogen und Schulen anzuzünden, ihnen das freie Geleit aufzukündigen, den Zins (»Wucher«), von dem sie leben würden, zu verbieten und sie außer Landes zu jagen (vgl. Röhm/Thierfelder, Bd. 1, S. 35f u. 348f).
Erst spätere Generationen haben Luther, besonders den alten Luther, zum Judenhasser stilisiert. Luthers Judenfeindschaft ist jedoch als Teil seiner apokalyptischen Geschichtsschau zu verstehen, die er mit anderen spätmittelalterlichen Theologen teilt. Es sind auch nicht die Juden als solche, denen er den Kampf angesagt hat, sondern die Juden als ›Gottesfeinde‹, die er mit anderen Glaubensgegnern gleichsetzt. So heißt es in »Von den Juden und ihren Lügen«:
»Aber nun wundere ich mich nicht, weder über der Juden noch der Türken (geistliche) Blindheit, Hartnäckigkeit und Bosheit. Und dasselbe sehe ich bei den allerheiligsten Vätern der Kirche, dem Papst, den Kardinälen, den Bischöfen. O weh du schrecklicher Zorn und unbegreifliches Gericht der

---
* Die Lutherzitate sind in modernes Deutsch übertragen.

hohen göttlichen Majestät, (das über sie alle kommt)« (Oberman, S. 162).

Luther hat nie aufgehört, trotz seiner Hassausbrüche, die Nähe der Juden zu suchen. In seiner letzten Schrift – drei Tage vor seinem Tod verfasst – »Eine Vermahnung wider die Juden« schreibt er: »Wir wollen die christliche Liebe an den Juden üben und für sie beten, dass sie sich (doch) bekehren« (Oberman, S. 160). Luther war kein Antisemit im modernen Sinne. Dennoch ist nicht zu bestreiten, dass seine antijüdischen Schriften zu den dunkelsten Kapiteln in seinem Werk zählen. Im Jahre 1970 erklärte der Lutherische Weltbund deshalb:

»Luthers Angst um die Existenz der Kirche wurde so stark, dass er es nicht mehr fertigbrachte, die Zukunft in Gottes Hand zu stellen, sondern dass er im Vorgriff auf das, was er als Gottes zukünftiges Gericht verstand, die weltliche Gewalt aufrief, dieses Gericht in der Gegenwart vorwegzunehmen. Damit überschritt er die Grenzen der menschlichen Autorität, ganz zu schweigen von der Liebe. Die Konsequenzen dieser Haltung sind immer noch wirksam. Die Lektion, die die Kirche mitten im Massenmord unseres Jahrhunderts zu lernen hatte, zwingt uns dazu, eine tiefgehendere, nüchternere und zugleich christlichere Haltung zu suchen« (Luth. Monatshefte 9, 1970, S. 142).

Einer der engsten Mitarbeiter Luthers und Übersetzer seiner lateinischen Schriften, der Hallenser Reformator Justus Jonas, ist einen anderen Weg gegangen. Er gab Luther zu bedenken, dass Juden und Christen eine gemeinsame Vorgeschichte und eine gemeinsame Zukunft haben. In einer Auslegung von Röm 11,25–32 schrieb Justus Jonas an Luther: »Wir Heiden sind Gäste und Fremde, die in Christus Jesus, dem wahren Messias, an solch großen Gaben und Segnungen beteiligt, im Hause des Herrn sind, früher Gottlos in dieser Welt, heute Teilhaber sogar an den Geheimnissen Gottes, und zusammen mit Abraham und den großen Erzvätern zu einem Leib gesammelt unter dem einen Haupt Christus« (Oberman, S. 62/82).

Eigentlich hätte Luther aus seiner reformatorischen Entdeckung (»wir sind alle Sünder und bedürfen der Gnade«) auch eine andere Konsequenz ziehen können: statt Diskriminierung Andersdenkender die Solidarität mit allen anderen ›Sündern‹.
Im Wittenberger Gesangbuch von 1544 findet sich ein Vers, den Luther nachweislich immer wieder zitiert hat:

»Unsere große Sünde und Missetat
Jesum, den wahren Gottessohn, ans Kreuz geschlagen hat.
Drum wir dich armer Juda[s], dazu der Juden Schar,
Nicht feindlich dürfen schelten, die Schuld ist unser
zwar (nämlich).«
(Oberman, S. 164 und Lewin, S. 13)

In diesem Lied aus der Reformationszeit wird die jahrtausendalte unsinnige Anschuldigung, die Juden seien ›Gottesmörder‹, auf alle Sünder und damit auf jeden bezogen; in späteren Passionsliedern wird diese Sichtweise noch deutlicher entfaltet (z. B. bei Paul Gerhardt), freilich ohne dass dadurch die christlich motivierte Judenfeindschaft bis ins 20. Jh. hinein aufgehalten worden wäre.

Methodische Hinweise

Die Vorlage IV.1 wird ohne Veränderungen ausgegeben und gelesen.
Im Unterrichtsgespräch wird die Haltung Luthers und deren Wirkungsgeschichte herausgearbeitet. Als Alternative kann der oben abgedruckte Text zusammen mit den Bildern der Vorlage ausgeteilt werden. Die Schüler/innen gestalten daraus ein Plakat, auf dem Luthers Haltung gegenüber den Juden differenziert dargestellt wird.

IV.2 Osteuropäisches Judentum: Das Schtetl

Informationen

Das *Schtetl* ist die jüdische Kleinstadtgemeinde Osteuropas. Über Jahrhunderte war es Ausdruck und Symbol der Lebensweise des osteuropäischen Judentums, das die größte jüdische Bevölkerungsgruppe der Welt darstellte und zeitweilig mehr als die Hälfte aller Juden umfasste.
Historisch lässt sich das Schtetl auf die großen mittelalterlichen Judenverfolgungen seit dem ersten Kreuzzug zurückführen. Zur Zeit der Kreuzzüge lebten in Deutschland (hebr. *ashkenaz*) die aschkenasischen Juden. Sie lebten durch Gesetz oder eigene Wahl isoliert von ihren christlichen Nachbarn. Ihr Leben bestand in der genauen Erfüllung der Gebote, wie sie in der Tora überliefert und im Talmud vielfältig erläutert wurden. Jede Einzelheit des Lebens war durch religiöse Vor-

schriften geregelt. Ihre Literatur wurde nur auf Hebräisch geschrieben. Alltagssprache war das Jiddisch, ein mittelalterlicher Dialekt, der sich aus unterschiedlichen Sprachkomponenten zusammensetzte. Hauptbestandteil war Deutsch, ergänzt und abgewandelt durch hebräisch-aramäische, romanische und – nach der Auswanderung in den Osten – slawische Anteile (vgl. Brockhaus-Enzyklopädie, Bd. 11, S. 180f).

In Osteuropa, also in den Ländern Ungarn, Polen, Weißrussland, Litauen und Ukraine setzten die Flüchtlinge ihre traditionelle aschkenasische Lebensweise fort. In Russland und Polen fanden sie alte jüdische Gemeinden vor, die z.T. von Flüchtlingen aus dem byzantinischen Kaiserreich gegründet worden waren. Mit ihnen vereinigten sie sich.

In Osteuropa wurden die Flüchtlinge zunächst freundlich aufgenommen. Man bediente sich ihrer Fähigkeiten zur Entwicklung der Länder, gewährte ihnen Privilegien wie Religionsfreiheit und kulturelle Autonomie. In den folgenden Jahrhunderten wurde das osteuropäische Judentum, das weitgehend in Kleinstädten lebte, zum Mittelpunkt jüdischer Kultur. Später gab es immer wieder Beschränkungen und Pogrome gegen die osteuropäischen Juden, z.B. durch Polen und Russen. Das kleinstädtisch geprägte Schtetl blieb freilich die Hochburg der Kultur des osteuropäischen Judentums. In ihm konnten die Juden, isoliert von der übrigen Welt, ihren Glauben leben und ihre Traditionen bewahren. Die Sprache war auch hier Jiddisch. Große Bedeutung kam dem Studium der Heiligen Schriften zu; die Gelehrten spielten in dieser Kultur eine wichtige Rolle. »Die jüdische Bevölkerung des Schtetl verbrachte die Tage zwischen Synagoge (*Schul*) und Betstube (*Schtibl*), Haus und Markt« (Jüdisches Lexikon, S. 415).

Von großem religiösen Einfluss war die *chassidische Bewegung*, begründet von Israel Baal Schem Tov (ca. 1700–1760). Sie begann als Revolte gegen die Rabbiner, die behaupteten, allein die Gelehrsamkeit öffne den Weg in den Himmel, für die anderen, die Handwerker und Wirte z.B., bestehe dagegen keine Chance zur Erlösung. Die chassidische Bewegung betonte »die Annäherung an Gott durch individuelles Gebet, durch gefühlsstarke Liebe, durch gute Werke, die nicht im Studium entstehe, sondern durch Demut gegenüber Gott und dem menschlichen Wesen« (Zborowski/Herzog, S. 143). Die rabbinische und die chassidische Strömung im osteuropäischen Judentum ergänzten einander, wobei die chassidische Bewegung stärker das Element der Barmherzigkeit Gottes und die Hoffnung auf Gottes Gnade betonte, die rabbinische stärker das Element der göttlichen Gerechtigkeit und den Auftrag der Juden, ihre Pflichten zu lernen und zu erfüllen. Martin Bubers Sammlung der Erzählungen der Chassidim haben uns die Welt dieser jüdischen Frömmigkeitsbewegung nahe gebracht.

Erst die Kriege und Revolutionen, vor allem der von den Deutschen angezettelte Zweite Weltkrieg, machte dem Schtetl ein Ende. Schon davor hatten große Veränderungen stattgefunden. Infolge der Pogrome auf dem Land siedelten sich immer mehr Juden in den großen Städten wie Warschau und Budapest an oder sie wanderten aus. Ziel der im 19. Jh. einsetzenden Auswanderungsbewegung waren zunächst Deutschland und Österreich. In Berlin und Wien entstanden große jüdische Zentren. Zunehmend wanderten viele europäische Juden in die Vereinigten Staaten und seit der Entstehung des Zionismus am Ende des 19. Jh. auch nach Palästina aus.

Heute erinnert im Judentum immer noch manches an die Welt des Schtetl. So werden z.B. im Stadtteil Mea Shearim in Jerusalem oder auch in New York die Traditionen des Schtetl gepflegt. Jiddisch wird immer noch von vielen Juden gesprochen oder zumindest verstanden, doch ihre Zahl geht zurück. Einer der letzten großen Schriftsteller, der in jiddischer Sprache schrieb, war Isaac Bashevis Singer (1904–1991), der aus Polen stammte und später in den Vereinigten Staaten lebte. 1978 erhielt er den Nobelpreis für Literatur, nicht zuletzt für seine Verdienste um die jiddische Sprache und Kultur.

Methodische Hinweise

Die Vorlage enthält Informationen zum osteuropäischen Judentum. *Jiddische Lieder* vermitteln einen guten Eindruck von dieser Kultur. Anhand von chassidischen Legenden (z.B. Martin Buber, Die Erzählungen der Chassidim, Zürich 1992) oder Kurzgeschichten Isaac Bashevis Singers kann versucht werden, dieser durch die Nazis vernichteten Kultur nachzuspüren. Zu empfehlen ist auch der eindrückliche Bildband von R. Vishniac, Die verschwundene Welt, München 1996, sowie Ders., Wo Menschen und Bücher lebten. Bilder aus der ostjüdischen Vergangenheit, München 1993.

IV.3 Emanzipation der deutschen Juden im 19. Jahrhundert

Informationen

Aufklärung und Französische Revolution betrieben die Befreiung der Juden aus ihren gesellschaftlichen Fesseln. Dennoch hatten sie bis ins 19. Jh. hinein in Deutschland einen rechtlich minderen Status. 1791 hatte die französische Nationalversammlung die Gleichstellung der Juden in Frankreich beschlossen; erst 1812 wurde in Preußen ein Edikt in Richtung auf volle Gleichberechtigung erlassen. Die anderen deutschen Staaten folgten. Die volle Gleichberechtigung erhielten die Juden in Deutschland erst mit der Reichsverfassung von 1870. Dies ermöglichte den Auszug aus dem Getto, den Zugang zu einer umfassenden Bildung und die Chance zum wirtschaftlichen Aufstieg. Vor allem im Handel, im Bankwesen und in der Presse arbeiteten Juden mit viel Erfolg. Zunehmend betätigten sich Juden auch in den aufblühenden Naturwissenschaften. Die Mitte des 19. Jh. in Berlin erbaute Neue Synagoge zeigt etwas vom Selbstbewusstsein des emanzipierten Judentums. Diese Synagoge war eine Reformsynagoge, d.h. in ihr wurde auf Deutsch gepredigt. Es gab Orgel und Chorgesang, was bis dahin undenkbar gewesen war. Dabei handelte es sich um Anleihen aus dem protestantischen Gottesdienst, die jetzt in die Synagoge Einzug hielten.

Freilich gab es immer wieder Widerstände gegen die Emanzipation. Dass Juden die sich ihnen bietenden Chancen des Aufstiegs in Wissenschaft und Handel, in Presse, Kunst und Literatur erfolgreich wahrnahmen, erzeugte tiefe Ressentiments. Antisemitische Sammlungsbewegungen schürten diese aus Angst und Neid gespeiste Stimmung. Dem Berliner Hofprediger Adolf Stoecker (1835–1909) kommt der traurige Ruhm zu, den Kampf gegen das Judentum als erster auf die Ebene der Parteipolitik gehoben zu haben. Er und der Historiker Heinrich von Treitschke (1834–1896) verbreiteten antisemitische Parolen; beide sind jedoch nicht dem rassistischen Antisemitismus zuzuordnen, der dann im Dritten Reich so entsetzliche Konsequenzen gehabt hat.

Trotz aller Emanzipation gab es im 19. Jh. für Juden immer noch kaum überwindbare gesellschaftliche Barrieren. So nahmen z.B. viele studentische Verbindungen keine Juden auf, und beim Militär waren ihre Chancen, Offizier zu werden, außerordentlich gering (zum studentischen Antisemitismus in den zwanziger Jahren vgl. die Beschreibung bei Arthur Koestler, Autobiographische Schriften, Bd. 1, Kapitel »O alte Burschenherrlichkeit«).

Methodische Hinweise

Die ausgewählten Beispiele der Vorlage können – ergänzt durch lokalgeschichtlich bedeutsame Materialien, die z.B. in Stadtarchiven zu finden sind – zu einer kleinen Dokumentation zusammengestellt werden.

IV.4 Bedeutende deutsche Juden

Informationen

Im Zuge der Emanzipation der Juden im 19. Jh. kam es auf vielen Gebieten zur gegenseitigen Befruchtung zwischen dem jüdischen und dem deutschen Kultur- und Geistesleben. Die auf der Vorlage IV.4 abgebildeten Personen stehen gewissermaßen als Platzhalter für die vielen deutschen Juden, die die deutsche Kultur bereichert haben. Ein Teil von ihnen blieb religiös dem traditionellen Judentum verbunden wie z.B. Meyer Amschel Rothschild, andere sind dem Reformjudentum (s. S. 90f) zuzurechnen wie etwa Martin Buber, ein anderer Teil bekannte sich zum christlichen Glauben wie etwa Felix Mendelssohn Bartholdy; wiederum andere hatten keinen Bezug mehr zur Synagoge wie z.B. Sigmund Freud, und wieder andere fanden erst durch die NS-Judenverfolgung zu ihren jüdischen Wurzeln zurück. Ausführlichere Angaben zu den dargestellten Persönlichkeiten können leicht aus Lexika erhoben werden. Zu empfehlen ist vor allem das Jüdische Lexikon mit vielen Biographien.

Methodische Hinweise

Ziel der Beschäftigung mit den dargestellten Personen ist es zu erkennen, welch bedeutenden Anteil die jüdischen Mitbürger/innen an der deutschen Wissenschaft und Kultur haben. Die Schüler/innen ordnen die Symbole den einzelnen Personen zu. Mit Hilfe von Lexika (s.o.) können – je nach Lerngruppe – weitere Informationen zu den dargestellten Personen erhoben werden, wobei vor allem die Frage nach ihrer Stellung zur jüdischen Religion interessant ist.

Eine weitere Möglichkeit besteht darin, dass Schüler/innen zu einer oder mehreren der

Personen Kurzreferate erarbeiten, in denen die jeweiligen besonderen Leistungen herausgestellt werden.

Bei MENDELSSOHN BARTHOLDY können Beispiele seiner Musik angehört werden; insbesondere in der Symphonie Nr. 5 = P. 107 D-Dur, der ›Reformations-Symphonie‹ wird seine Verwurzelung in der deutschen Kultur deutlich.

Von NELLY SACHS können Texte gelesen und besprochen werden (vgl. dazu Vorlage V.17).

Bei MARTIN BUBER empfiehlt sich die Lektüre mehrerer seiner »Erzählungen der Chassidim«, Zürich 1992.

IV.5 Die Formen des Judenhasses

Informationen

Zu den drei in Vorlage IV.5 vorgestellten Formen des Judenhasses schreiben E. Röhm und J. Thierfelder in Band 1 »Juden – Christen – Deutsche«:

Zur deutlicheren Abgrenzung unterscheiden wir mit Marikje Smid (1988) zwischen allgemeiner *Judenfeindschaft*, religiös-christlichem *Antijudaismus* und rassistischem *Antisemitismus*. Die allgemeine *Judenfeindschaft*, d. h. die antijüdische Xenophobie aufgrund ethnischer, sozialer, politischer oder kultureller Distanz, gibt es seit der Antike. Mit *Antijudaismus* bezeichnen wir die pseudobiblisch-theologisch begründete Ablehnung des Judentums, die sich seit der Zeit des Urchristentums bis in die Gegenwart verfolgen lässt. Der Begriff *Antisemitismus* ist erst seit der 2. Hälfte des 19. Jh. bekannt. Im strengen Sinn ist damit die rassisch-biologische Weltanschauung gemeint, die vom unüberbrückbaren Gegensatz zwischen der »semitischen« Rasse und der indogermanischen, »arischen« Herren-Rasse ausgeht, eine Unterscheidung, wie sie zuerst der französische Graf Joseph Arthur Gobineau vertreten hat.

Der moderne Rassenantisemitismus muss zutiefst verstanden werden als Teil der Gegenwehr gegen die von der Aufklärung allgemein eingeleiteten Emanzipationsbewegungen. Soweit protestantische Theologen in den letzten hundert Jahren den Begriff »Antisemitismus« verwendet haben, gehen sie mehr von einem geistigen bzw. sittlichen »Rassebegriff« aus. Volk und Volkstum sind für sie eher geschichtliche als biologistische Begriffe, wenngleich eine eindeutige Klärung im Einzelfall nicht immer leicht fällt.

Im Judenhass der Weimarer Zeit und des Dritten Reiches waren alle drei aus der Geschichte bekannten Formen der Judenfeindschaft virulent (Röhm/Thierfelder, Bd. 1, S. 406, Anm. 1).

Hinweise zu den Bildern

Die drei Bilder und die dazugehörenden Texte stammen aus dem antisemitischen Kinderbuch »Der Giftpilz«, das 1938 im Stürmer-Verlag, Nürnberg erschienen ist. Nähere Informationen zu diesem und anderen antisemitischen Kinderbüchern des Stürmer-Verlages finden sich bei den Informationen zur Vorlage V.8 (»Antisemitische Kinderbücher«) auf den Seiten 80 und 83–85. Die Geschichten, zu denen diese Bilder gehören, tragen die Überschriften:

– Was Christus von den Juden sagte
– Der Gott der Juden ist das Geld
– Woran man die Juden erkennt

Methodische Hinweise

Man kann ein Arbeitsblatt mit den nicht geordneten Texten und Bildern von Vorlage IV.5 austeilen und die Schüler/innen daraus ein Blatt oder ein Plakat ähnlich der Vorlage IV.5 gestalten lassen. Durch die Zuordnungsaufgabe müssen sich die Schüler/innen mit den Texten und Bildern intensiv auseinandersetzen. Das Arbeitsblatt mit den (ungeordneten) Bildern und Texten könnte etwa so aussehen:

Drei Formen des Judenhasses

rassischer Antisemitismus

christlicher Antijudaismus

allgemeine Judenfeindlichkeit

„Der erste Schritt zur Anbahnung des sozialen Friedens in unserem Vaterlande, ja in der gesamten zivilisierten Welt, wird deshalb der sein, dieser überhandnehmenden Herrschaft des Judentums einen Damm entgegenzusetzen."
Rudolf Todt, 1877

Vorurteile gegenüber der jüdischen Minderheit aufgrund der ethnischen, sozialen, politischen oder kulturellen Unterschiede, z. B. das Vorurteil: Die Juden sind „geldgierig".

„Der getaufte Jude bleibt Mitglied des großen Blutsbundes der Hebräer und hat die Pflicht, die jüdischen Sonderinteressen wahrzunehmen. Die Juden verbindet der gemeinsame Hass gegen alles Nichtjüdische." Theodor Fritsch, 1893

Ablehnung der Juden aus religiösen Gründen. Die Juden als „Christusmörder". Ein getaufter Jude ist kein Jude mehr.

„Der Gott des Juden ist das Geld. Und um Geld zu verdienen, begeht er die größten Verbrechen. Er ruht nicht eher, bis er auf einem großen Geldsack sitzen kann, bis er zum König des Geldes geworden ist."

„Die Judennase ist an ihrer Spitze gebogen. Sie sieht aus wie ein Sechser ..."

„Sie sind unsere öffentlichen Feinde, hören nicht auf, unseren Herrn Christus zu lästern, heißen die Jungfrau Maria eine Hure, Christus ein Hurenkind."
Martin Luther, 1546

„Wenn ihr ein Kreuz seht, dann denkt an den grauenhaften Mord der Juden auf Golgatha ..."

Hass gegen die Juden als angeblich minderwertige Schmarotzerrasse". Der Hass gilt allen „Rassejuden", ganz gleich, ob sie getauft sind oder nicht.

Der Nationalsozialismus stellte den rassischen Antisemitismus in den Vordergrund; er machte sich aber auch die beiden anderen Formen des Judenhasses zunutze.

IV.6a Vulgärantisemitismus I
IV.6b Vulgärantisemitismus II

Informationen

Der Antisemitismus, ob als Antijudaismus, soziokulturelle Judenfeindschaft oder rassistischer Antisemitismus, hat sich immer wieder in schlimmen Bildern und Texten ausgetobt. Für das Mittelalter kann man hierbei z. B. an die ›Judensau‹ denken, wie sie an der Wittenberger Stadtkirche angebracht war (s. o. S. 66). Besonders ›kreativ‹ war der Antisemitismus in dieser Hinsicht im 19. und 20. Jh. Im späten 19. Jh. kam es zu einer regelrechten antisemitischen Sammlungsbewegung, deren Motive aus unterschiedlichen Quellen gespeist waren (vgl. Röhm/Thierfelder, Bd. 1, S. 46–53). Neben antijudaistischen Tendenzen aus religiöser Tradition traten Nationalismus und biologistische Weltanschauung. Von fataler Wirkung waren die antisemitischen Bestrebungen hochgestellter Persönlichkeiten wie etwa des Staatswissenschaftlers, Historikers und preußischen Staatshistoriographen Heinrich von Treitschke (1834–1896), der den Ausdruck prägte: »Die Juden sind unser Unglück«, oder des national-konservativ geprägten Berliner Hofpredigers Adolf Stoecker (1835–1909), der das moderne Judentum vor allem für den von ihm bekämpften Liberalismus und die ›Zersetzung‹ des Volkslebens verantwortlich machte. Stoecker war es auch, der den Antisemitismus auf die Ebene der Parteipolitik gehoben hatte. In seiner 1878 gegründeten Christlich-sozialen Arbeiterpartei schlug Stoecker stark judenfeindliche Töne an. Weder Treitschke noch Stoecker sind dem radikalen rassistischen Antisemitismus zuzuordnen, wie er etwa von Wilhelm Marr, Theodor Fritsch und Houston Stewart Chamberlain vertreten wurde. Sie machten aber den Antisemitismus gerade in bürgerlichen Kreisen hoffähig. 1893 wurde die Deutsche Reformpartei gegründet, eine ausgesprochen antisemitische Partei. In deutschnationalen Verbänden wie dem Deutschnationalen Handlungsgehilfenverein, der Alldeutschen Bewegung und dem Verein deutscher Studenten (gegründet 1881) wurde ein dezidierter Antisemitismus gepflegt. Dieser äußerte sich z. B. auch im Ausschluss von Juden von der Mitgliedschaft.

Beispiele eines ›vulgären‹ Antisemitismus zeigen das »Borkumlied« und die Werbung für »judenfreie« Lokale aus der Zeit vor dem Ersten Weltkrieg sowie das ›Notgeld‹ aus der Zeit nach dem Ersten Weltkrieg; in den Juden sah man geeignete Sündenböcke für den wirtschaftlichen Niedergang, der insbesondere das Bürgertum hart traf.

Solche antisemitischen Bilder sind seit der Shoa in Deutschland seltener geworden. Die antisemitischen Wandschmierereien auf Synagogen, Grabsteinen und Häuserwänden heute sind nach Aussage und Ton wohl brutaler als entsprechende Parolen im 19. Jh. In ihnen schlägt der Ton des NS-Blattes »Der Stürmer« durch, dessen antisemitische Hetze jeglicher Beschreibung spottet.

Methodische Hinweise

Im Unterrichtsgespräch wird nicht nur der Inhalt dieser Bilder und Texte zu bearbeiten sein, es gilt auch zu überlegen, welche Ängste hier verbalisiert werden. Bei den Wandschmierereien von heute wird nach den Motiven der »Schmierer« zu fragen sein, die in vielen Fällen nie in ihrem Leben jüdischen Menschen begegnet sind. Gerade Jugendliche leiden heute ja darunter, dass ihre Wünsche nach Identifikation, Orientierung, Sicherheit und Geborgenheit nicht oder nur mangelhaft erfüllt werden. »Der Rechtsextremismus setzt an diesen Bedürfnissen an durch den Versuch normativer Sinnstiftung, die Entwicklung eines Verhaltensrituals, die Verwendung einer Einheit schaffenden Symbolik, durch die Ausgrenzung alles Fremden« (Rajewsky/Schmitz, S. 11). In rechtsextremen Parteien dient der Antisemitismus als Instrument zur Revision der jüngsten deutschen Vergangenheit (›Auschwitz-Lüge‹).

Die Schüler/innen können aus Zeitschriften und Zeitungen Artikel und Bilder zu heutigen Äußerungen des Antisemitismus sammeln; sie vergleichen diese mit den auf der Vorlage abgebildeten Materialien.

Die Vorlagen IV.5 und IV.6 sowie eventuell gesammelte eigene Materialien können zur Gestaltung einer kleinen Ausstellung oder eines Ausstellungsplakats zur Geschichte des Antisemitismus in Deutschland herangezogen werden. Hierzu eignen sich auch die Materialien V.1–V.8. Darüber hinaus können die Schüler/innen einschlägige Artikel in Lexika oder vom Lehrer/von der Lehrerin bereitgestelltes Material heranziehen.

IV.7 Jüdische Friedhöfe und Grabsteinsymbole (in Baden-Württemberg)

Informationen

In Baden-Württemberg erinnern 144 jüdische Friedhöfe daran, dass im Gebiet dieses Bundeslandes einst viele jüdische Gemeinden bestanden. Heute gibt es in Baden-Württemberg jüdische Gemeinden in Baden-Baden, Emmendingen, Freiburg, Heidelberg, Karlsruhe, Konstanz, Lörrach, Mannheim, Pforzheim und Stuttgart. Insgesamt gehören zu diesen Gemeinden 4385 Mitglieder (Stand 31.12.1996).

Die jüdischen Friedhöfe des Mittelalters wurden in diesem Gebiet bis auf ganz wenige Ausnahmen im 13. bis 15. Jh zerstört. Die ältesten der erhaltenen jüdischen Friedhöfe in diesem Bundesland stammen aus dem 16. bis 18. Jh. Diese Friedhöfe gehörten zu jüdischen Gemeinden in Orten, die nicht im Besitz des Landesherrn waren, sondern »einzelnen Orden, Rittern, Fürsten oder anderen Herrschaften gehörten« (Hahn, S. 36).

Im 17. und 18. Jh. wurden viele jüdische Familien durch von den Landesherren unabhängige Herrschaften in ihrem Herrschaftsbereich angesiedelt. So erhielten z. B. im Jahre 1723 jüdische Familien in der Zobelschen Herrschaft von Freudental einen Schutzvertrag, der sie berechtigte, in Freudental zu wohnen und ihren Glauben auszuüben.

Aus dieser Zeit und vor allem dann aus dem 19. Jh., als sich Juden im ganzen Land niederlassen durften, stammen die meisten jüdischen Friedhöfe in Baden-Württemberg. Sie wurden fast ausnahmslos im Dritten Reich geschändet, aber nach 1945 wieder hergerichtet.

Für Juden sind ihre »Gräber Ruhestätten für alle Zeiten: Hier warten die Toten auf die Auferstehung beim Kommen des Messias. Diese Totenruhe darf nicht gestört werden!« (Hahn, S. 36). Der Friedhof wird das ›ewige Haus‹ oder ›Stätte der Ewigkeit‹ genannt.

Auf den jüdischen Grabsteinen sind die Inschriften zunächst ausschließlich auf Hebräisch eingemeißelt. Aus der Zeit der Emanzipation gibt es Inschriften in deutscher Sprache auf der Rückseite der Grabsteine, gegen Ende des 19. Jh. auch Grabsteine mit hebräischer und deutscher Inschrift auf der Vorderseite. Die Hebräischen Inschriften sind im Allgemeinen nach folgendem Schema aufgebaut:

Die Inschrift beginnt mit den Buchstaben פ (P) und נ (N); diese Abkürzung bedeutet: »Hier ruht ...«. Den Hauptteil der Grabinschriften machten die Angaben über den/die Verstorbene/n aus, vor allem wird – oft in standardisierten Formulierungen – geschildert, was der Verstorbene Positives geleistet hat. Am Ende der Inschriften finden sich die Buchstaben תנצבה (T.N.Z.B.H.). Diese Abkürzung bedeutet: »Seine/ihre Seele sei eingebunden in den Bund des Lebens.« Hier ein Beispiel einer solchen Grabinschrift:

פנ (P.N.)
ein hochbetagter Mann, er ging
auf dem Weg der Guten. Jekutiel,
Sohn des Avraham, seligen Andenkens,
von hier, ist gestorben am Tag des
Heiligen Schabbat,
dem 22. Schewat, und wurde begraben
am 23.,
597 n.d.kl.Z.
תנצבה (T.N.Z.B.H.)

»n.d.kl.Z.« bedeutet »nach der kleinen Zählung«. Das meint, dass man zu den hebräischen Buchstaben, die alle zugleich einen Zahlenwert darstellen, die Zahl 5000 dazuzählen muss.

Viele Grabsteine sind durch Symbole geschmückt, die auf das Leben des Verstorbenen hinweisen, ein Brauch, der seit dem 15. Jh. belegt ist. Im Folgenden werden nur die auf der Vorlage aufgeführten Grabsteinsymbole kurz erläutert:

■ *Der Davidstern*
Der Davidstern ist eines der wichtigsten Symbole des Judentums, auf Grabsteinen erscheint er erst spät. Er wird auch *magen david*, ›Schild Davids‹, genannt und als sechszackiger Stern auch als Hexagramm bezeichnet. Er soll ursprünglich aus dem arabischen Bereich stammen. Der Davidstern wird in der Kabbala erwähnt und erlangt erst ab dem 15. Jh. seine Bedeutung als *das* Symbol des Judentums. Als dieses Symbol ist er vor allem aus der jüdischen Gemeinde Prags bekannt; er ist aber auch bereits in der alten Synagoge von Kapernaum belegt (vgl. Theobald, S. 63).

Während des Nationalsozialismus wird der gelbe sechszackige Stern zum Zwangsabzeichen der ›Rassejuden‹. In blauer Linienzeichnung auf weißem Grund gilt er seit etwa 1900 als Zeichen des Zionismus. Im Jahre 1948 wurde er in die Fahne des Staates Israel aufgenommen (vgl. RGG[3], Bd. 6, Sp. 545).

■ *Schofar*
Das Schofar ist aus einem Widderhorn hergestellt. Es wird an Neujahr (›Rosch Haschana‹)

und am Versöhnungstag (›Jom Kippur‹) geblasen (vgl. 3. Mose 23,24). Das Schofar-Blasen ist ein Ehrenamt in der Gemeinde.

■ *Messer*
Das Beschneidungsmesser zeigt an, dass hier ein Beschneider (›Mohel‹) begraben ist. Der Mohel hat die Aufgabe, die männlichen Kinder am achten Tag nach der Geburt zum Zeichen des Bundes zu beschneiden (vgl. 1. Mose 17,10–12).

■ *Kanne*
Es ist das Symbol für einen Angehörigen des Stammes Levi. In biblischer Zeit dienten die Leviten im Tempel in Jerusalem. Die Kanne weist auf das reinigende Wasser hin, mit dem die Leviten den Priestern die Hände wuschen. Nachkommen der Leviten tragen häufig Familiennamen wie Levi, Löw, Löwental u.ä.

■ *Segnende Hände*
Sie zeigen, dass der Bestattete ein Nachkomme eines Priesters (hebr. ›Cohen‹) ist. Der Priester erteilte mit erhobenen Händen den aaronitischen Segen: »Der Herr segne dich und behüte dich ...« (vgl. 4. Mose 6,22ff). Der aaronitische Segen – er kann nur von einem Angehörigen eines Priestergeschlechts erteilt werden – wird in der Diaspora im Synagogengottesdienst am Sabbat gesprochen. Ein Levit reicht dem Cohen vor Erteilung des Segens eine Kanne mit Wasser zur Reinigung seiner Hände. Auf Angehörige einer Priesterfamilie weisen Familiennamen hin wie Cohen, Kahn, Kuhn, Kagan u.ä.

■ *Buch*
Ein aufgeschlagenes Buch zeigt an, dass der Verstorbene ein Schriftgelehrter, oft ein Rabbiner oder Lehrer, war.

■ *Sanduhr mit Flügeln*
Die Sanduhr symbolisiert das Verrinnen der Zeit und die Flüchtigkeit des Lebens. Eine andere Deutung sieht in diesem Bild drei Säulen: Nach den Sprüchen der Väter ruht die Welt auf drei Säulen: der Tora, dem Sabbat und der Wohltätigkeit. Die Flügel symbolisieren Schutz und Sehnsucht nach Zion.

■ *Lilie*
Die stilisierte Lilie ist Symbol der Erwählung, der Reinheit und Schönheit (vgl. Hld 2,1–2).

■ *Krone*
Die Krone (›Krone des guten Namens‹) weist den Verstorbenen als Träger eines Gemeindeamtes aus. In Sprüche der Väter 4,17 heißt es: »Drei Kronen können den Menschen zieren: die Krone der Tora, des Priestertums und des Königtums. Aber die des guten Namens überragt alle drei.«

Neben den hier aufgeführten Symbolen finden sich auf jüdischen Grabsteinen weitere Symbole. So weisen z. B. eine *abgeknickte Rose* oder eine *abgebrochene Säule* darauf hin, dass hier ein Mensch begraben liegt, der in der Blüte seines Lebens verstorben ist. *Mohnkapseln* deuten an, dass der Tod als Schlaf bis zur Auferstehung gesehen wird. Der Mohn auf den Sabbatbroten steht für Ruhe. *Tiere* (z. B. Hirsch oder Löwe) stehen für entsprechende Familiennamen.

Es ist nicht üblich, dass an jüdischen Gräbern Blumen niedergelegt werden. Dagegen finden sich auf den Grabsteinen immer wieder kleine *Steine*, die anzeigen, dass ein Angehöriger oder Freund das Grab besucht hat. Der Grund für diese Sitte geht wahrscheinlich bis auf das nomadische Leben der Israeliten zurück. In der Wüste/Steppe wurden die Gräber mit möglichst vielen Steinen bedeckt, damit die Bestatteten nicht von wilden Tieren ausgegraben werden konnten (vgl. dazu Vorlage I.11). Die unsinnige Überlieferung, die Steine lägen dort, damit der Tote mit ihnen bei der Auferstehung nach Jesus, dem Messias, werfen könne, zeigt, wie tief der Antijudaismus in breiten Bevölkerungsschichten in Deutschland verankert war. In unterschiedlichen Formulierungen ist folgender Spruch überliefert: »Grüß mir den Jakob, grüß mir den Isaak, und wenn der Zimmermannssohn vorbeikommt, schmeiß einen Stein nach ihm.«

Bei der *Beerdigung* und am *Jahrestag des Todes* wird das *Kaddisch*, eines der ältesten Gebete der jüdischen Liturgie, gesprochen. Es lautet:

»Erhöht und geheiligt werde sein großer Name in der Welt, die er geschaffen hat nach seinem Willen. Und sein Reich herrsche in eurem Leben und euren Tagen in den Leben des ganzen Hauses Israel, bald und in naher Zeit; sprecht: Amen.
Es sei sein großer Name gepriesen in Ewigkeit und für alle Ewigkeit.
Gepriesen und gerühmt, verherrlicht und erhoben, hochgehalten und gefeiert, erhöht und bejubelt sei der Name des Heiligen, gelobt sei er, weit erhaben ist er über jedes Lob und allen Gesang, alle Verherrlichung und Trostverheißung, die in der Welt gesprochen werden; sprecht: Amen.

Es komme der große Frieden vom Himmel, und Leben, auf uns und ganz Israel; sprecht: Amen.
Er, der Frieden stiftet in den Himmelshöhen, er schaffe Frieden für uns und ganz Israel; sprecht: Amen.«

Methodische Hinweise

Es empfiehlt sich, einen jüdischen Friedhof zu besuchen. Vor dem Besuch des Friedhofes werden die Schüler/innen in die jüdischen Begräbnissitten sowie die auf Grabsteinen zu findenden Symbole und Inschriften eingeführt.

Wichtig ist dabei, den Besucher/innen die beim Besuch eines jüdischen Friedhofes gebotene Ehrfurcht bewusst zu machen. Jüdische Männer betreten diesen Ort nur mit Kopfbedeckung. Es ist ein Zeichen der Achtung des jüdischen Glaubens, wenn auch Nichtjuden sich diesem Brauch anschließen.

Beim Besuch erkennen die Schüler/innen den Aufbau der Grabinschriften, den sie zuvor kennengelernt haben (s. o.). Hierzu wird man – falls vorhanden – bereits erschienene Veröffentlichungen über den betreffenden Friedhof heranziehen.

Schüler/innen können die auf den Grabsteinen zu findenden Symbole abzeichnen oder/und fotografieren und so eine kleine Dokumentation des betreffenden jüdischen Friedhofes erstellen. Die Vorlage IV.7 kann hierzu als Hilfe dienen. Die Schüler/innen erhalten die Vorlage ohne die Symbole, aber mit den Kurztexten zu den Symbolen. Je nachdem, welche und wie viele Symbole auf dem besuchten Friedhof zu finden sind, fügen sie die Bilder der Grabsteine in das Arbeitsblatt ein (Fotografie oder Zeichnung); die auf dem Friedhof nicht zu findenden Symbole erhalten sie als Kopie und fügen sie ebenfalls in das Arbeitsblatt ein.

V Geschichte des Judentums im 20. Jahrhundert

V.1 Bücherverbrennung I
V.2 Bücherverbrennung II

Informationen

Am 10. Mai 1933 fanden in Berlin und anderen deutschen Universitätsstädten Bücherverbrennungen statt. Unter Plakaten wie »Deutsche Studenten marschieren wider den undeutschen Geist« wurden Bücher missliebiger deutscher Schriftsteller in die Flammen geworfen. Der Schlag richtete sich nicht nur gegen jüdische Schriftsteller wie Lion Feuchtwanger, Franz Kafka u. a., sondern auch gegen ›linke‹ Autoren wie Bertolt Brecht und gegen solche, die z. B. vor dem Dritten Reich gewarnt hatten, wie Thomas Mann. Bei der Münchner Bücherverbrennung wurde ein ›Flammenspruch‹ des Literaturhistorikers Ernst Bertram verlesen:

> »Verwerft, was euch verwirrt
> Verfemt, was euch verführt
> Was reinen Herzens nicht wuchs
> In die Flammen mit was euch bedroht!«

(zit. nach Fest, Bd. 2, S. 582)

In eben diesen Flammen endeten auch die Werke von Bertrams Freund Thomas Mann. Als Hintergrund dieser Aktionen ist Folgendes zu beachten: »Auch an den deutschen Universitäten regte sich nur ein schwacher Selbstbehauptungswille, der alsbald durch das erprobte Zusammenspiel der ›spontanen‹ Willensbekundungen von unten mit nachfolgendem Verwaltungsakt von oben zum Erliegen kam. Zwar gab es vereinzelte Akte der Auflehnung; aber im Ganzen ist dem Regime auch die Überwältigung der Intellektuellen, der Professoren, Künstler und Schriftsteller, der Hochschulen und Akademien, so rasch und mühelos gelungen, dass die verbreitete These, das hohe Offizierskorps oder die Großindustrie hätten sich als schwächste Stelle gegenüber den Einbruchsmanövern des Nationalsozialismus erwiesen, fragwürdig wird« (ebd.).

Methodische Hinweise

Die Schüler/innen erhalten eine Kopie des Holzschnittes aus der Schedelschen Weltchronik. Dazu Bilder von Autoren/innen, deren Bücher 1933 von den Nazis verbrannt wurden. Daraus gestalten sie – ähnlich wie auf der Vorlage dargestellt – ein Plakat. Die ›Buchdeckel‹ werden mit einem Cutmesser so angeschnitten, dass sie aufklappbar sind. Die Schüler/innen sammeln Informationen zu den einzelnen Autoren, schreiben sie auf Zettel und kleben diese so hinter das Plakat, dass beim Aufklappen der Buchdeckel die jeweilige Information gelesen werden kann. Man kann den Schüler/innen auch das fertig gestaltete Plakat (V.2 auf DIN A 3 vergrößern) geben; in Einzelarbeit oder Gruppenarbeit können sie dann Texte oder biographische Angaben zu den einzelnen Autoren sammeln und hinter das Plakat kleben (s. o.).

V.3 Die »Nürnberger Gesetze« von 1935 I: Wer ist ein Jude?

Informationen

Die *Nürnberger Gesetze* wurden auf dem Reichsparteitag in Nürnberg im September 1935 von dem dort versammelten Reichstag durch Akklamation beschlossen. Das *Reichsbürgergesetz*, wie es offiziell hieß, teilte die bisherigen deutschen Staatsbürger in zwei Klassen ein, in (›arische‹) Reichsbürger und (jüdische) Staatsangehörige. Dadurch wurde der jüdische Teil der deutschen Bevölkerung zu Bürgern minderen Rechts herabgestuft. Das *Blutschutzgesetz* verbot »Eheschließungen zwischen Juden und Staatsangehörigen deutschen oder artverwandten Blutes«. Die Deutschen Christen, d. h. die Gruppe in der evangelischen Kirche, die Nationalsozialismus und evangelischen Christentum miteinander verbinden wollte, haben übrigens den traurigen Ruhm, eine entsprechende Forderung schon 1932 in ihre Richtlinien aufgenommen zu haben (vgl. Röhm/Thierfelder,

Evangelische Kirche, S. 25). Auch der außereheliche Geschlechtsverkehr zwischen Ariern und Juden wurde verboten. Später wurde er als ›Rassenschande‹ schwer bestraft, sogar mit der Todesstrafe.

In unzähligen Ausführungsbestimmungen zu den beiden Nürnberger Gesetzen wurde versucht, die Frage »Wer ist ein Jude?« immer genauer zu beantworten. Eindeutig war die Antwort bei vier bzw. drei jüdischen Großelternteilen. Von diesen unterschieden waren die sogenannten ›Geltungsjuden‹, von denen es mehrere ›Arten‹ gab. Da man die Rassenzugehörigkeit biologisch nie klar nachweisen konnte, kam man auf den Ausweg, das juristisch fassbare Merkmal der Zugehörigkeit der Vorfahren zur jüdischen Religionsgemeinschaft zu verwenden. In der 1. Verordnung zum Reichsbürgergesetz heißt es darum: »Als volljüdisch gilt ein Großelternteil ohne weiteres, wenn er der jüdischen Religionsgemeinschaft angehört hat.« Da immer mehr Institutionen im Dritten Reich den *Ariernachweis* verlangten, sahen sich viele Deutsche genötigt, einen *Ahnenpass* zu erstellen, mit dem sie ihre ›arische‹ Herkunft nachwiesen. Die Ahnenforschung nahm damals in Deutschland einen ungeahnten Aufschwung, und die Pfarrämter, in deren Kirchenbüchern bis zur Einführung der Zivilehe im Deutschen Reich 1875 sämtliche notwendigen Daten verzeichnet waren, hatten wegen der Verpflichtung zur Ausstellung entsprechender Papiere erhebliche Mehrarbeit zu leisten.

V.4 Die »Nürnberger Gesetze« von 1935 II: Zulässige und verbotene Ehen

Informationen

Auch das *Blutschutzgesetz* wurde immer weiter ausdifferenziert. Grundsatz war, dass ›Vollarier‹ ohne weiteres ›Vollarier‹ heiraten konnten und Juden bzw. Mischlinge mit drei jüdischen Großelternteilen entsprechend Juden bzw. Mischlinge mit drei jüdischen Großelternteilen. ›Vollarier‹ konnten zwar Mischlinge 2. Grades heiraten, nicht aber Mischlinge 1. Grades. Dazu war auf jeden Fall eine besondere Genehmigung nötig. Aber auch Heiraten zwischen ›Volljuden‹ und Mischlingen 1. Grades waren nur bedingt zulässig. Verboten waren Heiraten zwischen ›Ariern‹ und Juden bzw. Mischlingen mit drei jüdischen Großelternteilen. Was auf den Grafiken der Vorlage wie ein Rechenexempel aussieht, war für nicht wenige Deutsche damals grauenvolle Wirklichkeit.

Methodische Hinweise

Die beiden Vorlagen können als Grundlage für ein Unterrichtsgespräch über die Nürnberger Gesetze dienen. Sie geben Anregungen zur Gestaltung eines Plakats, auf dem die Bestimmungen der Nürnberger Gesetze dargestellt werden.

V.5 Juden in aller Welt 1937

Informationen

Die Informationen, die die Vorlage vereinfacht wiedergibt, stammen aus dem Philo-Lexikon von 1937. Im Folgenden ist die detaillierte Aufstellung der Zahlen aus dem Philo-Lexikon abgedruckt (s. S. 78).

Die folgende Karte (s. S. 78) – ebenfalls aus dem Philo-Lexikon – zeigt noch einmal eindrücklich, wie sehr das Judentum damals in Europa, Kleinasien und Nordafrika zu Hause war (diese Karte könnte auch als zusätzliche Vorlage nach den Vorlagen V.6 oder V.7 verwendet werden).

Methodische Hinweise
Siehe Hinweise zu Vorlage V.6.

V.6 Juden in aller Welt 1983

Informationen

Vorlage V.6 ergänzt die Vorlagen V.9 und V.10 (»Emigration deutscher Juden im Dritten Reich I und II«). Sie zeigt die Verteilung der jüdischen Bevölkerung auf der Welt in den achtziger Jahren. Diese Verteilung ist zumindest im Blick auf die USA, auf Südamerika und auf Israel u. a. eine Folge des Holocaust: Auffallend ist die hohe Zahl der Juden in der damaligen Sowjetunion. Polen hat als Folge des Holocaust einen vergleichsweise geringen jüdischen Bevölkerungsanteil. Seit der Auflösung der Sowjetunion ist im Blick auf die russischen Juden eine sehr starke Veränderung eingetreten. Eine große

Die Juden in Europa, Nordafrika und Kleinasien*)

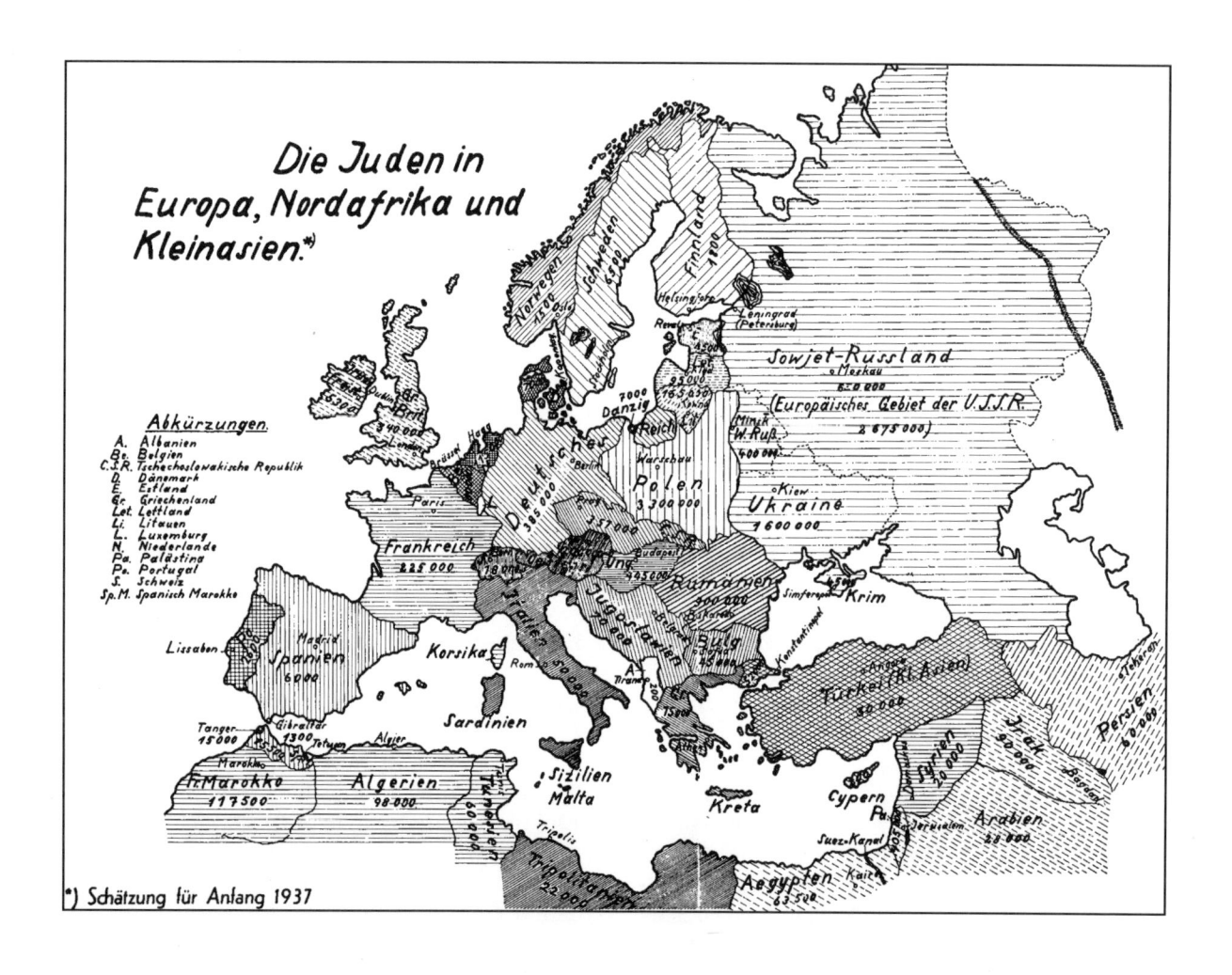

Abkürzungen:
A. Albanien
Be. Belgien
C.S.R. Tschechoslowakische Republik
D. Dänemark
E. Estland
Gr. Griechenland
Let. Lettland
Li. Litauen
L. Luxemburg
N. Niederlande
Pa. Palästina
Po. Portugal
S. Schweiz
Sp.M. Spanisch Marokko

*) Schätzung für Anfang 1937

Statistik über die Zahl der Juden in der Welt (geschätzt für 1937)

Land	Zahl d. J	%*)	Land	Zahl d. J	%*)	Land	Zahl d. J	%*)
Polen	3 300 000	9,7	USA	4 490 000	3,75	Palästina	404 000	30,0
Rußland	2 450 000	2,0	Argentinien	260 000	2,4	Rußland	225 000	0,7
Rumänien	900 000	5,0	Kanada	160 000	1,6	Irak	90 000	3,1
Ungarn	445 000	5,1	Brasilien	50 000	0,12	Iran	60 000	0,65
Deutschl.	385 000	0,58	Uruguay	20 000	1,0	Türkei	30 000	0,23
Tschechosl.	375 000	2,7	Chile	15 000	0,3	Arabien	28 000	0,6
England	340 000	0,7	Kuba	12 000	0,5	Syrien	20 000	0,65
Frankreich	225 000	0,55	Mexiko	10 000	0,06	Indien	24 000	0,07
Oesterreich	200 000	2,9	Kolumbien	2 000	0,025	Mandschukuo	22 000	0,06
Litauen	165 000	7,3	Guayana	1 800	0,67	Afghanistan	10 000	0,1
Niederlande	115 000	1,4	Peru	1 500	0,03	China	10 000	0,002
Lettland	95 000	5,0	Jamaica	1 250	0,1	Japan	1 000	0,003
Griechenl.	75 000	1,2	Paraguay	1 100	0,13	Uebriges A.	Rest	
Jugoslaw.	70 000	0,5	Venezuela	1 000	0,04	**Asien**	**1 000 000**	**0,08**
Belgien	60 000	0,7	Panama	850	0,2			
Türkei	52 000	5,0	Salvador	750	0,05	Marokko	150 000	3,5
Italien	50 000	0,12	Curacao	600	1,2	Algerien	98 000	1,65
Bulgarien	45 000	1,0	Costarica	350	0,07	Südafrika	95 000	4,75
Schweiz	18 000	0,4	Ecuador	200	0,01	Abessinien	80 000	1,0
Danzig	7 000	1,7	Bolivien	200	0,007	Aegypten	63 500	0,5
Dänemark	7 000	0,2	Haiti	200	0,01	Tunis	60 000	3,0
Schweden	6 500	0,15	Portorico	200	0,2	Tripolis	22 000	1,2
Spanien	6 000	0,02	Honduras	100	0,01	Uebriges A.	1 500	
Irland	5 300	0,17	Guatemala	100	0,005	**Afrika**	**570 000**	**0,43**
Estland	4 500	0,4	Dominika	100	0,001			
Portugal	2 600	0,04	Nicaragua	50	0,008	Australien	25 000	0,33
Luxemburg	2 500	0,7	**Amerika**	**5 029 350**	**2,3**	Neuseeland	2 500	0,2
Memelland	2 000	1,7				Ozeanien	2 500	0,12
Finnland	1 800	0,05	Lt. Harry S. Lientield, Statistics of Jews 1931; E. Rawicz, D. Zerstreuung d. J (C.-V.-Zeitung 1935/36); M. Wischnitzer, D. J in der Welt, 1935.			**Australien**	**30 000**	**0,3**
Norwegen	1 500	0,05						
Gibraltar	1 065	5,0				Europa	9 500 000	2,05
Albanien	200	0,02				Amerika	5 030 000	2,3
Liechtenstein	35	0,35				Asien	1 000 000	0,09
						Afrika	560 000	10,4
						Australien	30 000	0,3
Europa	**9 413 000**	**2,05**				**Erde**	**16 120 000**	**0,8**

Es wohnen demnach in **Europa** rund 60% (im Osten 50%, Südosten 5%, Westen und Rest 5%), in **Amerika** 30% (in USA allein 25%), in **Asien** 7% (in Kleinasien 5%), in **Afrika** 3,5% (im Norden 3%, im Süden 0,5%), in **Australien** 0,3% d. J in d. Welt. — **Prozentualer Anteil** d. J an ihren Wohnländern: Am größten in Pal. m. 30%; es folgen Polen m. 10%, Litauen m. über 7%, Lettland, Ukraine, Ungarn, europ. Türkei m. über 5%. Marokko, Südafrika, USA über 3%, **Argentinien**, Oesterreich, Rußland, Tschechoslowakei m. über 2%. Geringster Anteil in Spanien, Portugal, Mittelamerika, Indien, China u. Japan. ⨍ Gemeinden.

*) Prozentzahl der Gesamtbevölkerung.

Karte und Tabelle aus: Philo-Lexikon, Handbuch des jüdischen Wissens, Philo Verlag, Berlin/Amsterdam 1937

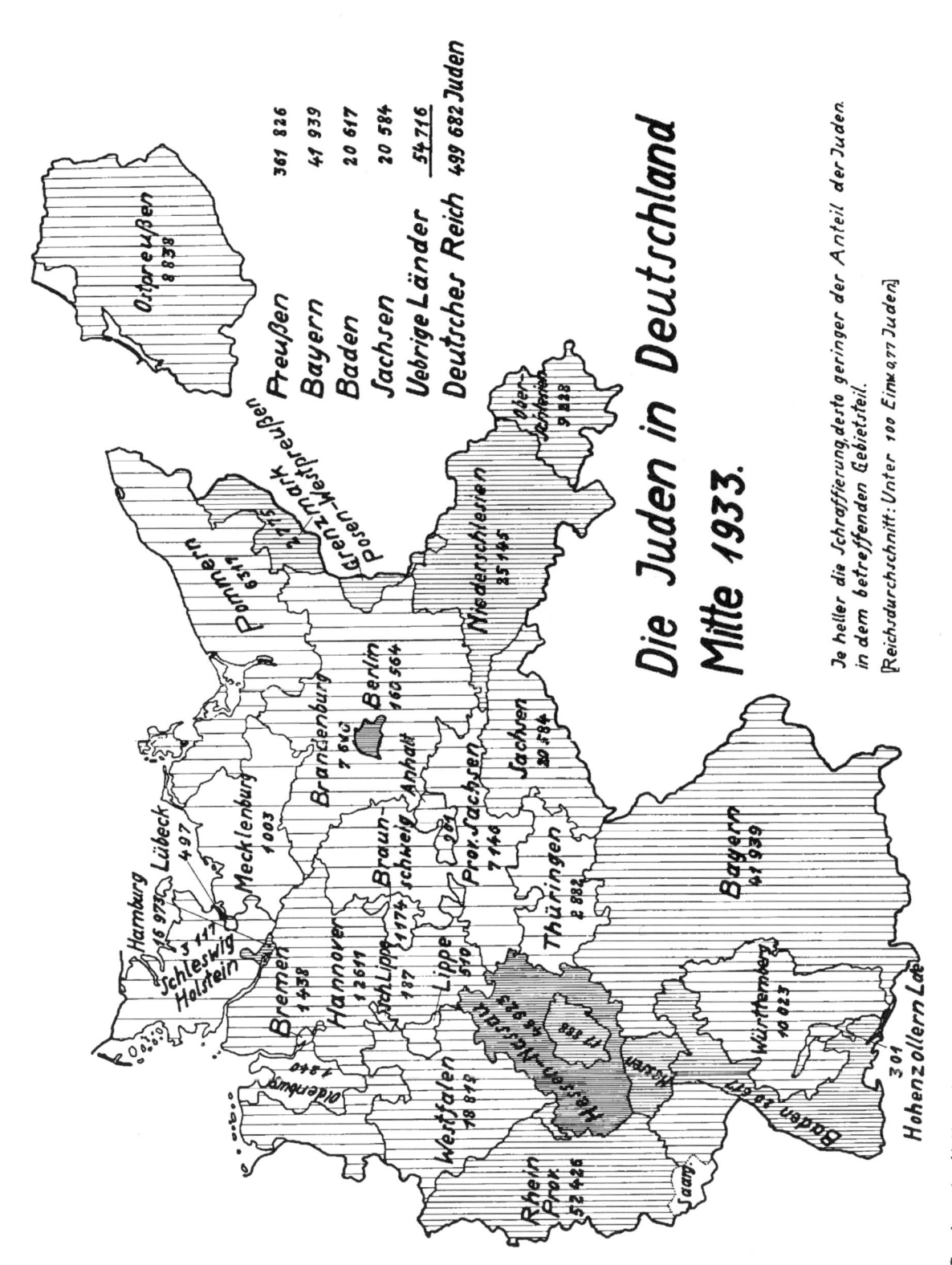

Die Juden in Deutschland Mitte 1933.

Preußen	361 826
Bayern	41 939
Baden	20 617
Sachsen	20 584
Uebrige Länder	54 716
Deutsches Reich	499 682 Juden

Je heller die Schraffierung, desto geringer der Anteil der Juden in dem betreffenden Gebietsteil.
(Reichsdurchschnitt: Unter 100 Einw. 977 Juden)

Ergebnis der Volkszählung vom 16.6.1933.

Karte aus: Philo-Lexikon, Handbuch des jüdischen Wissens, Philo Verlag, Berlin/Amsterdam 1937

Tabelle 1 zeigt die Zahlen, die Vorlage V.7 zugrunde liegen, erweitert durch die Zahl der Zuwanderer aus den GUS-Staaten im Jahr 1996.

Jüdische Gemeinde	Zahl der Mitglieder am 31. Dez. 1996	Zahl der Mitglieder am 1. Jan. 1996	Zugänge aus den GUS-Staaten im Jahr 1996	Zahl der Mitglieder 1933	Zahl der Mitglieder 1983
Berlin	10.436	10.105	152	172.672	6.002
Frankfurt	6.289	5.934	206	29.385	147
Hamburg	3.273	2.851	474	24.000	1.390
Köln	2.763	2.466	326	14.819	1.189
Mannheim	637	620	24	6.402	147
München	5.726	4.964	773	9.005	2.511
Nürnberg	620	475	121	7.502	261
Stuttgart	1.628	1.474	184	4.490	340

Tabelle 2 zeigt die Mitgliederentwicklung der jüdischen Gemeinden von 1990 bis 1996, wobei die Zugänge aus den GUS-Staaten besonders interessant sind.

Mitgliederstatistik – Zu- und Abgänge der Jahre 1990–1996

Jahr	Mitglieder insgesamt 1. Jan. 19..	Zugänge							Abgänge						Mitglieder Insgesamt 31. Dez. 19..
		Aus den GUS-Staaten	Aus dem Ausland	Aus anderen Gemeinden	Übertritte	Geburten	Sonstige Zugänge	Summe Zugänge gesamt	Auswanderung	In andere Gemeinden	Austritte	Todesfälle	Sonstige Abgänge	Summe Abgänge gesamt	
1990	27.711	1.008	62	247	62	109	898	2.386	202	206	63	431	106	1.008	29.089
1991	29.089	5.198	93	460	41	121	159	6.072	359	365	73	444	228	1.469	33.692
1992	33.692	3.777	80	293	64	148	190	4.552	221	396	63	460	300	1.440	36.804
1993	36.804	5.205	112	285	58	117	406	6.183	381	566	85	555	483	2.070	40.917
1994	40.917	5.521	108	391	77	119	529	6.745	285	709	112	576	421	2.103	45.559
1995	45.559	8.851	228	497	34	104	450	10.164	206	609	168	501	442	1.926	53.797
1996	53.797	8.608	158	614	49	139	683	10.251	230	740	130	615	1.130	2.845	61.203
Zu-/Abgänge Insgesamt 1990 27.711		GUS-Staaten 38.168	841	2.787	385	857	3.315	Summe Zugänge 46.353	1.884	3.591	694	3.582	3.110	Summe Abgänge 12.861	1996 61.203

Tabellen aus: Mitgliederstatistik der einzelnen jüdischen Gemeinden in Deutschland per 1. Januar 1997. Zentralwohlfahrtstelle der Juden in Deutschland e. V. Für die Überlassung der neueren statistischen Angaben gebührt Frau E. Rubinstein von der Zentralwohlfahrtsstelle der Juden in Deutschland e. V. besonderer Dank.

Ebenso kann Tabelle 2 grafisch etwa in folgender Weise umgesetzt werden:

Mitgliedergesamtzahl – Zuwanderung aus den GUS-Staaten

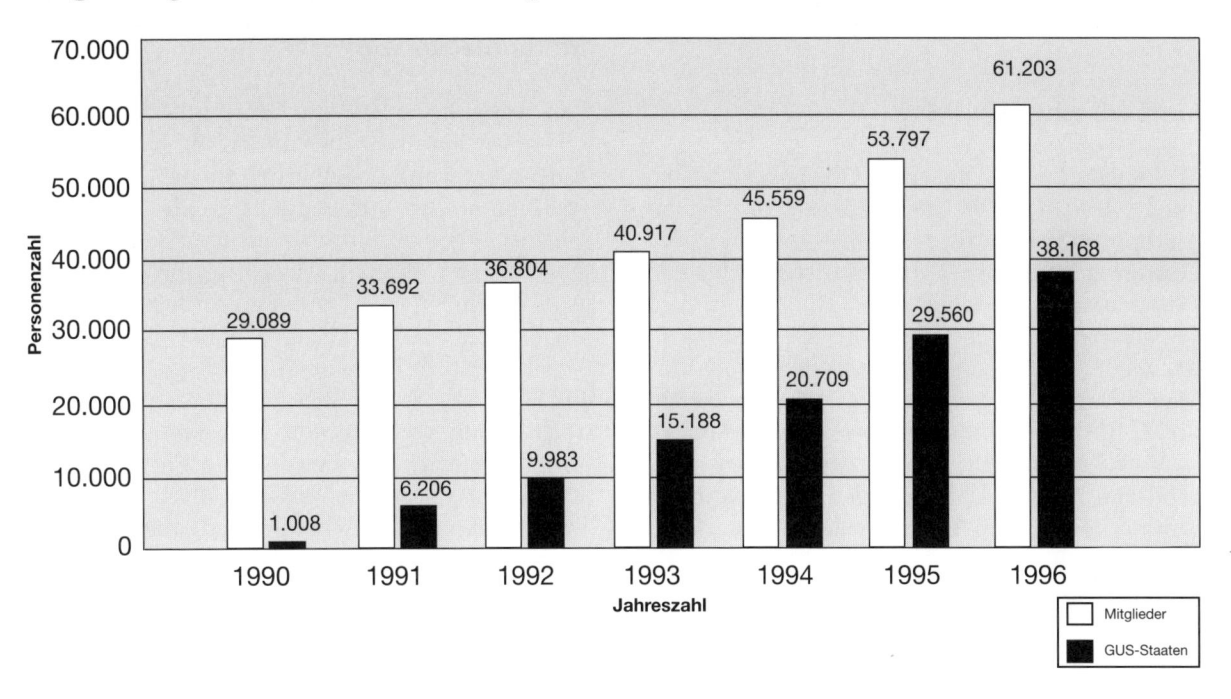

Jahr	Mitglieder	GUS-Staaten
1990	29.089	1.008
1991	33.692	6.206
1992	36.804	9.983
1993	40.917	15.188
1994	45.559	20.709
1995	53.797	29.560
1996	61.203	38.168

Tabelle 3 zeigt die Situation in den neuen Bundesländern, die sich signifikant von den alten Bundesländern unterscheidet.

Mitgliederstatistik: Entwicklung der jüdischen Gemeinden in Ostdeutschland

Landesverband	per 31.12.	Mitglieder
Sachsen-Thüringen	31. Dez 91	179
Sachsen-Anhalt	31. Dez 91	218
Sachsen-Thüringen	31. Dez 92	287
Sachsen-Anhalt	31. Dez 92	152
Sachsen-Thüringen	31. Dez 93	432
Sachsen-Anhalt	31. Dez 93	399
Sachsen	31. Dez 94	232
Sachsen-Anhalt	31. Dez 94	244
Brandenburg	31. Dez 94	162
Mecklenburg-Vorp.	31. Dez 94	166
Thüringen	31. Dez 94	180
Sachsen	31. Dez 95	294
Sachsen-Anhalt	31. Dez 95	273
Brandenburg	31. Dez 95	206
Mecklenburg-Vorp.	31. Dez 95	270
Thüringen	31. Dez 95	136
Sachsen	31. Dez 96	449
Sachsen-Anhalt	31. Dez 96	503
Brandenburg	31. Dez 96	299
Mecklenburg-Vorp.	31. Dez 96	402
Thüringen	31. Dez 96	190

Erklärung:	Landesverbände	Gemeinden
1991–1993	LV Sachsen u. Thüringen	Dresden, Chemnitz, Leipzig, Erfurt
	LV Sachsen-Anhalt und Brandenburg	Dessau, Halle, Magdeburg, Potsdam
1994–1996	Sachsen	Dresden, Chemnitz, Leipzig
	Sachsen-Anhalt	Dessau, Halle, Magdeburg
	Brandenburg	Potsdam
	Mecklenburg-Vorp.	Rostock, Schwerin
	Thüringen	Erfurt

Weitere detaillierte Angaben über die Mitgliederzahlen und die Mitgliederstruktur, können bei der Zentralwohlfahrtsstelle der Juden in Deutschland e. V., Hebelstraße 6, 60318 Frankfurt a. M., angefordert werden.

Tabellen aus: Mitgliederstatistik der einzelnen jüdischen Gemeinden in Deutschland per 1. Januar 1997. Zentralwohlfahrtstelle der Juden in Deutschland e. V.

Zahl dieser Juden ist nach Europa, Amerika und nach Israel ausgewandert (siehe dazu die Informationen zu Vorlage V.10 und VI.6, S. 86f.99).

Methodische Hinweise

Die Vorlage zeigt, dass die Diasporasituation auch heute noch für die Mehrzahl der Juden auf der Welt Realität ist. Wie schwierig diese Diasporasituation für Juden insbesondere in Deutschland ist, zeigt das Buch von Lea Fleischmann, die als Jüdin die Bundesrepublik wieder verlassen hat. Ausgehend von Vorlage V.5 und V.6 kann man die Schüler/innen die Zahl der Juden in ausgewählten Ländern (z. B. USA, UdSSR, Israel, BR Deutschland) schätzen lassen. Dann werden die jeweiligen Zahlen in die Karte eingetragen. Die Schüler/innen können für ausgewählte Länder die Zahlen grafisch darstellen.

Die Vorlagen V.5 und V.6 können zusammen besprochen werden. Die Gründe für die teilweise sehr unterschiedlichen Zahlen, die vor allem im Holocaust, aber auch in der ›Heimholung‹ der nordafrikanischen und äthiopischen Juden nach Israel liegen, werden mit den Schüler/innen erörtert.
Die Schüler/innen könen aus den Vorlagen V.5 und V.6 eine große Karte erstellen, in der die Zahlen der beiden Vorlagen eingetragen und grafisch dargestellt werden.

V.7 Juden in Deutschland – 1933 und heute

Informationen

Die Vorlage führt die jüdischen Bewohner einiger deutscher Städte von 1933, 1983/88 und 1996 an. Die Karte S. 79 zeigt das Ergebnis der Volkszählung von 1933. Sie stammt aus dem Philo-Lexikon, [4]1937, S. 717.

Die heutigen Zahlen (1983/88) stammen zum größten Teil von Angaben der jeweiligen Gemeinden am Ort. Der nüchterne Zahlenvergleich macht deutlich, dass der jüdische Anteil an der deutschen Bevölkerung nach dem Zweiten Weltkrieg auf ein Minimum gesunken war.
Seit der Öffnung des Eisernen Vorhangs sind Juden verstärkt aus Osteuropa nach Westeuropa eingewandert. Dadurch hat sich die Zahl jüdischer Mitbürger/innen in Deutschland wieder deutlich nach oben verändert (s. Tabelle S. 80f).

Methodische Hinweise

Die Karte kann im Anschluss an Vorlage V.9 (»Emigration deutscher Juden im ›3. Reich‹ I«) eingesetzt werden. Sie führt die dortige Fragestellung weiter zur Frage: Wie stellt sich die Situation der Juden im heutigen Deutschland dar? Hierzu können Berichte von Jüdinnen und Juden, die in Deutschland leb(t)en, herangezogen werden (vgl. Lea Fleischmann).
Die Karikatur links oben zeigt sehr drastisch die Absicht der Nazis mit den Juden. Das rechte Bild von der neuen Synagoge in Berlin, Fasanenstraße, bei der das Portal der im Zweiten Weltkrieg zerstörten alten Synagoge eingebaut wurde, kann deutlich machen, wie stark die Vergangenheit das jüdische Leben im Deutschland von heute prägt; es zeigt ferner, dass jüdischer Gottesdienst heute in Deutschland nach wie vor – wenn auch in stark eingeschränkter Form – stattfindet.

V.8 Antisemitische Kinderbücher

Informationen

Auf der Vorlage werden drei antisemitische Kinderbücher des Stürmer-Verlages, Nürnberg, kurz vorgestellt, durch die schon Kinder zum Judenhass erzogen werden sollten:
☐ Trau keinem Fuchs auf grüner Heid' / und keinem Jud' bei seinem Eid (1936)
☐ Der Giftpilz (1938)
☐ Der Pudelmopsdackelpinscher (1940)

■ *Trau keinem Fuchs auf grüner Heid' / und keinem Jud' bei seinem Eid, Nürnberg 1936*
Das Buch ist insgesamt in deutscher Schrift gedruckt. Die bunten Bilder und die Verse sind zeichnerisch und bildnerisch äußerst primitiv, aber für Kinder doch sehr eingängig. Verfasserin und Zeichnerin war die 18-jährige Kunststudentin Elvira Bauer. »Der Zynismus des jungen Mädchens ist bemerkenswert. Sie diffamierte Menschen, die sie gar nicht kennen konnte, verhetzt von antisemitischer Hasspropaganda« (Fred Hahn, S. 156).
Erklärte Absicht des Buches ist es, Kinder und Jugendliche zum Hass gegen die Juden zu erziehen, weil sie eine schädliche Rasse seien. Die jungen Leser sollen das »Wissen sich einverleiben, das wir Alten vom Volk der

Juden in uns tragen. Das Wissen vom Juden aber ist das Wissen vom Teufel« (aus einem Werbetext des Stürmer-Verlags, 1936, nach Fred Hahn, S. 158). Im Werbetext des Stürmer-Verlages heißt es weiter: »Solch unverlierbares Wissen von den Gefahren, die den nichtjüdischen Völkern vom Juden drohen, wird nur dann einem Volke werden, wenn Herz und Hirn schon in frühester Jugend (und damit in empfänglichster Zeit!) dafür in Anspruch genommen werden« (ebd.).

In dem Buch werden fast sämtliche Themen antijudaistischer und antisemitischer Vorurteile aufgenommen und in Bildern und Versen in widerlichster Weise kommentiert. Hans Maaß weist darauf hin, dass insbesondere die Bezüge zu biblischen Texten gefährlich sind, weil sie »in erschreckender Weise deutlich (machen), wie jahrhundertelanger theologischer Antijudaismus dem NS-Rassenwahn Argumente lieferte, statt die Unvereinbarkeit mit einem biblisch-christlichen Glauben aufzuzeigen« (H. Maaß, S. 19).

So wird unter der Überschrift »Der Ewige Jude« in Anspielung auf Joh 8,44 das antijudaistische Vorurteil, die Juden seien schuld am Tod Jesu, aufgenommen und in einer Weise verdreht, die von völliger Unwissenheit über theologische Sachverhalte zeugt; zugleich zeigt sie, dass die Verfasserin selbst eine Verführte war:

> Von Anfang an der Jude ist
> ein Mörder schon, sagt Jesu Christ.
> Und als Herr Jesu sterben musst,
> da hat der Herr kein Volk gewusst,
> das ihn zu tot könnt quälen,
> die Juden tat er wählen.
> Drum bilden sich die Juden ein,
> das auserwählte Volk zu sein.

Den Auftakt des Buches bildet das reich bebilderte Gedicht »Der Vater der Juden ist der Teufel«, das ebenfalls auf Joh 8,44 Bezug nimmt. Dieser Text ist als Vorlage V.8b abgedruckt. Das Gedicht zeigt beispielhaft, wie die Autorin bewusst oder unbewusst jüdische Traditionen missversteht und ins Gegenteil von dem verkehrt, was z. B. der Sinn der Überlieferung von der Befreiung aus der Knechtschaft ist. Hans Maaß urteilt treffend: »In wirrem Durcheinander finden sich hier beleidigende Aussagen über angebliche Charaktereigenschaften und körperliche Merkmale der Juden vermischt mit Bezügen auf die Bibel in eigenwilliger Umdeutung« (H. Maaß, S. 20).

Die Überschriften der einzelnen Kapitel bzw. die Gedichtanfänge in »Trau keinem Fuchs auf grüner Heid« lauten:

- Der Vater der Juden ist der Teufel
- Der ewige Jude
- Jüdische Namen
- Die Deutschen – die und weichen!
  Da müsst ihr mal vergleichen
  Den Deutschen und den Jud
  Beschauet sie euch gut ...
- Jud bleibt Jud
- Der Viehjude
- Der Sabbat
- Hier seht euch diesen Gauner an!
  Das ist der Jude Aron Kahn.
  Ein Kaufhaus er sein Eigen nennt ...
- Der Jude Isaak Blumenfeld
  Verdient als Metzger sich sein Geld, ...
- Der jüdische Rechtsanwalt
- Das Dienstmädchen
- Was ist der Jud ein armer Wicht!
  Mag seine eignen Frauen nicht!
- Der Vater zu der Tochter sagt: ...
  Du aber gehst aus Eigennutz
  Um schöne Kleider und um Geld
  Zum Juden Sali Rosenfeld.
- Der jüdische Arzt
- Noch andre Streiche hat der Jud
  vollführt mit seinem Satansblut.
  Dabei hat er aus Niedertracht
  Die Deutschen allesamt verlacht
  Doch dieses sollt' ihm bald vergehn!
  Ein Kämpfer durfte uns erstehn
  Im deutschen Gau der Franken.
  Ihm müssen wir es danken,
  Dass kerngesund bleibt unser Land
  Und frei von jüdischem Bestand!
  Er hat die Juden all gelehrt,
  Was ein gesundes Volk ist wert
  Und ließ sie spüren deutschen Geist;
  Was Jude und was Deutscher heißt!
  Das ist der Streicher!
  Er hat den Stürmer drucken lassen ...
- »Ins Judenkaufhaus gehn wir nicht!«
  Die Mutter zu dem Kinde spricht.
  »Nur deutsche Waren kaufen wir ...«
- Nun wird es in der Schule schön,
  Denn alle Juden müssen gehn, ...
- In unserm weiten Vaterland ...
  Den Deutschen nur gehört die Luft;
  Drum Freundchen Jude, hier verduft ...
- Des Führers Jugend

■ *Der Giftpilz, Nürnberg 1938*
Der Text stammt von Ernst Hiemer, die Bilder vom Zeichner des »Stürmer«, »Fips«. Jeder Geschichte ist ein farbiges Bild zugeordnet. Als Bildunterschrift wird jeweils ein markanter Satz aus der Geschichte gewählt. Vergleiche hierzu auch die drei Beispiele bei Vorlage IV.5 (»Drei Formen des Judenhasses«): Was Christus von den Juden

sagte – Der Gott der Juden ist das Geld – Woran man die Juden erkennt.

In den 17 Geschichten des Buches werden so ziemlich alle Vorurteile gegenüber den Juden abgehandelt.

Die Auftaktgeschichte »Der Giftpilz« gab dem Buch seinen Namen. In dieser Geschichte ist Franz mit seiner Mutter auf Pilzsuche im Wald. Als Franz mit seinem vollen Korb zu seiner Mutter kommt, sortiert diese die giftigen Pilze aus. Sie erklärt Franz, dass man nicht allen Pilzen ihre Giftigkeit sofort ansieht. Dann belehrt sie ihn: Wie es gute und schlechte Pilze gibt, so gibt es auch gute und böse Menschen. Die bösen Menschen sind die Juden. Einen Giftpilz kann man oft nicht von guten, essbaren Pilzen unterscheiden. Und doch vergiftet er ein ganzes Pilzgericht. So vergiften die Juden die Völker, unter denen sie leben.

Im Folgenden einzelne Kapitelüberschriften des Buches sowie einige Bildunterschriften:

☐ Der Giftpilz; hier lautet die Bildunterschrift: »Wie die Giftpilze oft so schwer von den guten Pilzen zu unterscheiden sind, so ist es oft sehr schwer, die Juden als Gauner und Verbrecher zu erkennen ...«
☐ Woran man die Juden erkennt
☐ So kamen die Juden zu uns
☐ Was ist der Talmud? Hier lautet die Bildunterschrift: »Im Talmud steht geschrieben: Nur der Jude allein ist Mensch. Die nichtjüdischen Völker werden nicht Menschen genannt, sie werden als Vieh bezeichnet. Und weil wir Juden den Nichtjuden als Vieh betrachten, sagen wir zu ihm nur Goi.«
☐ Warum sich Juden taufen lassen?
☐ Wie ein deutscher Bauer von Haus und Hof vertrieben wurde
☐ So betrügen jüdische Händler
☐ Was Hans und Else mit einem fremden Manne erlebten
☐ Wie es Inge bei einem Judenarzt erging
☐ So behandelt der Jude sein Dienstmädchen
☐ Wie zwei Frauen von Judenrechtsanwälten betrogen wurden
☐ So quälen die Juden die Tiere
☐ Was Christus von den Juden sagte
☐ Der Gott der Juden ist das Geld
☐ Wie der Arbeiter Hartmann Nationalsozialist wurde
☐ Gibt es anständige Juden?
☐ Ohne Lösung der Judenfrage keine Erlösung der Menschheit

Jede Geschichte endet mit einem Gedicht, in der die jeweilige ›Lehre‹ in eingängige Reime gebracht wird. Die Reime für die Geschichten, deren Bilder bei Vorlage IV.5 (»Drei Formen des Judenhasses«) abgebildet sind, lauten:

Was Christus von den Juden sagte
Solang auf Erden Juden leben,
Es Judengegner hat gegeben.
Sie warnten vor der Judenbrut
Und opferten sogar ihr Blut,
Auf dass die Welt den Teufel kenne
Und nicht in ihr Verderben renne,
Auf dass die Welt sich bald befrei'
Aus dieser Judensklaverei.

Der Gott der Juden ist das Geld
Der Juden Sinn auf dieser Welt
Strebt nur nach einem: Geld, Geld, Geld!
Durch Lug und Trug und andre Sachen
Sich unermesslich reich zu machen.
Was kümmert ihn die Schmach, der Spott!
Das Geld, das ist und bleibt sein Gott!
Mit Geld hofft er uns zu bezwingen,
Die Weltherrschaft sich zu erringen.

Aus eines Juden Angesicht
Der böse Teufel zu uns spricht,
Der Teufel, der in jedem Land
Als üble Plage ist bekannt.

Wenn wir vom Juden frei sein sollen
Und wieder glücklich, froh sein wollen,
Dann muss die Jugend mit uns ringen,
den Judenteufel zu bezwingen.

Man muss sich fragen, ob der gelernte Lehrer Ernst Hiemer den Unsinn, den er hier verbreitet, selbst geglaubt hat. Es fällt auf, dass häufig von »dem Juden« geredet wird. Damit soll ausgesagt werden, dass alle Juden ohne Ausnahmen schlecht sind. Auch die scheinbare Differenzierung »Nicht alle Juden ...« hebt dies nicht auf; sie dient nur dazu aufzuzeigen, dass man bei genauem Hinschauen einen Juden auf jeden Fall erkennt.

■ *Der Pudelmopsdackelpinscher und andere besinnliche Erzählungen, Nürnberg 1940*
Die Geschichten zu diesem Buch schrieb wiederum Ernst Hiemer, die Bilder stammen von Willi Hofmann.

In diesem Buch werden die Juden mit verschiedenen ›schädlichen‹ oder ›gefährlichen‹ Tieren verglichen. In der Geschichte, die dem Buch den Titel gegeben hat, wird der ›Pudelmopsdackelpinscher‹ vorgestellt, der auch auf dem Umschlag des Buches abgebildet ist. Dieses ›Tier‹ ist ein widerlicher Mischlingshund, der sich in keine Ordnung fügen kann; so wie er – behauptet das Buch – sind die Juden eine »Köterrasse«.

Zu jeder der insgesamt 11 Geschichten gibt es zwei Zeichnungen: die erste zeigt jeweils das Tier, von dem die Geschichte handelt.

Das zweite Bild zeigt eine ins Karikaturhafte verzerrte Abbildung eines diesem Tier ›entsprechenden‹ Juden. Dass in diesem Buch die Juden mit Tieren verglichen werden, soll suggerieren, dass Juden nicht auf der Stufe der Menschen, sondern der schädlichen Tiere stehen.

Das Buch enthält folgende Geschichten:
- ☐ Die Drohnen – Die Faulenzer
- ☐ Der Kuckuck – Die Fremdlinge
- ☐ Die Hyänen – Die Bluthunde
- ☐ Das Chamäleon – Der große Täuscher
- ☐ Die Heuschrecken – Die Geißel Gottes
- ☐ Die Wanzen – Die Blutsauger
- ☐ Die Sperlinge – Das Lumpenpack
- ☐ Der Pudelmopsdackelpinscher – Die Köterrasse
- ☐ Die Giftschlangen – Die Volksvergifter
- ☐ Der Bandwurm – Der Völkerschmarotzer
- ☐ Die Bazillen – Die Völkerpest

Auf der Vorlage V.8a sind das Titelbild mit dem Pudelmopsdackelpinscher und die beiden Bilder zu dieser Geschichte (»Der Pudelmopsdackelpinscher – Die Köterrasse«) sowie die Bilder zu der Geschichte »Die Drohnen« (»Die Drohnen – Die Faulenzer«) abgebildet.
Als vollständiges Beispiel wird die Geschichte »Die Drohnen« als Vorlage V.8d abgedruckt. Zur Wirkungsweise dieser Geschichte findet sich bei H. Maaß eine ausführliche Darstellung (vgl. H. Maaß, S. 12ff). Er zeigt auch auf, wie die »religiösen Traditionen des jüdischen Volkes ... bewusst missverstanden« werden (ebd., S. 17).

Methodische Hinweise

Vorbemerkung: Beim Einsatz der antisemitischen Kinderbücher im Unterricht muss bedacht werden, dass die einprägsamen Reime, Texte und Bilder heute noch dazu verführen können, antijüdische Vorurteile zu erzeugen oder zu verstärken. Daher ist äußerste Zurückhaltung geboten! Die Vorlage V.8a und die Textbeispiele V.8b, c und d sollten nicht vor Klassenstufe 10 eingesetzt werden. Der Einsatz dieser Texte und Bilder bei jüngeren Schüler/innen birgt die Gefahr in sich, dass die Infamie dieser Propagandatexte nicht klar durchschaut wird.
Beim Einsatz der Vorlagen V.8a–d im Unterricht können die Schüler/innen die drei Texte aus den Kinderbüchern in Gruppen bearbeiten. Folgende Leitfragen können dabei helfen:
- Wie mussten die Bilder und Texte auf Juden wirken, die seit 1933 in Deutschland unter staatlichen und öffentlichen Druck geraten sind?
- Wie müssen die Texte und Bilder auf heutige Jugendliche wirken?
- Wie müssen die Texte und Bilder auf Juden aus Israel wirken?
- Welche Vorurteile werden aufgegriffen?
- Wie hat sich Ihrer Meinung nach eine solche Propaganda auf die Haltung der Deutschen zur »Endlösung der Judenfrage« ausgewirkt?

Gerade zu der letzten Frage gibt es eine aufschlussreiche Aussage von Julius Streicher im Nürnberger Prozess. Streicher war Herausgeber des »Stürmer« in den Jahren 1923–1945; außerdem gab er in seinem Verlag die genannten antisemitischen Kinderbücher heraus:
»Es ist meine Überzeugung, dass der Inhalt des ›Stürmer‹ an sich nicht aufreizend war. Ich habe selbst in den zwanzig Jahren nie im Zusammenhang geschrieben: Brennt die Häuser der Juden nieder, schlagt sie tot; nicht einmal ist solch eine aufreizende Aufforderung im ›Stürmer‹ gestanden...
In den zwanzig Jahren (sc. des Erscheinens des »Stürmer«) ist in Deutschland kein Pogrom geschehen, in den zwanzig Jahren ist, soweit es mir bekannt wurde, kein Jude getötet worden, es ist kein Mord geschehen, von dem man hätte sagen können: Das ist die Folge einer Aufreizung, die durch antisemitische Schriftsteller oder Redner hervorgerufen wurde...
Wir haben keine Mörder erzogen. Der Inhalt der Artikel, die ich geschrieben habe, konnte keine Mörder erziehen. Es sind keine Morde geschehen, das ist ein Beweis dafür, dass wir keine Mörder erzogen haben. Das, was während des Krieges geschah – ich habe nicht den Führer erzogen, der Führer hat den Befehl aus sich selbst heraus erteilt« (Internationaler Militärgerichtshof (Hg.), Bd. 12, S. 346ff).
Julius Streicher wurde im Nürnberger Prozess zum Tode verurteilt und am 16. Oktober 1946 hingerichtet.

V.9 Emigration deutscher Juden im »3. Reich« I

Informationen

1933 lebten in Deutschland etwa 525000 Juden, und zwar vor allem in den Städten und Großstädten. Allein in Berlin lebten damals rund 173 000 jüdische Einwohner. Als Folge der nationalsozialistischen Judenpolitik verließen viele deutsche Juden Deutschland. Bis 1938 hofften viele noch, dass es bei den vor allem 1933 und 1935 verhängten Bestimmungen gegen die Juden bleiben würde. Die sogenannte »Reichskristallnacht« am 8. November 1938, das erste Pogrom im NS-Deutschland mit der Zerstörung vieler Synagogen und der verstärkten Einlieferung von Juden in Konzentrationslager (30 000 bis 40 000), machte jedoch vielen Juden klar, dass es für sie keinen Platz mehr in Deutschland gab.

Traditionelle antijudaistische Vorurteile (z. B. Juden als »Gottesmörder«) und Judenfeindschaft aus wirtschaftlichen und sozialen Gründen hinderten viele Christen, in den Juden den verfolgten Nächsten zu sehen, der der Hilfe bedarf. Kaum ins Blickfeld trat die theologische Zusammengehörigkeit von Juden und Christen (Judentum als Wurzel des Christentums, Jesus als Jude, das »Alte« Testament als Glaubensurkunde für Juden *und* Christen). Gegenüber dem vielfältigen Versagen der Kirchen darf jedoch nicht vergessen werden, dass es auch Aktionen und Christen gab, die sich schützend vor die Juden stellten. Zu nennen sind der katholische »Raphaelsverein« und das evangelische »Büro Grüber« in Berlin. Beide Organisationen verhalfen Tausenden von Betroffenen zur Ausreise.

Die Karte macht deutlich, dass die Nachbarländer Deutschlands viele Juden aufnahmen. Die europäischen und außereuropäischen Länder konnten sich freilich auf der internationalen Flüchtlingskonferenz von Evian (14.–18. Juli 1938) nicht auf Aufnahmequoten jüdischer Flüchtlinge aus Deutschland einigen. Durch die Ausweitung des deutschen Machtbereichs im Verlauf des Zweiten Weltkriegs boten schließlich viele dieser Zufluchtsländer, wie z. B. Frankreich und Holland, keinen Schutz mehr. So wurde z. B. die jüngst von der katholischen Kirche selig gesprochene Karmelitin jüdischer Abstammung Edith Stein nach dem Einmarsch der Deutschen in Holland verhaftet und nach Auschwitz transportiert.

Methodische Hinweise

Vorlage V.9 ist im Zusammenhang mit Vorlage V.10 zu sehen.
Die Karte kann helfen, die Frage zu klären, wo die deutschen Juden 1933 zumeist wohnten und welche europäischen Zufluchtsländer sie bis 1938 vor allem wählten.

Auf einer Karte, die auch als Arbeitsblatt den Schüler/innen ausgeteilt werden kann, sind zunächst nur die deutschen Großstädte und die Nachbarländer eingezeichnet. Dann werden die Zahlen der in deutschen Großstädten lebenden Juden im Jahr 1933 eingetragen. Daraufhin werden die Pfeile in die verschiedenen Zufluchtsländer gezogen und die Zahl der entsprechenden Flüchtlinge eingetragen.

V.10 Emigration deutscher Juden im »3. Reich« II

Informationen

Im Anschluss an Vorlage V.9 zeigt Vorlage V.10 die außereuropäischen Aufnahmeländer bis zum Ende des Zweiten Weltkriegs.
Legale Auswanderung aus dem Deutschen Reich war bis 1941 möglich und wurde in den Jahren davor geradezu betrieben. Die Auswanderung war aber nicht jedermann möglich: Man benötigte ein Visum mit der Garantie von Wohnung und Arbeit im fremden Land. Die Auswanderer hatten eine hohe, seit 1931 gesetzlich erhobene »Reichsfluchtsteuer« zu bezahlen.
Deutschland verlor durch diese erzwungene Auswanderung eine ganze Reihe hervorragender jüdischer Persönlichkeiten. Unter Jugend-alija versteht man die Auswanderung jüdischer Jugendlicher ohne ihre Eltern nach Palästina. Die Initiative zur Gründung dieser Jugend-alijah war von Recha Freier, der Frau eines Berliner Rabbiners, ausgegangen. Durch diese Aktion konnte das Leben Tausender Jugendlicher gerettet werden. Vielfach war der Abschied der Jugendlichen von ihren Eltern, wie er in dem Bild gezeigt wird, ein Abschied für immer.

Methodische Hinweise

Von den 525 000 deutschen Juden konnte sich mehr als die Hälfte durch Auswanderung retten. Durch die Pfeile und die dazugehörenden Zahlen der Auswanderer kann gezeigt werden, wohin deutsche Juden während des NS-Regimes emigrierten. Zur Verdeutlichung der Not des Emigrantenschicksals kann man eines der vielen Bücher, die es zu diesem Thema gibt, heranziehen. Eines der bekanntesten Bücher hierzu stammt von Judith Kerr, »Als Hitler das rosa Kaninchen stahl«. Judith Kerr ist die Tochter des bekannten Journalisten Alfred Kerr. Mit Hilfe des Bildes von der

Jugend-alijah kann auf die vielen menschlichen Tragödien, die ein Emigrantenschicksal mit sich bringen konnte, hingewiesen werden. Die beiden Bilder von Lion Feuchtwanger und Albert Einstein verdeutlichen beispielhaft, dass Deutschland durch die Emigration viele bedeutende jüdische Persönlichkeiten verlor. Beide emigrierten in die USA.

Auf die Frage, warum nicht noch mehr Juden emigrierten, kann auf die obengenannten Schwierigkeiten wie auf die Einwanderungsbeschränkungen vieler Aufnahmeländer hingewiesen werden. Außerdem ist zu beachten, dass viele deutsche Juden in Deutschland ihre Heimat sahen, die sie nicht verlassen wollten.

V.11 Konzentrationslager

Informationen

Schon 1933 entstanden die ersten Konzentrationslager in Deutschland. Kriminelle, Regimegegner, Juden und Zigeuner wurden hier in »Schutzhaft« genommen. Schwere Arbeit, wenig Essen und Folterungen trugen zu erschreckenden Todesraten in diesen Konzentrationslagern bei. Nach dem Beginn des Zweiten Weltkriegs entstanden vor allem in Polen »Vernichtungslager«, die der sogenannten Endlösung der Judenfrage dienten. Etwa 3 Millionen Menschen, vor allem Juden, wurden allein in Auschwitz (mit den Lagern Monowitz und Birkenau) vergast oder auf andere Weise zu Tode gebracht. Das Bild von Auschwitz-Birkenau zeigt die sog. Rampe. Züge aus ganz Europa fuhren durch das Tor im Hintergrund ins Lager. Auf der Rampe stand ein SS-Arzt und selektierte, d.h. er entschied, wer von den Ankömmlingen direkt in die Gaskammern gehen musste und wer in das Arbeitslager kam. Arbeitslager bedeutete für die meisten einen um ein paar Monate hinausgezögerten Tod.

Methodische Hinweise

Die unterschiedliche Kennzeichnung der Konzentrationslager zeigt, dass die Vernichtungslager alle außerhalb der Reichsgrenzen lagen. Es empfiehlt sich, zur Verdeutlichung geeignete Auszüge aus Berichten von Betroffenen oder von SS-Leuten heranzuziehen (s. Literaturverzeichnis).
Die Inschriften der Lagertore von Buchenwald und Dachau zeigen den Zynismus der Massenvernichtung.

V.12 Der Massenmord an den Juden

Informationen

Vorlage V.12 zeigt in nüchternen Zahlen das schreckliche Ergebnis der sog. ›Endlösung der Judenfrage‹, der ab 1941 fabrikmäßig durchgeführten Ermordung der europäischen Juden. Nachdem die Nationalsozialisten die Juden zunächst entrechtet, sie dann vor allem 1938–1941 zur Emigration gedrängt hatten, gingen sie mit Beginn des Russlandfeldzuges daran, mit Hilfe der »Einsatztruppen der Sicherheitspolizei und des SD« einzelne Tötungsaktionen durchzuführen, um dann etwa ab Spätherbst 1941 die Massenvernichtung der europäischen Juden in den Vernichtungslagern zu betreiben. Die Planung und Durchführung der Massenmorde lag in den Händen von Obersturmbannführer Eichmann, der dafür 1960 nach einem spektakulären Prozess in Jerusalem mit dem Tode bestraft wurde. Erfahrungen für den Massenmord hatten die Nationalsozialisten bei der Euthanasieaktion gewonnen. Verwendet wurde zur Tötung der Wehrlosen das Schädlingsbekämpfungsmittel Zyklon B. Hier wurde grausame Wirklichkeit, was Reichspropagandaminister Goebbels 1940 in einer Rede so formulierte: »Die gänzliche Ausschaltung des Judentums in Europa ist keine Frage der Moral, sondern eine Frage der Sicherheit der Staaten. Der Jude wird immer so handeln, wie es seinem Wesen und seinem Rasseninstinkt entspricht, er kann gar nicht anders. Wie der Kartoffelkäfer die Kartoffelfelder zerstört, ja zerstören muss, so zerstört der Jude die Staaten und Völker. Dagegen hilft nur ein Mittel, nämlich radikale Beseitigung der Gefahr.« – Die ›Endlösung‹ als ›Insektenvertilgungsmaßnahme‹!
Jüdische Sonderkommandos mussten den Vergasten die Goldzähne ausbrechen, den Frauen die Haare abschneiden und schließlich die Leichen in den Krematorien verbrennen. Allein in Auschwitz wurden auf diese Weise 2,5 Millionen Menschen umgebracht. Eine halbe Million starb an Hunger, Krankheit oder Misshandlungen.

Methodische Hinweise

Die Zahlen sagen für sich gesehen wenig aus. Darum wird es gut sein, noch Texte und Filme heranzuziehen. Claude Lanzmanns Film »Shoah« bringt Interviews mit Tätern, Opfern und Zuschauern. Wo der

Film greifbar ist, kann er – allerdings nur in Ausschnitten – gezeigt werden. Die Aussagen des Films sind auch in Buchform dokumentiert (s. Literaturverzeichnis). Die Zahlen verdeutlichen auch, dass im Unterschied zu den westeuropäischen Juden die Juden in Polen und anderen osteuropäischen Ländern kaum eine Chance hatten, zu entkommen.

Die Karte kann nach Vorstellung der Berichte als Zusammenfassung eingesetzt werden.

V.13 Stationen des Holocaust
V.14 Bilder zur Collage I
V.15 Bilder zur Collage II
V.16 Stationen des Holocaust – Textblatt

Informationen

Vier Stufen nationalsozialistischer Judenverfolgung – Collage und Arbeitsblatt

Die Einteilung der NS-Judenverfolgung in vier Stufen folgt Hofer, S. 268–276. In diesem Buch sind weitere Informationen und im Unterricht verwendbare Texte zu finden. Die vier Stufen machen vor allem die Eskalation der Verfolgung deutlich. In unserer Darstellung gehen die Stufen nicht nach oben, sondern nach unten, um die Verschärfung bis zum Genozid zu verdeutlichen. Die 1995 in zwei Bänden erschienenen Tagebücher von Victor Klemperer mit dem Titel »Ich will Zeugnis ablegen bis zum letzten« geben die Verschärfung sehr gut wieder. Einzelne Passagen daraus lassen sich gut im Unterricht einsetzen. Zu den einzelnen Stufen:

■ *I. Erste Verfolgungen 1933–1935*
Dazu gehören das Bild vom Judenboykott vom 1. April 1933, sowie der Text »In jeder Ortsgruppe ...«

■ *II. Bürger zweiter Klasse 1935–1938*
Nürnberger Rassegesetze 1935: Dazu gehört die Abbildung mit dem Ahnenpass, mit dem jede deutsche Familie ihre ›arische‹ Abstammung nachweisen musste, aber auch das Bild mit der Frau (»Ich bin am Ort ...«). Folgende Texte gehören zu dieser Stufe: »Gesetz zum Schutze ...« und »Den Juden ist der Zutritt ...«.

■ *III. Erste Pogrome und Deportationen 1938–1941*
Reichspogromnacht 9./10. November 1938: Dazu gehören das Bild von der brennenden Synagoge sowie die Hetzsprüche: »Rebekka, packe die Koffer« und »Moses, wandre aus«. Die großen Auswanderungswellen aus Deutschland setzen nach der Reichspogromnacht (9. Nov. 1938) ein. Der Text »Schulunterricht an Juden« gehört zu dieser Stufe.

■ *IV. Der Massenmord an den europäischen Juden (1941–1945)*
Dazu gehören die Bilder mit den Verbrennungsöfen aus einem Todeslager und das Häftlingsorchester, das einen zur Hinrichtung Bestimmten mit ›fröhlichen‹ Weisen (»Todestango«) begleiten musste. Folgende Texte gehören zu dieser Stufe: »Aus der Polizeiverordnung ...« sowie »Aus dem Protokoll ...«.

Methodische Hinweise

Die Schüler/innen erhalten das Arbeitsblatt mit den Stufen der nationalsozialistischen Judenverfolgung und die dazugehörenden Texte. Sie ordnen die Texte den einzelnen Stufen zu. Sinnvollerweise wird der/die Lehrer/in die in der Vorlage angegebenen Daten abdecken. Auf den Vorlagen V.14 und V.15 sind die in der Collage verwendeten Bilder abgedruckt. Die Schüler/innen können aus diesen Bildern eine Collage entsprechend der Vorlage V.13 gestalten.

V.17 Gedichte zur Shoa I: Nelly Sachs, Chor der Geretteten*

Informationen

Nelly Sachs wurde 1891 als Tochter eines Fabrikanten in Berlin geboren. Sie und ihre Mutter konnten mit Hilfe von Selma Lagerlöf 1940 nach Stockholm fliehen, wo sie 1970 starb. Die gesamte übrige Familie kam in Konzentrationslagern um. 1965 erhielt sie den Friedenspreis des Deutschen Buchhandels, 1966 wurde ihr der Literaturnobelpreis verliehen.
Die Verfolgung und Vernichtung der europäischen Juden war das zentrale Thema ihres

---

* Die Interpretation und die methodischen Hinweise zu den Gedichten von Nelly Sachs und Paul Celan (S. 88) basieren wesentlich auf Hinweisen von Frau Karin Kollak-Ruland (Ludwigsburg).

Schaffens. Im Gedicht »Chor der Geretteten« wird das andauernde Leiden der Überlebenden der Shoa deutlich.

Dieses Gedicht richtet sich in reimlosen Versen und bildhafter Sprache an die Menschen, die das Grauen nicht durchlebt haben. Es ist in fünf Abschnitte gegliedert, die jeweils mit den Worten »Wir Geretteten ...« beginnen.

Am Anfang des Gedichts (die ersten drei »Wir Geretteten ...«) sprechen die Überlebenden ihre qualvollen Erinnerungen an die grauenvollen Erlebnisse und ihre Schuldgefühle gegenüber den Toten aus. Sie, die Überlebenden, können sich nicht mehr am Leben freuen.

Im mittleren Teil (das vierte »Wir Geretteten«) sprechen die Geretteten ihre Mitmenschen an, die nicht unter diesen qualvollen Erinnerungen leiden müssen: »Zeigt uns langsam eure Sonne ... lasst uns das Leben leiser wieder lernen.« Sie wünschen sich behutsame Anteilnahme und Hilfe, um erträglicher weiterleben zu können. Sonst könnte es sein, dass die Überlebenden, die sich als Leiber ohne Seele empfinden, »zu Staub zerfallen«.

Der letzte Teil richtet sich noch einmal an die Mitmenschen, denen sie nur äußerlich verbunden sind (»Wir drücken eure Hand, wir erkennen euer Auge«). Das einzige, was sie tiefer verbindet, ist das Sterben, das beiden beschieden ist: »Der Abschied im Staub hält uns mit euch zusammen.«

Methodische Hinweise

Mit zwei Leitfragen kann das Gedicht erschlossen werden:
1. Wie erleben sich die Geretteten? – Hierzu ist es sinnvoll, andere Aussagen von Überlebenden heranzuziehen, z. B. Ruth Klüger, Weiterleben, Frankfurt a. M./Göttingen 1992.
2. An wen richtet sich das Gedicht?

Nach der gemeinsamen Besprechung können einzelne Schüler/innen sich in Einzel- oder Gruppenarbeit auf den Vortrag des Gedichts vorbereiten.

V.18 Gedichte zur Shoa II: Paul Celan, Todesfuge

Informationen

Paul Celan wurde 1920 als Sohn deutschsprachiger Juden in Cschernovitz geboren. Er studierte zunächst Medizin, dann Romanistik. Seine Eltern kamen 1942 in ein Vernichtungslager, er selbst wurde in ein rumänisches Arbeitslager verschleppt. Nach Kriegsende arbeitete er als Übersetzer und Lektor in Bukarest. Von 1948 an lebte er in Paris und unterrichtete Deutsch an der Universität. 1970 beging er Selbstmord.

Sein Gedicht »Die Todesfuge« – im Mai 1945 zunächst in rumänischer Sprache veröffentlicht – hat ihn weltberühmt gemacht. Das Gedicht schildert die Vorgänge in einem KZ: Juden (»Wir ...«) müssen ihr eigenes Grab schaufeln, dann werden sie erschossen oder verbrannt. Eine andere Gruppe muss dazu musizieren.

Die Metapher »Schwarze Milch der Frühe« ist nicht leicht zu erklären. Wahrscheinlich lehnt sich diese Formulierung an die Klagelieder Jeremias 4,7–8 an. Dort heißt es: »Zions Fürsten waren reiner als der Schnee und weißer als Milch; ihr Leib war rötlicher als Korallen, ihr Aussehen war wie Saphir. Nun aber ist ihre Gestalt so dunkel vor Schwärze, dass man sie auf den Gassen nicht erkennt; ihre Haut hängt an den Knochen, und sie sind so dürr wie ein Holzscheit.« Diese Verse klagen über die Zerstörung Jerusalems. ›Weiß‹ steht für Leben, ›schwarz‹ für Tod und Verderben. Im Gedicht trinken die Juden die »schwarze Milch«, die den Tod bringt.

In einem zweiten Handlungsstrang erscheinen die Täter in Gestalt eines Mannes (»Ein Mann ...«). In ihm gewinnt die Schizophrenie Gestalt, dass die Judenmörder zugleich liebevolle Ehemänner und Tierfreunde sind: Er schreibt am Abend an seine Frau in Deutschland (»Dein goldenes Haar Margarete ...«). Er hetzt Hunde – er selbst ist tierlieb – auf Häftlinge und schwingt die Peitsche.

Diese beiden Handlungsstränge – die Welt der Opfer und die Welt der Täter – werden wie bei einer Fuge miteinander verflochten und verwoben und am Ende in sprachlicher Verdichtung zusammengeführt. Für die Welt der Opfer steht Sulamith, deren purpurnes Haar (Hld 7,1–7) »aschen« geworden ist: das Haar der vergasten und zu Asche verbrannten jüdischen Frau. Für die Welt der Täter steht: »Dein goldenes Haar, Margarete.«

Methodische Hinweise

Im Unterrichtsgespräch kann thematisiert werden, ob es angemessen ist, das Grauen im KZ in Gedichtform darzustellen. Verharmlost ein Gedicht nicht das Geschehene, oder ist die Form der Fuge die einzig mögliche Form, das Grauen in Sprache zu fassen?

Dem Gedicht kann man einen Augenzeugen-

bericht und/oder eine sachliche Darstellung der Vernichtung gegenüberstellen. Als Augenzeugenbericht eignet sich »Musik für den Reichsführer SS« von Fania Fénalen (in: Petri/Thierfelder [Hg.], Vorlesebuch Drittes Reich, S. 175ff). Im »Vorlesebuch Drittes Reich« finden sich ab S. 166 weitere geeignete Augenzeugenberichte.
Als Statistik kann man die Vorlage V.12 (»Massenmord an den Juden«) heranziehen.
Sehr eindrücklich ist es, die Todesfuge, von Paul Celan selbst gelesen, gemeinsam anzuhören. Sie findet sich auf einer CD, die dem Buch »Vom schwierigen Vergnügen der Poesie«, (hg. v. Küchler/Scheck) beiliegt.
Der folgende Bericht aus dem Zeit-Magazin Nr. 9/1995 kann zur Interpretation des Gedichtes herangezogen werden; ein Augenzeuge schildert die schrecklichen Ereignisse, die Paul Celan in seiner Todesfuge verdichtet:

Ein alter Eisenbahnwaggon, hoch oben auf seinen Schienen. Jäh enden sie in der Luft, als gäbe es danach nur noch den Absturz oder den Flug in den weiten Himmel Israels: Das neue Auschwitz-Mahnmal von Yad Vaschem, Jerusalem. Am Fuße des Mahnmals steht ein alter Mann, klein, mager, wie geschrumpft, eine Mütze auf dem Kopf, auf der Nase eine dicke Brille. Aber er nimmt nichts wahr. Versunken, in sich gekehrt, den Rücken zum Mahnmal, spielt er auf seiner Geige – ein Requiem eigener Art.
Der Name des Musikers ist Jacques Stroumsa. Er weiß, für wen er sein Requiem spielt, denn vor über fünfzig Jahren trug er die Kleidung eines Gefangenen im Konzentrationslager Auschwitz. Dorthin wurde er Anfang Mai 1943 verfrachtet, in einem Waggon, wie seine Leidensgenossen auch. Trotz allem hatte er Glück im Elend: Wie in anderen Lagern – zum Beispiel in Mauthausen – gab es in Auschwitz ein Orchester, in dem die Gefangenen um ihr Leben spielten.
Es war eine zynische Idee des Lagerkommandanten: Warum sollten die gequälten Gefangenen nicht mit Marschmusik zum Arbeitseinsatz verabschiedet werden? Warum sollten die Musiker nicht das Leben der Wärter verschönern, mit Beethoven, Mozart, Puccini? Bei Festen zum Beispiel oder bei Besäufnissen?
Jacques Stroumsa, 1913 in Saloniki geboren, hatte in Paris zwar Ingenieurwissenschaften studiert, aber nebenbei auch Geigenunterricht im Konservatorium genommen. Deshalb befand man ihn für würdig, im Lagerorchester die erste Geige zu spielen. Im Januar 1945 verlegte man ihn mit anderen Gefangenen in das Konzentrationslager Mauthausen. Er überlebte.
Später, viele Jahre nach der Befreiung aus dem KZ, ging Jacques Stroumsa nach Israel und wurde dort Direktor des Elektrizitätswerks von Jerusalem. Fünfzig Jahre später spielte er vor dem Mahnmal von Yad Vaschem, ganz ohne Hass. »Wir brauchen Frieden miteinander – um der künftigen Generation willen.«

V.19 Jüdische Gruppen in Israel

Informationen

■ *Die wichtigsten jüdisch-religiösen Gruppen in Israel (von Roland Gradwohl)*
Die *orthodoxen* (= ›rechtgläubigen‹) Juden übernehmen die religiöse Tradition ohne Abstriche. Sie lehnen die biblische Textkritik (Änderungen im Bibeltext) ab und wollen alle Religionsgesetze befolgen, soweit dies heutzutage möglich ist. Sie nennen sich daher oftmals nicht ›orthodox‹, sondern ›orthoprax‹ (recht-handelnd) oder ›gesetzestreu‹. Im Gottesdienst gilt die Geschlechtertrennung. Frauen sitzen auf der Empore und sind nicht aktiv beteiligt. Seit rund einem Jahrzehnt wird auch in orthodoxen Kreisen die Bat-Mizwa der 12-jährigen Mädchen gefeiert.
Die orthodoxe Richtung ist nicht homogen. Neben der *Ultra-Orthodoxie* findet sich die Mitte des 19. Jh. in Deutschland entstandene weltoffene *Neo-Orthodoxie* (Hauptvertreter: Rabbiner Dr. Samson Raphael Hirsch, Frankfurt a. M.).
Besonders zu erwähnen ist auch die im 18. Jh. in Polen durch Israel Baal Schem Tov (ca. 1700–1760) begründete Frömmigkeitsbewegung des Chassidismus, die eine Verinnerlichung des Glaubens anstrebt. Äußerlich sind die Chassidim (Mehrzahl von hebr. *chassid*, ›Frommer‹), die verschiedenen Kreisen angehören, zumeist durch den Kaftan (langer schwarzer Überwurf) zu erkennen.
Gewisse Gruppen Ultra-Orthodoxer anerkennen den Staat Israel nicht, weil er eine parlamentarische Demokratie und kein Gottesstaat ist.
Reformjuden (›liberal-religiöse‹, ›progressive‹) akzeptieren nur jene Religionsvorschriften, die noch ›zeitgemäß‹ sind. Textkritik der Bibel lassen sie zu. Die jüdische Reformbewegung, entstanden zu Beginn des 19. Jh. in Hamburg und Berlin, führte die deutsche Predigt, die Orgel und den gemischten Chorgesang ein und revidierte das traditionelle Gebetbuch. Die Hoffnung auf eine Rückkehr nach Zion, auf die Ankunft eines personalen Messias und der Glaube an die Auferstehung der Toten wurden aufgegeben, die Geschlechtertrennung in der Synagoge wurde aufgehoben, und Frauen nehmen seither Aufgaben auch im Gottesdienst wahr. Mit der Gründung des Staates Israel (1948) trat eine Wende ein. Extreme Positionen wurden aufgegeben. In revidierte Reformgebetbücher ging neben dem Volk Israel auch das Land Israel ein. Der Zentralsitz des Reformjudentums befindet sich seit rund fünfzehn Jahren in Jerusalem.

An den Rabbinerseminaren werden auch weibliche Rabbiner ausgebildet.

Eine Mittelposition zwischen Orthodoxen und Reformjuden nehmen die *Konservativen* ein. Entstanden im 19. Jh. als Reaktion auf die Reformjuden, die ihrer Ansicht nach die Traditionen zu drastisch erneuerten, will der religiöse Konservatismus (›Conservative Judaism‹ in den USA) die Tradition bewahren, ohne dabei Änderungen gänzlich auszuschließen. Die konservative Richtung berücksichtigt das geschichtliche Werden, d. h. den Entwicklungsprozess der jüdischen Religion von der Antike bis zur Gegenwart (daher wird diese Richtung gelegentlich ›historisches Judentum‹ genannt). Nur geringfügig weicht das konservative vom orthodoxen Gebetbuch ab. Anders als die Orthodoxie schließt der Konservatismus aber die Bibelkritik nicht aus.

Im Staat Israel, der nur orthodoxe Rabbiner anerkennt, sind Reform- und konservative Rabbiner von staatlichen Funktionen (Eheschließung, Scheidung, Aufsicht über die Einhaltung der Speisegesetze) ausgeschlossen. Allerdings sind nur ca. 25 Prozent der israelischen Bevölkerung als orthodox zu bezeichnen. In den USA mit ihren etwas über fünf Millionen Juden gehört schätzungsweise je eine Million zur Orthodoxie, zur Reform und zum Konservatismus. Zwei Millionen stehen einer Synagogengemeinde fern, ohne jedoch das ›Judesein‹ zu verleugnen.

Nicht religiös, sondern politisch motiviert ist der *Zionismus,* 1897 in Basel durch Theodor Herzl, Jurist, Zeitungsmann und Schriftsteller, Autor der programmatischen Schrift »Der Judenstaat«, ins Leben gerufen. Der Name ›Zionismus‹ ist von ›Zion‹, dem Tempelberg in Jerusalem, hergeleitet. Der Zionismus erstrebte »die Schaffung einer rechtlich gesicherten Heimstätte für das jüdische Volk in Palästina«. Mit der Proklamation des Staates Israel (1948) hat der Zionismus, der sehr rasch zur Volksbewegung geworden ist, sein wesentliches Ziel erreicht. Es gibt religiöse Zionisten (in der Nationalreligiösen Partei Israels organisiert), die in der Rückkehr des jüdischen Volkes in seine alt-neue Heimat nicht nur die politische Seite, sondern auch die Erfüllung biblischer Prophezeiungen erblicken.

Methodische Hinweise

Die Schüler/innen erhalten die Vorlage V.19 als Arbeitsblatt, wobei statt der Kurztexte zu den Personen nur die Stichworte »das orthodoxe Judentum«, »das konservative Judentum«, »das Reformjudentum« sowie »der Zionismus« vermerkt werden. Mit Hilfe des oben abgedruckten Textes zu den jüdischen Gruppen in Israel, formulieren sie Kurztexte auf dem ABL zu den einzelnen Gruppen und füllen die Tabelle auf dem ABL aus.

	Orthodoxe Juden		Konservative Juden		Reform-Juden	
	Ja	Nein	Ja	Nein	Ja	Nein
Ernennen eine Frau zur Rabbinerin		X	X		X	
Es gibt eine Geschlechtertrennung in der Synagoge	X			X		X
Mädchen feiern Bat-Mizwa	X[1]		X		X	
Es wird streng darauf geachtet, dass Milch- und Fleischspeisen nicht vermischt werden	X		X			X
Rabbiner nehmen im Staat Israel staatliche Funktionen wahr (Eheschließung, Scheidung, Aufsicht über die Speisegesetze)	X			X		X
Die Männer tragen immer eine Kopfbedeckung	X			X		X
Die Männer tragen bei religiösen Handlungen eine Kopfbedeckung	X		X		X[2]	
Bibelkritik ist erlaubt		X	X		X	
Benutzen am Sabbat ein Fahrzeug		X	X[3]		X	
Verwenden das traditionelle Gebetbuch	X		X			X
Glauben an eine messianische Friedenszeit	X		X		X	
Glauben an einen persönlichen Messias	X		X			X
Anerkennen den Staat Israel	X[4]		X		X	
Befürworten das jüdisch-christliche Gespräch	X[5]		X		X	

1 nicht in der Synagoge, privat
2 bloß in einigen Synagogen der USA nicht
3 in den USA zum Synagogenbesuch
4 alle bis auf ein paar Tausend Ultraorthodoxe
5 teilweise

V.20 Von der Disputation zum Dialog I
V.21 Von der Disputation zum Dialog II

Informationen

■ *Von der Disputation zum Dialog I*
(von Eberhard Röhm)
Bis in die Zeit nach der Shoa kennzeichnet das Verhältnis von Christen und Juden mit wenigen Ausnahmen Feindschaft, selbst dort, wo ihre Theologen miteinander im Disput standen.
Bei mittelalterlichen Disputationen (Streitgesprächen) ging es um die ›richtige‹ Auslegung der hebräischen Bibel, um die Frage, wer das »wahre Israel« ist, oder auch um die Messianität Jesu. Nur die Christen hatten dabei Missionsabsichten. Zeitweise hatte die mit dem Christentum verbundene Staatsmacht jüdische Gelehrte zu Disputationen gezwungen, um sie der Ketzerei zu überführen oder in die Zwangstaufe zu treiben.
Die Feindschaft zwischen Christen und Juden findet im Mittelalter ihren bildhaften Ausdruck in der Gegenüberstellung von Kirche (Ecclesia) und Synagoge. Dabei wird die Kirche immer als triumphierende Frauengestalt, die Synagoge als Frau mit verbundenen Augen dargestellt, weil sie die Wahrheit nicht erkannt habe.
Aufgeklärte Menschen, wie der Dichter Gotthold Ephraim Lessing, zollten dem jüdischen Glauben und den gebildeten Juden ihrer Zeit Respekt. Lessing (1729–1781) hat in seinem Schauspiel »Nathan der Weise« (1779) seinem Freund, dem berühmten jüdischen Gelehrten Moses Mendelssohn (1729–1786) ein Denkmal gesetzt.

■ *Religiöse Gespräche am Vorabend des Dritten Reiches*
Am Vorabend des Dritten Reiches fanden in Deutschland erste zaghafte religiöse Gespräche zwischen christlichen Theologen und jüdischen Gelehrten statt. Den stärksten Anstoß gab Martin Buber mit der Gründung eines jüdischen Lehrhauses in Frankfurt und Stuttgart. Beim letzten öffentlichen Gespräch mit dem protestantischen Theologen Karl Ludwig Schmidt in Stuttgart am 14. Januar 1933 sagte Buber: »Die Gottestore sind offen für alle. Der Christ braucht nicht durch das Judentum, der Jude nicht durch das Christentum zu gehen, um zu Gott zu kommen.«
Die Gespräche waren geprägt von Offenheit und gegenseitigem Respekt. Erstaunlich war, dass Martin Buber ausgerechnet vor einem Kongress der deutschen Judenmissionsgesellschaften in Stuttgart im März 1930 sagen konnte:
»Euch und uns, jedem geziemt es, den eigenen Wahrheitsglauben, das heißt: das eigene Realverhältnis zur Wahrheit, unverbrüchlich festzuhalten; und euch und uns, jedem geziemt die gläubige Ehrfurcht vor dem Wahrheitsglauben des anderen. Das ist nicht, was man ›Toleranz‹ nennt; es ist nicht an dem, das Irren des andern zu dulden, sondern dessen Realverhältnis zur Wahrheit anzuerkennen. Sobald es uns, Christen und Juden, wirklich um Gott selber und nicht bloß um unsere Gottesbilder zu tun ist, sind wir, Juden und Christen, in der Ahnung verbunden, dass das Haus unseres Vaters anders beschaffen ist, als unsere menschlichen Grundrisse meinen« (zit. n. Röhm/Thierfelder, Bd. 1, S. 100).

Hinweise zu den Bildern

Disputation zwischen christlichen Theologen und jüdischen Gelehrten
Auf dem Bild links oben – der mittelalterliche Holzschnitt stammt aus dem 16. Jh. (Deutschland) – sind die Juden an dem oben spitz zulaufenden und mit einem Knopf versehenen Hut zu erkennen. Seit dem IV. Laterankonzil (1215) hatten jüdische Gelehrte eine besondere Judentracht zu tragen, seit 1239 zusätzlich auch noch einen gelben »Judenfleck« auf der Brust. Die christlichen Theologen tragen das Barett und den Talar der Doktoren.

Ecclesia und Synagoge
Initiale T aus dem Codex Th. 26, 14. Jh.; Arsenal-Bibliothek Paris; Quelle: Katalog Ecclesia und Synagoga – Das Judentum in der christlichen Kunst; Ausstellungskatalog Alte Synagoge Essen; Regionalgeschichtliches Museum Saarbrücken 1993, S. 69.
Die triumphierende, herrschende *Kirche* ist ausgestattet mit Krone und Zepter (Kreuzstab) als Zeichen der Herrschaft. In ihrer linken Hand hält sie – anders als viele mittelalterliche Darstellungen, in denen sie den Kelch des Heils hält – eine Kirche als Zeichen dafür, dass das Heil jetzt unabdingbar an die Kirche gebunden ist. Die *Synagoge* auf der anderen Seite trägt eine Binde vor den Augen; sie ist mit Blindheit geschlagen. Die gebrochene Lanze zeigt an, dass ihre Herrschaft zu Ende ist. Die Gesetzestafeln gleiten ihr aus den Händen, die Zeit der Tora ist zu Ende. Ihre Haltung bietet ein Bild öffent-

licher Demütigung, die keinen partnerschaftlichen Dialog erlaubt. Bekannter als die Abbildung der Vorlage ist die Darstellung am Südquerhaus des Straßburger Münsters. Im Gegensatz zu vielen anderen mittelalterlichen Darstellungen gab der unbekannte christliche Bildhauer in Straßburg seiner heimlichen Sympathie für die Juden unverkennbar Ausdruck: Die Synagoge ist anmutiger gestaltet. Die deutliche Zuwendung ihres Körpers zur Ecclesia hin lässt die besondere Zusammengehörigkeit von Juden und Christen ahnen. Bei der Behandlung des Themas ist es sinnvoll, eine Abbildung der Darstellung am Straßburger Münster hinzuzuziehen.

Lavater diskutiert mit Moses Mendelssohn
Auf dem Bild (Holzstich nach einem Gemälde von Moritz Daniel Oppenheim, 1856) versucht der reformierte Schweizer Theologe Johann Kaspar Lavater (rechts; 1741–1801) vergeblich, den berühmten jüdischen Gelehrten Moses Mendelssohn zum Christentum zu bekehren. Lessing, der Dichter des »Nathan der Weise« (1779), steht zwischen den beiden.

Martin Buber
Zu Martin Buber finden sich Informationen in den Hinweisen zur Vorlage IV.4 (»Bedeutende deutsche Juden«).

■ *Von der Disputation zum Dialog II*
In der *katholischen Kirche* stellt die Erklärung über das Verhältnis der Kirche zu den nicht christlichen Religionen »Nostra aetate« vom 28. Oktober 1965 auf dem Zweiten Vatikanischen Konzil einen Wendepunkt in der Einstellung zum Judentum dar. In Absatz 4 heißt es:
*»Die Kirche kann nicht vergessen, dass sie durch jenes Volk, mit dem Gott aus unsagbarem Erbarmen den Alten Bund geschlossen hat, die Offenbarung des Alten Testaments empfing und genährt wird von der Wurzel des guten Ölbaums, in den die Heiden als wilde Schößlinge eingepfropft sind (...)
Die Juden sind nach dem Zeugnis der Apostel immer noch von Gott geliebt um der Väter willen; sind doch seine Gnadengaben und seine Berufung unwiderruflich. Mit den Propheten und mit dem selben Apostel erwartet die Kirche den Tag, der nur Gott bekannt ist, an dem alle Völker mit Schulter dienen (Soph. 3,9)«* (Rendtorff/Henrix [Hg.], S. 42).
Das Konzil stellte feierlich fest, dass nicht mehr gelehrt werden darf, die Juden seien »von Gott verworfen oder verflucht« (Ebd., S. 43).
Dieser Erklärung folgten – allerdings erst 1974 – »Richtlinien und Hinweise für die Durchführung der Konzilserklärung ›Nostra aetate‹« mit klaren Weisungen für Liturgie, Lehre und Erziehung; dies war ein bedeutsamer Schritt in Richtung auf den Dialog in einer hierarchisch geordneten Kirche (Ebd., S. 48–53).

In der *evangelischen Kirche* gibt es seit dem Deutschen Evangelischen Kirchentag in Berlin (1961) eine Arbeitsgruppe »Juden und Christen«, in der Juden gleichberechtigt mitarbeiten. In ihrer Gründungserklärung heißt es:
*»Juden und Christen sind unlösbar verbunden. Aus der Leugnung dieser Zusammengehörigkeit entstand die Judenfeindlichkeit in der Christenheit (...)
Eine neue Begegnung mit dem von Gott erwählten Volk wird die Einsicht bestätigen oder neu erwecken, dass Juden und Christen gemeinsam aus der Treue Gottes leben«* (Ebd., S. 553).
Viele Menschen haben inzwischen auf der Plattform der bis heute bestehenden Arbeitsgruppe am Dialog jüdischer und christlicher Theologen teilgenommen.

Unter maßgebender Mitwirkung jüdischer Theologen veröffentlichte eine Studienkommission des Rates der EKD 1975 eine umfangreiche Studie »Christen und Juden«. Sie beschreibt die gemeinsamen Wurzeln von Judentum und Christentum sowie das Auseinandergehen der Wege in der Geschichte. Den Vertretern verschiedener kirchlicher Richtungen war bewusst geworden, wie belastet Begriffe wie ›Mission‹ und ›Dialog‹ im Verhältnis zum Judentum sind (Ebd., S. 558).

Eine vielbeachtete Wende bedeutete schließlich der Beschluss »Zur Erneuerung des Verhältnisses von Christen und Juden« der Synode der evangelischen Kirche im Rheinland vom Januar 1980. Zum ersten Mal erklärte das oberste Beschlussgremium einer Landeskirche, dass die grundlegende Gemeinsamkeit zwischen Juden und Christen jede Art der Judenmission verbiete:
»Wir glauben, dass Juden und Christen je in ihrer Berufung Zeugen Gottes vor der Welt und voreinander sind; darum sind wir überzeugt, dass die Kirche ihr Zeugnis dem jüdischen Volk gegenüber nicht wie ihre Mission an die Völkerwelt wahrnehmen kann« (Ebd., S. 595).

Die 1958 auf einer EKD-Synode gegründete *Aktion Sühnezeichen* versucht durch Freiwilligeneinsätze Jugendlicher einen Weg des »Friedens durch Versöhnung« zu gehen. Seit 1961 – dem Jahr des Eichmannprozesses in Jerusalem – gibt es auch Freiwillige der Aktion in Israel, die durch ihre Gegenwart und ihre Mitarbeit an verschiedenen Projekten Möglichkeiten des Dialogs praktisch erproben.

Seit 1980 gibt es in Auschwitz eine Jugendbegegnungsstätte, die von Aktion Sühnezeichen/Friedensdienste betreut wird.

1979 wurde die *Hochschule für jüdische Studien* in Heidelberg gegründet. An ihr studieren jüdische und christliche Studenten *gemeinsam* die Schriftauslegung und Fragen des Judentums. In ähnlicher Weise können evangelische und katholische Theologiestudenten heute mehrere Semester an der Hebräischen Universität in Jerusalem Judaistik studieren.

In mehreren nicht zerstörten ehemaligen Synagogen in Deutschland gibt es Einrichtungen, die das Gespräch mit Juden suchen. Am Ort der ältesten Synagoge in Württemberg, in Freudental, besteht ein Pädagogisch-Kulturelles Centrum, in dem jüdische Kultur und Geschichte vermittelt werden und wo u. a. auch Begegnungen zwischen israelischen und deutschen Jugendlichen stattfinden.

Hinweise zu den Bildern

Das *Terrakottarelief* von Biagio Frisa in der Evangelischen Kirche von Bartholomä ist ein Gegenbild zu den mittelalterlichen Darstellungen von Kirche und Synagoge.
In der Mitte steht die Gestalt der Gerechtigkeit. Sie erinnert an mittelalterliche Darstellungen, wo häufig der Gekreuzigte zwischen Synagoge und Kirche dargestellt ist; sein Blut ergießt sich in den Becher, den die Christus zugewandte Kirche hält, während die Synagoge sich von dem Gekreuzigten abwendet.

In der vorliegenden Darstellung steht die Gestalt der Gerechtigkeit in der Mitte. Das Schwert, das Zeichen des Richtens, ist nicht gezogen, sondern es steckt in der Scheide, weist diese Gestalt als eine Art Friedensrichter aus. Sie streckt ihre beiden Arme zur Kirche und zur Synagoge hin aus, eine Geste der Versöhnung und der Einladung. Kirche und Synagoge, ausgewiesen durch die Bibel mit dem Kreuz und die Tora mit dem Davidstern, sind der Gestalt in der Mitte zugewandt. Interessant ist, was diesen beiden Figuren – vergleicht man sie mit den mittelalterlichen Darstellungen (s. o.) – fehlt: Die Synagoge trägt keine Binde als Zeichen angeblicher Verblendung vor den Augen. Sie hält keine zerbrochene Lanze als Zeichen der Niederlage, die Tora gleitet ihr nicht aus der Hand. Die Kirche trägt keine Krone und keinen Kreuzstab als Zeichen der Herrschaft. Sie hält weder Kelch noch Kirche als Zeichen, dass das Heil allein durch die Kirche komme, in der Hand.
Das Gebäude im Hintergrund (der Tempel Gottes?) öffnet sich zu dem Platz hin, auf dem die drei Frauen und viele Menschen stehen. Die Menschen sind einander im Gespräch zugewandt.

Methodische Hinweise

Die Schüler/innen erhalten die beiden Texte »Von der Disputation zum Dialog I und II« und die dazugehörenden Bilder; hierzu können weitere Bilder ausgewählt werden, z. B. die Abbildung der Kirche und Synagoge vom Straßburger Münster. Ihre Aufgabe besteht darin, aus den Texten und Bildern ein oder zwei Plakate zu gestalten, ähnlich den hier angebotenen Vorlagen.
Als Einstieg eignet sich ein Vergleich (Unterrichtsgespräch oder Gruppenarbeit) zwischen der mittelalterlichen Darstellung »Kirche und Synagoge« mit dem Terrakottarelief »Ermutigung zum Gespräch«.

V.22 Israel und die besetzten Gebiete

Informationen

Gute Informationen zum Friedensprozess und zum gesamten israelisch-arabischen Konflikt bietet: H. Schreiber, Kampf um Palästina, 1992.
Das Grundproblem der Abmachungen von Oslo aus dem Jahre 1993, das durch die Regierungsübernahme des Likud-Blocks in Israel noch verschärft wurde, besteht darin, dass in diesen Vereinbarungen für die Westbanks kein zusammenhängendes palästinensisches Gebiet vorgesehen ist. Wie dieses Gebiet immer wieder durch Gebiete, die auf Dauer unter israelischer Hoheit bleiben sollen, durchzogen wird, zeigt die Karte auf S. 95.

MAP OF THE
OSLO II AGREEMENT

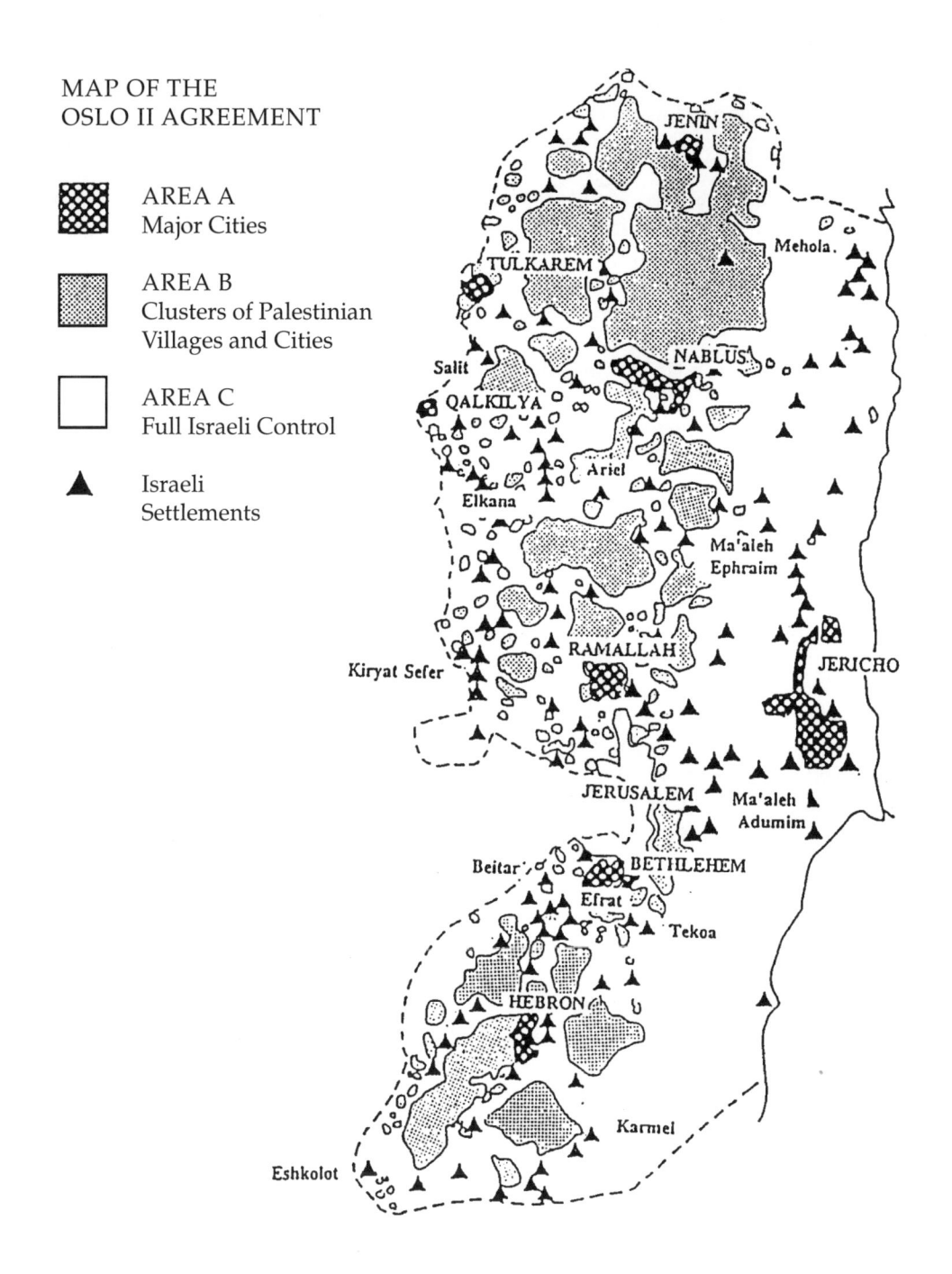

▧ AREA A
Major Cities

▨ AREA B
Clusters of Palestinian
Villages and Cities

☐ AREA C
Full Israeli Control

▲ Israeli
Settlements

Informationen zu den Vorlagen
V.22 Israel und die besetzten Gebiete
VI.6 Die britische Mandatszeit

Juden waren auch nach der Niederschlagung des Bar-Kochba-Aufstandes (135 n. Chr.) in Palästina immer präsent (s. Kapitel VI »Jüdische Präsenz in Palästina/Israel«). Ihre Zahl blieb jedoch gering. Erst mit der Entstehung des modernen *Zionismus* setzte seit 1882 eine systematische Einwanderung von Juden nach Palästina ein. Bis zur Gründung des Staates Israel (1948) zählt man sechs »Einwanderungswellen« (*Alijahs*) vor allem europäischer Juden. Die Gründe für diese Einwanderungswellen lagen jeweils in der Situation der Juden in den Herkunftsländern (s. die Aufstellung auf der Vorlage VI.6).

Eine Hauptursache des sich im Laufe dieses Jahrhunderts entwickelnden israelisch-arabischen Konflikts liegt darin, dass die einwandernden Juden nicht – wie viele dachten – in ein menschenleeres Land kamen.

Die Aufstellung auf S. 96f gibt eine grobe Übersicht über die Entwicklung des Konflikts seit dem Ende des 19. Jahrhunderts.

Ende 19. Jh.	Entstehung der zionistischen Bewegung und erste Einwanderung zionistischer Juden nach Palästina.
1. Weltkrieg	Zerschlagung des Osmanischen Reiches, zu dem Palästina gehörte. Versprechen Großbritanniens an die Araber, ein großarabisches Reich zuzulassen. Verprechen Großbritanniens an die Juden: »Schaffung einer nationalen Heimstätte in Palästina für das jüdische Volk« (Balfour-Declaration am 2. November 1917).
Ab 1922	Auftrag des Völkerbundes: Palästina unter britischer Verwaltung. Weitere Einwanderungen von Juden nach Israel. Konflikte zwischen Arabern und Juden.
1947	Großbritannien übergibt die Verantwortung für Palästina an die Vereinten Nationen. Teilungsplan der UNO (Beschluss 29.11.1947): Auf dem Gebiet Palästinas (Westlich des Jordans) soll ein jüdischer und ein arabischer Staat entstehen. Jerusalem soll unter internationale Kontrolle gestellt werden.
1948	Unabhängigkeitskrieg. Nach dem Abzug der englischen Mandatsmacht und der Ausrufung des Staates Israel durch David Ben Gurion am 14. Mai kommt es zum Unabhängigkeitskrieg. Auslöser war der Angriff der umliegenden arabischen Staaten auf den jungen Staat Israel; Waffenstillstand (kein Friedensvertrag). Das Ergebnis waren Gebietsgewinne Israels und die Teilung Jerusalems in einen jüdischen und einen arabischen (Ost-)Teil. Im Zusammenhang mit dem Krieg kam es zur Flucht und Vertreibung vieler Palästinenser aus ihren Städten und Dörfern, die in den folgenden Jahrzehnten in den arabischen Nachbarländern Israels in Flüchtlingslagern lebten.
1950	Annexion des Westjordanlandes durch Jordanien. Sperrung des Suezkanals für Israel durch Ägypten.
1952	Eine Gruppe junger ägyptischer Offiziere unter Führung von Oberstleutnant Gamal Abdel Nasser (seit April 1954 allein an der Macht) zwingt König Faruk zum Abdanken.
1956	Sinai-Feldzug. Auslöser: Nationalisierung des Suezkanals durch Nasser. Israel greift mit Unterstützung von England und Frankreich Ägypten an und besetzt den Sinai einschließlich des Suezkanals. Auf Druck der USA und der UdSSR kommt es zum Waffenstillstand. Israel muss sich 1957 aus den eroberten Gebieten einschließlich des Gazastreifens zurückziehen. Der Waffenstillstand wird durch UNO-Friedenstruppen überwacht.
1964	Gründung der Palästinensischen Befreiungsorganisation (PLO).
5. Juni 1967	Der Sechs-Tage-Krieg. Auslöser für den israelischen Präventivangriff: Nasser »kündigt« den UNO-Truppen und sperrt die Straße von Tirana (Golf von Akaba) für israelische Schiffe. Das Ergebnis des Krieges ist die Besetzung ägyptischer, jordanischer und syrischer Gebiete durch Israel: Westjordanland, Golan-Höhen, Gazastreifen, Sinai-Halbinsel. Ostjerusalem (1980) und die Golanhöhen (1981) werden von Israel annektiert. Die übrigen Gebiete werden unter militärische Verwaltung gestellt.
seit 1968	Terroranschläge der PLO gegen Israel und Juden in aller Welt.
1970	Anwar as-Sadat wird Präsident von Ägypten. Sein Ziel ist nicht mehr die Vernichtung Israels.
6. Okt. 1973	Jom-Kippur-Krieg. Überraschungsangriff Ägyptens, Syriens und Jordaniens am jüdischen Versöhnungstag (Jom Kippur). Ägypten dringt über den Suez-Kanal vor und kann sich dort halten. Israel erobert im Gegenzug Gebiete westlich des Suezkanals. Syrien rückt auf den Golan-Höhen vor, wird aber zurückgeschlagen. Auf Betreiben der UNO wird der Krieg beendet. Ergebnis ist das sog. Entflechtungsabkommen: Israel zieht sich vom Suezkanal zurück. Auf den Golan-Höhen wird eine militärisch verdünnte Zone unter Überwachung durch die UNO eingerichtet.
1974	Anerkennung der PLO als alleinige Vertreterin der Palästinenser durch die arabische Gipfelkonferenz. Anerkennung des Rechts der Palästinenser auf Unabhängigkeit und Selbstbestimmung durch die Vereinten Nationen.

1977–1979	Frieden zwischen Ägypten (Sadat) und Israel (Begin). Vermittlung durch die USA (Außenminister Kissinger). Camp-David-Abkommen (1978): Israel zieht sich vollständig aus dem Sinai zurück; der Gazastreifen bleibt unter israelischer Besatzung. 1979: Friedensvertrag zwischen Ägypten und Israel.	
1980	Israel annektiert Ost-Jerusalem und macht Jerusalem zur »ewig ungeteilten Hauptstadt«.	
1982	Libanonkrieg. Feldzug Israels gegen die PLO-Stützpunkte im Libanon; Israel rückt bis Beirut vor. Die PLO verlegt ihr Hauptquartier nach Tunis. Nach dem Rückzug aus dem Libanon beansprucht Israel einen 15 km breiten Streifen im Süden Libanons als Sicherheitszone. Kontrolle dieses Gebiets durch die israel-freundlichen und von Israel unterstützten christlichen Milizen.	
1987	seit Dezember 1987: Intifada (Aufstand der Palästinenser in den besetzten Gebieten).	
Januar 1991	Golfkrieg. Israel wird vom Irak mit Raketen angegriffen, obwohl es am Golfkrieg nicht direkt beteiligt ist. – Beginn der Nahost-Friedenskonferenzen.	
seit 1993	Friedensprozess. Nach Geheimverhandlungen von PLO-Vertretern und Vertretern des Staates Israel kommt es in Oslo zu einem Abkommen zwischen PLO und Israel: Wechselseitige Anerkennung und schrittweise Autonomie der Palästinenser im Westjordanland und im Gazastreifen.	
1994	Friedensvertrag zwischen Jordanien und Israel.	
Nov. 1995	Ermordung des israelischen Ministerpräsidenten Rabin durch einen jüdischen religiösen Fanatiker. Ministerpräsident Peres führt die Verhandlungen mit der PLO trotz Terroraktionen radikaler Palästinenser weiter.	
1996	Wahl des ersten palästinensischen Parlaments. Wahlsieger: Jasir Arafat. Wahlen in Israel: Benjamin Netanjahu (Likud-Block) siegt gegen Peres. Seither ist der Friedensprozess ins Stocken geraten.	

Bei der Staatsgründung Israels im Jahre 1948 lebten in Palästina etwa 650 000 Juden und etwa 1,2 Millionen Palästinenser.

Im Gefolge des Unabbhängigkeitskriegs wurden viele Palästinenser vertrieben oder flohen, so dass nur noch etwa 156 000 Araber im Staatsgebiet Israels lebten. Diese Zahl ist bis zum Jahr 1996 wieder auf knapp über 1 Million Bewohner angestiegen; dies entspricht etwa 19% der Bevölkerung des Staates.

Mitte 1995 lebten im Staat Israel etwa 5,4 Millionen Menschen, einschließlich der Siedler in Gaza, Westjordanland, Golan und Ostjerusalem. Im Werstjordanland lebten 1,3 Millionen Palästinenser; dazu kommen etwa 270 000 jüdische Siedler. Im Gazastreifen lebten knapp über 800 000 Palästinenser, zuzüglich etwa 4 800 jüdische Siedler.

Die Einwanderung von Juden ins Land Israel stieg in den ersten Jahren nach der Staatsgründung noch einmal stark an, so dass sich die Bevölkerung in den ersten vier Jahren etwa verdoppelte. Die Gründe für diese starke Einwanderung liegen zum einen darin, dass nach der Staatsgründung das Land Juden aus aller Welt offenstand und dass zum anderen viele Überlebende des Holocaust aus Europa, aber auch bedrängte Juden aus der arabischen Welt in Israel eine neue Heimat suchten.

Jahr	Zahl der Einwanderer	Bevölkerung des Staates Israel (Ende des Jahres)
1948	101.828	872.700
1949	239.954	1.174.000
1950	170.563	1.370.000
1951	175.279	1.578.000
1948–1951	687.624	

In den folgenden Jahren wuchs die Bevölkerung des Staates kontinuierlich an. Dieser Anstieg der Einwohnerzahl ist einerseits auf ein natürliches Bevölkerungswachstum, andererseits auf weitere Einwanderungen zurückzuführen.

Jahr	Zahl der Einwanderer	Bevölkerung des Staates Israel
1952–**1959**	272.000	2.089.000
1960–**1969**	374.000	2.930.000
1970–**1979**	346.000	3.836.000
1980–**1989**	154.000	4.560.000
1952–1989	**1.146.000**	

In den Jahren 1984 und 1991 wurde in zwei großen Luftbrücken fast die gesamte jüdische Bevölkerung Äthiopiens nach Israel gebracht.

Mit dem Zerfall der Sowjetunion und der damit verbundenen Möglichkeit auszuwandern stieg die Zahl der Einwanderer seit dem Jahr 1990 noch einmal sprunghaft an:

Jahr	Zahl der Einwanderer	Bevölkerung des Staates Israel
1990	199.516	4.822.000
1991	176.100	5.059.000
1992	77.057	5.196.000
1993	76.805	5.328.000
1994	80.000	5.460.000
1990–1994	**609.478**	

Etwa 85% der Einwanderer dieser Jahre kamen aus der ehemaligen Sowjetunion. Man geht davon aus, dass bis 1996 rund 700 000 Juden aus der Sowjetunion nach Israel eingewandert sind.

Bei allen Zahlen der Einwanderung muss man berücksichtigen, dass es in der ganzen Zeit auch Auswanderungen gab. So verließen beispielsweise in den Jahren 1975–1981 6% aller Einwanderer das Land wieder innerhalb eines Jahres, und weitere 6–10% nach zwei bis 5 Jahren. In den achtziger Jahren verließen etwa 120 000 Menschen das Land Israel.

Methodische Hinweise

Die Vorlage kann nur eine Anregung dazu geben, sich mit dem israelisch-arabischen Konflikt und dem Friedensprozess intensiver zu beschäftigen. Die Schüler/innen können sich hierzu weiteres Material von der isarelischen Botschaft in Bonn besorgen. Sehr informativ sind folgende Veröffentlichungen:

☐ Rosemarie Wehling, Frieden im Nahen Osten?
☐ Informationen zur politischen Bildung Nr. 247, 2. Quartal 1995: Israel, Geschichte, Wirtschaft, Gesellschaft.

VI Jüdische Präsenz in Palästina / Israel

VI.1 Die römische und die byzantinische Periode
VI.2 Die erste muslimische Periode
VI.3 Die Kreuzfahrerperiode
VI.4 Die Periode der Ajubiden und Mamelucken
VI.5 Die türkische Periode
VI.6 Die britische Mandatszeit

Informationen

Vgl. hierzu auch die Informationen zur Vorlage V.22.

Auch nach der Niederschlagung des Bar-Kochba-Aufstandes durch die Römer (135 n. Chr.) und dem folgenden Verbot für Juden, die Stadt Jerusalem zu betreten, gab es durch zwei Jahrtausende hindurch immer Juden in dem seit diesem Zeitpunkt ›Palästina‹ genannten Land. Die Vorlagen VI.1–6 bieten Bilder und kurze Texte zur jüdischen Präsenz in Palästina in den einzelnen Epochen.

Genauere Angaben finden sich in Dan Bahat, Zweitausend Jahre jüdisches Leben im Heiligen Land. Die vergessenen Generationen, und in Werner Keller, Und wurden zerstreut unter alle Völker.

Die Vorlagen machen allerdings nicht deutlich, dass die Juden in Palästina als Minderheit gegenüber einer arabischen Mehrheit lebten. Zu Vorlage VI.6 sei ergänzend darauf hingewiesen, dass es im Zuge des Unabhängigkeitskrieges 1948 zur Flucht bzw. Vertreibung eines großen Teils der Palästinenser aus dem späteren Staatsgebiet Israels kam. Diese Flüchtlinge bzw. ihre Nachkommen leben zum großen Teil heute noch in Flüchtlingslagern in den benachbarten Ländern. Zur Frage »Flucht oder Vertreibung?« schreibt Meïr Pail, israelischer Historiker und Major a. D. der Eliteeinheit Palmach: »Ungefähr ein Drittel der palästinensischen Flüchtlinge beschloss aus freien Stücken zu fliehen, vor allem am Anfang des Krieges. Ein weiteres Drittel floh aufgrund psychologischer Maßnahmen der Juden. Man sagte ihnen, es sei besser für sie, freiwillig zu gehen, als erobert zu werden. Das letzte Drittel wurde regelrecht durch Gewalt vertrieben« (Schreiber/Wolffsohn, S. 153).

Die Entwicklung der palästinensischen bzw. jüdischen Bevölkerung von 1882 bis 1986 veranschaulicht die Skizze auf S. 100 (die Zahlen stammen aus: Schicle, S. 152).

Methodische Hinweise

Die Vorlagen VI.1–6 können dazu dienen, einen Wandfries zum Thema »Zweitausend Jahre jüdische Präsenz in Israel/Palästina« herzustellen. Hierzu können auch die Informationen zur Vorlage II.12 (»Der Talmud«) und II.9 (»Jüdische Diaspora I, Entstehung«) herangezogen werden; zur Vorlage VI.6 (»Die britische Mandatszeit«) ausgewählte Informationen der Vorlagen V.1ff (»Geschichte des Judentums im 20. Jh.«).

Juden und Araber im Kerngebiet

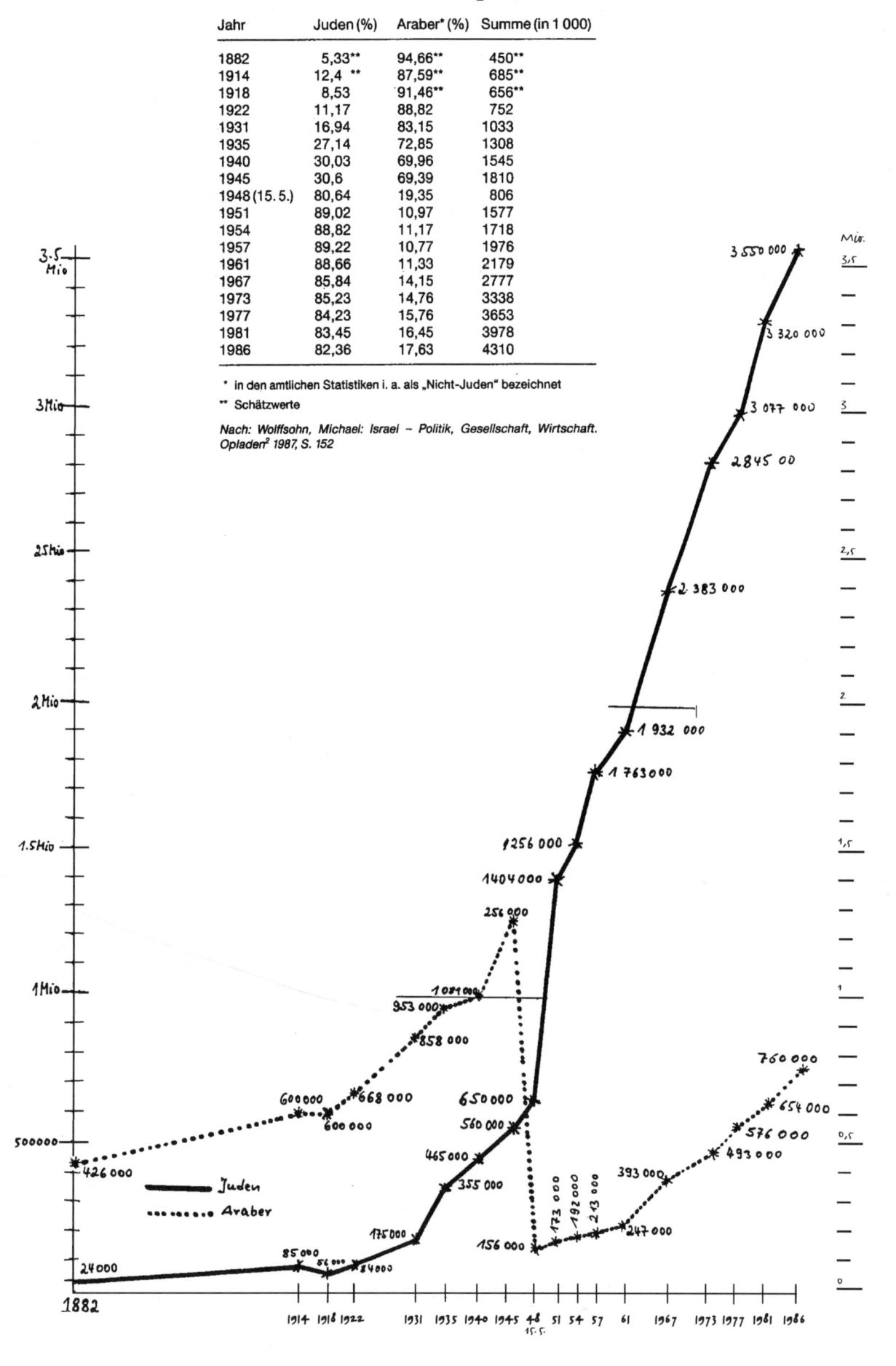

Jahr	Juden (%)	Araber* (%)	Summe (in 1 000)
1882	5,33**	94,66**	450**
1914	12,4 **	87,59**	685**
1918	8,53	91,46**	656**
1922	11,17	88,82	752
1931	16,94	83,15	1033
1935	27,14	72,85	1308
1940	30,03	69,96	1545
1945	30,6	69,39	1810
1948 (15.5.)	80,64	19,35	806
1951	89,02	10,97	1577
1954	88,82	11,17	1718
1957	89,22	10,77	1976
1961	88,66	11,33	2179
1967	85,84	14,15	2777
1973	85,23	14,76	3338
1977	84,23	15,76	3653
1981	83,45	16,45	3978
1986	82,36	17,63	4310

* in den amtlichen Statistiken i. a. als „Nicht-Juden" bezeichnet
** Schätzwerte

Nach: Wolffsohn, Michael: Israel – Politik, Gesellschaft, Wirtschaft. Opladen² 1987, S. 152

VII Domino zum jüdischen Leben: Spiel, Bauanleitung, Quiz

VII.1 Domino

Informationen

In den Vorlagen für ein Domino wird versucht, einen groben Überblick über Glauben und Leben der Juden zu geben. Den Bildern sind knappe beschreibende Texte zugeordnet.

Methodische Hinweise

1. Es hat sich als reizvoll erwiesen, die Bilder des Dominos vor dem Einsatz durch die Kinder in Gruppenarbeit anmalen zu lassen. Hilfreich ist es, die Bilder möglichst stark zu vergrößern und auf dickeres Papier zu kopieren.
2. Nach dem Anmalen können die Bilder foliert werden. Das ist für den Einsatz des Dominos sehr wirkungsvoll und zudem praktisch, weil die Bilder nicht so leicht verschmutzen oder knicken. Sie können so z. B. auch problemlos auf dem Boden ausgelegt werden.
3. Man kann das Domino in der *Gesamtgruppe* spielen. Allerdings darf hierfür die Gruppe nicht mehr als 20 Schüler/innen umfassen, so dass jede/r Schüler/in zwei oder drei Karten erhält. Man lässt die entsprechende Anzahl von Karten durch die Schüler/innen ziehen. Derjenige/diejenige, der/die erste Karte gezogen hat, liest den Text vor, zu dem der/die nächste die Karte mit dem entsprechenden Bild auf den Boden legt und dann seinen/ihren Text vorliest usw.
Zum Einsatz in der *Kleingruppe* (5 bis 6 Schüler/innen) wird das Domino zuvor mehrmals kopiert und foliert und den Schüler/innen zum selbständigen Arbeiten in der Gruppe zur Verfügung gestellt. Es arbeiten auf diese Weise mehrere Gruppen parallel.
Beide Versionen wurden mehrfach erprobt. Beim Spielen in der Kleingruppe entdeckten einige Kinder relativ rasch, dass sich auf den Karten kleine Buchstaben befinden, die zusammen gelesen den Satz »Jude ist, wer von einer jüdischen Mutter geboren wurde« ergeben. Die Dynamik des Spiels lief von da an darauf hinaus, möglichst schnell diesen Satz zusammenzustellen. Den Schüler/innen, die ihren Text lesen und sinngemäß zuordnen sollten, wurde nicht mehr zugehört; der Eifer galt dem möglichst schnellen Ende des Spiels. Deshalb sollte entweder auf die Buchstaben, die eigentlich der Selbstkontrolle dienen, verzichtet werden. Eine andere Möglichkeit besteht darin, diese Buchstaben auf die Rückseite der Kärtchen zu schreiben. Man kann die Domino-Vorlagen auch als Memory einsetzen. Hierzu werden nur die Bildkarten gebraucht. Sie müssen jeweils verdoppelt werden.

VII.2 Dreidel-Spiel

Methodische Hinweise

Die notwendigen Informationen zu diesem Spiel finden sich auf der Vorlage VII.2.

VII.3 Quiz zum Thema Judentum

Das vorliegende Quiz stellt ein spielerisches Element dar und sollte als solches eingesetzt werden. Zu diesem spielerischen Element gehören auch die Zeichnungen, die einzelnen Fragen locker zugeordnet sind. Die Zeichnungen zu den biblischen Geschichten stammen von dem jüdischen Grafiker A. E. Lilien.
Die dem Quiz beigegebenen Lösungen (hinter den von den Schüler/innen anzukreuzenden Kästchen) werden selbstverständlich für die Bearbeitung durch die Schüler/innen getilgt. Zur Lösung des Quiz ist eine Liste mit Bibelstellen und deren Inhaltsangaben beigegeben. Diese können den Schüler/innen – ohne die Inhaltsangaben – zur Bearbeitung des Quiz überlassen werden. Durch die Angabe der Bibelstellen wird deutlich, dass das Judentum wesentlich im Alten Testament wurzelt.
Das Quiz kann zum einen zur Erhebung des Vorwissens einer Lerngruppe eingesetzt werden. Hierbei hat es sich als sehr reizvoll erwiesen, die Lösungen nicht unmittelbar nach dem Ausfüllen des Quiz zu besprechen, sondern im Verlauf der Behandlung des Judentums immer wieder auf das Quiz zurückzukommen.
Zum anderen kann das Quiz zur Überprüfung des Lernerfolgs eingesetzt werden.

Das Thema Judentum im christlichen Religionsunterricht

Anhang

Das Thema »Judentum« ist grundlegendes Thema eines jeden christlichen Religionsunterrichts. Das wird allein schon an dem Pauluswort »... *so sollst du wissen, dass nicht du die Wurzel trägst, sondern die Wurzel trägt dich*« (Röm 11,18) deutlich.

Kenntnisse über Judentum sind insbesondere bei allen alttestamentlichen Themen sowie bei allen Themen, in denen der Jude Jesus von Nazareth im Mittelpunkt steht, wichtig. Besondere Sensibilität ist bei der Leidensgeschichte Jesu (»Wer ist schuld am Tod Jesu?«) geboten.

Folgende Aspekte verdeutlichen den engen Zusammenhang zwischen Judentum und Christentum:

■ *1. Jesus war Jude*
- Er war jüdischer Abstammung (vgl. Lk 1,5–36 und Röm 1,3: »... Jesus Christus, unserm Herrn, der geboren ist aus dem Geschlecht Davids nach dem Fleisch ...«
- Er war *beschnitten* (Lk 2,21)
- Er feierte *Bar Mizwa* (Lk 2,41–52)
- Er betete das *Sch'ma Israel* (Mk 12,29)
- Die jüdische Bibel (Gesetz und Propheten) war für ihn maßgebend (Mt 22,40)
- Er fühlte sich *dem Volk Israel verbunden* (Mt 15,24)
- Er lehrte die Tora und *erfüllte das Gesetz* (Mt 5,17)
- Er zieht einen »Zaun um das Gesetz« (Mt 5,21.22)
- Er feierte *die jüdischen Feste*, z. B. das Passafest (vgl. Joh 2; 5; 7)
- Jesus diskutiert als *Lernender unter Lernenden* über die rechte Auslegung des Gesetzes ((Mt 5,21ff)
- Er besucht (regelmäßig) die Synagoge und lehrt in ihr (Lk 4,16)

■ *2. Die ersten Christen* in Jerusalem blieben auch in ihrem Christsein Juden (vgl. Apg 2,46f):
Und sie waren täglich einmütig beieinander im Tempel und brachen das Brot hier und dort in den Häusern, hielten die Mahlzeiten mit Freude und lauterem Herzen und lobten Gott und fanden Wohlwollen beim ganzen Volk.

■ *3. Das biblische Menschenbild* ist das jüdische Menschenbild, und es ist unser christliches Menschenbild, auch wenn schon im Neuen Testament und vor allem in der frühen Kirche sehr viele hellenistische Einflüsse eine Rolle spielen.

■ *4. Die alttestamentlichen Geschichten*, die wir unseren Kindern und Jugendlichen zu Hause und in der Schule erzählen, sind auch die Geschichten, die den jüdischen Kindern erzählt werden.

■ *5. Der Gott*, dem wir vertrauen und der sich uns zuwendet, ist auch der Gott des jüdischen Gläubigen. Oft wird fälschlicherweise argumentiert, dass Gott im Alten Testament der Richter sei, im Neuen Testament dagegen der Liebende, der Gnädige. Dies ist – zumindet in dieser vereinfachten Form – falsch. Gerade auch der Gott des Alten Testamentes ist der, der sich seinem Volk in Liebe zuwendet.

■ *6. Die Psalmen*, die wir beten, sind auch die Gebete der Juden.

■ *7.* Unser *Gottesdienst* ist in seiner Grundform vom Gottesdienst der Synagoge abgeleitet: Gebet, Lied, Lesung (Predigt). Der (aaronitische) Segen, der im jüdischen Gottesdienst (durch einen Cohen) gesprochen wird, steht auch am Ende des christlichen Gottesdienstes:

Der HERR *segne dich und behüte dich;*
der HERR *lasse sein Angesicht leuchten über dir*
und sei dir gnädig;
der HERR *erhebe sein Angesicht auf dich*
und gebe dir Frieden.

■ *8.* »Juden und Christen sind in ihrem Handeln bestimmt durch die Wechselbeziehung zwischen *Gerechtigkeit und Liebe*« (Christen und Juden, 1975, S. 15).

■ *9. Die Zehn Gebote*, die wir lernen und beachten, sind auch die Gebote, die für die Juden wichtig sind.

Die Tora – das Gesetz, die fünf Bücher Mose – ist das Zentrum des Judentums; sie gilt auch für uns Christen. Allerdings muss hier auf vier Dinge hingewiesen werden:

☐ Ein weitverbreitetes christliches Missverständnis des Gesetzes versteht das Gesetz als unerfüllbar und belastend. Die Tora ist aber für den frommen Juden nicht etwas, das ihm eine unerfüllbare Verpflichtung auferlegt, unter der er stöhnt und der er nie nachkommen kann, sondern sie ist ›Weisung‹ zum Leben. Am klarsten kommt dies in Psalm 1 zum Ausdruck:

Wohl dem, der nicht wandelt im Rat der Gottlosen noch tritt auf den Weg der Sünder noch sitzt, wo die Spötter sitzen, sondern hat Lust am Gesetz des HERRN und sinnt über seinem Gesetz Tag und Nacht!
Der ist wie ein Baum, gepflanzt an den Wasserbächen, der seine Frucht bringt zu seiner Zeit, und seine Blätter verwelken nicht.
Und was er macht, das gerät wohl.

☐ Die Weisungen der Tora, an die wir uns halten, sind nur die ethischen Gebote. Die rituellen Gebote (Reinheitsgebote, Speisegebote), die für den frommen Juden entscheidend sind, gelten für uns Christen nicht.

☐ Das Gebot, den Sabbattag als den 7. Schöpfungstag, als Ruhetag zu halten, wurde abgewandelt. Christen feiern den Sonntag als den Herrentag, den Tag der Auferstehung Jesu. Die Feier des Sonntags hatte ursprünglich auch den Sinn, sich von den Juden abzugrenzen.

☐ Das erste Gebot nach jüdischer Zählung lautet:
Ich bin der HERR, dein Gott,
der ich dich aus Ägyptenland,
aus der Knechtschaft, geführt habe.

Damit wird zweierlei deutlich:
– Vor allen Geboten steht Gottes Zuwendung zu seinem Volk.
– Man kann die Zehn Gebote richtiger ›Zehn Worte‹ nennen.

■ *10. Juden und Christen erwarten beide in der Zukunft die Vollendung der Welt.*
»Christen bekennen, dass in Jesus Christus die prophetischen Verheißungen vom Bund Gottes mit seinem Volk neue und weiterführende Gestalt gewonnen haben, um die Welt der Vollendung entgegenzubringen. An diesem Punkt besteht die die Trennung begründende Spannung: für die Juden führt die Verwirklichung der Tora zur Vollendung, für die Christen liegt das Heil im Glauben an den bereits gekommenen Messias Jesu und in der Erwartung seiner Wiederkunft« (Christen und Juden, 1975, S. 16).

■ *11. Die Feste, die wir feiern, haben vielfach eine ihrer Wurzeln im Judentum* – bis hin zu den Bräuchen und den Bedeutungen (z. B. Ostern/Pessach und Pfingsten/Schawuot).
Ob das letzte Mahl Jesu ein Pessachmahl war, wie es Markus und Matthäus darstellen, ist in der Forschung umstritten (vgl. Theissen/Merz, S. 375f).

■ *12.* Schließlich sind Juden und Christen verbunden durch eine *lange Leidensgeschichte des Judentums*. Unter Berufung auf den Juden Jesus von Nazareth wurden Juden durch die Jahrhunderte von Christen unterdrückt, gedemütigt, gefoltert und ermordet – nicht erst im 20. Jh. Aber nicht nur diese Leidensgeschichte verbindet Juden und Christen. Die abendländische Kultur ist durch die Jahrhunderte in vielfacher Hinsicht durch das Judentum bereichert worden. Die Verankerung des Themas »Judentum« in den Lehrplänen sei am Beispiel der baden-württembergischen Lehrpläne für den evangelischen Religionsunterricht aufgezeigt:

In der *Grundschule* ist das Thema insbesondere bei folgenden Lehrplaneinheiten von Bedeutung:
LPE 1.8.3W: Ostern feiern
LPE 2.2.1P: Abraham und Sara – Wagnis und Vertrauen
LPE 2.4P: Mit Jesus unterwegs
LPE 3.2P: Gott befreit und führt sein Volk – Mose
LPE 3.4P: Jesus geht einen anderen Weg
LPE 4.2W: Erhört werden und hören – Hanna und Samuel
LPE 4.4.1P: Jesus leidet und stirbt

In der *Sekundarstufe I*:
RS LPE 5.2.1P: David: Ist Gott im Leben dabei
RS LPE 7.4.1W: Simon Petrus, ein Freund Jesu
RS LPE 7.9.2W: Paulus: Frohe Botschaft für die Welt
RS LPE 7.10.2W: Vom Glauben und Leben der Juden: Nächstes Jahr in Jerusalem
HS LPE 7.10W: Vom Glauben und Leben der Juden
RS LPE 8.2W: Elija: Gott ist anders
HS LPE 8.2W: Elija: Gott neu sehen
HS LPE 8.4P: Passion und Ostern: Im Ende ein Anfang
HS LPE 8.9W: Paulus: Alles für das Evangelium
RS LPE 9.1W: Solange die Erde steht: Hoffnung unterm Regenbogen
RS LPE 9.2W: Wenn ein Prophet in der Stadt ist: Jeremia
HS LPE 9.2W: Hiob: Wie kann Gott das zulassen?

RS LPE 9.5.3W: Arbeiten und Ruhen
RS LPE 9.10W: An den Wassern von Babylon: Geschichten aus dem Exil
HS LPE 9.10W: Juden und Christen auf dem Weg zueinander
HS LPE 10.2WP: Die immer wieder neue Frage nach Gott
HS LPE 10.4W: Jesus, einer von uns?
RS LPE 10.2W: Wie kann Gott das zulassen: Hiob
RS LPE 10.8W: Bilder von Schrecken und Hoffnung
RS LPE 10.10.1 P: Juden und Christen: Die Wurzel trägt den Spross (diese LPE versucht, wegzukommen von der einseitigen Betrachtung des jüdisch-christlichen Verhältnisses als Leidensgeschichte der Juden. Deshalb werden die kulturellen Leistungen des Judentums für die abendländische Geschichte betont. Ein weiterer Schwerpunkt ist die Situation der Juden in Deutschland heute).

Literatur

1. Judentum – Grundlagen und Geschichte

Bahat, Dan, Zweitausend Jahre jüdisches Leben im Heiligen Land. Die vergessenen Generationen, Hergestellt und veröffentlicht von Israel Economist, Jerusalem, Januar 1977

Bez, Ludwig u.a., Der jüdische Friedhof in Freudental, Verlag W. Kohlhammer, Stuttgart u.a. 1996. *In diesem sehr gut ausgestatteten Werk wird der jüdische Friedhof von Freudental ausführlich in Bild und Text dokumentiert. Daneben finden sich lesenswerte Ausführungen zu den jüdischen Bestattungsbräuchen sowie zu den Grabsteinsymbolen*

Bundeszentrale für politische Bildung (Hg.), Informationen zur politischen Bildung, Nr. 247: Israel, Geschichte, Wirtschaft, Gesellschaft, Bonn 1995

Burchard, C., Jesus von Nazareth, in: Becker, Jürgen u.a., Die Anfänge des Christentums, Verlag W. Kohlhammer Stuttgart 1987, S. 12–58

Fleischmann, Lea, Dies ist nicht mein Land. Eine Jüdin verlässt die Bundesrepublik, Hoffmann & Campe Verlag, Hamburg 1980

Gamm, Hans-Jochen, Das Judentum, Campus Verlag, Frankfurt/New York, ^{2}1981. *Sehr gute kurze Einführung in die Geschichte und in Glauben und Leben des Judentums*

Gradwohl, Roland, Bibelauslegung aus jüdischen Quellen Bd. 1–4, Calwer Verlag, Stuttgart 1986–89; Taschenbuchausgabe in 2 Bänden 1995

Ders., Frag den Rabbi. Streiflichter zum Judentum, Calwer Verlag, Stuttgart ^{2}1995

Ders., Frag den Rabbi noch einmal. Weitere Streiflichter zum Judentum, Calwer Verlag, Stuttgart 1997

Ders., Hasse nicht in deinem Herzen. Grundgesetze des Judentums. Calwer Verlag, Stuttgart, ^{4}1991

Ders., Was ist der Talmud?, Einführung in die »Mündliche Tradition« Israels, Calwer Verlag, Stuttgart ^{3}1993

Hahn, Joachim, Jüdische Friedhöfe in Baden-Württemberg, in: entwurf. Religionspädagogische Mitteilungen, Stuttgart 2/1985, S. 36–47. *In diesem Beitrag sind die Informationen zu jüdischen Friedhöfen kurz zusammengefasst.*

Heiligenthal, Roman, Der Lebensweg Jesu von Nazareth, Verlag W. Kohlhammer, Stuttgart u.a. 1995

Hollis, Christopher / Brownrigg, Ronald, Heilige Stätten im Heiligen Land, Gütersloh o.J.

Jacob, Benno, Das Buch Exodus, Calwer Verlag, Stuttgart 1997

Jochum, Herbert, Ecclesia und Synagoga. Das Judentum in der christlichen Kunst (Ausstellungskatalog), Ottweiler Druckerei und Verlag, Ottweil 1993

Jüdisches Lexikon. Ein enzyklopädisches Handbuch des jüdischen Wissens, Jüdischer Verlag bei Athenäum, Frankfurt a. M. ^{2}1987

Keller, Werner, Und wurden zerstreut unter alle Völker, Gütersloher Verlagshaus, Gütersloh 1988

Lau, Israel Meir, Wie Juden leben. Glaube, Alltag, Feste, Gütersloher Verlagshaus, Gütersloh 1988

Leipoldt, Johannes / Grundmann, Walter (Hg.), Umwelt des Urchristentums, Evangelische Verlagsanstalt Berlin, ^{6}1982. Band I: Darstellung des neutestamentlichen Zeitalters. Band II: Texte zum neutestamentlichen Zeitalter

Lohse, Eduard, Umwelt des Neuen Testaments, NTD-Ergänzungsband 1, Vandenhoeck & Ruprecht, Göttingen 1975

Nachama, Andreas / Sievernich, Gereon (Hg.), Jüdische Lebenswelten. Katalog zur Ausstellung in Berlin 1991, Suhrkamp Verlag, Frankfurt a. M. 1991

Nachama, Andreas / Schoeps, Julius H. / van Voolen, Eduard (Hg.), Jüdische Lebenswelten. Essays, Suhrkamp Verlag, Frankfurt a. M. 1991

Philo-Lexikon. Handbuch des jüdischen Wissens, ^{4}1937 (Nachdruck: Jüdischer Verlag bei Athenäum, Frankfurt a. M. 1992)

Reuter, Fritz, Warmaisa: 1.000 Jahre Juden in Worms, Jüdischer Verlag bei Athenäum, Frankfurt a. M. ^{2}1987

Schiele, Siegfried (Hg.), Israel und der Nahostkonflikt, Landeszentrale für politische Bildung Baden-Württemberg, erschienen in der Reihe: Politik und Unterricht 3/88, S. 31

Schreiber, Friedrich/Wolffsohn, Michael, Nahost. Geschichte und Struktur des Konflikts, Opladen ⁴1995

Sievers, Leo, Juden in Deutschland, Stern-Buch, Hamburg 1977

Theissen, Gerd / Merz, Annette, Der historische Jesus. Ein Lehrbuch, Vandenhoeck und Ruprecht, Göttingen 1996

Theobald, Alfred Udo (Hg.), Der jüdische Friedhof. Zeuge der Geschichte – Zeugnis der Kultur, Badenia Verlag, Karlsruhe 1984

Vries, Ph. de, Jüdische Riten und Symbole, Fourier-Verlag, Wiesbaden ⁷1995

Vishniac, Roman, Verschwundene Welt, Kindler Verlag, München 1996

Ders., Wo Menschen und Bücher lebten. Bilder aus der ostjüdischen Vergangenheit, Kindler Verlag, München 1993

Wolffsohn, Michael, Israel – Politik, Gesellschaft, Wirtschaft, Opladen ²1987

Wurmbrand, Max in Zusammenarbeit mit Roth, Cecil, Das Volk der Juden. 4000 Jahre Kampf ums Überleben, Abi Melzer Verlag, Dreieich 1980

Zborowsky, Mark / Herzog, Elizabeth, Das Schtetl. Die untergegangene Welt der osteuropäischen Juden, C. H. Beck Verlag, München ³1992

Zentralwohlfahrtsstelle der Juden in Deutschland e. V. (Hg.), Bearbeitung und Gestaltung: E. Rubinstein, Mitgliederstatistik – der einzelnen jüdischen Gemeinden und Landesverbände in Deutschland per 1. Januar 1997, Frankfurt a. M.

2. Nationalsozialismus und Judenverfolgung

Adam, Uwe Dietrich, Judenpolitik im Dritten Reich, Droste Verlag, Düsseldorf 1972

Arendt, Hannah, Eichmann in Jerusalem. Ein Bericht von der Banalität des Bösen, Piper Verlag, München ⁶1996

Fest, Joachim, Hitler. Eine Biographie, Ullstein Taschenbuch, Berlin 1987

Hahn, Fred, Lieber Stürmer! Leserbriefe an das NS-Kampfblatt 1924 bis 1945, Seewald-Verlag, Stuttgart 1978

Hofer, Walter, Der Nationalsozialismus. Dokumente 1933–1945, Fischer Taschenbuch Verlag, Frankfurt a. M. 1957

Internationaler Militärgerichtshof (Hg.), Der Prozess gegen die Hauptkriegsverbrecher vor dem Internationalen Militärgerichtshof Nürnberg 14. November 1945 – 1. Oktober 1946, Verhandlungsniederschriften, 24 Bände, Nürnberg 1949 (fotomechanischer Nachdruck: Reichenbach Verlag)

Internationaler Militärgerichtshof (Hg.), Der Prozess gegen die Hauptkriegsverbrecher vor dem Internationalen Militärgerichtshof Nürnberg 14. November 1945 – 1. Oktober 1946, Urkunden und anderes Beweismaterial, Nürnberg 1949 (fotomechanischer Nachdruck: Delphin Verlag, München 1989)

Klüger, Ruth, Weiterleben, Frankfurt a. M./ Göttingen 1992

Schoenberger, Gerhard, Der gelbe Stern. Die Judenverfolgung in Europa 1933–1945, S. Fischer Verlag, Frankfurt a. M. 1991 (auch als Taschenbuch erhältlich)

Pendorf, R., Mörder und Ermordete. Eichmann und die Judenpolitik des Dritten Reiches, Hamburg 1961

3. Juden und Christen

Betz, Otto / Riesner, Rainer, Jesus, Qumran und der Vatikan, Brunnen Verlag / Herder Verlag, Giessen/Freiburg

Christen und Juden, Eine Studie des Rates der Evangelischen Kirche in Deutschland, hg. im Auftrag des Rates der Kirchenkanzlei der Evangelischen Kirche in Deutschland, Gütersloher Verlagshaus/Gerd Mohn, Gütersloh 1975. Jetzt enthalten in: Die Denkschriften der Evangelischen Kirche in Deutschland, Band 1/2 (GTB 414), Gütersloh ²1991, S. 119–174

Christen und Juden II, Zur theologischen Neuorientierung im Verhältnis zum Judentum. Eine Studie der Evangelischen Kirche in Deutschland, hg. vom Kirchenamt der EKD, Gütersloher Verlagshaus/ Gerd Mohn, Gütersloh 1991

Evangelischer Arbeitskreis für Kirche und Israel in Hessen und Nassau, Nr. 4 / August 1995, S. 14

Jürgens, Heiko, Martin Luther und die Juden. Schuld und Erbe, in: entwurf 2/1982, S. 59–63

Koestler, Arthur, Autobiographische Schriften, Erster Band, Frühe Empörung, Büchergilde Gutenberg

Lewin, Reinhold, Luthers Stellung zu den Juden, Berlin 1911 (Neudruck: Aalen 1973)

Oberman, Heiko Augustinus, Wurzeln des Antisemitismus. Christenangst und Judenplage im Zeitalter von Humanismus und Reformation, Siedler Verlag, Berlin ²1982

Rendtorff, Rolf / Henrix, Hans H., Die Kirchen und das Judentum. Dokumente von 1945–1985, Bonifatius Verlag, Paderborn ²1989

Röhm, Eberhard / Thierfelder, Jörg, Juden – Christen – Deutsche. Band 1: Ausgegegrenzt. 1933–1935, Band 2/I und 2/II: Entrechtet. 1935–1938, Band 3/I und 3/II: Ausgestoßen. 1938–1941, Calwer Verlag, Stuttgart 1990ff

Winkler, Albrecht, Wer trägt die Verantwortung am Tod Jesu? Überlegungen und Vorschlag zur UE Passion und Ostern (Klasse 3), in: entwurf

105

4. Unterrichtsmaterialien

Unterrichtshilfen zum Thema Judentum. Kommentierte Dokumentation von Unterrichtsentwürfen und Unterrichtsmaterialien. Erster Teil: Die Religion des Judentums. Zweiter Teil: Das Judentum in der Geschichte. Dritter Teil: Juden und Christen – Begegnungen zwischen den Religionen, Comenius-Institut, Münster 1987

Gierth, Hans-Jürgen von, Unterrichtsentwürfe: Lernzirkel Schindlers Liste. 14 Lernstationen für Klasse 5–13, Lichtenau 1995

Israel. Geschichte, Wirtschaft, Gesellschaft. Informationen zur politischen Bildung Nr. 247, 1995. Kostenlos zu beziehen bei Franzis-Druck GmbH, PF 15 07 40, 80045 München

Kursbuch Religion 2000, 5./6. Schuljahr, Calwer Verlag / Verlag Moritz Diesterweg, Stuttgart/Frankfurt a. M. 1997

Lohrbächer, Albrecht (Hg.), Was Christen vom Judentum lernen können. Modelle und Materialien für den Unterricht, Herder Verlag, Freiburg i. Br. ^{2}1994

Maaß, Hans, Verführung der Unschuldigen. Beispiele judenfeindlicher Kinderliteratur im Dritten Reich, Evangelischer Presseverband für Baden, Karlsruhe 1990

Petri, Dieter / Thierfelder, Jörg (Hg.), Vorlesebuch Drittes Reich, Verlag Ernst Kaufmann / Butzon & Bercker, Lahr/Kevelaer 1993

Petri, Dieter / Thierfelder, Jörg (Hg.), Vorlesebuch Kirche im Dritten Reich. Anpassung und Widerstand, Verlag Ernst Kaufmann / Butzon & Bercker, Lahr/Kevelaer 1995

Ptassek, Dieter, Auf drei Säulen steht die Welt. Das Judentum zur Zeit Jesu. Biblisches Arbeitsbuch Heft 5, Verlag Ernst Kaufmann / Vandenhoeck & Ruprecht, Lahr/Göttingen ^{7}1986

Schultze, Schindlers Liste – Materialien zum Film. Arbeitshilfe Medien 1, Religionspädagogisches Institut Loccum

Schulz, Siegfried (Hg.), Materialien Christen und Juden. Sekundarstufe I, Ernst Klett Verlag, Stuttgart

Schulz, Siegfried, Stundenblätter Christen und Juden. Sekundarstufe I, Ernst Klett Verlag, Stuttgart

Wehling, Rosemarie, Frieden im Nahen Osten? Themen im Unterricht. Arbeitsheft 9: Bundeszentrale für politische Bildung, dazu Lehrerheft. Kostenlos zu beziehen bei: Franzis-Druck GmbH, PF 15 07 40, 80045 München, Best.-Nr. 5.313

Ydit, Meir, Kurze Judentumskunde – für Schule und Selbstunterricht. Zu beziehen bei: Jüdische Kultusgemeinde der Rheinpfalz, Hauberallee 13, 67434 Neustadt a.d.W.

5. Sonstige Literatur

Buber, Martin, Die Erzählungen der Chassidim, Manesse Verlag, Zürich, 1992

Kerr, Judith, Als Hitler das rosa Kaninchen stahl, Otto Maier Verlag, Ravensburg 1973

Klemperer, Victor, Ich will Zeugnis ablegen bis zum letzten, Aufbau Verlag, Berlin ^{8}1996

Küchler, Sabine / Scheck, Denis, Vom schwierigen Vergnügen der Poesie, Straelener Manuskript, o. J.

Lanzmann, Claude, Shoa, claasen Verlag, Düsseldorf 1986

Rajewski, Christiane / Schmitz, Adelheid, Rechtsextremismus und Neonazismus bei Jugendlichen, in: entwurf 1/1989, S. 3ff

Schreiber, H., Kampf um Palästina, 1992

6. AV-Medien

Arbeitsfolien Religion Teil 1: Geschichte Israels, Zeit Jesu, Frühe Kirche, Calwer Verlag, Stuttgart ^{2}1989

Arbeitsfolien Religion Teil 2: Kirchengeschichte, Calwer Verlag, Stuttgart 1989, S. 30ff (Kreuzzüge) und S. 56ff (Die Zeit des Nationalsozialismus)

Fest und Feier im Judentum: Beschneidung, Bar Mizwa, Hochzeit, Calwer Video, Calwer Verlag / Matthias-Film, Stuttgart 1989

Fest und Feier im Judentum: Pessach, Calwer Video, Calwer Verlag / Matthias-Film, Stuttgart 1994

Jürgens, Heiko / Schuchardt, Friedemann / Thierfelder, Jörg, Wir sind Bettler, Tondiaserie, Calwer Verlag, Stuttgart 1982

Medienbausteine Religion 1 und 2, Görlitzer Verlag, Karlsruhe 1992. *Viele sehr gute Farb- und s/w-Folien, Arbeitsblätter und Texte*

Medienkoffer Judentum (*zu entleihen in verschiedenen Mediotheken*)

Nur ein Tagebuch. Ein Film von Wouter van der Sluis, Calwer Video, Calwer Verlag / Matthias Film, Stuttgart 1991

Religionspädagogisches Seminar der Diözese Regensburg (Hg.), Das Judentum. Folien und Texte, Bestelladresse: Religionspädagogisches Seminar der Diözese Regensburg, Obermünsterplatz 7, 93047 Regensburg

Der Shabbat, Video des Jüdischen Museums Basel (*von dort zu beziehen*)

Kopiervorlagen

I.1	Abraham, der erste Jude	V.3	Die Nürnberger Gesetze von 1935 I
I.2	Der Bund Gottes mit seinem Volk am Sinai	V.4	Die Nürnberger Gesetze von 1935 II
I.3a	Kaschrut (Speisegesetze)	V.5	Juden in aller Welt 1937
I.3b	Kaschrut (Speisegesetze)	V.6	Juden in aller Welt 1983
I.4	Feste im jüdischen Jahreskreis	V.7	Juden in Deutschland – 1933 und heute
I.5	Pessach I	V.8a	Antisemitische Kinderbücher I
I.6	Die Sedertafel (Pessach II)	V.8b	Antisemitische Kinderbücher II
I.7	Die Ordnung der Seder-Feier (Pessach III)	V.8c	Antisemitische Kinderbücher III
I.8a	Sederteller (Pessach IV)	V.8d	Antisemitische Kinderbücher IV
I.8b	Sederteller (Pessach V)	V.8e	Antisemitische Kinderbücher V
I.9	Der Ruhetag (Schabbat I)	V.9	Emigration deutscher Juden im »3. Reich« I
I.10	Der Ruhetag (Schabbat II)	V.10	Emigration deutscher Juden im »3. Reich« II
I.11	Von der Wiege bis zum Grabe	V.11	Konzentrationslager
I.12	Die Merkzeichen	V.12	Massenmord an den Juden
I.13	Synagoge I	V.13	Stationen des Holocaust
I.14	Synagoge II (Blatt A)	V.14	Bilder zur Collage I
I.15	Synagoge II (Blatt B)	V.15	Bilder zur Collage II
I.16	Jüdische Bibelauslegung	V.16	Stationen des Holocaust – Textblatt
II.1	Der Tempelberg	V.17	Gedichte zur Shoa I: Nelly Sachs, Chor der Geretteten
II.2	Tempelberg mit Fels		
II.3	Tempelberg zur Königszeit	V.18	Gedichte zur Shoa II: Paul Celan, Todesfuge
II.4	Tempelberg mit herodianischem Tempel		
II.5	Tempelberg heute	V.19	Jüdische Gruppen in Israel
II.6	Jüdische Gruppen zur Zeit Jesu	V.20	Von der Disputation zum Dialog I
II.7	Jüdische Gruppen zur Zeit Jesu (Textblatt)	V.21	Von der Disputation zum Dialog II
II.8a	Die Schuld am Tod Jesu aus der Sicht der Evangelien	V.22	Israel und die besetzten Gebiete (bis 1991)
		VI.1	Die römische und die byzantinische Periode (70–638 n. Chr.)
II.8b	Die Schuld am Tod Jesu – Wer trägt die Verantwortung?		
		VI.2	Die erste muslimische Periode (638–1099 n. Chr.)
II.9	Die Jüdische Diaspora I – ihre Entstehung		
II.10	Die Jüdische Diaspora II – Apg 2	VI.3	Die Kreuzfahrerperiode (1099–1291)
II.11	Die Jüdische Diaspora III – im Römischen Reich	VI.4	Die Periode der Ajubiden und Mamelucken (1291–1517)
II.12	Der Talmud	VI.5	Die türkische Periode (1517–1917)
II.13	Erinnerungsstätten der Juden	VI.6	Die britische Mandatszeit (1920–1948)
II.14	Erinnerungsstätten der Christen	VII.1	Domino I
II.15	Erinnerungsstätten der Muslime	VII.1	Domino II
III.1	Jüdische Kultur im Mittelalter	VII.1	Domino III
III.2	Judenverfolgung zur Zeit der Kreuzzüge	VII.1	Domino IV
III.3	Vertreibung und Auswanderung der Juden im Mittelalter	VII.1	Domino V
		VII.1	Domino VI
III.4	Verunglimpfung der Juden im Mittelalter	VII.1	Domino VII
IV.1	Martin Luther und die Juden	VII.1	Domino VIII
IV.2	Osteuropäisches Judentum: Das Schtetl	VII.1	Domino IX
IV.3	Emanzipation der deutschen Juden im 19. Jahrhundert	VII.1	Domino X
		VII.1	Domino XI
IV.4	Bedeutende deutsche Juden	VII.1	Domino XII
IV.5	Drei Formen des Judenhasses	VII.2	Chanukka-Dreidel
IV.6a	Vulgärantisemitismus I	VII.3	Quiz
IV.6b	Vulgärantisemitismus II	VII.3	Quiz (Fortsetzung)
IV.7	Jüdische Friedhöfe und Grabsteinsymbole (in Baden-Württemberg)	VII.3	Quiz (Fortsetzung)
		VII.4	Bibeltexte zum Quiz
V.1	Bücherverbrennung I		
V.2	Bücherverbrennung II		Pessach Haggada

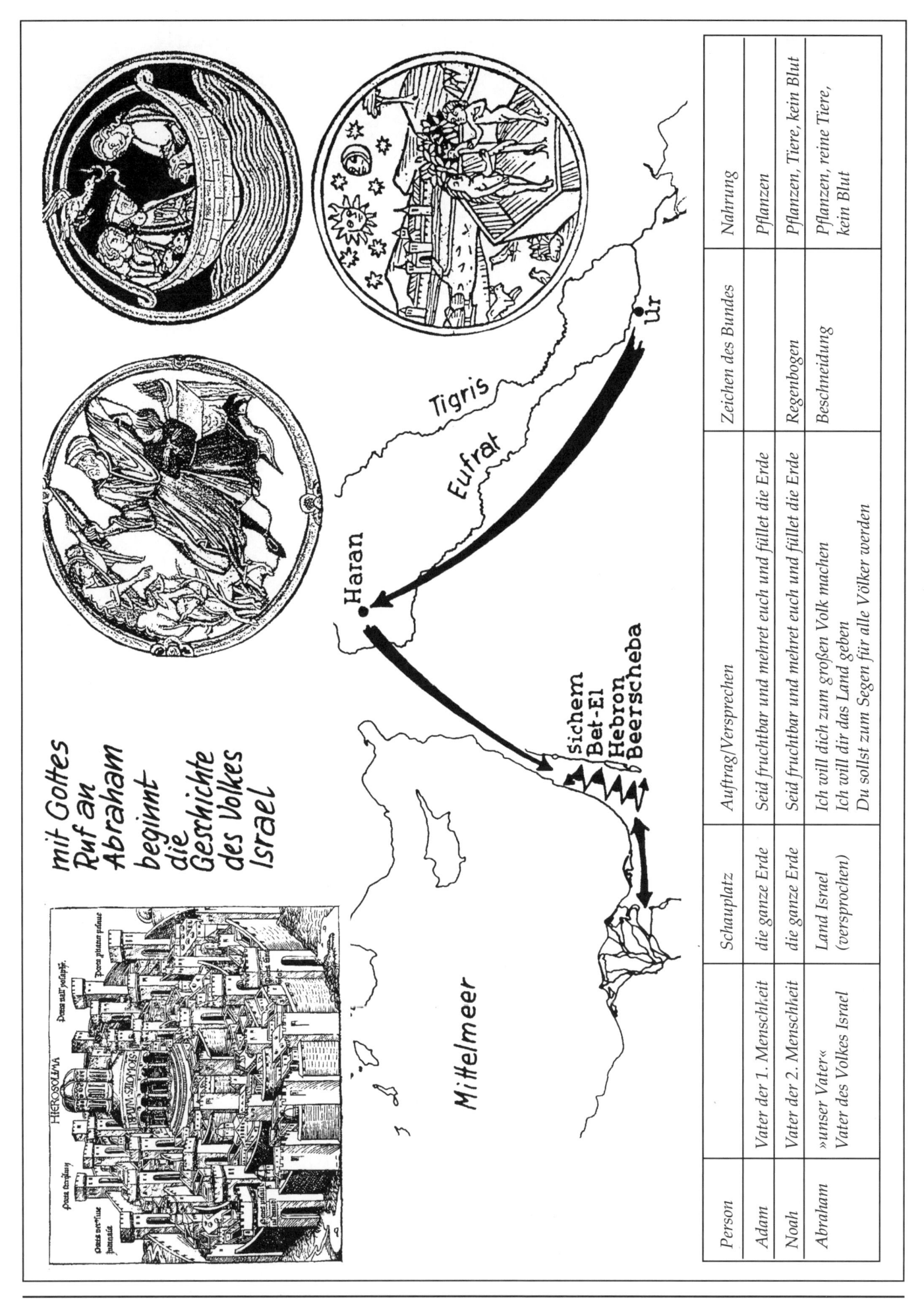

mit Gottes Ruf an Abraham beginnt die Geschichte des Volkes Israel

Person		Schauplatz	Auftrag/Versprechen	Zeichen des Bundes	Nahrung
Adam	Vater der 1. Menschheit	die ganze Erde	Seid fruchtbar und mehret euch und füllet die Erde		Pflanzen
Noah	Vater der 2. Menschheit	die ganze Erde	Seid fruchtbar und mehret euch und füllet die Erde	Regenbogen	Pflanzen, Tiere, kein Blut
Abraham	»unser Vater« Vater des Volkes Israel	Land Israel (versprochen)	Ich will dich zum großen Volk machen / Ich will dir das Land geben / Du sollst zum Segen für alle Völker werden	Beschneidung	Pflanzen, reine Tiere, kein Blut

I.1   Abraham, der erste Jude   1

Die Erwählung ist Gabe und Aufgabe:

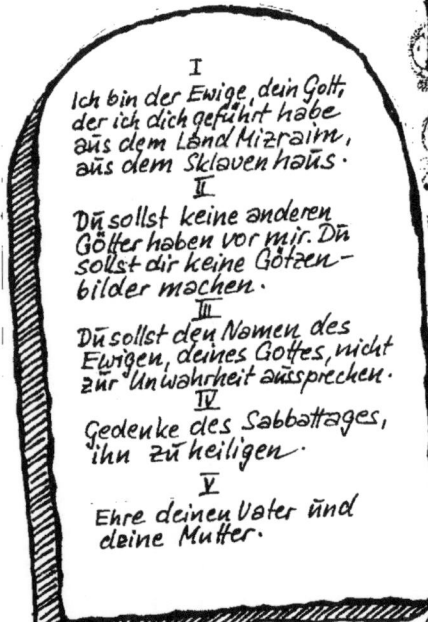

Ihr sollt mein Volk sein und ich werde euer Gott sein

I Ich bin der Ewige, dein Gott, der ich dich geführt habe aus dem Land Mizraim, aus dem Sklavenhaus.
II Du sollst keine anderen Götter haben vor mir. Du sollst dir keine Götzenbilder machen.
III Du sollst den Namen des Ewigen, deines Gottes, nicht zur Unwahrheit aussprechen.
IV Gedenke des Sabbattages, ihn zu heiligen.
V Ehre deinen Vater und deine Mutter.

VI Du sollst nicht morden.
VII Du sollst nicht ehebrechen.
VIII Du sollst nicht stehlen.
IX Du sollst nicht aussagen wider deinen Nächsten als falscher Zeuge.
X Du sollst nicht begehren das Haus deines Nächsten..., noch alles, was deinem Nächsten gehört.

vgl. 2. Mose 24,3–8

Hillel: »Was dir verhasst ist, tu dem Anderen nicht an. Das ist die ganze Tora, alles Übrige ist nur Erklärung.«

Rabbi Akiba: »Sei lieb zu deinem Nächsten, denn er ist wie du – dies ist eine große Regel in der Tora.«

Die Propheten mahnen, den Bund Gottes zu halten

✳ *Amos 3,2:*
Nur euch habe ich erwählt aus allen Erdensippen, darum ahnde ich an euch all eure Sünden.

✳ *Hosea 11,1.2:*
Als Israel jung war, hatte ich ihn lieb und rief ihn, meinen Sohn, aus Ägypten; aber wenn man sie jetzt ruft, so wenden sie sich davon und opfern den Baalen und räuchern den Bildern.

I.2 **Der Bund Gottes mit seinem Volk am Sinai**

Die Unterscheidung zwischen rein und unrein führt zur Heiligung des Lebens: »Ihr sollt euch heiligen und heilig werden, denn heilig bin ich«.

3. Mose 11,45

Zum Verzehr erlaubt sind:

Früchte, Getreide, Gemüse; Milch und Milchprodukte; Eier von zugelassenen Tieren; wiederkäuende Säugetiere, die gespaltene Hufe haben wie Rind, Schaf, Ziege; Fische mit Schuppen; Geflügel.

Verboten sind:

*Fleisch in seinem Blut;
Schwein und Kamel (haben gespaltene Klauen, sind aber keine Wiederkäuer);
Pferd und Esel (haben weder gespaltene Hufe noch sind sie Wiederkäuer); Fische ohne Schuppen (Aal); Weichtiere (Schnecken, Austern); Raubvögel.*

Milch und Fleisch

»Koch nicht das Böcklein in der Milch seiner Mutter!«

2. Mose 23,19

Milch- und Fleischspeisen dürfen nicht zusammen gekocht und nicht zusammen gegessen werden. Jedoch Milch und Fisch sind zusammen erlaubt.

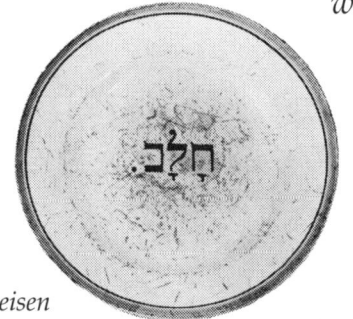

Teller für Milchspeisen

Schächten

Die erlaubten Säugetiere und Vögel müssen mit einem Schnitt durch Halsschlagader und Luftröhre getötet werden.

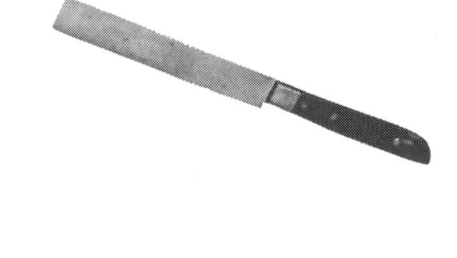

I.3α **Kaschrut** (Speisegesetze)

		erlaubt	nicht erlaubt			erlaubt	nicht erlaubt
①	Milch	☐	☐	⑭	Trauben	☐	☐
②	Jogurt	☐	☐	⑮	Gebäck	☐	☐
③	Käse	☐	☐	⑯	Hartwurst (aus Eselfleisch)	☐	☐
④	Apfelsinen	☐	☐	⑰	Hummer	☐	☐
⑤	Alkohol 40 %	☐	☐	⑱	Fisch mit Schuppen	☐	☐
⑥	Äpfel	☐	☐	⑲	Blutwurst	☐	☐
⑦	Wein	☐	☐	⑳	Schnecken	☐	☐
⑧	Spanferkel	☐	☐	㉑	Nüsse	☐	☐
⑨	Ananas	☐	☐	㉒	Rollbraten (aus Schweinefleisch)	☐	☐
⑩	Blumenkohl	☐	☐	㉓	Bohnen	☐	☐
⑪	Grünkohl	☐	☐	㉔	Eier	☐	☐
⑫	Hähnchen	☐	☐	㉕	Birnen	☐	☐
⑬	Roggenbrot	☐	☐	㉖	eingemachte Pflaumen	☐	☐

I.3b **Kaschrut** (Speisegesetze)

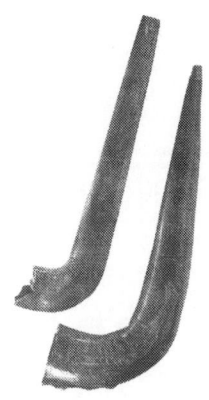

① Schofar (Widderhorn)  ② Gottesdienst am Jom Kippur  ③ Feier in der Laubhütte  ④ Torarolle mit Zeiger

Jüdischer Monat	entspricht etwa	Festzeit	Bedeutung
Tischri	Oktober	Rosch Haschana	① Jahresanfang / Besinnung / Umkehr
		Jom Kippur	② Versöhnungstag / Reinigung von allen Sünden / Fasten
		Sukkot	③ Laubhüttenfest / Erinnerung an die Zeit der Wüstenwanderung, als man in den Hütten (Zelten) wohnte
		Simchat Tora	④ Freude an der Tora / Neubeginn der jährlichen Toralesung
Marcheschwan	November		
Kislew	Dezember	Chanukka	⑤ Lichterfest zur Erinnerung an die Wiedereinweihung des Tempels in Jerusalem; 8 Tage lang wird je ein weiteres Licht des 8-armigen Chanukka-Leuchters angezündet.
Tewet	Januar		
Schewat	Februar		⑥ »Fest der Bäume« (in Israel blüht – als erster – der Mandelbaum)
Adar	März	Purim	⑦ Losfest / Rettung der Juden in Persien / ausgelassene Fröhlichkeit / Verkleidung / scherzhafte Spiele
Nissan	April	Pessach	⑧ Passafest / Erinnerung an die Befreiung aus der ägyptischen Sklaverei
Ijar	Mai		
Siwan	Juni	Schawuot	⑨ Wochenfest / Erinnerung an die Gabe der Tora (Gebote) durch Gott am Sinai / Erntefest
Tamus	Juli		
Aw	August		
Elul	September		

⑤ Chanukka-Leuchter 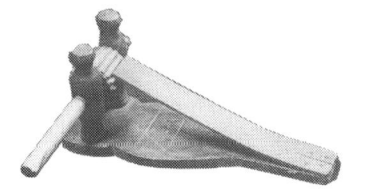 ⑦ Purimrassel 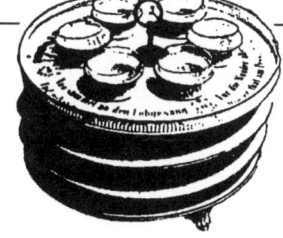 ⑧ Séderschüssel ⑨ Gesetzestafeln

I.4 Feste im jüdischen Jahreskreis

An Pessach erinnert sich das Volk Israel an den Auszug aus Ägypten

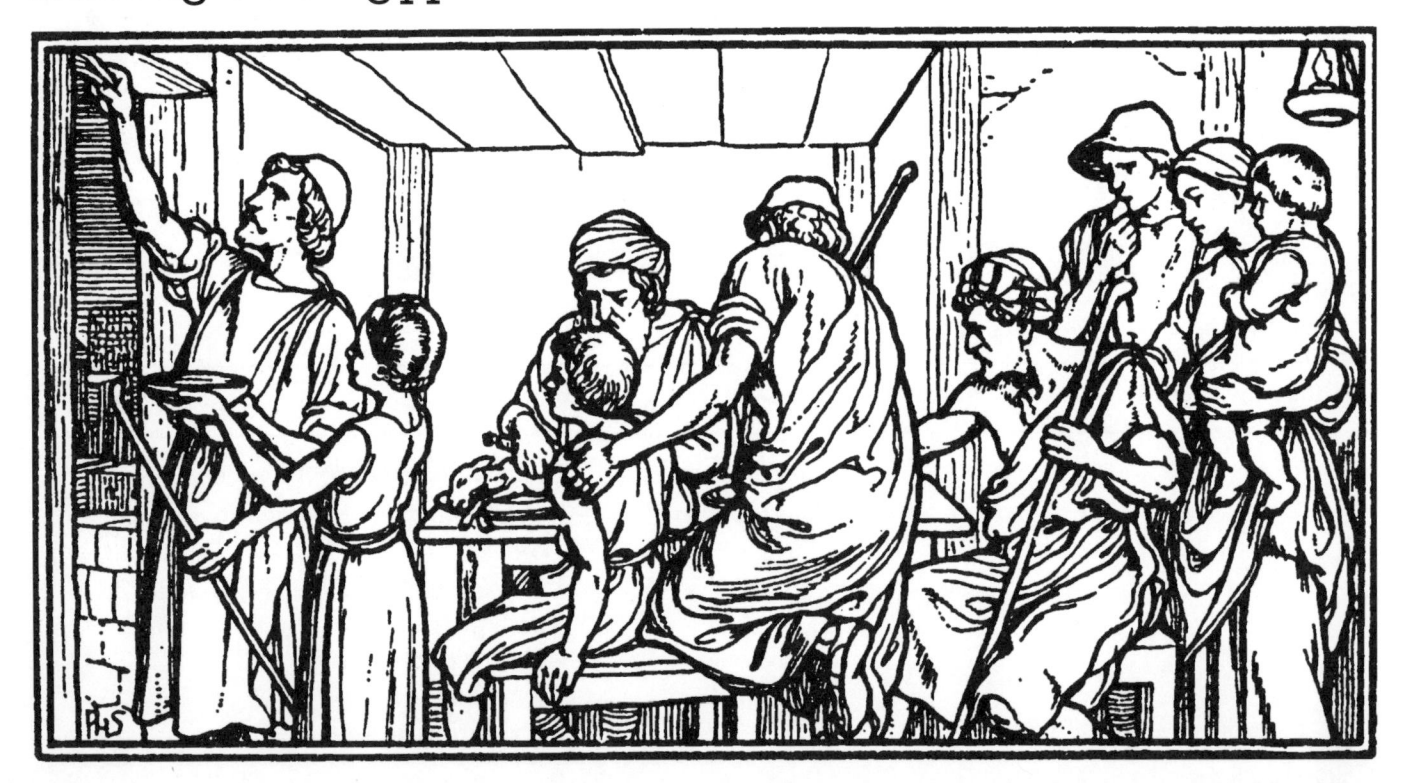

»Pessach« bedeutet »über etwas hinwegschreiten«. Dieses Wort erinnert an die Ereignisse kurz vor dem Auszug: Mose hatte als zehnte Plage die Tötung der Erstgeburt der Ägypter angekündigt. Die israelitischen Familien schlachteten ein Lamm und bestrichen die Türpfosten mit Blut. An diesem Zeichen erkannte der Engel die Häuser der Israeliten, schritt über sie hinweg und schonte die Erstgeborenen des Volkes Israel.

(vgl. 2. Mose 12)

Als Erinnerung an diese Bewahrung wurde im alten Israel als Passaopfer ein Lamm im Tempel dargebracht und verzehrt. Zur Erinnerung daran wird auf den Sederteller der gebratene Knochen (Keule eines Lammes oder eines Huhns) gelegt.

Weil die Israeliten schnell aufbrechen mussten, war keine Zeit, dem Brotteig Sauerteig (Hefe) zuzusetzen und ihn gehen zu lassen; so nahmen sie ungesäuerten Brotteig mit.

Zur Erinnerung daran wird am Passafest bis heute nur ungesäuertes Brot, die Mazzen (Sg.: Mazza oder Matze; Pl.: Mazzot oder Matzen) gegessen.

Der erste Abend des einwöchigen Passafestes ist der Seder-Abend, der nach einer bestimmten Ordnung (hebr.: Seder) abläuft, wie diese in der Pessach-Haggada (Erzählung) aufgezeichnet ist.

Im Mittelpunkt des Seder-Abends steht die Erzählung vom Auszug aus Ägypten. Dabei stellt das jüngste Mitglied der Familie »die vier Fragen«:

»Warum unterscheidet sich diese Nacht von allen anderen Nächten?

In allen anderen Nächten können wir Gesäuertes und Ungesäuertes essen, in dieser Nacht nur Ungesäuertes.

In allen anderen Nächten können wir allerlei Kräuter essen, in dieser Nacht nur bittere Kräuter.

In allen anderen Nächten müssen wir kein einziges Mal eintunken, in dieser Nacht zwei Mal.

In allen anderen Nächten können wir frei sitzend oder angelehnt essen, in dieser Nacht sitzen wir alle angelehnt.«

I.5   Pessach I

Auf der Sedertafel befinden sich:

Becher mit Wein
Vor jedem Teilnehmer der Sederfeier steht ein Becher Wein oder Traubensaft. Bei der Feier werden vier Becher getrunken.

Der fünfte Becher
Dieser Becher, der nicht getrunken wird, steht zu Ehren des Propheten Elia, dessen Ankunft an Pessach erwartet wird.

Schälchen mit Salzwasser
Es erinnert an die Tränen, die die Israeliten in Ägypten vergossen haben.

Kerzen
Sie werden vor Beginn des Seder-Abends von der Hausfrau angezündet.

Drei Matzen
Sie sind in ein besonderes Tuch eingewickelt.

Der Sederteller
Auf ihm befinden sich die symbolischen Speisen.

Die Pessach-Haggada
Sie enthält die Ordnung der Sederfeier; in ihr wird die Geschichte vom Auszug aus Ägypten erzählt. Jedes Familienmitglied am Tisch hält ein Exemplar in der Hand, damit es der Erzählung folgen kann.

I.6   **Die Sedertafel (Pessach II)**

> Beim Sedermahl feiert man symbolisch den Auszug aus Ägypten, die Befreiung aus der Sklaverei. Der Hausvater leitet die Seder-Feier. Er sitzt »wie ein König« in einem mit Kissen gepolsterten Stuhl. Der Ablauf des Sedermahls ist genau festgelegt.

Kiddusch
Der Vater spricht den Segensspruch (Kiddusch) über den Wein. Nach dem Segensspruch trinken alle Teilnehmer (auf der linken Seite angelehnt) aus ihrem Becher.

Händewaschen
Dem Vater wird (wie einem König) eine Schüssel und eine Kanne mit Wasser gereicht.

Verzehren der Kräuter
Die Kräuter (Petersilie, Radieschen oder Sellerie) werden in das Schälchen mit Salzwasser getaucht und gegessen.

Afikoman
Die mittlere der drei Matzen wird geteilt, eine Hälfte wird in eine besondere Serviette eingewickelt, um am Ende des Seder-Mahls als Nachspeise (= Afikoman) gegessen zu werden. Diese Matze wird oft von den Kindern versteckt.

Die Erzählung vom Auszug aus Ägypten
Der jüngste Teilnehmer stellt die »vier Fragen«; der Vater beantwortet sie, indem er von der Sklaverei in Ägypten und vom Auszug erzählt. Der Vater erinnert an das Passalamm (Knochen). Danach werden die symbolischen Speisen zur Erinnerung an das Elend in Ägypten verzehrt: Zuvor waschen sich alle Teilnehmer des Sedermahls die Hände:

a) Man verzehrt die Matze, das »**Brot des Elends**«
b) **Bitterkraut** wird in Charosset getaucht und verzehrt.
c) »**Belegtes Brot**«: Meerrettich wird zwischen zwei Matzen gestrichen und verzehrt.

Festliches Essen

Verborgenes
Man verzehrt die Matze, die man am Anfang beiseite gelegt hat (Afikoman), damit als Letztes der Geschmack an Pessach noch lange im Munde bleibt.

Tischgebet nach dem Essen
Hallel (Beten von Psalmen)

Wohlgefälliger Abschluss (endet mit:)

Das kommende Jahr im aufgebauten Jerusalem

Bild: Der Messias vor den Toren Jerusalems

כרפס
KARPASS

Kräuter
Sellerie, Petersilie oder gekochtes Gemüse.
Die Kräuter erinnern an die karge Sklavenmahlzeit in Ägypten.
Sie werden in das Salzwasser getaucht und gegessen.

זרוע
SRO'A

Knochen
Keule vom Lamm oder Huhn; angebraten mit wenig Fleisch daran.
Erinnert an das Passalamm und das Passaopfer im Tempel.

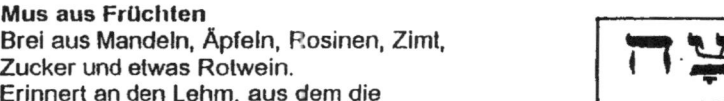

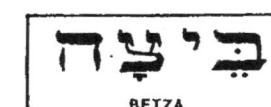

מי מלח
MEJ MELACH

Salzwasser
Erinnert an die Tränen, die die Israeliten während ihrer Unterdrückung in Ägypten vergossen.

ביצה
BETZA

Ei
Symbol der Fruchtbarkeit, aber auch der Trauer.

מרור
MAROR

Bitterkräuter
Meerrettich, Lauch o. ä.
Erinnern an die bittere Zeit in Ägypten.
Das Bitterkraut wird in das Charosset getaucht und gegessen.

חרוסת
CHAROSSET

Mus aus Früchten
Brei aus Mandeln, Äpfeln, Rosinen, Zimt, Zucker und etwas Rotwein.
Erinnert an den Lehm, aus dem die Israeliten in Ägypten Ziegel herstellen mussten.
Die Bitterkräuter werden in diesen Brei getaucht und gegessen.

I.8α **Sederteller** (Pessach IV)

Der Sederteller

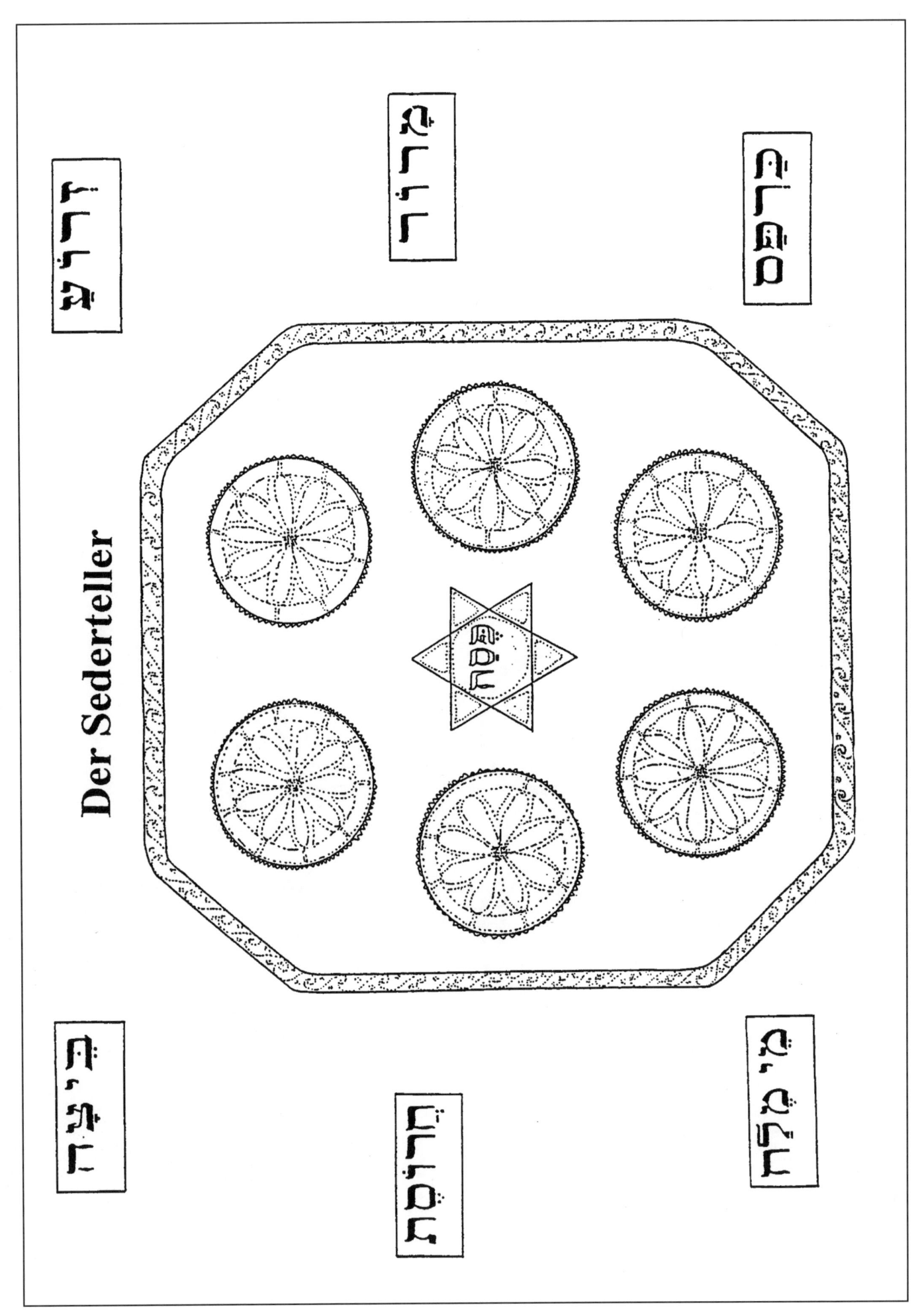

חזרת

כרפס

חרשת

זרוע

ביצה

מרור

מצה

I.8b Sederteller (Pessach V)

Gedenke des Sabbattages, ihn zu heiligen!

Sechs Tage sollst du arbeiten und all dein Werk verrichten; aber der siebente Tag ist ein Sabbat dem Ewigen, deinem Gott. Da sollst du keinerlei Werk verrichten, du und dein Sohn und deine Tochter, dein Knecht und deine Magd und dein Vieh, und dein Fremdling, der in deinen Toren ist. Denn in sechs Tagen hat der Ewige den Himmel und die Erde geschaffen, das Meer und alles, was darin ist; aber am siebenten Tag hat er geruht; darum hat der Ewige den Sabbattag gesegnet und ihn geheiligt.

2. Mose 20,8–11

Das hebräische Wort »schabbat« bedeutet »Ruhetag«

*Beginn des Sabbat am 27. Mai
Freitagabend 6.57 Uhr*

*Ende des Sabbat am 28. Mai
Samstagabend 8.18 Uhr*

Aufkleber an einem Geschäft in Jerusalem

39 Hauptarbeiten sind am Sabbat verboten

verboten ist z.B.:

erlaubt ist:

Das Gebot der Arbeitsruhe am Sabbat wird bei Lebensgefahr außer Kraft gesetzt:

Der Ruhetag (Schabbat I)

Schabbat in einer traditionellen jüdischen Familie

Mit dem Entzünden der Sabbatkerzen begrüßt die Mutter die eintretende Königin Sabbat. Sie spricht einen Segensspruch.
Der Vater und die Kinder besuchen zu Beginn des Sabbats den Gottesdienst in der Synagoge.
Nach dem Gottesdienst beginnt in der Familie das feierliche Abendessen. Die Kinder werden durch die Eltern gesegnet.
Der Vater singt das »Lob der tüchtigen Frau«. (Sprüche 31,10–31)

Danach erhebt er den Kidduschbecher und spricht den Weinsegen.
Nachdem alle aus dem Becher getrunken haben, spricht der Vater den Brotsegen über die zwei Sabbatbrote (Berches). Jeder Anwesende bekommt ein Stück Brot, bestreut mit Salz. Dann beginnt die Sabbatmahlzeit.

Am Samstagmorgen findet ein Gottesdienst in der Synagoge statt. Sieben Männer werden nacheinander zur Toralesung aufgerufen und sprechen den Segen.
Der Nachmittag gehört der Familie. Am Samstagabend nimmt die Familie Abschied von der Königin Sabbat: die Hawdala-Kerze wird angezündet. Man riecht an der Besaminbüchse, die mit wohlriechenden Kräutern gefüllt ist, um sich den Abschied zu erleichtern.

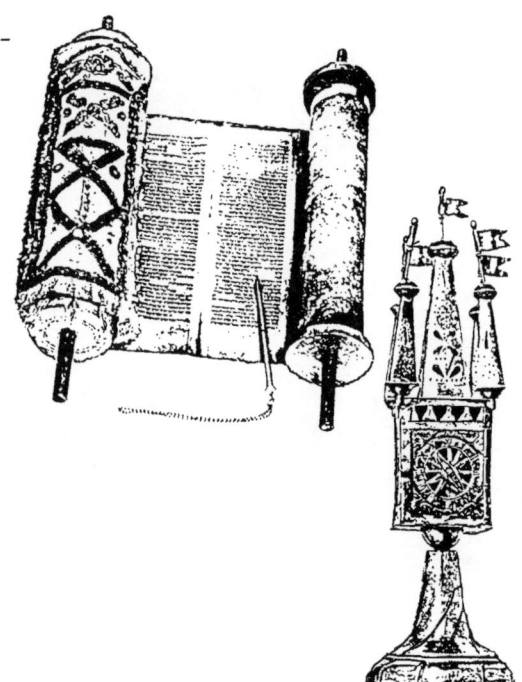

I.10 **Der Ruhetag (Schabbat II)**

1. Beschneidung
Jüdische Jungen werden am 8. Tag nach der Geburt durch Beschneidung in den Bund Abrahams aufgenommen.

Beschneidungsbänke haben oft 2 Sitze, einen für den Propheten Elia, den anderen für den Paten (Sandek), der das Kind hält. Die Beschneidung wird durch den Mohel (Beschneider) vorgenommen.

2. Das Lernen
»Mit fünf Jahren ist man reif zum Lernen der Tora, mit 10 Jahren zum Lernen der Mischna, mit 13 Jahren zur Erfüllung der Gebote, mit 18 Jahren zum Heiraten und mit 20 Jahren für das Berufsleben und den Existenzaufbau.« (Sprüche der Väter)

3. Bar Mizwa/Bat Mizwa
Mit Vollendung des 13. Lebensjahres (und eines Tages) wird der Junge Bar Mizwa, Sohn des Gebotes. Damit ist er im religiösen Sinne erwachsen. Er liest zum ersten Mal in der Synagoge einen Abschnitt aus der Tora vor und er zählt jetzt zum Minjan, der Zehnzahl volljähriger Männer, die nötig ist, damit ein Gottesdienst stattfinden kann.

Mädchen werden mit Vollendung des 12. Lebensjahres (und eines Tages) Bat-Mizwa, Tochter des Gebotes.

4. Mikwe – rituelles Tauchbad
Bei bestimmten Anlässen reinigt man sich durch ein rituelles Tauchbad.

5. Hochzeit
Die Trauung findet unter einem Baldachin (Chuppa) statt. Der Bräutigam steckt der Braut den Trauring an und sagt dazu: »Mit diesem Ring bist du mir angeheiligt nach dem Gesetz von Mose und Israel.« Zum Abschluß der Feier zertritt der Bräutigam ein Glas zur Erinnerung an die Zerstörung Jerusalems.

6. Tod
Juden ehren ihre Verstorbenen nicht durch Blumen, die sie auf das Grab stellen. Zur Erinnerung an einen Besuch legt man einen kleinen Stein auf den Grabstein.

I.11 **Von der Wiege bis zum Grabe**

Für den frommen Juden gibt es drei »Merkzeichen«, die ihn an die Einhaltung der Gebote erinnern sollen: die Gebetsriemen ①, die Mesusa (Türpfostenkapsel) ② und die Schaufäden (Zizit) am Gebetsmantel ③.

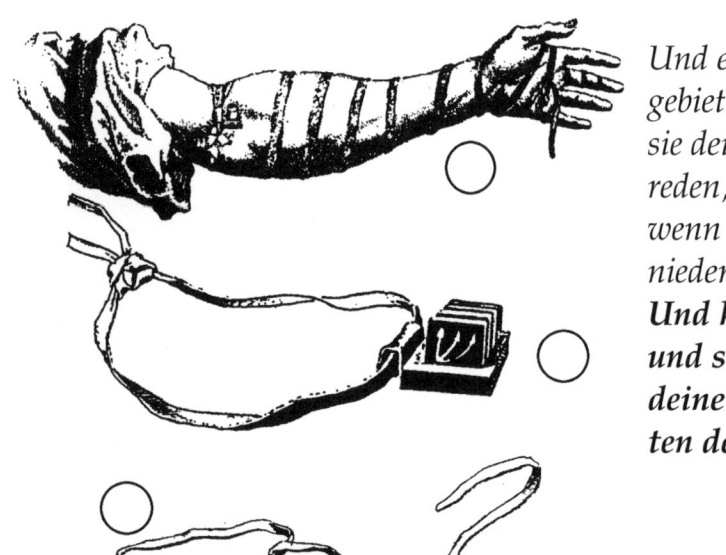

Und es sollen diese Worte, die ich dir heute gebiete, an deinem Herzen sein, und du sollst sie deinen Kindern einschärfen und von ihnen reden, wenn du in deinem Hause weilst und wenn du auf dem Weg gehst, wenn du dich niederlegst und wenn du aufstehst.
Und knüpfe sie zur Marke an deine Hand, und sie seien zum Denkzeichen zwischen deinen Augen; und schreibe sie an die Pfosten deines Hauses und an deine Tore.

5. Mose 6, 6–9

... sie sollen sich eine Quaste machen an die Ecken ihrer Kleider ...
Und es soll euch zur Merkquaste sein, dass ihr es anseht und aller Gebote des Ewigen gedenkt und sie ausübt ...

4. Mose 15, 38–41

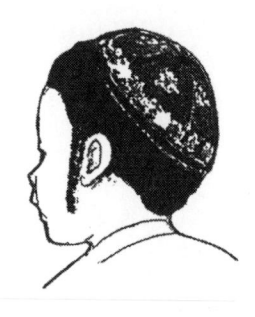

Als Zeichen der Gottesfurcht beten Juden stets mit bedecktem Haupt. Ebenso kleiden sie sich bei einer religiösen Zeremonie und beim Aufenthalt in einer Synagoge. Streng religiöse Juden tragen ständig eine Kopfbedeckung, häufig ein kleines rundes Käppchen, eine Kippa.

I.12   **Die Merkzeichen**

I.13 Synagoge I

Eine Synagoge gilt nicht als Ersatz für den Tempel von Jerusalem, sondern ist ein »Heiligtum im Kleinen«, ein Haus des Gebetes, der Belehrung, auch soziales Zentrum der Gemeinde. Sie erhält ihre Weihe durch die Nutzung als Gottesdienstraum. Gottesdienst kann stattfinden, wenn mindestens 10 religionsmündige Männer anwesend sind (»Minjan«).

Die Gebetsrichtung soll nach Osten, nach Jerusalem, orientiert sein. Deshalb steht der Toraschrein im Osten, und durch Fenster soll die Morgensonne in den Raum dringen können ○ (vgl. katholische Kirchen).

In strenggläubigen Gemeinden sind die **Frauenplätze** (auf einer Empore oder durch Schranken) von den Plätzen der Männer getrennt (vgl. Geschlechtertrennung früher in christl. Kirchen).

Die **Inneneinrichtung** der Synagoge hat einige Entsprechungen zum Tempel:
Der Toraschrein ○ (»Aron Hakodesch«) zur Aufbewahrung der Schriftrollen war früher eine Holztruhe (Bundeslade), später wurde er zum Schrank (auch Wandschrank), der durch den **Toravorhang** ○ (»Parochet«) verdeckt wird (wie das Allerheiligste durch den »Tempelvorhang«).

Im Gottesdienst wird die Torarolle auf das **Vorlesepult** ○ gelegt, das auf einem erhöhten Platz (»Almemor«) ○ steht.

Dahinter befindet sich ein kleineres **Pult für den Vorbeter** (»Amud«) ○.
Zur weiteren Einrichtung gehören das »**Ewige Licht**« (»Ner Tamid«), Zeichen der Gegenwart Gottes (vgl. katholische Kirche), und der neunarmige »**Chanukka«-Leuchter** ○ zur Erinnerung an die Wiedereinweihung des 2. Tempels.

Auch der Aufbau aus **Säulen und Türmchen** ○ soll auf den Tempel von Jerusalem hinweisen.

I.14 **Synagoge II (Blatt A)**

Bauanleitung, Reihenfolge der Arbeitsschritte:

- *Mit Buntstiften oder Wasserfarben (nicht zu nass!) alle Teile auf Blatt A und B anmalen.*
- *Alle fetten Linien —— von Blatt A auf einer Pappunterlage mit Messer nachschneiden.*
- *Alle Linien ······ nach hinten \ / , alle Linien ----- nach vorne / \ falzen – mit angelegtem Geodreieck.*
- *Blatt A vorsichtig zusammenklappen und kontrollieren, dass sich die vorgefalzten Teile richtig zusammenlegen.*
- *Bauteil ① von Blatt B ausschneiden und von hinten an die Toraschreinöffnung des Blattes A kleben.*
- *Blatt A auf ein leeres DIN A4-Blatt oder auf eine Doppelseite im Reli-Heft kleben (Achtung: Knick zwischen Wand und Boden auf Blatt A gehört auf die Heftung im Reli-Heft).*
- *Die anderen Bauteile von Blatt B ausschneiden und an die entsprechenden Stellen des Blattes A kleben.*
- *Nach Trocknung des Klebers noch einmal vorsichtig das Auf- und Zuklappen überprüfen.*

I.15 **Synagoge II** (Blatt B)

Sforno: „Höre, Israel" – Betrachte und verstehe dies. „Der Herr", der die Wirklichkeit gibt, und der Schöpfer, ist „unser Gott"… Er allein ist würdig, dass man Ihm diene …, zu ihm allein bete.

Chisquni: Der Herr, der war, als sonst nichts bestand, Er ist der Herr jetzt und Er wird immer leben und bestehen, ohne Ende und Ziel. In diesem Sinn ist Er einzig(artig). Außer Ihm gibt es keine solche Einheit.

Ramban: Das Es (Gebot) ist eine Wurzel (Grundprinzip) im Glauben, und wer sich nicht zu Ihr bekennt, leugnet die Hauptsache, wie eine Götzendiener.

Albo: Er allein ist die Ursache von allem, niemand gleicht Ihm darin, wie Er der Erste ist … Nur ihn muss es geben.

Hermann Cohen: Er ist der Eine, der Einzige, der dem keiner und keines gleicht (vgl. Jesaja 40,25).

Maimonides (Rambam): Ich glaube mit vollkommenem Glauben, dass der Schöpfer – gelobt sei Sein Name – einzig ist, und dass es keine Einzigkeit gibt, die der Seinen entspricht.

Höre, Israel, der Herr ist unser Gott, der Herr ist einzig. Liebe den Herrn, deinen Gott, mit deinem ganzen Herzen, deiner ganzen Seele und deiner ganzen Kraft.

Andere Übersetzungen:

Höre, Israel, der Ewige, unser Gott, ist ein einiges ewiges Wesen!
(M. Mendelssohn; L. Zunz)

Höre, Jisrael, Er unser Gott, Er einer!
(Buber-Rosenzweig)

Rabbi Mosche aus Coucy: Du sollst dem Schöpfer aus Liebe dienen, nicht um eines Entgelts willen. Man denke im Herzen an all das Gute, das der Heilige, gelobt sei Er, bereits erwiesen hat.

Saadja: Wisse Israel, dass der Herr, unser Gott, der einzige Herr ist. Liebe ihn mit vollkommener Liebe.

Salomo ben Jehuda Ibn Gabirol: „Du bist einzig, Du lebst, Du bist groß, Du bist mächtig, Du bist Licht, Du bist der Höchste, Du bist weise."

Raschi: Der Herr, der jetzt unser Gott ist und nicht der Gott der Völker, Er wird in der Zukunft der Einzige Gott sein (Zefania 3, 9; Sacharia 14, 9). „Liebe" – Erfülle Seine Worte aus Liebe, denn jener, der aus Liebe handelt, gleicht nicht jenem, der aus Furcht. „Mit deinem ganzen Herzen" – dein Herz sei Gott gegenüber ungeteilt.

Raschbam: Der Herr allein ist unser Gott, und wir haben keinen anderen Gott mit Ihm. Der Herr ist einzig – Ihm allein werden wir dienen, und Ihm keinen anderen Gott zugesellen. „Mit deiner ganzen Seele" – selbst wenn man dir die Seele nimmt.

Saadja ben Joseph (10. Jh., Babylonien)

Salomo ben Jehuda Ibn Gabriol (11. Jh., Spanien)

Rabbi Schlomo ben Jizchak (abgek.: Raschi, 11. Jh., Frankreich)

Rabbi Schmuel ben Me'ir (Raschbam, 11./12. Jh., Enkel von Raschi)

Maimonides (Rabbi Moses ben Maimon, abk. Rambam, 12./13. Jh., Spanien, Palästina, Ägypten)

Rabbi Mosche aus Coucy (13. Jh., Frankreich)

Rabbi Owadja Sforno (15./16. Jh., Italien)

Rabbi Hisquia bar Manoach Chisquni (13. Jh., Frankreich)

Rabbi Mosche ben Nachman Nachmanides (abgek.: Ramban, 13./14. Jh., Spanien)

Joseph Albo (14./15. Jh., Italien)

Hermann Cohen (1842–1918, Deutschland)

II. zur Zeit der Könige

IV. der Tempelberg heute

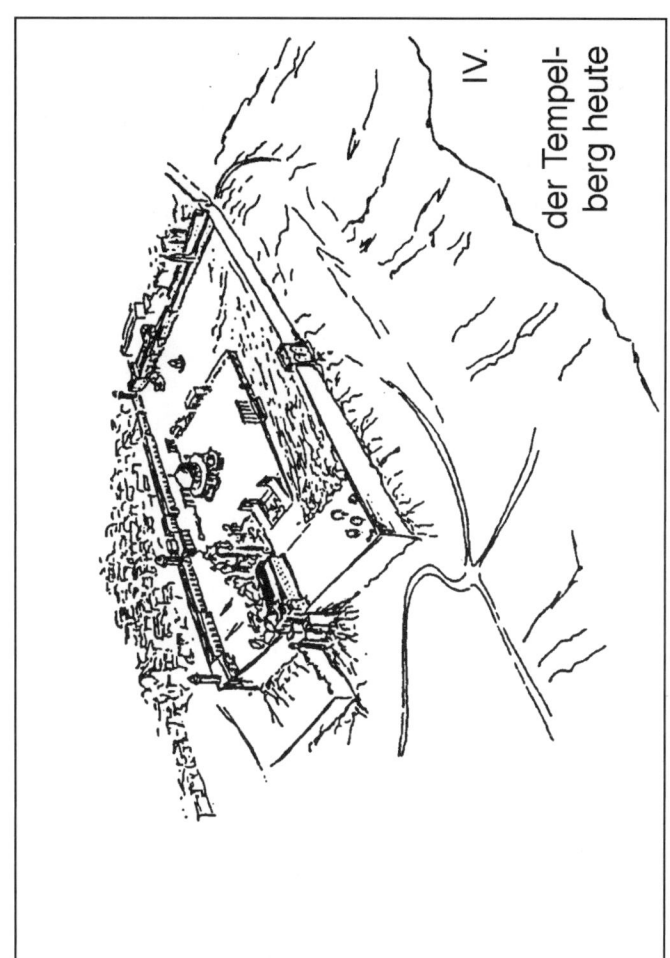

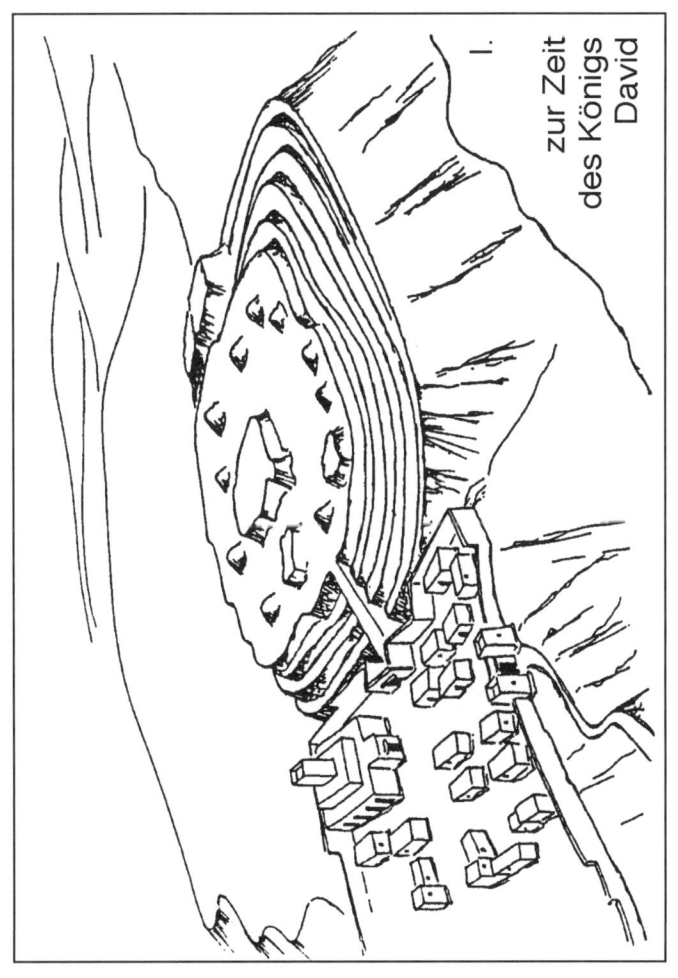

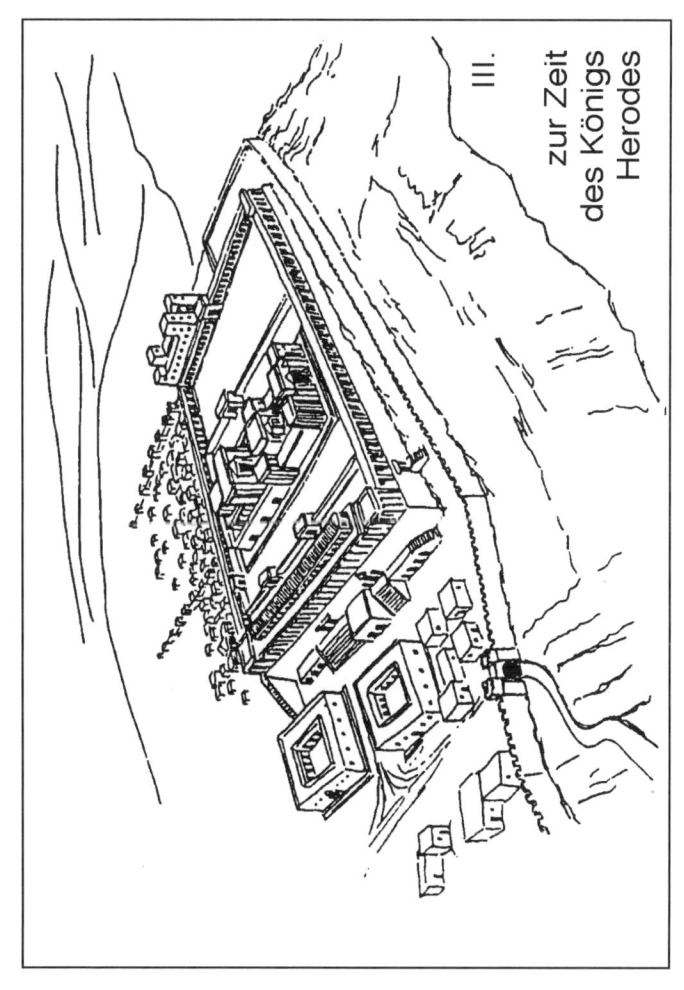

I. zur Zeit des Königs David

III. zur Zeit des Königs Herodes

II.1   **Der Tempelberg**

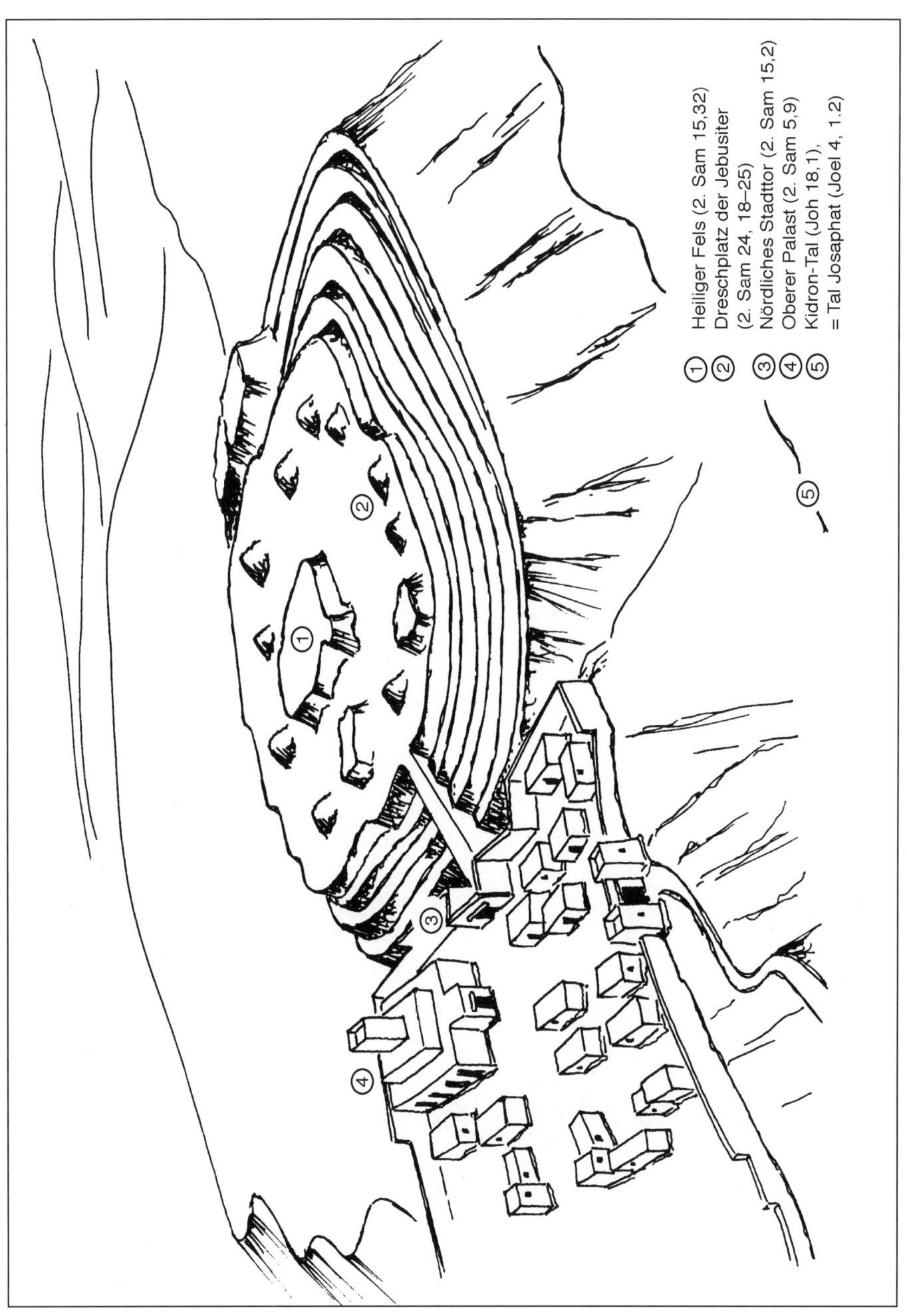

① Heiliger Fels (2. Sam 15,32)
② Dreschplatz der Jebusiter (2. Sam 24, 18–25)
③ Nördliches Stadttor (2. Sam 15,2)
④ Oberer Palast (2. Sam 5,9)
⑤ Kidron-Tal (Joh 18,1), = Tal Josaphat (Joel 4, 1.2)

II.2   **Tempelberg mit Fels**

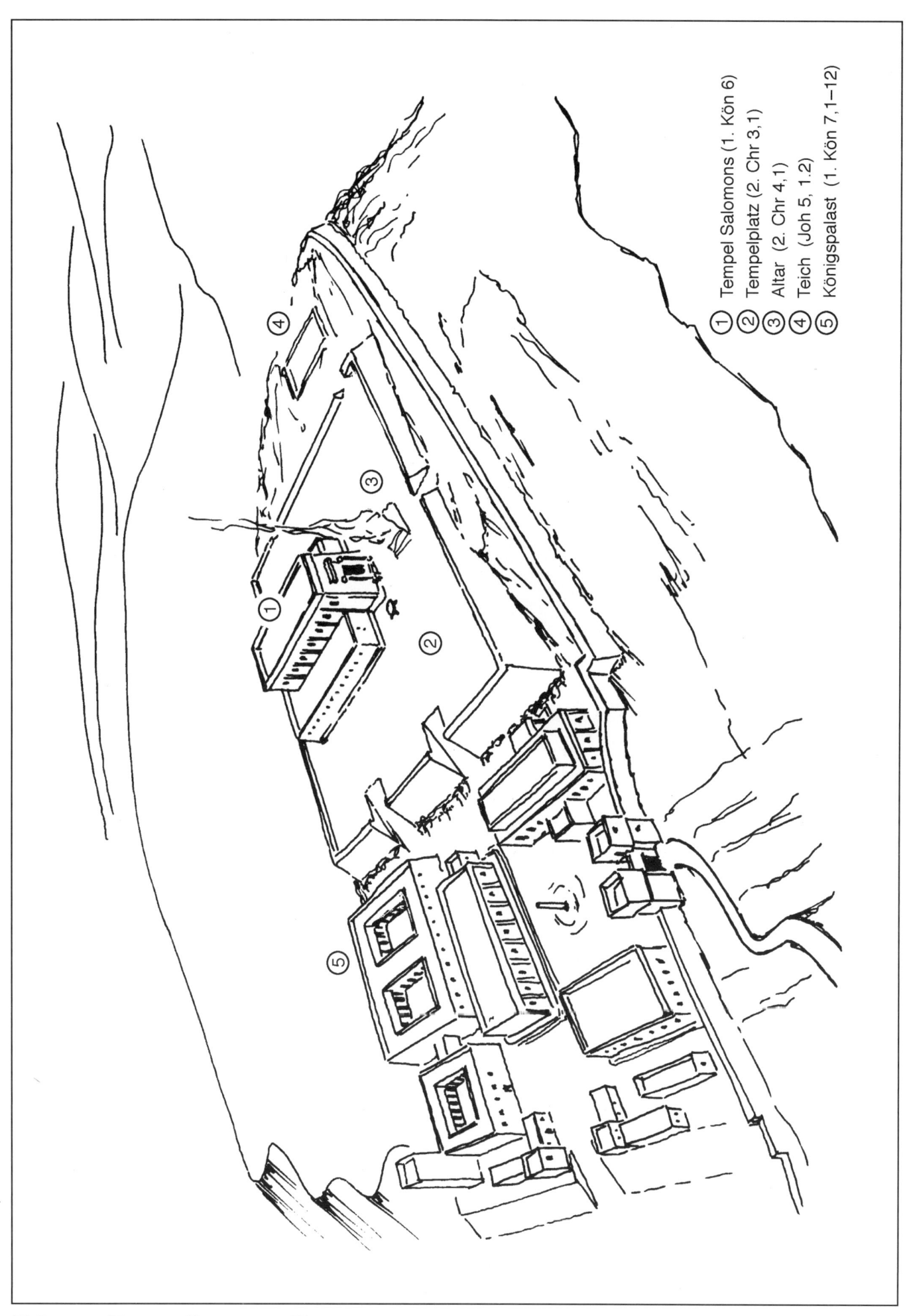

① Tempel Salomons (1. Kön 6)
② Tempelplatz (2. Chr 3,1)
③ Altar (2. Chr 4,1)
④ Teich (Joh 5, 1.2)
⑤ Königspalast (1. Kön 7, 1–12)

II.3 **Tempelberg zur Königszeit**

① Tempel (Mk 13,1)
② Burg Antonia (1. Makk 13, 41–54 und Apg 21, 27–40)
③ Vorhof der Heiden (Offb 11,2)
④ Hulda-Tore (zwei der mindestens 7 Eingänge zum Tempelbezirk) (Mt 21,12)

II.4   **Tempelberg mit herodianischem Tempel**

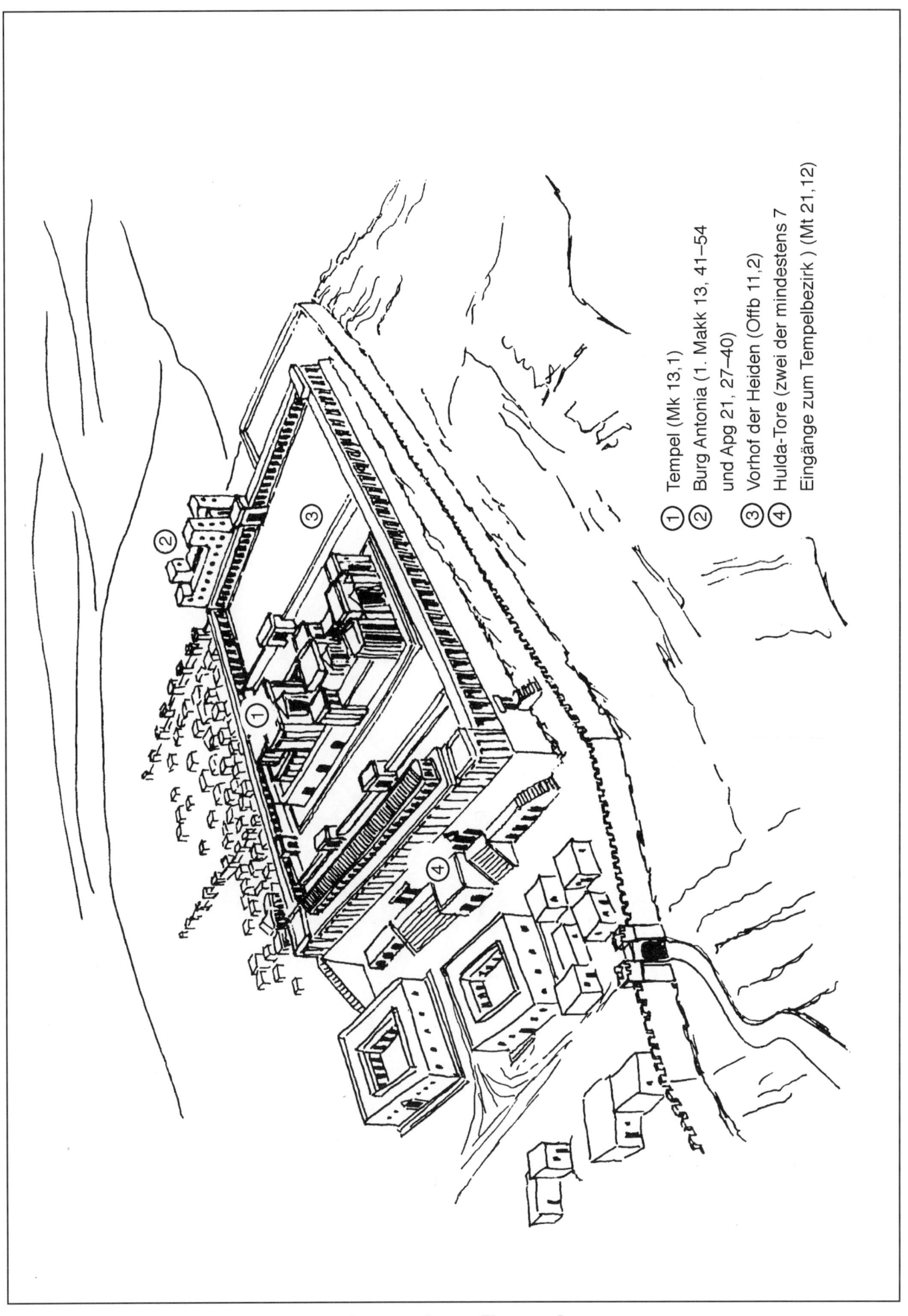

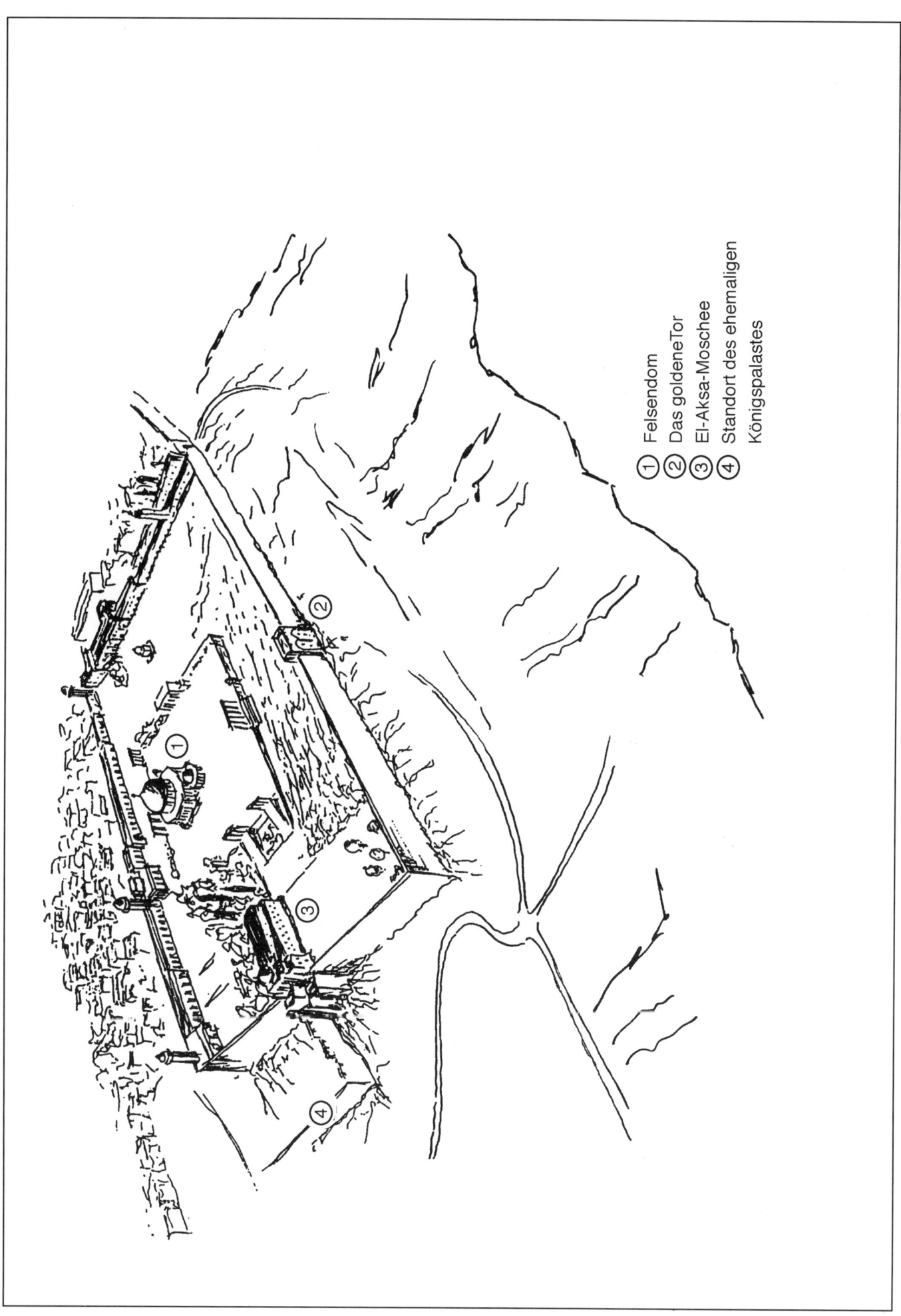

① Felsendom
② Das goldene Tor
③ El-Aksa-Moschee
④ Standort des ehemaligen Königspalastes

II.5 **Tempelberg heute**

Zur Zeit Jesu gab es im Judentum verschiedene Gruppen

	Pharisäer	Sadduzäer	Essener	Zeloten	Samaritaner
Lebensweise					
Soziale Stellung, Berufe					
Umgang mit der Tora					
Stellung zum Jerusalemer Tempel					
Messianische Hoffnung					
Verhalten gegenüber der römischen Besatzungsmacht					
	Mk 7, 1–8 Lk 13, 31	Apg 5, 17–33 Mt 22, 23–33	Mt 5, 43–48	Apg 1, 12–14 Mk 12, 13–17	Esra 4, 1–5 Joh 4, 1–39 Lk 10, 25–37

II.6 Jüdische Gruppen zur Zeit Jesu

II.7 Jüdische Gruppen zur Zeit Jesu (Textblatt)

Die Pharisäer
Der Name Pharisäer wird abgeleitet vom hebr. »Peruschim« (= die Abgesonderten). Die Pharisäer zur Zeit Jesu waren vor allem Bauern, Kaufleute und kleine Gewerbetreibende. Im Mittelpunkt ihres Lebens stand die Einhaltung der Gebote der Tora. Dabei war ihnen sowohl die in den 5 Büchern Mose schriftlich festgelegte Tora als auch deren Auslegung in der mündlichen Überlieferung wichtig. Dem Tempelkult in Jerusalem standen die Pharisäer grundsätzlich positiv gegenüber, sie wehrten sich aber gegen eine nur äußerliche Verehrung Gottes, ohne z. B. Nächstenliebe zu üben. In pharisäischen Kreisen herrschte eine starke Messiashoffnung. Sie waren überzeugt, dass der Messias dann kommt, wenn alle Juden einen Tag lang die ganze Tora erfüllen. Die Pharisäer lehnten die Herrschaft der Römer ab, kämpften aber nicht aktiv gegen sie. Es ist Aufgabe des kommenden Messias, die Juden von der Römerherrschaft zu befreien. Nach dem Aufstand der Juden gegen die Römer waren die Pharisäer die führende Gruppe im Judentum.

Die Sadduzäer
Die Sadduzäer hielten sich ausschließlich an die schriftliche Tora und lehnten daher den Auferstehungsglauben ab, da davon nichts in den 5 Büchern Mose stand. Die Sadduzäer gehörten zur religiösen und politischen Oberschicht (Adels- und Priesterfamilien, Großgrundbesitzer). Sie arbeiteten mit der römischen Besatzungsmacht zusammen und passten sich teilweise der Lebensweise der Römer an. Die Sadduzäer spielten eine große Rolle im Synhedrium, dem Hohen Rat, der obersten Behörde des Judentums, das von den Römern als Vertretung der Juden anerkannt war. Dem Tempelkult standen sie positiv gegenüber, die Hoffnung auf einen Messias, der sein Volk erretten sollte, spielte bei ihnen keine Rolle. Wegen ihrer Zusammenarbeit mit den Römern genossen sie im Volk wenig Sympathien. Nach den Aufständen gegen Rom sind sie als eigenständige Gruppe untergegangen.

Die Essener
Die Essener hielten sich in vielen Punkten noch strenger an die Tora als die Pharisäer. Neben der Tora hatten sie noch eigene Schriften, die für sie verbindlich waren. Sie stammten aus allen Schichten und lebten teils in kloster-ähnlichen Siedlungen (z. B. Qumran), teils in Stadtvierteln. Sie distanzierten sich vom Jerusalemer Tempelkult und verstanden sich als abgeschlossene Gemeinschaft, die sich von der Welt abgrenzte. Sie nannten sich »Söhne des Lichts«, während alle anderen »Söhne der Finsternis« waren. Sie warteten auf einen priesterlichen und einen königlichen Messias. Mit ihm an der Spitze würden sie in den Kampf gegen die »Söhne der Finsternis« ziehen. Beim jüdischen Aufstand gegen die Römer zogen die Bewohner von Qumran mit den letzten Aufständischen nach Massada, um dort gegen die Römer zu kämpfen.

Die Zeloten
Die Zeloten (= Eiferer) hielten sich streng an die schriftliche und mündliche Tora. Sie lehnten die Römer radikal ab, lebten als Freischärler und Untergrundkämpfer und waren von glühender Naherwartung und intensiver messianischer Hoffnung erfüllt. Sie waren der Überzeugung, das Kommen des Messias durch eigene Aktivitäten beschleunigen zu können. Deshalb kämpften sie mit großer Härte sowohl gegen die Römer als auch gegen Juden, die mit den Römern zusammenarbeiteten. Die Zeloten bildeten den Kern der Aufständischen im jüdischen Krieg gegen die Römer (68–71 n. Chr.).

Die Samaritaner
Die Samaritaner lebten in der Gegend von Samaria. Nach der Eroberung des Nordreiches durch die Assyrer (722 v. Chr.) hatten diese die israelitische Oberschicht deportiert und eine fremde Oberschicht ins Land gebracht. Diese vermischte sich mit der einheimischen Bevölkerung. Das so entstandene Volk wurde Samariter oder Samaritaner genannt. Sie verehrten Jahwe als Gott des Landes, wurden aber von den Juden nach dem Exil nicht als ›echte‹ Israeliten anerkannt. Die Beziehungen zwischen Samaritanern und Juden waren auch z. Zt. Jesu sehr schlecht. Man verkehrte nicht miteinander. Von den jüdischen Schriften sind ihnen nur die Tora (5 Bücher Mose) heilig. Auf dem Berg Garizim bei Sichem (heute Nablus) errichteten sie einen eigenen Tempel. Sie lehnten die Römer ab, kämpften aber nicht gegen sie. Die Samaritaner erwarteten einen neuen Mose (5. Mose 18,15–19).

Hannas
Joh 18, 12–24

Kaiphas
Mt 26, 57–68
Mk 14, 53–65
Joh 11, 47–53

Herodes
Lk 23, 6–12

Pilatus

Mt 27, 1–30
Mk 15, 1–5
Lk 23, 1–5
Joh 18, 28–40

das Volk

Mt 27, 20–23
Mk 15, 6–15
Lk 23, 13–25
Joh 18, 38–40

Pilatus wäscht seine Hände

Mt 27, 24–26

Der Verlauf und die Hintergründe der Verurteilung Jesu sind historisch nicht klar rekonstruierbar. Vor allem bleibt unklar, welche Rolle der Hohe Rat gespielt hat. Wahrscheinlich haben die politisch einflussreichen Kreise des sadduzäischen Priesteradels Jesus an Pontius Pilatus übergeben. Sie befürchteten, er könne Unruhen auslösen, denen die Römer nicht tatenlos zusehen würden. Die überlieferte Kreuzesinschrift INRI (= »Jesus von Nazareth, König der Juden«) sagt eindeutig, dass Jesus durch Pilatus als politischer Rebell zum Kreuzestod verurteilt wurde.

II.8α **Die Schuld am Tod Jesu aus der Sicht der Evangelien**

Wer trägt die Verantwortung am Tod Jesu?

Nachfolgend sind jene Fakten aufgeführt, die als historisch gelten können.

1. Jesus wurde in einer Nacht- und Nebelaktion von römischen Soldaten und der jüdischen Tempelwache gefangengenommen.

2. Vor dem Synhedrion, der obersten jüdischen Behörde, kam es zur Vorverhandlung mit dem Ziel, die Anklage Jesu vor Pilatus vorzubereiten. Diese Vorverhandlung endete, wie Lukas wohl historisch zuverlässig weiß, nicht mit einer Verurteilung Jesu (vgl. Lk im Gegensatz zu Mk).

3. Anlass dieser Vorverhandlung war die sog. Tempelreinigung (Mk 11, 15–17); Jesus musste den auf friedliche Koexistenz mit der römischen Besatzungsmacht bedachten Hohenpriestern und Mitgliedern des Synhedrions als Ruhestörer erschienen sein.
Politisch gefährlich hätte auch das Tempelwort Jesu werden können. Auf jeden Fall aber kam Jesus durch das Tempelwort mit der sadduzäischen Ideologie in Konflikt, die sich auf eben jenen Tempel als das Zentrum des Judentums gründete.

4. In der Vorverhandlung vor dem Synhedrion muss neben den tempelkritischen Worten und Aktionen Jesu auch der Anspruch Jesu eine entscheidende Rolle gespielt haben. Freilich ist die Behauptung falsch, Jesus sei wegen seines Anspruchs, der Messias zu sein, zum Tode verurteilt worden. Der Messiasanspruch war nämlich keineswegs notwendigerweise Gotteslästerung und folglich todeswürdig. So hat beispielsweise Rabbi Akiba (um 80–135 n. Chr.) den Simon bar Kosiba (bekannt unter dem Ehrennamen Simon bar Kochba = der Stern) öffentlich als Messias bezeichnet und wurde dennoch nicht der Gotteslästerung bezichtigt.

5. Wenn also der Vorwurf der Gotteslästerung (Mk 14,64; Mt 26,65; jedoch nicht bei Lk!) vom Hohenpriester zu Recht erhoben wurde, so kann er sich nicht auf einen traditionellen Messiasanspruch bezogen haben.
Als gotteslästerlicher Anspruch ist dann nur der Anspruch Jesu, »Sohn Gottes« zu sein, denkbar. Freilich zeigt die Art der Todesstrafe, die Kreuzigung, dass Jesus *nicht* als Gotteslästerer verurteilt und hingerichtet wurde.

6. Historisch gesehen muss der Römer Pontius Pilatus als der Hauptverantwortliche am Tod Jesu angesehen werden. Jesus starb als politischer Verbrecher am Kreuz (darauf weist auch die »Kreuzesinschrift«: König der Juden hin). Den Repräsentanten des Judentums, dem Synhedrion und den Hohenpriestern, können wir allenfalls eine Mitverantwortung am Tod Jesu zumessen, die darin bestand, dass sie Jesus vor Pilatus brachten. Jedoch, das muss betont werden, Jesus starb von römischer, nicht von jüdischer Hand.

7. Auf keinen Fall dürfen die Pharisäer für den Tod Jesu verantwortlich gemacht werden. Die Notiz Mk 3,6, ist eine redaktionelle Einfügung; spiegelt nicht die Situation des historischen Jesus wider, sondern die spätere Auseinandersetzung der Urgemeinde mit dem pharisäisch-rabbinischen Judentum. Außerdem werden in den synoptischen Passionsberichten niemals die Pharisäer erwähnt, was bei den sonst nicht gerade *pharisäerfreundlichen* Evangelien auffällig ist.

Albrecht Winkler

jüdische Silber-Münze z. Zt. Bar Kochbas Aufschrift: "Zur Freiheit Jerusalems"

römische Münze, Schrift: IUDAEA CAPTA (=Judäa ist erobert)

jüdischer Silberschekel, 69 n.Chr.

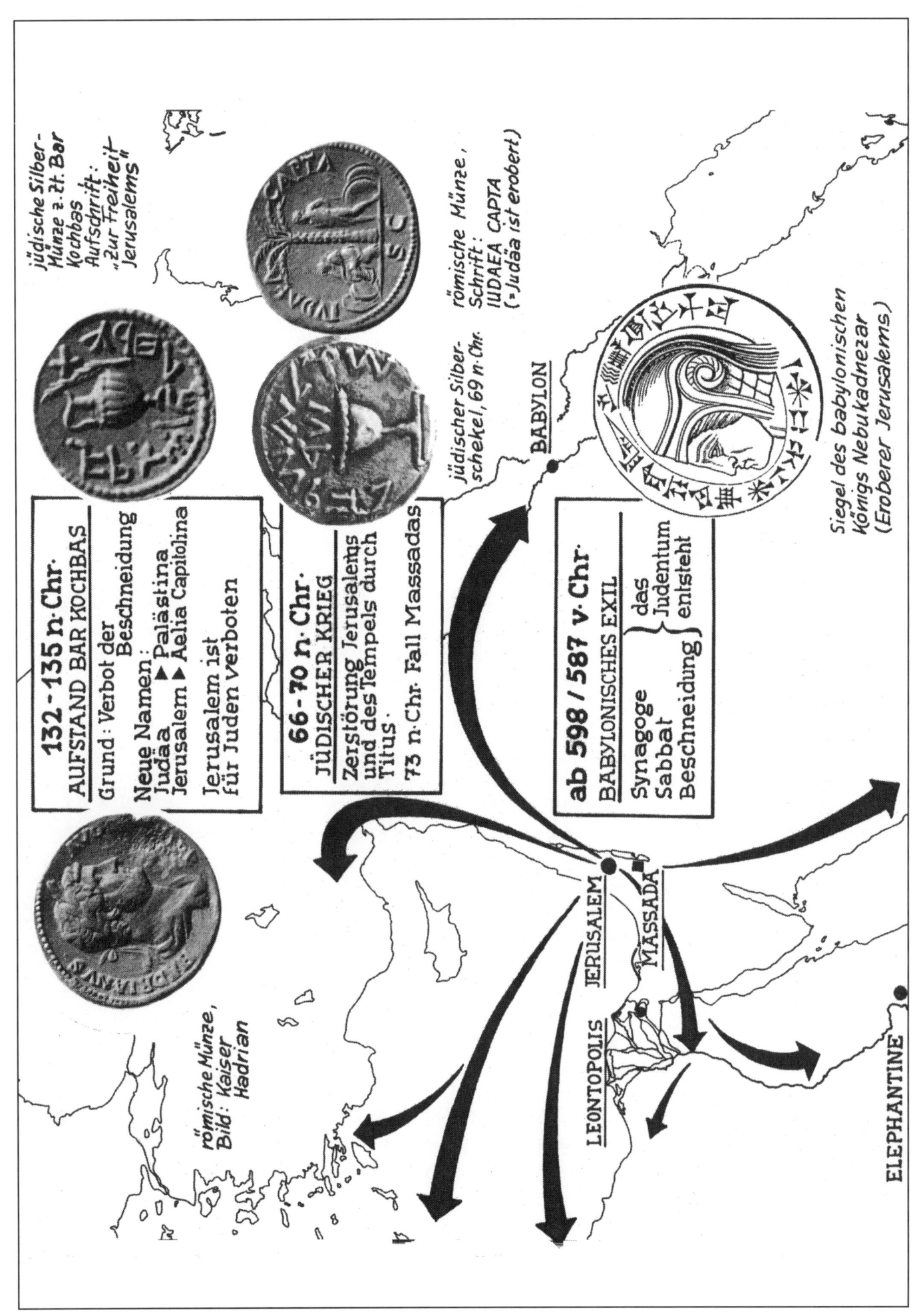

Siegel des babylonischen Königs Nebukadnezar (Eroberer Jerusalems)

132 – 135 n. Chr.
AUFSTAND BAR KOCHBAS
Grund: Verbot der Beschneidung
Neue Namen:
Judäa ▲ Palästina
Jerusalem ▲ Aelia Capitolina
Jerusalem ist für Juden verboten

66 – 70 n. Chr.
JÜDISCHER KRIEG
Zerstörung Jerusalems und des Tempels durch Titus.
73 n. Chr. Fall Massadas

ab 598/587 v. Chr.
BABYLONISCHES EXIL
Synagoge
Sabbat
Beschneidung
} das Judentum entsteht

römische Münze, Bild: Kaiser Hadrian

BABYLON

JERUSALEM
MASSADA
LEONTOPOLIS
ELEPHANTINE

II.9   Die jüdische Diaspora I – ihre Entstehung

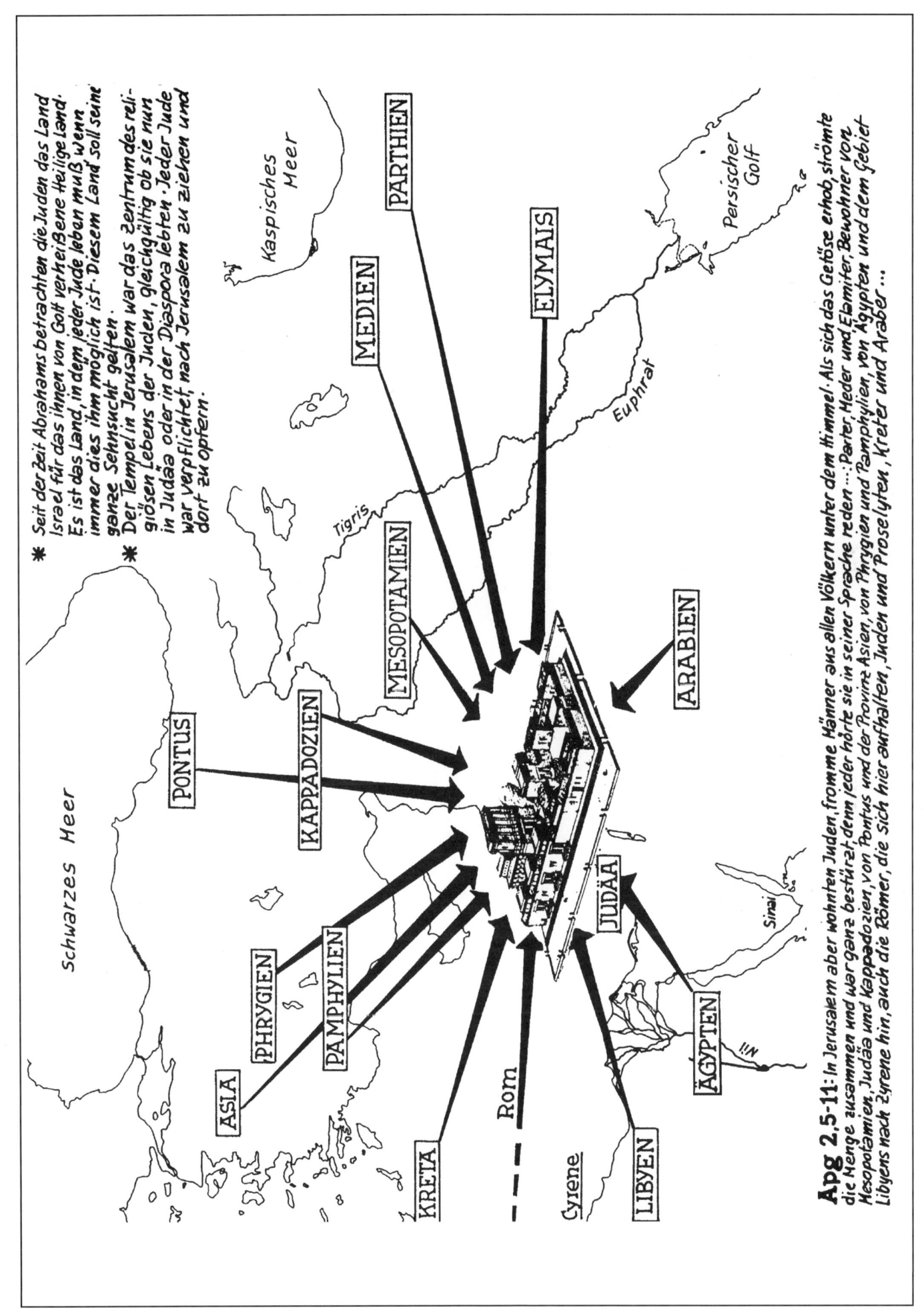

* Seit der Zeit Abrahams betrachten die Juden das Land Israel für das ihnen von Gott verheißene Heilige Land. Es ist das Land, in dem jeder Jude leben muß, wenn immer dies ihm möglich ist. Diesem Land soll seine ganze Sehnsucht gelten.
* Der Tempel in Jerusalem war das Zentrum des religiösen Lebens der Juden, gleichgültig ob sie nun in Judäa oder in der Diaspora lebten. Jeder Jude war verpflichtet, nach Jerusalem zu ziehen und dort zu opfern.

Apg 2,5-11: In Jerusalem aber wohnten Juden, fromme Männer aus allen Völkern unter dem Himmel. Als sich das Getöse erhob, strömte die Menge zusammen und war ganz bestürzt, denn jeder hörte sie in seiner Sprache reden ...: Parter, Meder und Elamiter, Bewohner von Mesopotamien, Judäa und Kappadozien, von Pontus und der Provinz Asien, von Phrygien und Pamphylien, von Ägypten und dem Gebiet Libyens nach Zyrene hin, auch die Römer, die sich hier aufhalten, Juden und Proselyten, Kreter und Araber ...

II.10 **Die jüdische Diaspora II – Apg 2**

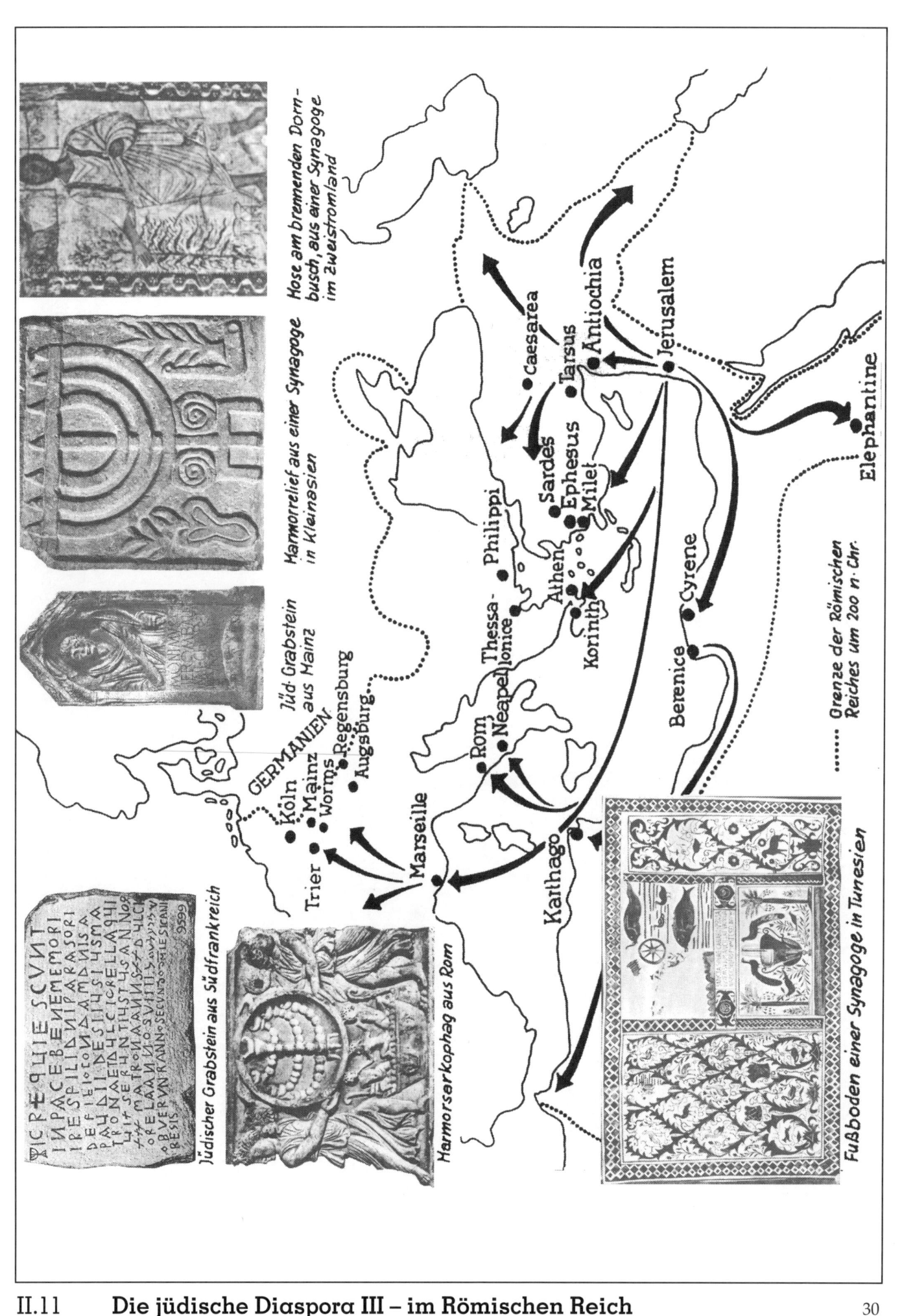

II.11 Die jüdische Diaspora III – im Römischen Reich

Seite einer mittelalterlichen Ausgabe des babylonischen Talmud

DER TALMUD
= Zusammenfassung der Lehre
= Auslegung der Tora

Mischna (Sammlung von Auslegungen der Tora, Rabbi Jehuda 200 n. Chr.)
+ Gemara (spätere Lehren in Palästina)
= **PALÄSTINENSISCHER TALMUD**, Anfang 5. Jhdt.

Mischna (Sammlung von Auslegungen der Tora, Rabbi Jehuda, um 200 n. Chr.)
+ Gemara (spätere Lehren in Babylon)
= **BABYLONISCHER TALMUD**, 6. Jhdt.

Persischer Golf

Tigris

Euphrat

ZWEISTROMLAND

NEHARDEA

SURA

USCHA

TIBERIAS

JABNE

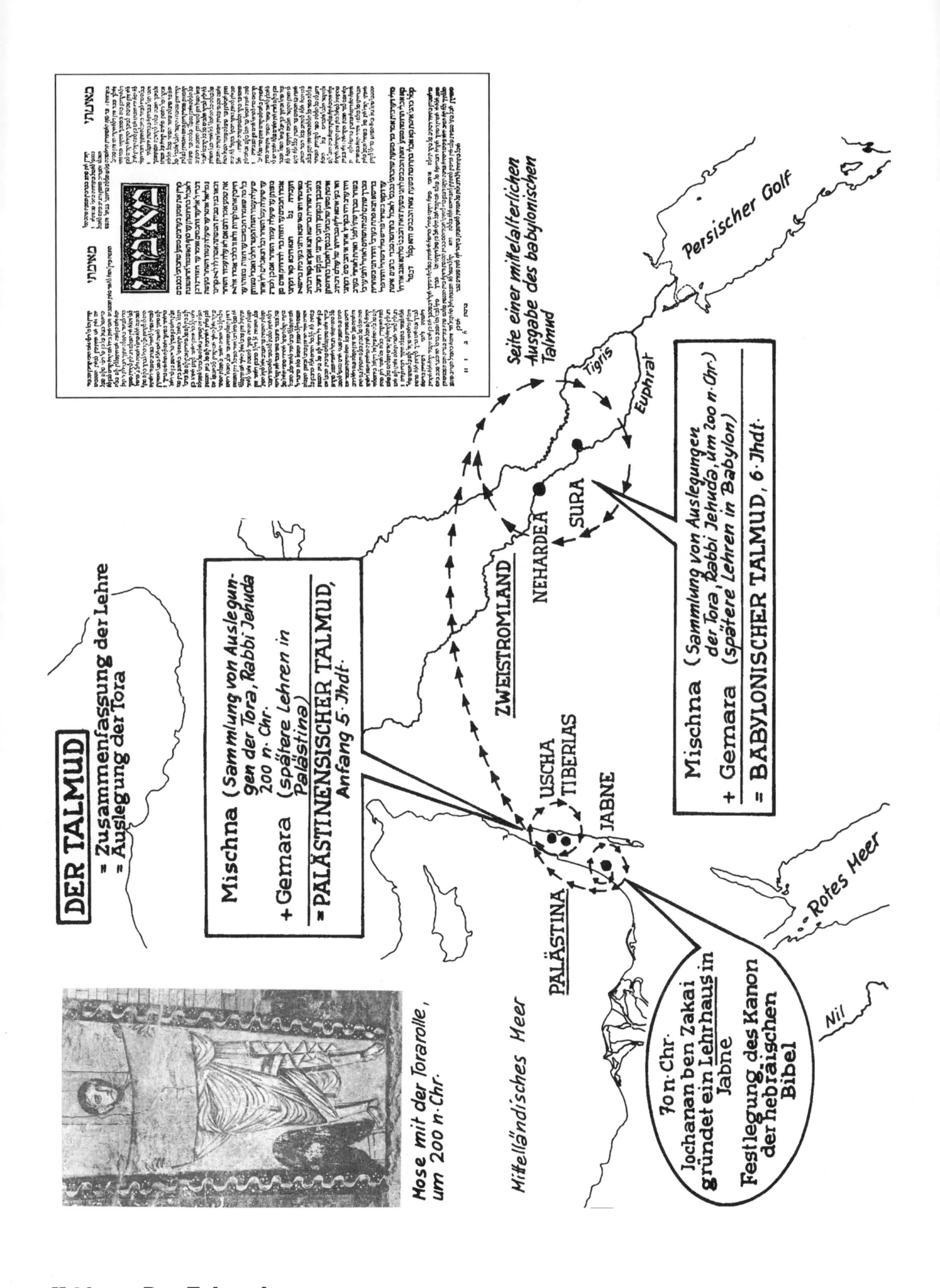

PALÄSTINA

Mittelländisches Meer

Rotes Meer

Nil

70 n. Chr.
Jochanan ben Zakai gründet ein Lehrhaus in Jabne

Festlegung des Kanon der hebräischen Bibel

Mose mit der Torarolle, um 200 n. Chr.

II.12   Der Talmud

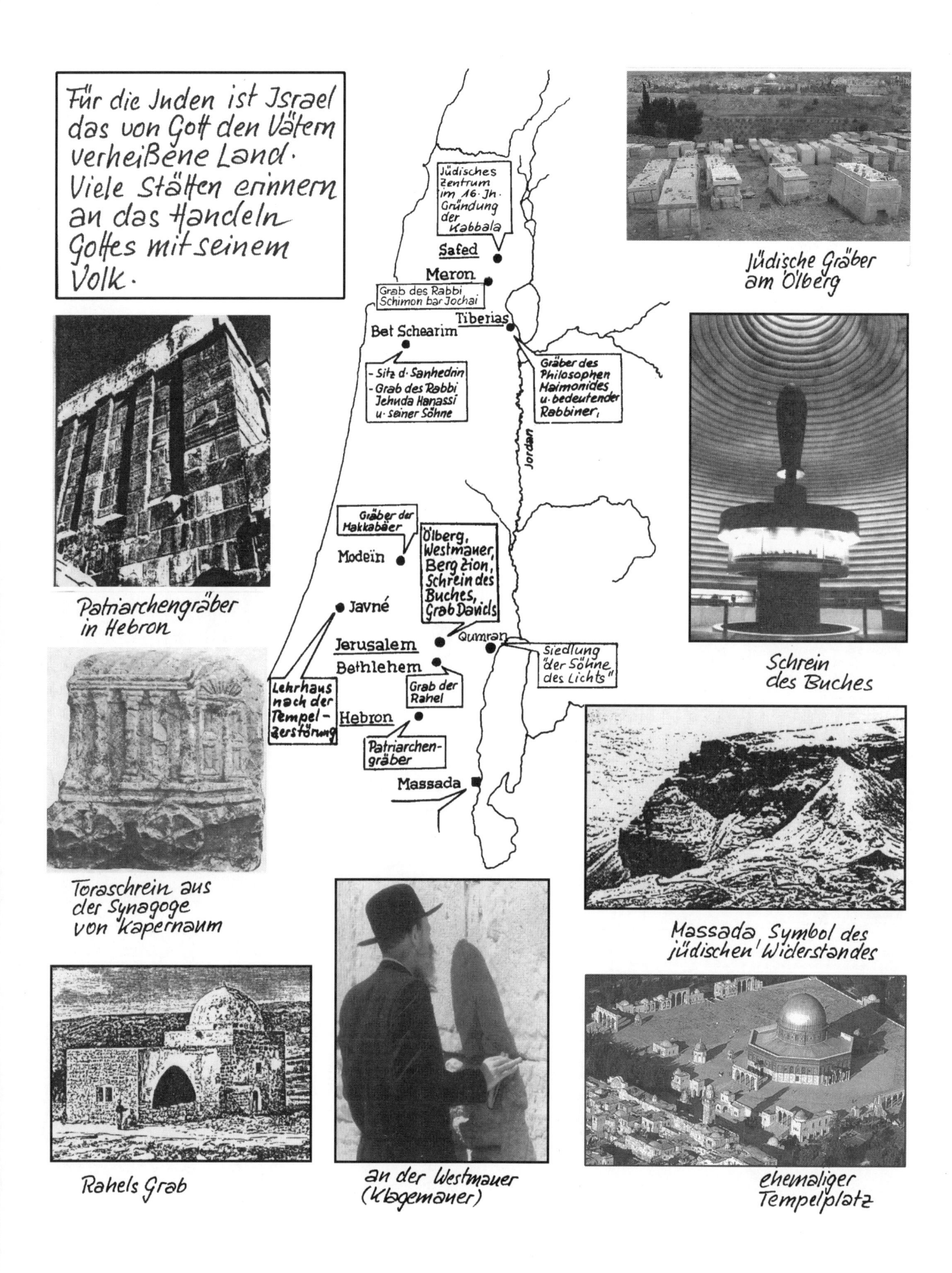

Für die Juden ist Israel das von Gott den Vätern verheißene Land. Viele Stätten erinnern an das Handeln Gottes mit seinem Volk.

Jüdisches Zentrum im 16. Jh. Gründung der Kabbala — Safed

Meron — Grab des Rabbi Schimon bar Jochai

Bet Schearim
- Sitz d. Sanhedrin
- Grab des Rabbi Jehuda Hanassi u. seiner Söhne

Tiberias — Gräber des Philosophen Maimonides u. bedeutender Rabbiner

Jordan

Modeïn — Gräber der Makkabäer

Jerusalem — Ölberg, Westmauer, Berg Zion, Schrein des Buches, Grab Davids

Javné — Lehrhaus nach der Tempelzerstörung

Qumran — Siedlung "der Söhne des Lichts"

Bethlehem — Grab der Rahel

Hebron — Patriarchengräber

Massada

Jüdische Gräber am Ölberg

Patriarchengräber in Hebron

Toraschrein aus der Synagoge von Kapernaum

Schrein des Buches

Massada, Symbol des jüdischen Widerstandes

Rahels Grab

an der Westmauer (Klagemauer)

ehemaliger Tempelplatz

II.13 Erinnerungsstätten der Juden

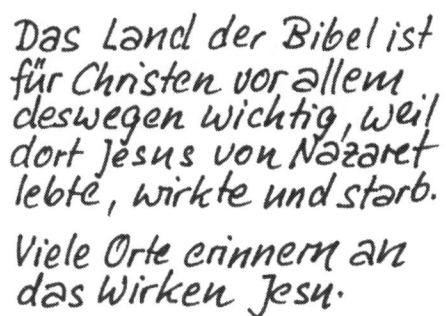

Das Land der Bibel ist für Christen vor allem deswegen wichtig, weil dort Jesus von Nazaret lebte, wirkte und starb.

Viele Orte erinnern an das Wirken Jesu.

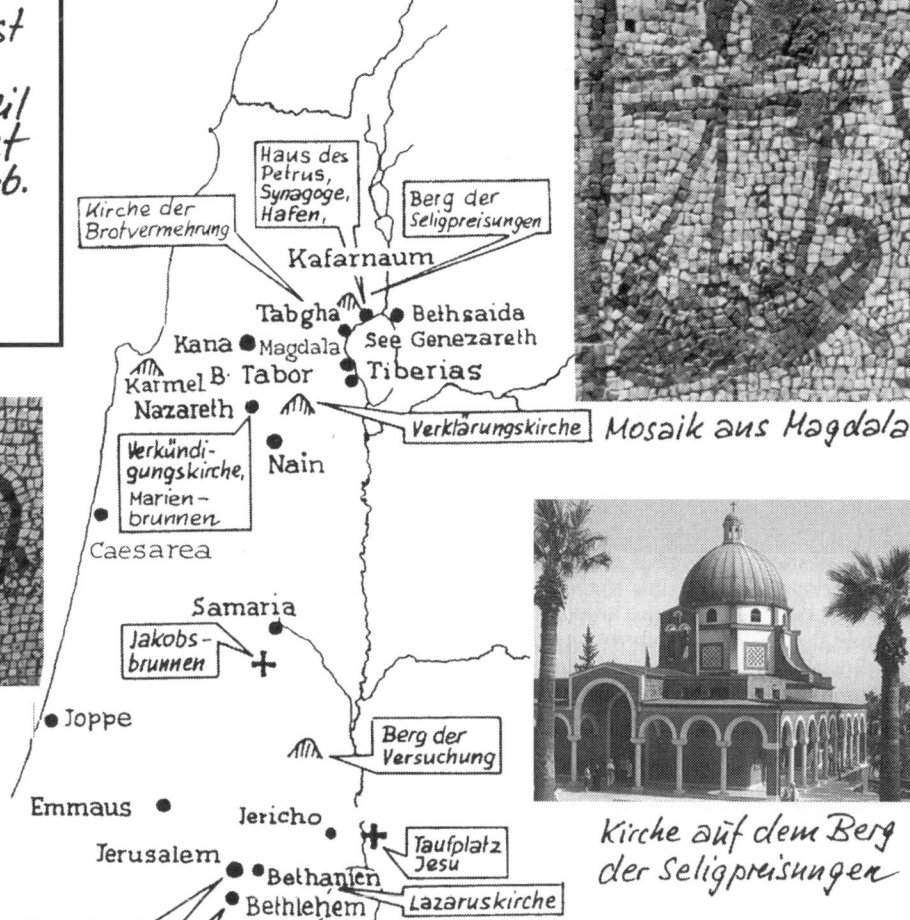

Mosaik in Tabgha

Kirche auf dem Tabor

Gethsemane

Mosaik aus Magdala

Kirche auf dem Berg der Seligpreisungen

Erlöserkirche in Jerusalem

Geburtskirche

Grabeskirche

Karte:
- Kafarnaum (Haus des Petrus, Synagoge, Hafen; Berg der Seligpreisungen)
- Tabgha (Kirche der Brotvermehrung)
- Bethsaida
- Kana
- Magdala
- See Genezareth
- Karmel B. Tabor
- Tiberias
- Nazareth (Verkündigungskirche, Marienbrunnen)
- Verklärungskirche
- Nain
- Caesarea
- Samaria (Jakobsbrunnen)
- Joppe
- Berg der Versuchung
- Emmaus
- Jericho
- Jerusalem (Gethsemane, Via Dolorosa, Grabeskirche, Abendmahlssaal)
- Bethanien (Taufplatz Jesu, Lazaruskirche)
- Bethlehem (Hirtenfeld, Geburtskirche)

II.14 Erinnerungsstätten der Christen

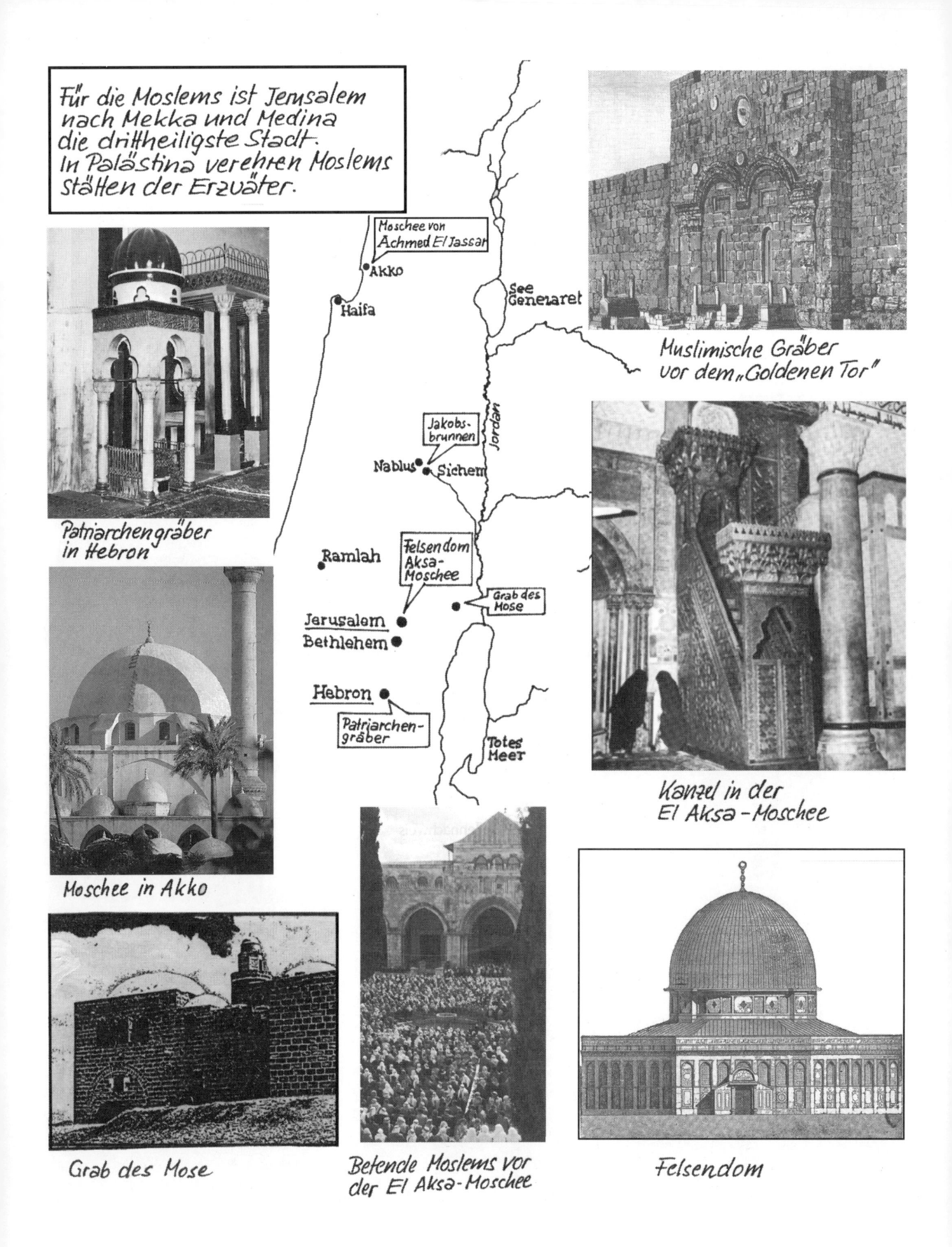

Für die Moslems ist Jerusalem nach Mekka und Medina die drittheiligste Stadt. In Palästina verehren Moslems Stätten der Erzväter.

Patriarchengräber in Hebron

Moschee in Akko

Grab des Mose

Betende Moslems vor der El Aksa-Moschee

Muslimische Gräber vor dem „Goldenen Tor"

Kanzel in der El Aksa-Moschee

Felsendom

II.15   Erinnerungsstätten der Muslime

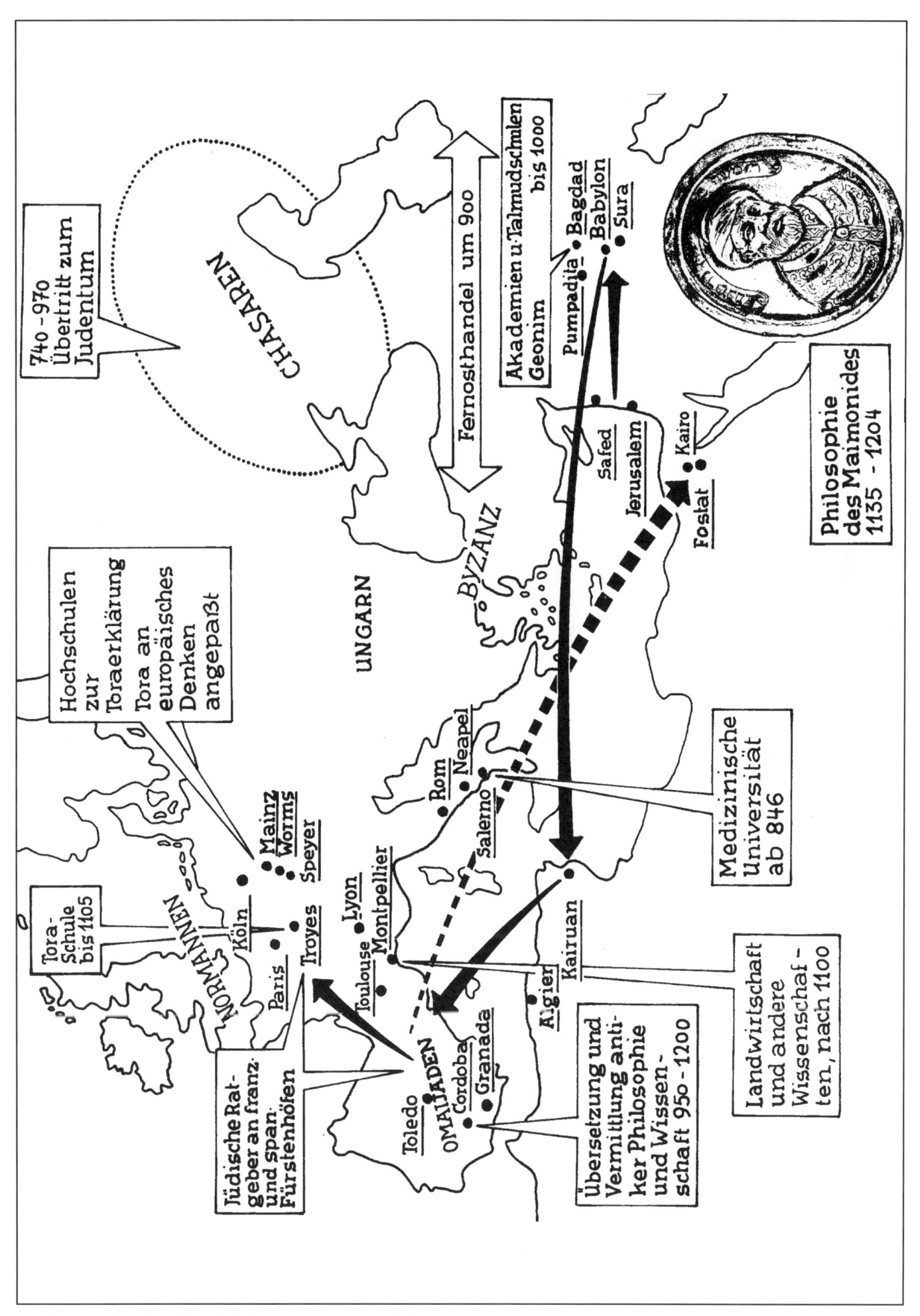

III.1 Jüdische Kultur im Mittelalter

- 740–970 Übertritt zum Judentum
- CHASAREN
- Fernosthandel um 900
- Akademien u. Talmudschulen Geonim bis 1000
- Pumpadita • Bagdad Babylon • Sura
- Safed • Jerusalem
- Kairo • Fostat
- Philosophie des Maimonides 1135–1204
- BYZANZ
- UNGARN
- Hochschulen zur Toraerklärung – Tora an europäisches Denken angepaßt
- Mainz • Worms • Speyer
- NORMANNEN
- Köln
- Tora-Schule bis 1105
- Paris • Troyes
- Lyon • Toulouse • Montpellier
- Rom • Neapel • Salerno
- Medizinische Universität ab 846
- Algier • Kairuan
- Landwirtschaft und andere Wissenschaften, nach 1100
- Toledo • Cordoba • Granada
- OMAJJADEN
- Übersetzung und Vermittlung antiker Philosophie und Wissenschaft 950–1200
- Jüdische Ratgeber an franz. und span. Fürstenhöfen

III.2 Judenverfolgung zur Zeit der Kreuzzüge

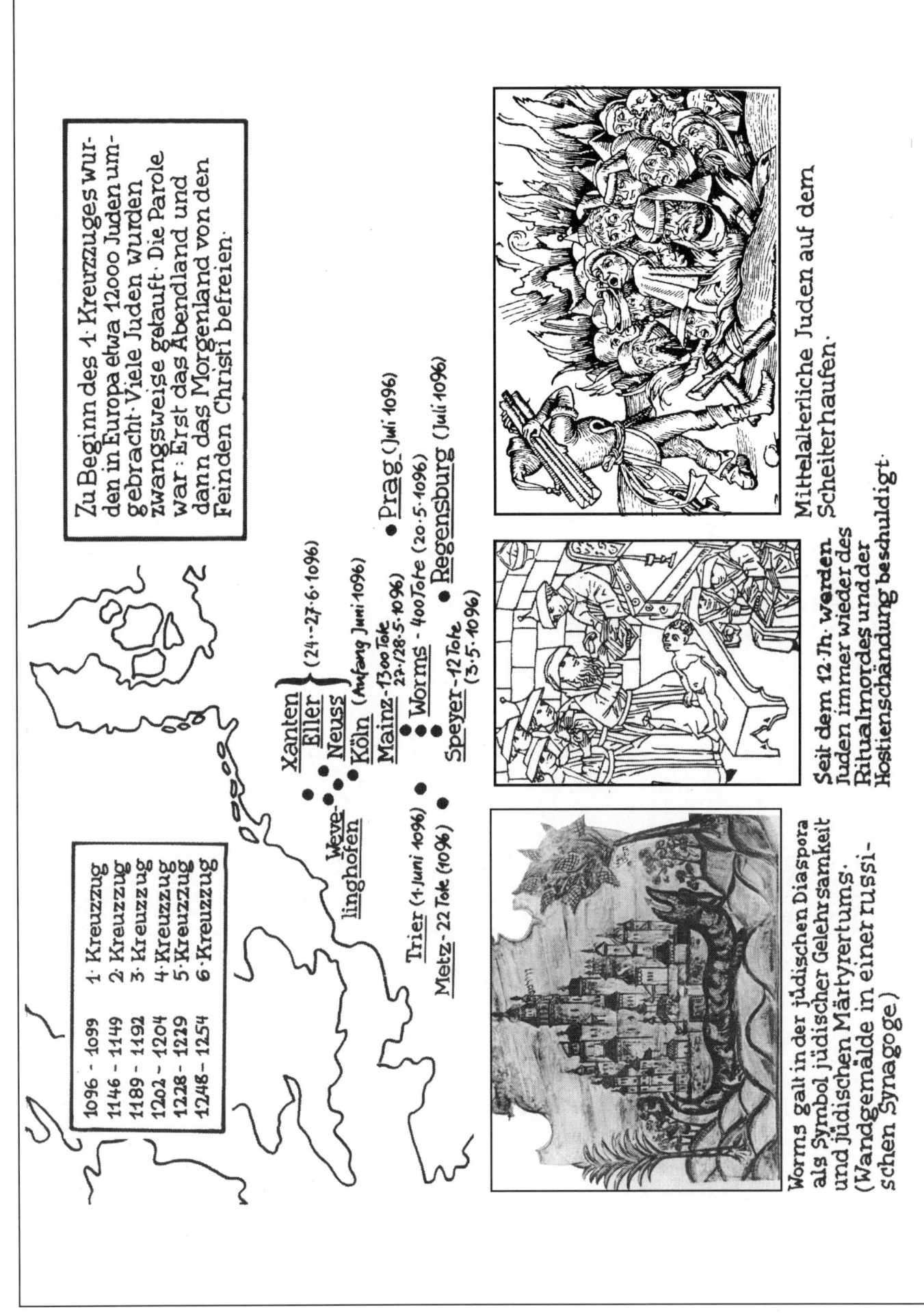

Zu Beginn des 1. Kreuzzuges wurden in Europa etwa 12000 Juden umgebracht. Viele Juden wurden zwangsweise getauft. Die Parole war: Erst das Abendland und dann das Morgenland von den Feinden Christi befreien.

1096 - 1099	1. Kreuzzug
1146 - 1149	2. Kreuzzug
1189 - 1192	3. Kreuzzug
1202 - 1204	4. Kreuzzug
1228 - 1229	5. Kreuzzug
1248 - 1254	6. Kreuzzug

Xanten
Eller
Neuss } (24.-27.6.1096)
Köln (Anfang Juni 1096)
Mainz - 1300 Tote 27./28.5.1096)
Worms - 400 Tote (20.5.1096)
Speyer - 12 Tote (3.5.1096)
Prag (Juli 1096)
Regensburg (Juli 1096)
Wevelinghofen
Trier (1. Juni 1096)
Metz - 22 Tote (1096)

Mittelalterliche Juden auf dem Scheiterhaufen.

Seit dem 12. Jh. werden Juden immer wieder des Ritualmordes und der Hostienschändung beschuldigt.

Worms galt in der jüdischen Diaspora als Symbol jüdischer Gelehrsamkeit und jüdischen Märtyrertums. (Wandgemälde in einer russischen Synagoge)

Antijüdische Gesetze der Kirche:

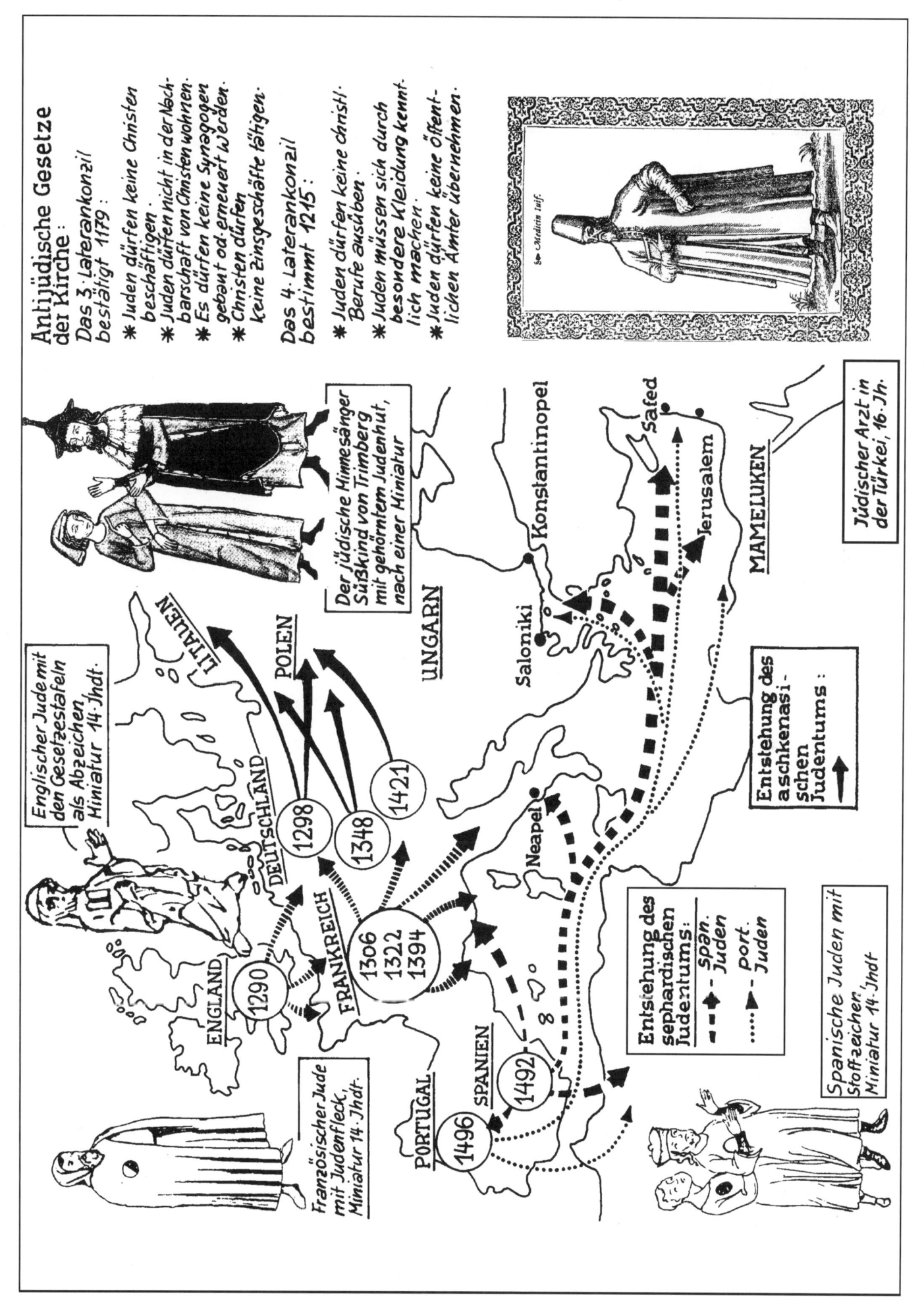

Das 3. Laterankonzil bestätigt 1179:
* Juden dürfen keine Christen beschäftigen.
* Juden dürfen nicht in der Nachbarschaft von Christen wohnen.
* Es dürfen keine Synagogen gebaut od. erneuert werden.
* Christen dürfen keine Zinsgeschäfte tätigen.

Das 4. Laterankonzil bestimmt 1245:
* Juden dürfen keine christl. Berufe ausüben.
* Juden müssen sich durch besondere Kleidung kenntlich machen.
* Juden dürfen keine öffentlichen Ämter übernehmen.

Jüdischer Arzt in der Türkei, 16. Jh.

Der jüdische Minnesänger Süßkind von Trimberg mit gehörntem Judenhut, nach einer Miniatur

Englischer Jude mit den Gesetzestafeln als Abzeichen, Miniatur 14. Jhdt.

Französischer Jude mit Judenfleck, Miniatur 14. Jhdt.

Spanische Juden mit Stoffzeichen, Miniatur 14. Jhdt.

Entstehung des aschkenasischen Judentums: →

Entstehung des sephardischen Judentums:
- - - span. Juden
······ port. Juden

ENGLAND 1290 — FRANKREICH 1306, 1322, 1394 — DEUTSCHLAND 1298, 1348, 1421 — POLEN — LITAUEN — UNGARN — SPANIEN 1492 — PORTUGAL 1496 — Neapel — Saloniki — Konstantinopel — Safed — Jerusalem — MAMELUKEN

III.3 Vertreibung und Auswanderung der Juden im Mittelalter

Im Mittelalter war in der Kirche der Antijudaismus weit verbreitet. Die Hauptvorwürfe waren, Juden seien „Gottesmörder", weil sie Jesus getötet und ihn nicht als Messias anerkannt hätten.

Judensau
Häufig wurden Juden dadurch verunglimpft, daß man sie darstellte, wie sie sich an einem für sie unreinen Schwein zu schaffen machen.

Habgier
Man warf den Juden vor, sie würden sich durch zu hohe Zinsen an den ehrlich erworbenen Gütern der Christen bereichern.

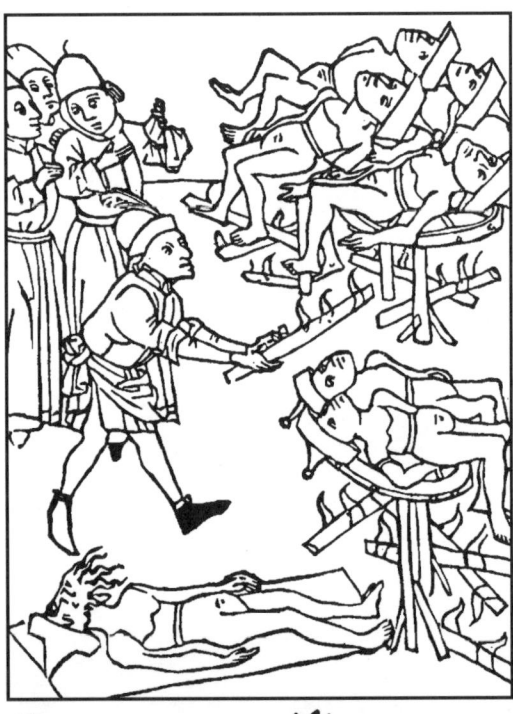

Brunnenvergiftung
Man warf den Juden vor, sie würden die Brunnen vergiften, um so die Pest unter den Christen zu verbreiten. Man folterte die Juden, um ein Geständnis von ihnen zu erpressen.

Hostienschändung
Man warf den Juden vor, sie würden Hostien oder Kruzifixe durchstechen, um so Christus noch einmal zu töten.

Ritualmord
Man warf den Juden vor, sie würden christliche Kinder töten, um deren Blut für religiöse Praktiken zu benutzen.

III.4 Verunglimpfung der Juden im Mittelalter

Dr. Martin Luther
Der Reformator und Kämpfer gegen den Judengeist in der christlichen Kirche. Dr. Luther ist einer der größten Antisemiten der deutschen Geschichte

Bild von Martin Luther in der antisemitischen Hetzzeitschrift »Der Stürmer«, Nr. 6, 1937

Julius Streicher, der Herausgeber des Stürmer, vor dem internationalen Militärgerichtshof in Nürnberg:
»Wenn das Gericht Martin Luthers Buch ›Von den Juden und ihren Lügen‹ in Betracht ziehen würde, dann säße heute sicher Martin Luther auf der Anklagebank.«

1523: Luther nennt in dieser Schrift die Juden ausdrücklich »*Blutsfreunde, Vettern und Brüder des Herrn*«. Sein Ziel ist es, sie für den christlichen Glauben zu gewinnen.

Das Jhesus Christus eyn geborner Jude sey — Doctor Martinus Luther. Wittemberg. M.D.XXIII.

1528: »Der Glaube an die Kirche trennt uns Christen von allen Leuten auf Erden, es seien Heiden, Türken, Juden oder falsche Christen und Heuchler.«
M. Luther im ›Großen Katechismus‹

1545: **Lutherlied**
Unsere große Sünd und Missetat
Jesum, den wahren Gottessohn,
ans Kreuz geschlagen hat.
Drum wir dich armer Judas,
dazu der Juden Schar,
Nicht feindlich dürfen schelten,
die Schuld ist unser zwar (nämlich).

Bei Luther setzte sich je länger, je mehr die Überzeugung durch, dass die Welt sich ihrem Ende zuneigt und der Endkampf zwischen Satan und Christus begonnen hat. Er fürchtete, dass sich jetzt der Teufel mit dem Papst, den Türken, den Juden, mit allen Ungläubigen und Heuchlern zusammentut, um die Wahrheit der Reformation zu vernichten.

1545: In schrecklicher Verblendung rät Luther den protestantischen Fürsten, »*... dass man ihre Synagogen oder Schulen mit Feuer anstecke und was nicht brenne, mit Erde überhäufe und beschütte ...*
... dass man ihnen den Wucher verbiete und nehme ihnen alle Barschaft und Kleinode an Silber und Gold ...
dass man den jungen starken Juden und Jüdinnen in die Hand gebe Flegel, Axt, Karst, Spaten, Rocken, Spindel und lasse sie ihr Brot verdienen im Schweiß der Nasen ...«

Von den Jüden vnd jren Lügen. D. M. Luth. Gedruckt zu Wittemberg / Durch Hans Lufft. M.D.XLIII.

IV.1 Martin Luther und die Juden

Im Schtetl wohnten jahrhundertelang die Juden Osteuropas. Die Wohngebiete dieser sogenannten Ostjuden in Polen, Litauen, Weißrussland, der Ukraine und in Ungarn beherbergten zeitweise weit mehr als die Hälfte aller Juden. Das Schtetl war – bei aller Armut, Einschränkung und Unfreiheit – für das Überleben des Judentums in der Diaspora von entscheidender Bedeutung.

Ausweisung

Ein gerade eingereister russischer Jude in Kaftan und traditioneller Pelzmütze wird in Königsberg von einem Polizisten angehalten und gefragt: »Haben Sie Ausweispapiere?«

»Ausweispapiere?« fragt der Jude entsetzt, »ich bin doch zum ersten Mal in meinem Leben in Deutschland, wie kann ich da schon ausgewiesen worden sein?«

Aus: Salcia Landmann, Jüdische Witze

Wo wohnt Gott?

Als Rabbi Jizchak Meïr ein kleiner Junge war, fragte ihn einmal jemand: »Jizchak Meïr, ich gebe dir einen Gulden, wenn du mir sagst, wo Gott wohnt.« Er antwortete: »Und ich gebe dir zwei Gulden, wenn du mir sagen kannst, wo er nicht wohnt.« *Martin Buber, Die Erzählungen der Chassidim*

's brent, briderlech, 's brent!   Es brennt, Brüder, es brennt

's brent, briderlech, 's brent!   Es brennt, Brüder, helft, es brennt!
Di hilf is nor in ajch alejn gewent.   Ist euch euer Städtchen teuer,
Ojb dos schtetl is ajch lajer!   nehmt die Eimer, löscht das Feuer,
Lescht mit ajer eign blut,   löscht mit eurem eignen Blut,
bawajst, as ir dos kent!   beweist, dass ihr es könnt.
Schtejt nit, brider, ot asoj sich   Steht nicht, Brüder, steht nicht länger
mit karlejgte hent.   und regt nicht die Händ!
Schtejt nit, brider, lescht dos fajer   Steht nicht, Brüder, löscht das Feuer –
undser schtetl brent!   unser Städtchen brennt!

Mordechaj Gebirtig (1942 im Ghetto von Krakau ermordet)

Orthodoxe Juden, Foto aus dem Jahr 1987

IV.2   **Osteuropäisches Judentum: Das Schtetl**

Frankfurter Judengasse

Bis zum Anfang des 19. Jahrhunderts lebten die Juden in Deutschland in abgeschlossenen Bezirken, sogenannten Judengassen oder Gettos.

Im 19. Jahrhundert wurden die Juden in den deutschen Staaten durch Gesetze zu gleichberechtigten Staatsbürgern erklärt.

Sigmund Freud (1856–1939), der Begründer der Psychoanalyse

Geschäftsanzeige aus Essen

Durch die Emanzipation der Juden wurde das wirtschaftliche und kulturelle Leben in Deutschland bereichert.

In vielen Städten Deutschlands entstanden im 19. Jahrhundert Synagogen im orientalischen Stil. Sie zeigen das Selbstbewusstsein der emanzipierten Juden.

Die neue Synagoge in der Oranienburger Straße in Berlin, erbaut 1859–1866

IV.3   Emanzipation der deutschen Juden im 19. Jahrhundert

Albert Einstein
geb. 1879 in Ulm, gest. 1955 in Princeton (N.J.). Wurde als Entdecker der allgemeinen Relativitätstheorie weltbekannt.

Meyer Amschel Rothschild
geb. 1744 in Frankfurt/M., gest. 1812 in Frankfurt. Gründete 1766 in Frankfurt das Stammgeschäft des internationalen Bankhauses Rothschild.

Fritz Haber
geb. 1868 in Breslau, gest. 1934 in Basel. Er erfand das wichtige Verfahren zur Herstellung von Ammoniak aus Luft, Wasser und Koks (Haber-Bosch-Verfahren). Erhielt 1918 den Nobelpreis für Chemie.

Felix Mendelssohn Bartholdy
geb. 1809 in Hamburg, gest. 1847 in Leipzig. Enkel des Philosophen Moses Mendelssohn; komponierte zahlreiche Werke, z. B. das Oratorium „Elias".

Nelly Sachs
geb. 1891 in Berlin, gest. 1970 in Stockholm. Sie wurde vor allem bekannt durch ihre Gedichte, die um die Shoa kreisen. 1965 Friedenspreis des Dt. Buchhandels. 1966 Nobelpreis für Literatur.

Martin Buber
geb. 1878 in Wien, gest. 1965 in Jerusalem. Der jüdische Religionsphilosoph wurde u. a. durch seine Chassidischen Geschichten und die Übersetzung der jüdischen Bibel in die deutsche Sprache berühmt.

Rahel Varnhagen
1771–1833, Berlin

Henriette Herz
1764–1847, Berlin

Rahel Varnhagen und Henriette Herz standen mit ihren Salons im 19. Jh. im Mittelpunkt des Berliner Geisteslebens.

Paul Ehrlich
geb. 1854 in Strehlen (Schlesien), gest. 1915 in Bad Homburg. Begründer der modernen Chemotherapie. Erhielt 1908 den Nobelpreis.

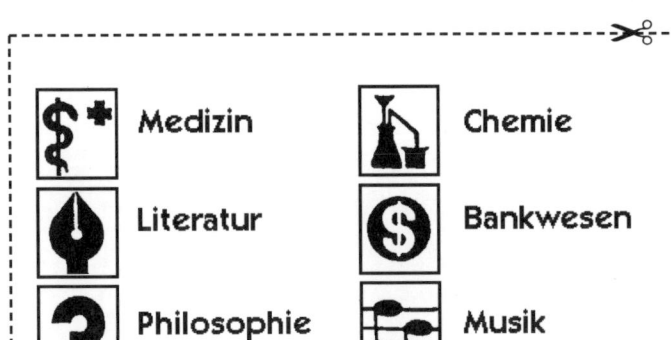

Medizin
Chemie
Literatur
Bankwesen
Philosophie
Musik
Physik
Geistesleben

IV.4 **Bedeutende deutsche Juden**

Drei Formen des Judenhasses

„Wenn ihr ein Kreuz seht, dann denkt an den grauenhaften Mord der Juden auf Golgatha ..."

„Der Gott des Juden ist das Geld. Und um Geld zu verdienen, begeht er die größten Verbrechen. Er ruht nicht eher, bis er auf einem großen Geldsack sitzen kann, bis er zum König des Geldes geworden ist."

„Die Judennase ist an ihrer Spitze gebogen. Sie sieht aus wie ein Sechser ..."

„Sie sind unsere öffentlichen Feinde, hören nicht auf, unseren Herrn Christus zu lästern, heißen die Jungfrau Maria eine Hure, Christus ein Hurenkind."
Martin Luther, 1546

„Der erste Schritt zur Anbahnung des sozialen Friedens in unserem Vaterlande, ja in der gesamten zivilisierten Welt, wird deshalb der sein, dieser überhandnehmenden Herrschaft des Judentums einen Damm entgegenzusetzen."
Rudolf Todt, 1877

„Der getaufte Jude bleibt Mitglied des großen Blutsbundes der Hebräer und hat die Pflicht, die jüdischen Sonderinteressen wahrzunehmen.
Die Juden verbindet der gemeinsame Hass gegen alles Nichtjüdische."
Theodor Fritsch, 1893

---

christlicher Antijudaismus

Ablehnung der Juden aus religiösen Gründen. Die Juden als **„Christusmörder"**.
Ein getaufter Jude ist kein Jude mehr.

allgemeine Judenfeindschaft

Vorurteile gegenüber der jüdischem Minderheit aufgrund der ethischen, sozialen, politischen oder kulturellen Unterschiede, z. B. das Vorurteil: Die Juden sind „geldgierig".

rassischer Antisemitismus

Hass gegen die Juden als angeblich „minderwertige Schmarotzerrasse".
Der Hass gilt allen „Rassejuden", ganz gleich, ob sie getauft sind oder nicht.

Der Nationalsozialismus stellte den rassischen Antisemitismus in den Vordergrund; er machte sich aber auch die beiden anderen Formen des Judenhasses zunutze.

IV.5 **Drei Formen des Judenhasses**

Schon vor Hitler war der Antisemitismus in Deutschland weit verbreitet.

Notgeld von 1921. Text: „So muess dat all de Schibers gann; denn kunnt nem Deutschland baetter stahn."

Postkarte aus Borkum aus der Zeit vor dem 1. Weltkrieg

Werbung für judenfreie Lokale aus der Zeit vor dem 1. Weltkrieg.

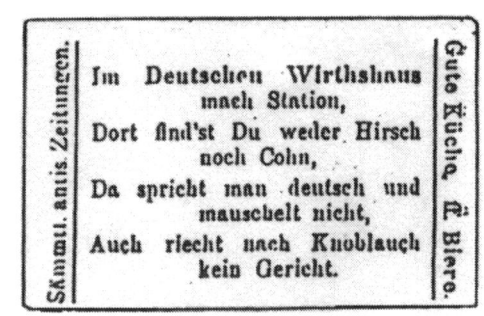

Reine Luft. — Fahrkarte nach den Deutschen Wirthshäusern (Inh.: Emil Bodeck) Berlin. I. Friedrichstrasse 210, a. d. Kochstr. II. Burgstrasse 29, am Bahnhof Börse. — Kein Knoblauchsduft.

Sämmtl. antis. Zeitungen. — Im Deutschen Wirthshaus mach Station, Dort find'st Du weder Hirsch noch Cohn, Da spricht man deutsch und mauschelt nicht, Auch riecht nach Knoblauch kein Gericht. — Gute Küche fl. Biere.

Schändung eines jüdischen Friedhofs, heute.

Wandschmierereien, heute.

IV.6α **Vulgärantisemitismus I**

Postkarte aus Borkum aus der Zeit vor dem 1. Weltkrieg.

Wir grüßen heut' im frohen Lied
Dich, Borkums schönen Strand.
Wo durch die Luft die Möve zieht,
Und grün sich dehnt das Land!
Wo an die Dünen braust die See
Des Nordens wild heran.
[: Wo Leuchtturms Licht von stolzer Höh'
Dem, Schiffer weist die Bahn. :]
    Drum wollen laut dein Lob wir singen,
    Wir Gäste all', von fern und nah,
    Begeistert soll der Ruf erklingen:
    Borkum hurrah! Borkum hurrah!

Es herrscht im grünen Inselland
Ein echter deutscher Sinn.
Drum alle, die uns stammverwandt,
Ziehn freudig zu dir hin.
An Borkums Strand nur Deutschtum gilt,
Nur deutsch ist das Panier.
[: Wir halten rein den Ehrenschild
Germanias für und für! :]
    Doch wer dir naht mit platten Füßen,
    Mit Nasen krumm und Haaren kraus,
    Der soll nicht deinen Strand genießen,
    Der muß hinaus! der muß hinaus!

Wohl gibt es Bäder viel und reich
Im weiten Vaterland,
Doch kommt an Wert dir keines gleich,
Du prächt'ger Inselstrand, -
In deinem Zauberbann, wie weicht
Die Sorge scheu zurück!
[: Wie wird das Herz so frisch und leicht,
Wie hebt sich froh der Blick! :]
    Drum wollen laut dein Lob wir singen,
    Wir Gäste all', von fern und nah,
    Begeistert soll der Ruf erklingen:
    Borkum hurrah! Borkum hurrah!

'ne Luftfahrt, die von Norderney
Hier eines Tags traf ein,
Da warn auch „unsre Leit'" dabei
Wie's anders nicht konnt' sein.
Doch als man die hier hat erblickt,
Rief alles im Verein:
[: „Borkum bewahre deinen Strand,
Nichts Koschres laß herein!" :]
    Rebeckchen Meier und Herr Lewi
    Kehrt schnell nach Norderney nach Haus
    Allhier auf Borkums grüner Insel
    Blüht Euch kein Glück, Ihr müßt hinaus.

Doch naht die Zeit, da wir von hier
Scheiden mit frohem Sinn,
So nimm von uns als letzten Gruß
Noch diese Worte hin:
[: Laß Rosenthal und Lewisohn
in Norderney allein!" :]
    Doch wer dir naht mit platten Füßen,
    Mit Nasen krumm und Haaren kraus,
    Der soll nicht deinen Strand genießen,
    Der muß hinaus! der muß hinaus!
    „Hinaus!"

IV.6b   **Vulgärantisemitismus II**

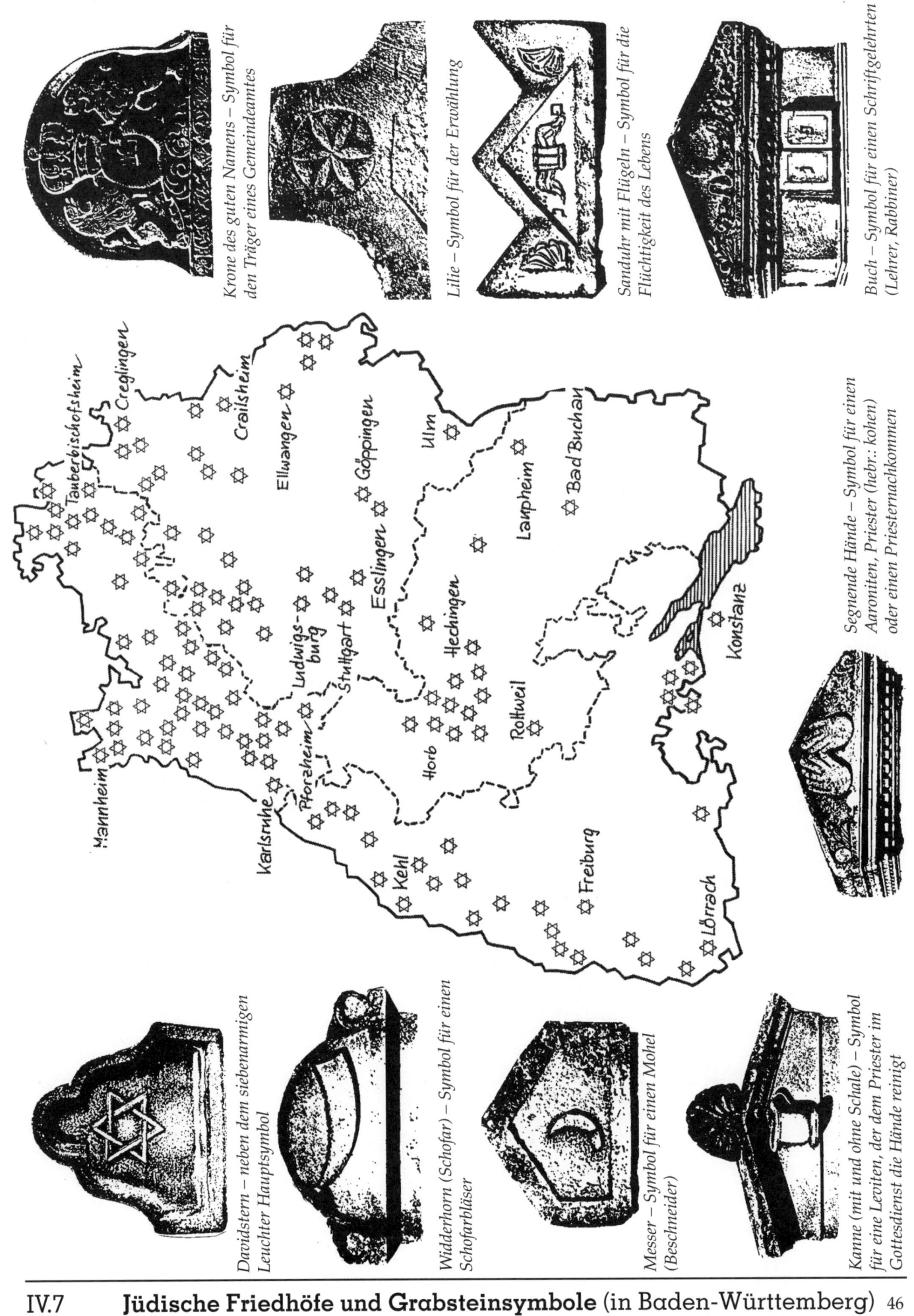

Krone des guten Namens – Symbol für den Träger eines Gemeindeamtes

Lilie – Symbol für der Erwählung

Sanduhr mit Flügeln – Symbol für die Flüchtigkeit des Lebens

Buch – Symbol für einen Schriftgelehrten (Lehrer, Rabbiner)

Segnende Hände – Symbol für einen Aaroniten, Priester (hebr.: kohen) oder einen Priesternachkommen

Davidstern – neben dem siebenarmigen Leuchter Hauptsymbol

Widderhorn (Schofar) – Symbol für einen Schofarbläser

Messer – Symbol für einen Mohel (Beschneider)

Kanne (mit und ohne Schale) – Symbol für eine Leviten, der dem Priester im Gottesdienst die Hände reinigt

IV.7 **Jüdische Friedhöfe und Grabsteinsymbole** (in Baden-Württemberg) 46

Im Mai 1933 wurden in vielen Städten Deutschlands Bücher angeblich ›undeutscher‹ Schriftsteller verbrannt, darunter die Bücher vieler jüdischer Autoren.

Das war ein Vorspiel nur; dort wo man Bücher verbrennt, verbrennt man auch am Ende Menschen.

Heinrich Heine, 1820

Juden auf dem Scheiterhaufen

Holzschnitt aus der Schedelschen Weltchronik, 1493

V.1   **Bücherverbrennung I**

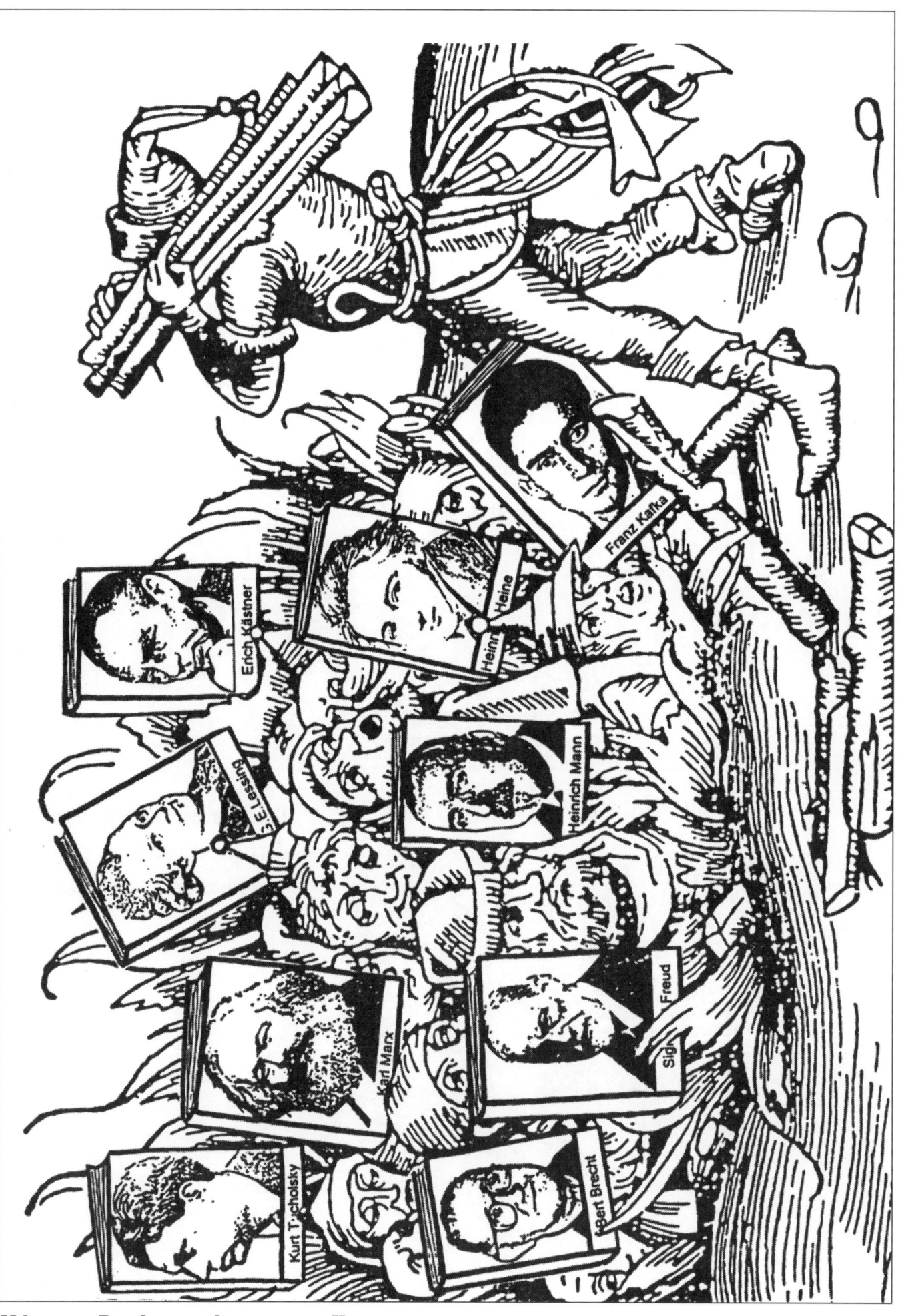

V.2   Bücherverbrennung II

Wer ist ein Jude?

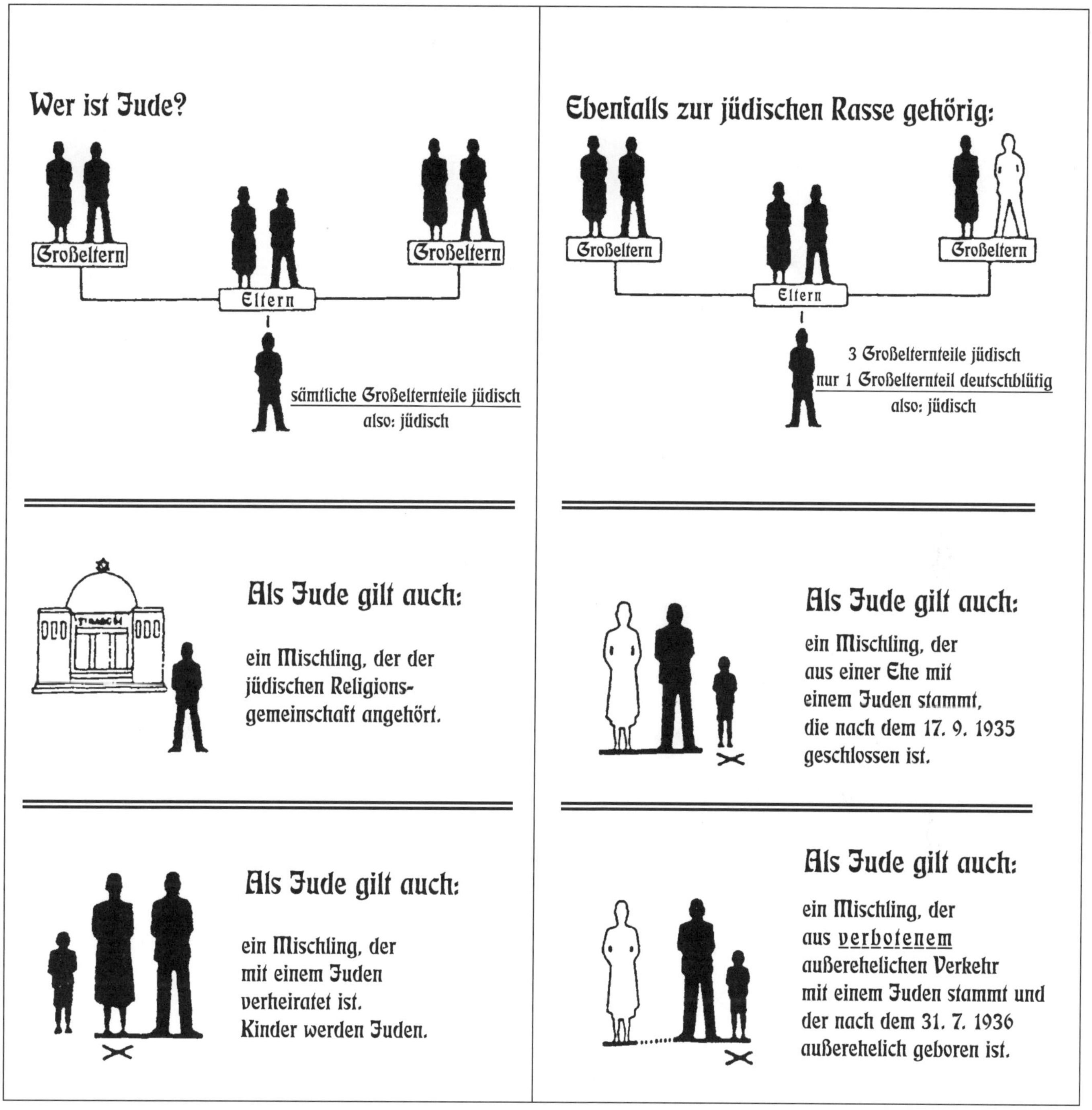

Wer ist Jude?

Großeltern — **Eltern** — **Großeltern**

sämtliche Großelternteile jüdisch
also: jüdisch

Ebenfalls zur jüdischen Rasse gehörig:

Großeltern — **Eltern** — **Großeltern**

3 Großelternteile jüdisch
nur 1 Großelternteil deutschblütig
also: jüdisch

Als Jude gilt auch:

ein Mischling, der der jüdischen Religionsgemeinschaft angehört.

Als Jude gilt auch:

ein Mischling, der aus einer Ehe mit einem Juden stammt, die nach dem 17. 9. 1935 geschlossen ist.

Als Jude gilt auch:

ein Mischling, der mit einem Juden verheiratet ist. Kinder werden Juden.

Als Jude gilt auch:

ein Mischling, der aus <u>verbotenem</u> außerehelichen Verkehr mit einem Juden stammt und der nach dem 31. 7. 1936 außerehelich geboren ist.

V.3   Die Nürnberger Gesetze von 1935 I: Wer ist ein Jude?

Zulässige und verbotene Ehen

1. Zulässige Ehen

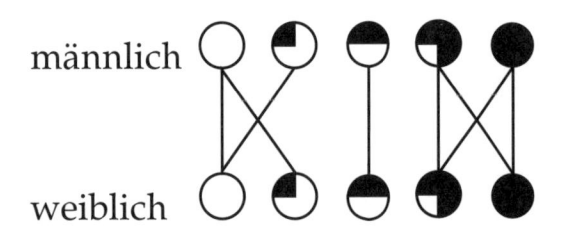

2. Bedingt zulässige Ehen

3. Zulässige Ehen mit besonderer Genehmigung

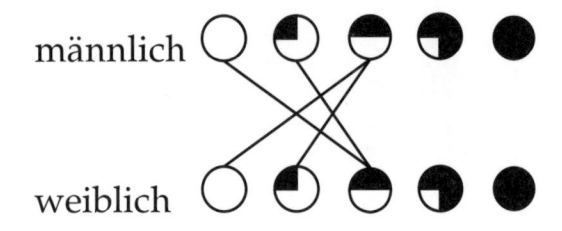

4. Verbotene Ehen

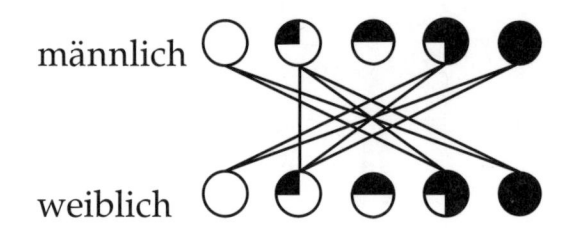

○ = Deutschblütige

◐ (quarter) = Mischlinge 2. Grades

◐ (half) = Mischlinge 1. Grades

◕ = Mischlinge (von 4 Großeltern sind 3 Juden)

● = Jude

Jüdische Bevölkerung weltweit : 16.120.000 (1937)

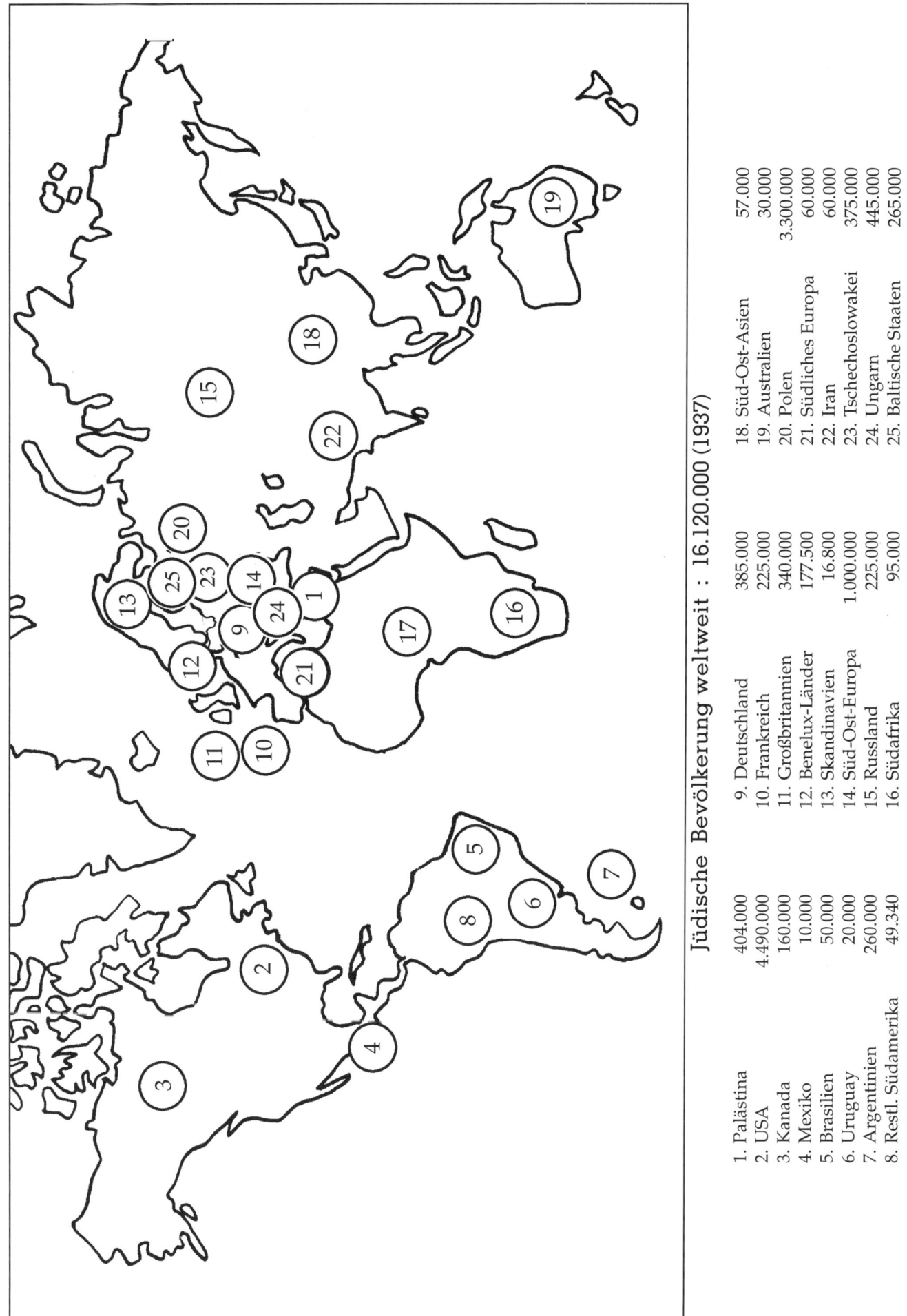

1. Palästina	404.000	9. Deutschland	385.000
2. USA	4.490.000	10. Frankreich	225.000
3. Kanada	160.000	11. Großbritannien	340.000
4. Mexiko	10.000	12. Benelux-Länder	177.500
5. Brasilien	50.000	13. Skandinavien	16.800
6. Uruguay	20.000	14. Süd-Ost-Europa	1.000.000
7. Argentinien	260.000	15. Russland	225.000
8. Restl. Südamerika	49.340	16. Südafrika	95.000
		17. Nordafrika*	494.000

18. Süd-Ost-Asien	57.000
19. Australien	30.000
20. Polen	3.300.000
21. Südliches Europa	60.000
22. Iran	60.000
23. Tschechoslowakei	375.000
24. Ungarn	445.000
25. Baltische Staaten	265.000
Europa insgesamt	9.413.000

*einschließlich Abessinien

V.5   Juden in aller Welt 1937

Jüdische Bevölkerung weltweit : 14.057.740 (1983)

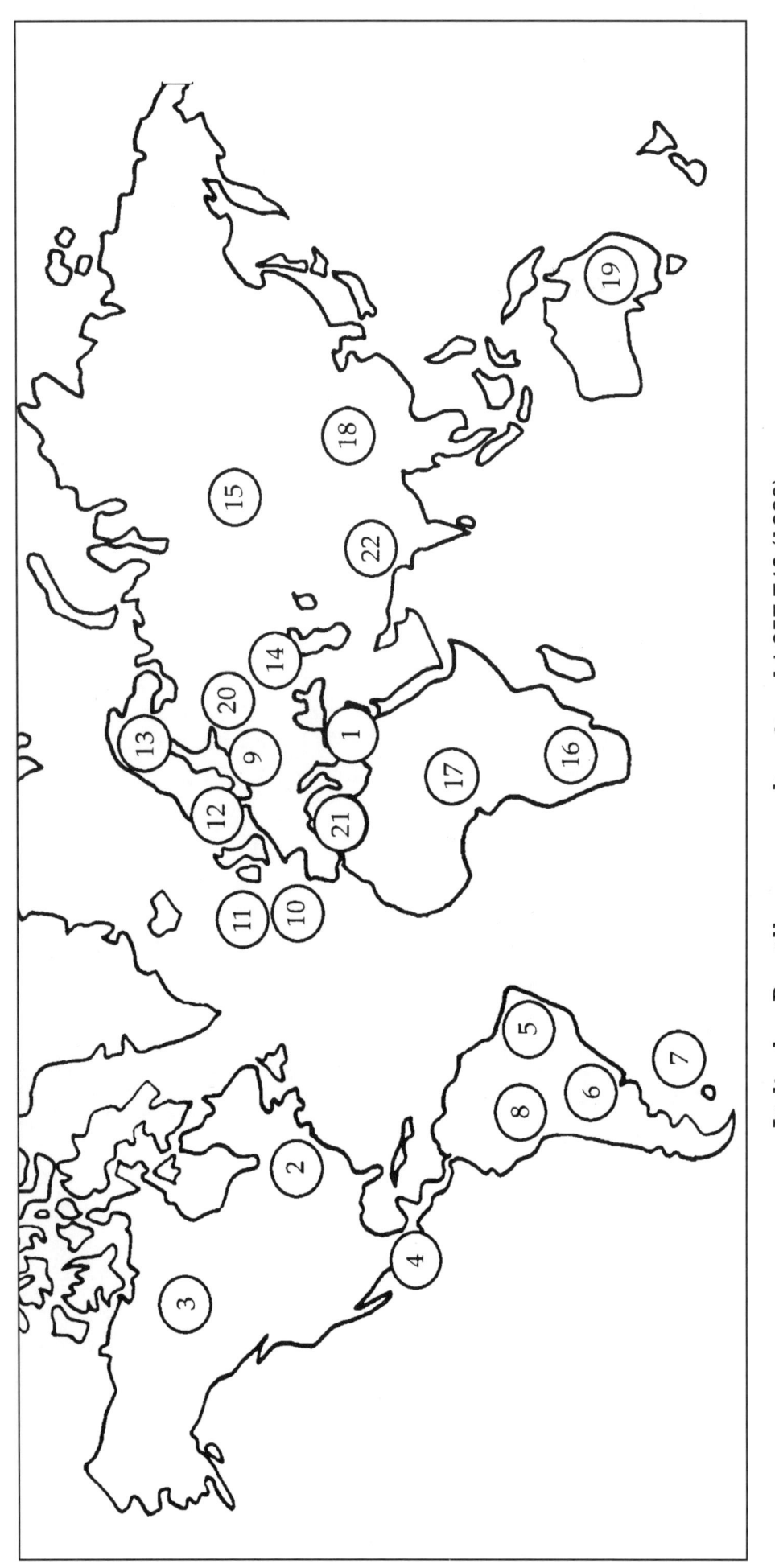

1. Israel	3.436.000	12. Benelux-Länder	70.000
2. USA	5.690.000	13. Skandinavien	11.000
3. Kanada	330.000	14. Süd-Ost-Europa	189.000
4. Mexiko	45.000	15. UdSSR	2.200.000
5. Brasilien	165.000	16. Südafrika	119.000
6. Uruguay	50.000	17. Restl. Afrika	30.000
7. Argentinien	400.000	18. Süd-Ost-Asien	6.930
8. Restl. Südamerika	67.000	19. Australien	76.500
9. Deutschland	29.000	20. Polen	6.000
10. Frankreich	700.000	21. Südl. Europa	50.000
11. Großbritannien	387.000	22. Iran	28.000

Europa insgesamt: ca. 1.425.000

V.6   Juden in aller Welt – 1983

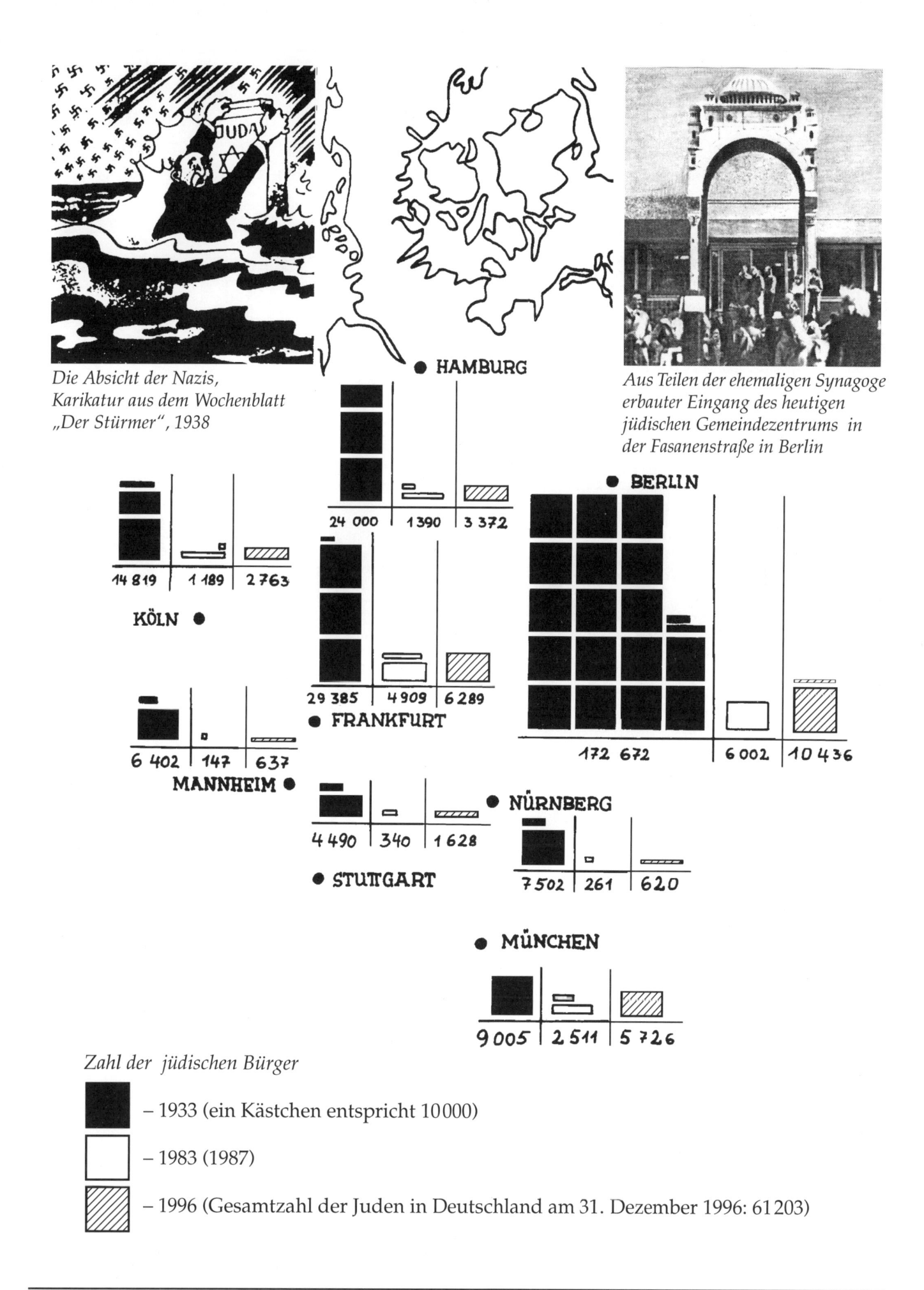

Die Absicht der Nazis, Karikatur aus dem Wochenblatt „Der Stürmer", 1938

Aus Teilen der ehemaligen Synagoge erbauter Eingang des heutigen jüdischen Gemeindezentrums in der Fasanenstraße in Berlin

● HAMBURG
24 000 | 1 390 | 3 372

14 819 | 1 189 | 2 763
KÖLN ●

29 385 | 4 909 | 6 289
● FRANKFURT

● BERLIN
172 672 | 6 002 | 10 436

6 402 | 147 | 637
MANNHEIM ●

4 490 | 340 | 1 628
● STUTTGART

● NÜRNBERG
7 502 | 261 | 620

● MÜNCHEN
9 005 | 2 511 | 5 726

Zahl der jüdischen Bürger

■ – 1933 (ein Kästchen entspricht 10 000)

□ – 1983 (1987)

▨ – 1996 (Gesamtzahl der Juden in Deutschland am 31. Dezember 1996: 61 203)

V.7 **Juden in Deutschland – 1933 und heute**

Die Nationalsozialisten versuchten schon kleinere Kinder zum Judenhass zu erziehen. Ein Mittel dafür waren Kinderbücher. Durch bunte Bilder, Geschichten und Verse sollten bei den Kindern antijüdische Vorurteile verstärkt und Judenhass erzeugt werden. Die Kinderbücher erschienen in dem von Julius Streicher geleiteten antisemitischen Hetzverlag »Der Stürmer«.

Aus dem Bilderbuch: **Der Pudelmopsdackelpinscher**

Der Pudelmopsdackelpinscher

Die Drohnen

Die Köterrasse

Die Faulenzer

Aus dem Bilderbuch: **Trau keinem Fuchs auf grüner Heid und keinem Jud bei seinem Eid!**

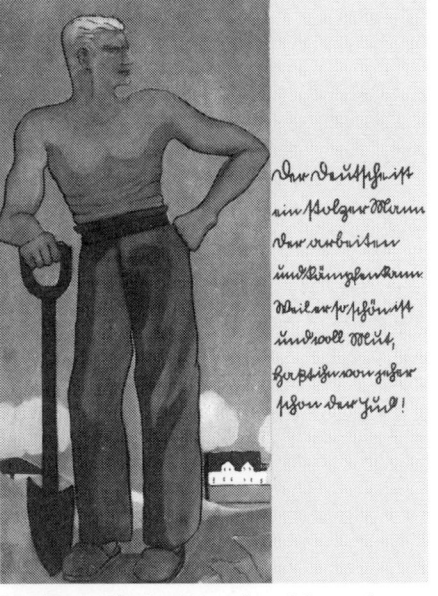

Der Deutsche ist ein stolzer Mann, der arbeiten und kämpfen kann. Weil er so schön ist und voll Mut, hasst ihn von jeher schon der Jud!

Das ist der Jud, das sieht man gleich, der größte Schuft im ganzen Reich! Er meint, dass er der größte sei, und ist so hässlich doch dabei!

„Wie die Giftpilze oft so schwer von den guten Pilzen zu unterscheiden sind, so ist es oft sehr schwer, die Juden als Gauner und Verbrecher zu erkennen ..."

Aus dem Bilderbuch: **Der Giftpilz**

V.8a Antisemitische Kinderbücher I

Der Vater der Juden ist der Teufel

Als Gott der Herr die Welt gemacht,
Hat er die Rassen sich erdacht:
Indianer, Neger und Chinesen
Und Juden auch, die bösen Wesen.
Und wir, wir waren auch dabei:
Die Deutschen in dem Vielerlei. –
Dann gab er allen ein Stück Erde,
Damit's im Schweiß bebauet werde.
Der Jude tat da gleich nicht mit!
Ihn anfangs schon der Teufel ritt.
Er wollt' nicht schaffen, nur betrügen,
Mit Note 1 lernt er das Lügen
Vom Teufelsvater schnell und gut
Und schrieb's dann auf in dem Talmud. –
Am Nilesstrand der Pharao
Der sah dies Volk und dachte so:
„Die faulen Burschen werd ich zwicken!
Die müssen mir jetzt Ziegelrücken!"
Das tat der Jud mit „Au" und „Waih".
Da gab's „Geseires" und Geschrei
Und krumme Rücken, breite Latschen –
Man sieht sie ja noch heut so datschen
Mit Hängemaul und Nasenzinken
Und wutverzerrtem Augenblinken!
Das danken sie dem Pharao,
der ihre Faulheit strafte so. –
Die Juden hatten bald genug!
Der Teufel sie nach Deutschland trug.
Ins Land wollten sie schleichen,
Die Deutschen sollten weichen!

Die Deutschen – die und weichen!
Da müsst ihr mal vergleichen
Den Deutschen und den Jud.
Beschauet sie euch gut,
Die beiden auf dem Bilde hier,
Ein Witz – man möcht es meinen schier;
Denn man errät es ja ganz leicht;
Der Deutsche steht – der Jude weicht!

V.8 b   **Antisemitische Kinderbücher II**

Woran man die Juden erkennt

In der 7. Knabenklasse des Lehrers Birkmann geht es heute recht lebhaft zu. Der Lehrer erzählt von den Juden. Und das interessiert die Jungen ganz besonders. Lehrer Birkmann hat auf die Tafel Bilder von Juden gezeichnet. Die Buben sind begeistert. Selbst der Faulste unter den Schülern, der „Schnarch-Emil", ist ganz bei der Sache und schläft nicht, wie dies in anderen Unterrichtsstunden so häufig der Fall ist. Herr Birkmann ist aber auch ein feiner Lehrer. Alle Kinder haben ihn gern. Am meisten aber freuen sie sich, wenn der Lehrer vom Juden erzählt. Und das kann Herr Birkmann meisterhaft. Er hat in seinem Leben die Juden genau kennengelernt. Und er versteht es, das alles so spannend zu schildern, dass die Buben am liebsten jeden Tag „Judenstunde" hätten. Lehrer Birkmann blickt auf die Uhr.

„Es ist gleich zwölf Uhr", sagt er, „wir wollen nun zusammenfassen, was wir in dieser Stunde gelernt haben. Wovon haben wir gesprochen?"

Alle Kinder heben den Finger. Der Lehrer ruft den Karl Scholz auf, einen kleinen Knirps in der ersten Bank.

„Wir haben darüber gesprochen, woran man den Juden erkennt."

„Gut! Nun erzähle einmal darüber!"

Der kleine Karl greift nach dem Zeigestock, geht hinaus zur Tafel und deutet damit auf die Zeichnungen.

„Den Juden kennt man meistens an seiner Nase. Die Judennase ist an ihrer Spitze gebogen. Sie sieht aus wie ein Sechser. Daher nennt man sie ‚Judensechser'. Gebogene Nasen haben auch viele Nichtjuden. Aber bei ihnen ist die Nase nicht unten, sondern schon weiter oben gebogen. So eine Nase heißt man Hakennase oder Adlernase. Sie hat mit der Judennase nichts zu tun."

„Recht so!" sagt der Lehrer. „Aber man kennt den Juden nicht nur an seiner Nase …" Der Knabe erzählt weiter.

„Man kennt den Juden auch an den Lippen. Seine Lippen sind meistens wulstig. Oft hängt die Unterlippe etwas herab. Dazu sagt man ‚Schläppern'. Und an den Augen erkennt man den Juden auch. Seine Augenlider sind meistens dicker und fleischiger als die unseren. Der Blick des Juden ist lauernd und stechend. Man sieht ihm schon an seinen Augen an, dass er ein falscher, verlogener Mensch ist."

Der Lehrer ruft einen anderen Schüler auf. Er heißt Fritz Müller und ist der Beste in der ganzen Klasse. Fritz geht zur Tafel hinaus und erklärt:

„Die Juden sind meistens klein bis mittelgroß. Sie haben kurze Beine. Auch ihre Arme sind häufig sehr kurz. Viele Juden haben auch krumme Beine und Plattfüße. Sie haben oft eine niedrige, schiefe Stirne, man sagt dazu ‚fliehende' Stirne. Viele Verbrecher haben so eine Stirne. Auch die Juden sind Verbrecher. Ihre Haare sind meistens dunkel und oft gekräuselt wie beim Neger. Ihre Ohren sind sehr groß und sehen aus wie der Henkel einer Kaffeetasse."

Der Lehrer wendet sich an die Schüler.

„Passt mal auf, Kinder! Warum sagt denn der Fritz immer: ‚viele Juden haben krumme Beine' – ‚oft haben sie eine fliehende Stirne' – ‚meistens sind ihre Haare dunkel'?"

Nun meldet sich Heinrich Schmidt, ein großer, kräftiger Junge in der letzten Bankreihe, zu Worte.

„Nicht jeder hat diese Kennzeichen. Mancher hat keinen richtigen Judensechser, dafür aber richtige Judenohren. Mancher hat keine richtigen Plattfüße, dafür aber richtige Judenaugen. Es kommt vor, dass mancher Jude auf den ersten Blick überhaupt nicht als Jude zu erkennen ist. Mitunter gibt es sogar Juden mit blonden Haaren. Wenn wir Juden mit Sicherheit von den Nichtjuden auseinanderkennen wollen, dann müssen wir schon genau hinschauen. Aber wenn man gut aufpasst, dann merkt man sofort, ob man es mit einem Juden zu tun hat."

„Sehr gut!" lobt der Lehrer. „Und nun erzählt mir noch von den anderen Kennzeichen, an denen man einen Juden von einem Nichtjuden unterscheiden kann. Richard, komm du mal heraus!"

Der Richard Krause, ein lachender, blonder Junge, geht zur Tafel. Und dann legt er los: „Man erkennt den Juden auch an seinen Bewegungen und Gebärden. Der Jude wiegt mit dem Kopf hin und her. Sein Gang ist schleppend und unsicher. Wenn der Jude spricht, dann fuchtelt er mit den Händen herum. Man sagt dazu, er ‚mauschelt'. Seine Stimme schnappt oft über. Der Jude redet fast immer etwas durch die Nase. Oft hat der Jude auch einen widerlichen, süßlichen Geruch. Wer eine feine Nase hat, kann den Juden sogar riechen."

Der Lehrer ist zufrieden.

„So ist es recht, Kinder! Ihr habt sehr gut aufgepasst! Und wenn ihr auch im Leben draußen gut aufpasst und die Augen offen haltet, dann werdet ihr nicht vom Juden getäuscht werden."

Dann geht der Lehrer zum Pult und wendet die Tafel um. Auf der Rückseite ist ein Spruch geschrieben. Die Kinder lesen ihn laut vor:

> Aus eines Juden Angesicht
> Der böse Teufel zu uns spricht,
> Der Teufel, der in jedem Land
> Als üble Plage ist bekannt.
>
> Wenn wir vom Juden frei sein sollen
> Und wieder glücklich, froh sein wollen,
> Dann muß die Jugend mit uns ringen,
> den Judenteufel zu bezwingen.

Die Drohnen

Es wird Abend. Langsam senkt sich die Sonne im Westen. Auf dem Bauernhofe wird es still. Nur die Bienen sind noch fleißig. Sie fliegen von Blume zu Blume und sammeln süßen Honig und gelben Blütenstaub.

Api, die kleine Arbeitsbiene, kehrt eben zurück. Schnell kriecht sie durch das Flugloch hinein in den Bienenkasten. In die Waben füllt sie dann all den Honig, den sie in mühevoller Arbeit gesammelt hat.

Neben ihr krabbelt ihre Arbeitskameradin Melli. Sie ist sonst ein lustiges Tierchen und lacht den ganzen Tag. Aber heute hat sie schlechte Laune. Wütend schielt sie mit ihren großen Augen hinauf zu den Waben in der oberen Ecke. Dort sitzen viele Bienen, die viel größer und viel dicker sind als Api und Melli. Und diese Bienen arbeiten gar nichts. Sie können nur eines: fressen, fressen und fressen!

Melli bekommt Tränen in ihre Augen.

„Acht Wochen lang hab' ich mich von früh bis nachts geplagt. Zwei Waben hab' ich fast ganz allein mit Honig gefüllt, damit wir auch im Winter etwas haben. Und nun kommen diese dicken Burschen und fressen alles wieder auf!"

Die kleine Api hat ihrer Freundin aufmerksam zugehört.

„Du meinst wohl die Drohnen da oben? Ach, das sind doch ganz harmlose Tierchen! Und sie sehen wirklich drollig aus! Sie sind so dick und unbeholfen. Ich muss immer lachen, wenn ich die Drohnen sehe. Sie sind doch wirklich putzig!"

Melli wird zornig.

„Putzig? Putzig? So ein Unsinn! Weißt du denn nicht, welche Gefahr die Drohnen für unser ganzes Bienenvolk bedeuten?"

Api schüttelt den Kopf.

„Nein, aber bitte erklär' mir das doch einmal!"

Melli streichelt mit ihren Beinchen ein paarmal über den Kopf. Und dann erzählt sie:

„Also, pass auf! Wir Bienen sind ein fleißiges Volk. Unser ganzes Leben lang kennen wir nichts anderes als die Arbeit. Kaum steigt die Sonne empor, so sind wir schon wach und gehen auf die Suche nach Honig und Blütenstaub. Erst am Abend ruhen wir aus. Wir müssen so fleißig sein, damit wir vorsorgen können für den Winter, wo es keine Blüten und keine Blumen gibt. Wir müssen so fleißig sein, damit unsere Kinder etwas zu essen haben. Wir müssen so fleißig sein, damit unser Volk erhalten bleibt. Verstehst du das?"

Die kleine Api nickt.

„Natürlich! Aber was hat das mit den Drohnen zu tun?"

„Nur langsam", sagt Melli, „ich will dir das gleich erklären. Die Drohnen sind auch Bienen, ähnlich wie wir. Aber sie nützen unserem Volk nichts, sondern sie schaden ihm nur. Sie arbeiten nichts. Sie faulenzen den ganzen Tag. Das einzige, was sie tun, ist: fressen! Sie nehmen uns all das wieder weg, was wir für uns, für unser Volk und unsere Kinder geschaffen haben. Sie machen uns arm und sind obendrein noch maßlos frech. Erst gestern hat mich eine Drohne so in den Leib gestoßen, dass ich tief hinunterfiel und mir beinahe ein Beinchen gebrochen hätte. So sind die Drohnen! Sie arbeiten nichts und leben doch. Sie schaffen keine Werte und erhalten sich durch die Arbeit anderer. Sie plündern uns aus. Es ist ihnen ganz gleichgültig, ob wir im Winter hungern oder ob unsere Kinder sterben müssen. Die Hauptsache ist, dass es ihnen gut geht! Die Hauptsache ist, dass sie ihren dicken Bauch vollfressen können. Api, merke dir den Spruch: Die Drohnen sind unser Unglück!"

Die kleine Api ist ganz nachdenklich geworden. Lange sagt sie kein Wort. Dann aber nickt sie bedächtig mit dem Kopfe und spricht:

„Jetzt verstehe ich dich! Du hast recht! Die Drohnen sind unser Unglück! Aber sag' einmal, wissen das die anderen Bienen auch?"

Melli ereifert sich:

„Nein! Sie wissen es eben nicht. Die meisten glauben noch daran, dass die Drohnen harmlos wären. Sie glauben noch daran, dass die Drohnen keinem etwas zuleide tun könnten. Gerade deshalb müssen wir unser Bienenvolk aufklären. Jede einzelne Biene muss es wissen, was die Drohnengefahr für uns bedeutet. Dann aber müssen wir die Drohnen rücksichtslos vernichten. Denn wenn wir sie nicht vernichten, dann vernichten sie uns und unsere Kinder!"

Api ist ganz begeistert.

„Jawohl! Wir müssen das ganze Bienenvolk aufklären. Wir müssen alle Kameraden aufrufen zum Kampf gegen den Volksfeind. Ich verspreche dir, dass auch ich dabei mithelfen werde. Ich werde alle Bienen, die ich kenne, vor den Drohnen warnen. Ich werde ihnen die Wahrheit künden. Ich werde ihnen tags bei der Arbeit und nachts bei der Ruhe immer wieder zurufen:

„Bienen! Erhebt euch gegen die Drohnen, ehe es zu spät ist! Erlösen wir uns von der Drohnenplage, dann erlösen wir unser Bienenvolk!"

Vierzehn Tage sind seit dieser Zeit vergangen. Api und Melli haben das Bienenvolk aufgeklärt. Zuerst wollten die Bienen davon nichts wissen. Und als die Drohnen erfuhren, dass sie durchschaut waren, da hetzten sie andere Bienen gegen Api und Melli auf. Aber die beiden ließen sich nicht einschüchtern. Überall, wo sie hinkamen, sprachen sie über die Drohnengefahr. Bald waren es zehn andere Bienen, die ihnen glaubten und die Drohnen hassten. Dann waren es hundert – dann fünfhundert – dann tausend und noch mehr.

In einer Nacht aber, da erhob sich das von den Drohnen gepeinigte Bienenvolk. Der ganze Korb war in heller Aufregung. Überall rannten Bienen umher und riefen:

„Alarm! Die Schlacht gegen die Drohnen beginnt! Hinaus mit den Todfeinden unseres Volkes!"

Die Drohnen, die bisher so frech gewesen waren, rückten nun eng zusammen und machten die scheinheiligsten Gesichter. Sie taten, als ob sie die besten Tiere auf Gottes Erdboden wären. Sie bettelten um Mitleid. Im Stillen aber dachten sie sich:
„Na, wartet nur, wenn wieder Ruhe ist! Dann fressen wir euch ganz auf!"
Die Bienen aber ließen sich nicht mehr betören. Auf den Befehl Mellis stürzten sie unter Führung von Api auf die Drohnenbande. Ein furchtbarer Kampf begann. Die Drohnen wurden besiegt. Sie wurden getötet oder fortgejagt. Nicht eine von ihnen blieb im Bienenkorb.
Am nächsten Morgen aber ging die Sonne besonders hell auf. Aus dem befreiten Korb ertönte das Danklied des glücklichen Bienenvolkes. Und gleichzeitig drang eine vielhundertstimmige Bitte zum Himmel:

Vor Volksvernichtern, Räubern, Drohnen,
Mög'st immer du dein Volk verschonen!

Die Faulenzer

Drohnen gibt es nicht nur bei den Bienen, Drohnen gibt es auch bei den Menschen. Es sind die Juden!
In jedem Volke leben Millionen von Arbeitern, Bauern, Beamten und so weiter. Sie schaffen fleißig wie die Bienen. Der Arbeiter geht Tag für Tag in die Fabrik. Die Arbeit ist schwer. Aber er tut sie gerne. Er weiß, dass diese Mühe nun einmal notwendig ist, damit unser Volk bestehen kann. Der Bauer schafft sein ganzes Leben lang, um dem Boden das abzugewinnen, was das Volk braucht: das tägliche Brot! Und ebenso fleißig ist der Beamte, ist der Werktätige. Sie alle sind „Arbeitsbienen"! Sie sorgen für das gesamte Volk. Ohne den Arbeiter könnte der Bauer nicht leben, und ohne den Bauern nicht der Arbeiter. Gäbe es keine Schuster, dann hätten sowohl der Arbeiter und auch der Bauer keine Schuhe. Und gäbe es keine Gelehrten und keine Erfinder, wer würde dann die Wissenschaften pflegen und die Maschinen bauen? Alle sind aufeinander angewiesen, ganz gleich, ob Arbeiter der Stirne oder Arbeiter der Faust.
Inmitten dieser fleißigen Menschen aber wohnen in den Völkern der Erde die „Drohnen". Und wer sind diese Drohnen? Es sind die Juden!
Die Juden haben ein geheimes Gebetbuch. Es ist der Talmud. Dort steht geschrieben:
„Die Arbeit ist viel schädlich und wenig zuträglich."
Was will der Jude damit sagen? Er will damit sagen, dass er die Arbeit hasst, weil sie nur Mühe und Plage macht.
Und weiter heißt es im Talmud:
„Die Nichtjuden sind erschaffen, dem Juden zu dienen. Sie müssen pflügen, säen, graben, mähen, binden, sieben und mahlen. Die Juden sind erschaffen, das alles vorbereitet zu finden."
Was bedeutet dieser Spruch? Er bedeutet, dass sich nach Ansicht der Juden nur der Nichtjude plagen müsse. Der Jude bildet sich ein, die Nichtjuden müssten für ihn arbeiten. Er selbst brauchte nichts zu tun.
Die Juden wollen also nicht arbeiten. Sie wollen nur von den erarbeiteten Gütern anderer leben. Sie tun also ganz das gleiche wie die Drohnen im Bienenstaate. Sie faulenzen. Sie leisten nichts. Sie schaffen keine Werte. Sie berauben die Allgemeinheit. Sie saugen das Volk aus.
Diese jüdischen Drohnen treten in den verschiedensten Gestalten auf. Da gibt es zum Beispiel den jüdischen Schnorrer. Ein Schnorrer ist ein Mensch, der zeit seines Lebens nicht arbeitet. Er versteht es aber, die andren fleißigen Menschen auszunützen und sich durch ihre Arbeit ein schönes Leben zu machen.
Da gibt es den jüdischen Hehler. Er kauft jene Ware auf, die Verbrecher gestohlen haben. Und damit verdient er große Summen. Aber er schafft dabei keine Werte. Er betrügt nur die anderen. Er ist ein Volksschädling.
Da gibt es den jüdischen Bauernwürger. Er ackert nicht, er sät nicht, er bestellt kein Feld. Aber durch niederträchtige Gaunereien reißt er viele Bauernhöfe an sich und stürzt ganze Familien ins Unglück.
Da gibt es den jüdischen Händler. Er kauft nur die schlechteste Ware auf und verkauft sie mit ungeheurem Gewinn. Für teures Geld muss der Arbeiter, der die ganze Woche über geschuftet hat, vom Juden üblen Ramsch erwerben.
Das ist der Jude!
Er ist die Drohne der Menschheit. Er ist der Nutznießer der Arbeit anderer. Er ist eine ungeheure Gefahr für alle Nationen. Übersieht man diese Gefahr, dann gehen ganze Völker zugrunde. Die Geschichte ist reich an Beispielen, die uns beweisen, dass der Jude Millionen von Menschen zugrunde gerichtet hat.
Aber viele wissen es nicht, dass der Jude die Drohne unter den Menschen ist. Sie sehen im Juden einen unbeholfenen und vollkommen harmlosen Volksgenossen. Sie wissen es nicht, dass die Judengefahr für unser Volk und für die ganze Welt dasselbe ist, was für die Bienen die Drohnengefahr bedeutet. Sie wissen es nicht, dass die Judenfrage zur Schicksalsfrage der Welt geworden ist.
Die Bienen haben die Drohnengefahr erkannt. Und darum sagen sie diesen Volksaussaugern den Kampf an. Rücksichtslos säubern sie ihr Volk von den Drohnen. Dann ist wieder Ruhe und Ordnung im Staate.
Wie ist dies aber bei den Menschen? Solange nicht auch sie aufgeräumt haben mit der jüdischen Drohnenbrut, solange gibt es keine Ruhe und keinen Wohlstand bei den Völkern.

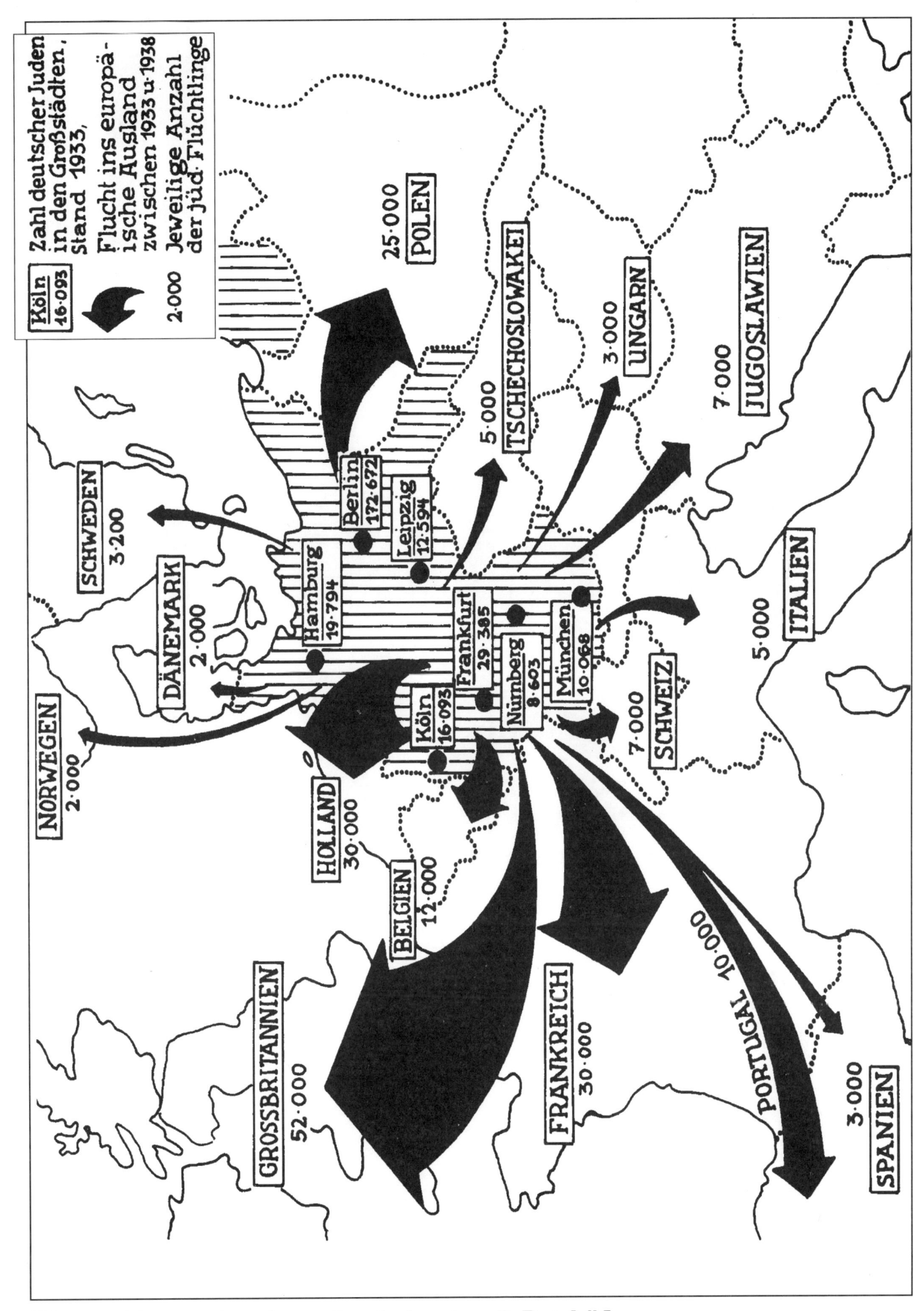

V.9 Emigration deutscher Juden im „3. Reich" I

V.10 Emigration deutscher Juden im „3. Reich" II

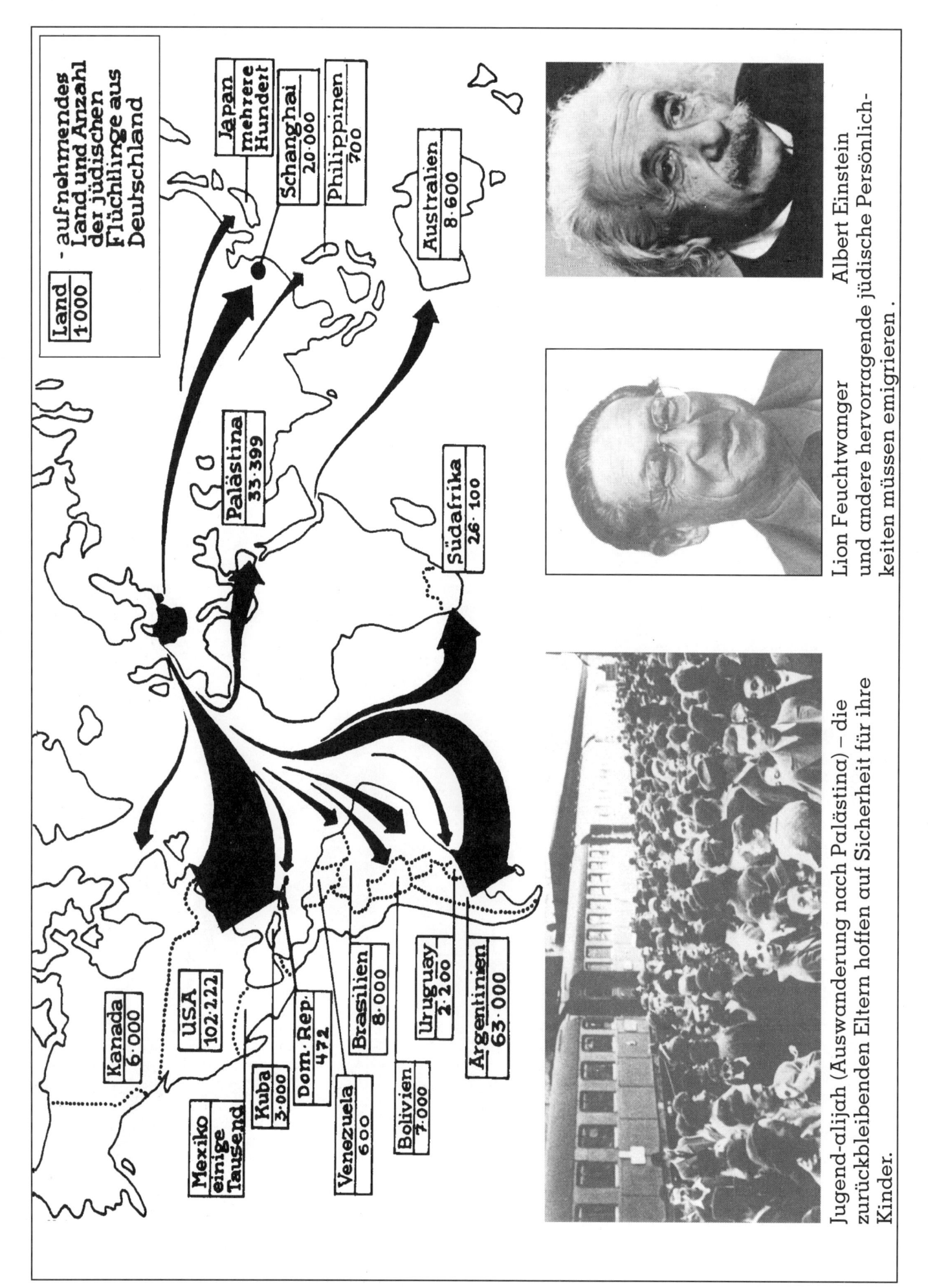

Karte: Aufnehmendes Land und Anzahl der jüdischen Flüchtlinge aus Deutschland

| Land | 1.000 |

- Japan: mehrere Hundert
- Schanghai: 20.000
- Philippinen: 700
- Australien: 8.600
- Palästina: 33.399
- Südafrika: 26.100
- Kanada: 6.000
- USA: 102.222
- Mexiko: einige Tausend
- Kuba: 3.000
- Dom. Rep.: 472
- Venezuela: 600
- Brasilien: 8.000
- Bolivien: 7.000
- Uruguay: 2.200
- Argentinien: 63.000

Albert Einstein Lion Feuchtwanger und andere hervorragende jüdische Persönlichkeiten müssen emigrieren.

Jugend-alijah (Auswanderung nach Palästina) – die zurückbleibenden Eltern hoffen auf Sicherheit für ihre Kinder.

V.11 Konzentrationslager

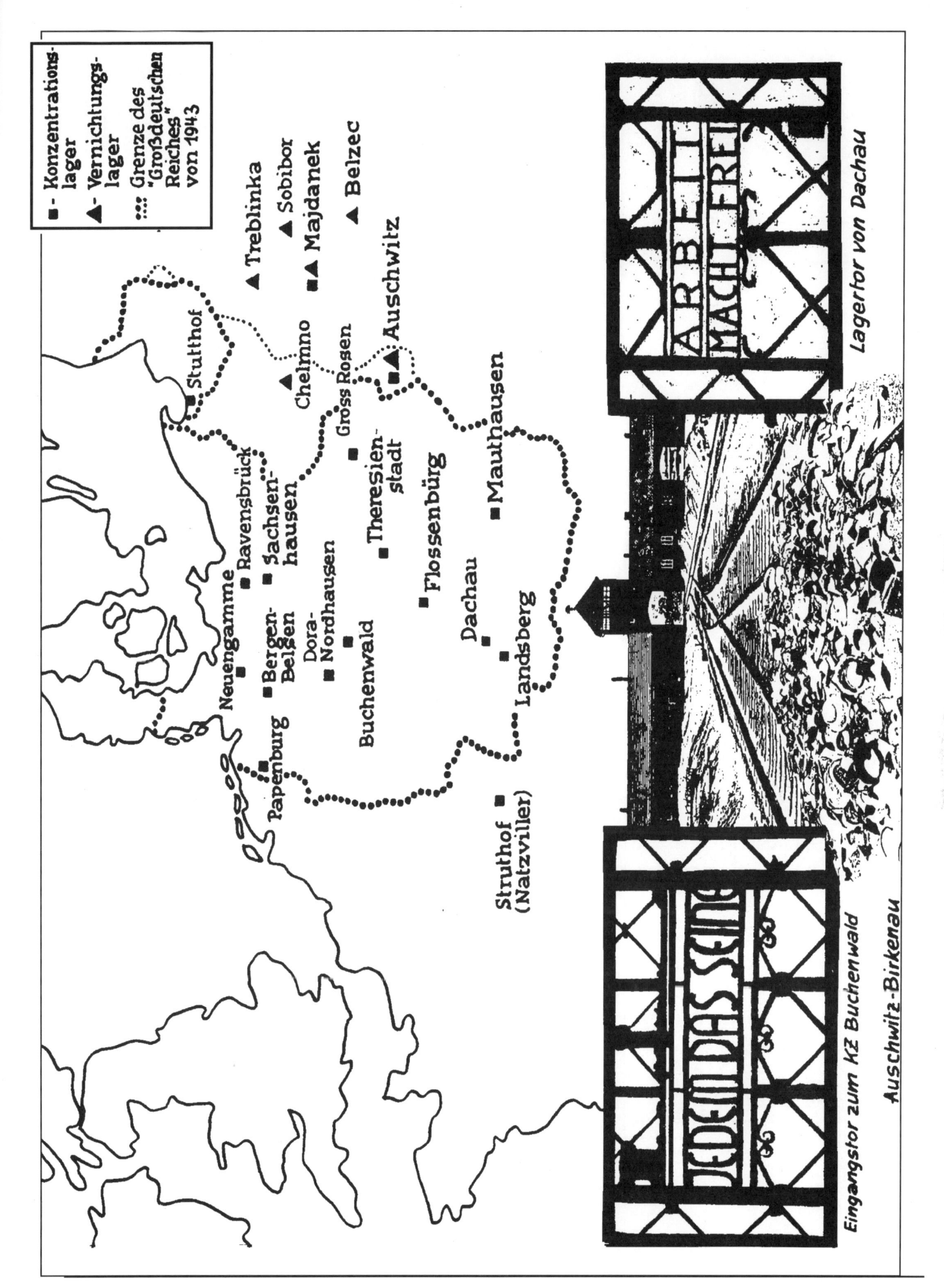

Legende:
- ■ Konzentrationslager
- ▲ Vernichtungslager
- ⋯ Grenze des "Großdeutschen Reiches" von 1943

Vernichtungslager:
- ▲ Treblinka
- ▲ Sobibor
- ■▲ Majdanek
- ▲ Chelmno
- ■▲ Auschwitz
- ▲ Belzec

Konzentrationslager:
- Stutthof
- Gross Rosen
- Ravensbrück
- Sachsenhausen
- Theresienstadt
- Neuengamme
- Bergen-Belsen
- Dora-Nordhausen
- Buchenwald
- Flossenbürg
- Mauthausen
- Dachau
- Landsberg
- Papenburg
- Struthof (Natzviller)

Lagertor von Dachau — ARBEIT MACHT FREI

Eingangstor zum KZ Buchenwald — JEDEM DAS SEINE

Auschwitz-Birkenau

V.12 Massenmord an den Juden

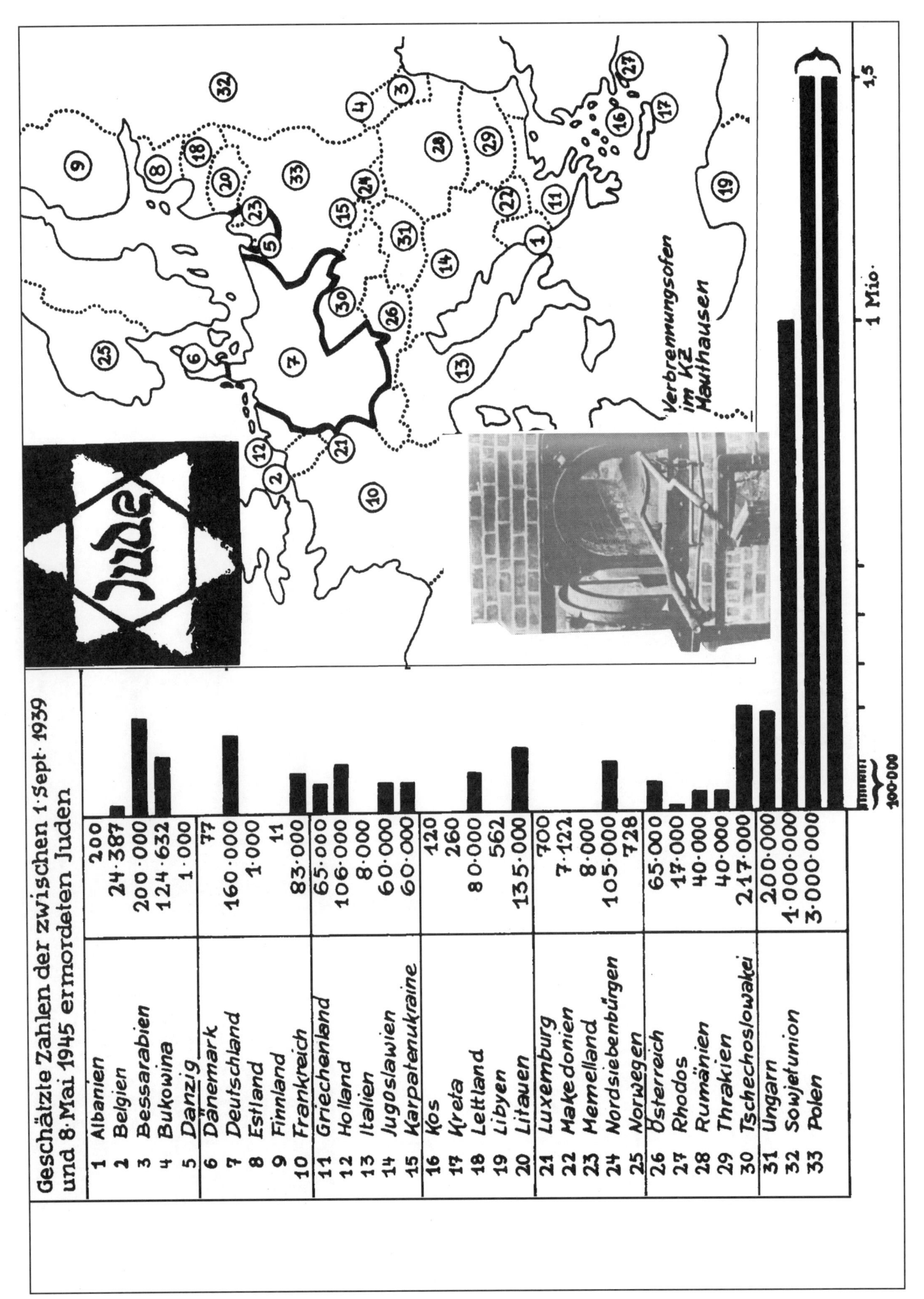

Geschätzte Zahlen der zwischen 1. Sept. 1939 und 8. Mai 1945 ermordeten Juden

Nr.	Land	Anzahl
1	Albanien	200
2	Belgien	24.387
3	Bessarabien	200.000
4	Bukowina	124.632
5	Danzig	1.000
6	Dänemark	77
7	Deutschland	160.000
8	Estland	1.000
9	Finnland	11
10	Frankreich	83.000
11	Griechenland	65.000
12	Holland	106.000
13	Italien	8.000
14	Jugoslawien	60.000
15	Karpatenukraine	60.000
16	Kos	120
17	Kreta	260
18	Lettland	80.000
19	Libyen	562
20	Litauen	135.000
21	Luxemburg	700
22	Makedonien	7.122
23	Memelland	8.000
24	Nordsiebenbürgen	105.000
25	Norwegen	728
26	Österreich	65.000
27	Rhodos	17.000
28	Rumänien	40.000
29	Thrakien	40.000
30	Tschechoslowakei	217.000
31	Ungarn	200.000
32	Sowjetunion	1.000.000
33	Polen	3.000.000

Verbrennungsofen im KZ Mauthausen

Juden wurden im Lauf der Geschichte immer wieder verfolgt. Den grausamen „Höhepunkt" der Verfolgungen brachte die Herrschaft der Nationalsozialisten in Deutschland. 1945 waren ungefähr 6 von 18 Millionen Juden auf der Welt umgebracht worden. Die Juden nennen die Vernichtung in der Nazizeit Holocaust; *darin steckt das Wort ‚Brandopfer'. Sie gebrauchen aber auch den Begriff* Shoa, *‚Vernichtung'.*

Vier Stufen nationalsozialistischer Judenverfolgung

I. **Erste Verfolgungen 1933–1935**
Boykott jüdischer Geschäfte ab 1. April 1933

II. **Bürger zweiter Klasse 1935–1938**
Nürnberger Rassengesetze 1935

III. **Erste Pogrome und Deportationen 1938–1941**
9./10. November 1938 Reichspogromnacht

IV. **Massenmord**
an den europäischen Juden 1941–1945

V.13   **Stationen des Holocaust**

Bilder zu nationalsozialistischer Judenverfolgung

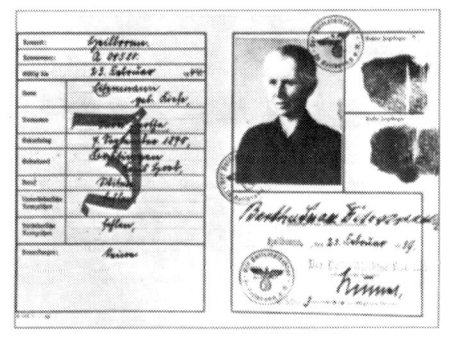

V.14 **Bilder zur Collage I**

V.15 **Bilder zur Collage II**

Aus der Polizeiverordnung über die Kennzeichnung der Juden vom 1. September 1941:

1. (1) Juden (Par. 5 der Ersten Verordnung zum Reichsbürgergesetz vom 14. November 1935 – RGBl. I S. 1333), die das sechste Lebensjahr vollendet haben, ist es verboten, sich in der Öffentlichkeit ohne einen Judenstern zu zeigen.
(2) Der Judenstern besteht aus einem handtellergroßen, schwarz ausgezogenen Sechsstern aus gelbem Stoff mit der schwarzen Aufschrift „Jude". Er ist sichtbar auf der linken Brustseite des Kleidungsstücks fest aufgenäht zu tragen.

Aus einer Anordnung der Parteileitung der NSDAP vom 28. März 1933:

1. In jeder Ortsgruppe und Organisationsgliederung der NSDAP sind sofort Aktionskomitees zu bilden zur praktischen, planmäßigen Durchführung des Boykotts jüdischer Geschäfte, jüdischer Waren, jüdischer Ärzte und jüdischer Rechtsanwälte. Die Aktionskomitees sind verantwortlich dafür, daß der Boykott keine Unschuldigen trifft.(...)
3. Die Aktionskomitees haben sofort durch Propaganda und Aufklärung den Boykott zu popularisieren. Grundsatz: Kein Deutscher kauft noch bei einem Juden oder läßt von ihm und seinen Hintermännern Waren anpreisen. Der Boykott muß ein allgemeiner sein. Er wird vom ganzen Volk getragen und muß das Judentum an seiner empfindlichsten Stelle treffen.

Schulunterricht an Juden

Nach der ruchlosen Mordtat von Paris kann es keinem deutschen Lehrer und keiner deutschen Lehrerin zugemutet werden, an jüdische Schulkinder Unterricht zu erteilen. Auch versteht es sich von selbst, daß es für deutsche Schüler und Schülerinnen unerträglich ist, mit Juden in einem Klassenraum zu sitzen. Die Rassentrennung im Schulwesen ist zwar in den letzten Jahren im allgemeinen bereits durchgeführt, doch ist ein Restbestand jüdischer Schüler auf den deutschen Schulen übriggeblieben, denen der gemeinsame Schulbesuch mit deutschen Jungen und Mädeln nunmehr nicht weiter gestattet werden kann. Vorbehaltlich weiterer gesetzlicher Regelung ordne ich daher mit sofortiger Wirkung an:
1. Juden ist der Besuch deutscher Schulen nicht gestattet. Sie dürfen nur jüdische Schulen besuchen. Soweit es noch nicht geschehen sein sollte, sind alle zur Zeit eine deutsche Schule besuchenden jüdischen Schüler und Schülerinnen sofort zu entlassen. (...)

Berlin, den 15. November 1938

Der Reichsminister
für Wissenschaft, Erziehung
und Volksbildung

In Vertretung: Zschintzsch

Auszug aus den „Nürnberger Rassegesetzen":

Gesetz zum Schutze des deutschen Blutes und der deutschen Ehre

vom 15. September 1935

§ 1

Eheschließungen zwischen Juden und Staatsangehörigen deutschen oder artverwandten Blutes sind verboten. Trotzdem geschlossene Ehen sind nichtig ...

§ 2

Außerehelicher Verkehr zwischen Juden und Staatsangehörigen deutschen oder artverwandten Blutes ist verboten.

§ 3

Juden dürfen weibliche Staatsangehörige deutschen oder artverwandten Blutes unter 45 Jahren in ihrem Haushalt nicht beschäftigen.

Aus dem Protokoll der sogenannten „Wannsee-Besprechung" vom 20. 1. 1942:

„Im Zuge dieser Endlösung der europäischen Judenfrage kommen rund 11 Millionen Juden in Betracht, (...).
Unter entsprechender Leitung sollen im Zuge der Endlösung die Juden in geeigneter Weise im Osten zum Arbeitseinsatz kommen. In großen Kolonnen werden die arbeitsfähigen Juden straßenbauend in diese Gebiete geführt, wobei zweifellos ein Großteil durch natürliche Verminderung ausfallen wird. Der (...) verbleibende Restbestand wird, da es sich bei diesem zweifellos um den widerstandsfähigeren Teil handelt, entsprechend behandelt werden müssen, da dieser (...) bei Freilassung als Keimzelle eines neuen jüdischen Aufbaus anzusprechen ist. (...)"

Aus einer Anordnung des Präsidenten der Reichskulturkammer vom November 1938:

Den Juden ist der Zutritt zu Darbietungen der deutschen Kultur, zu Theatern, Lichtspielunternehmungen, Konzerten, artistischen Unternehmen (...), Tanzvorführungen und Ausstellungen kultureller Art, mit sofortiger Wirkung nicht mehr zu gestatten (...)

V.16 **Stationen des Holocaust – Textblatt**

Die jüdische Dichterin Nelly Sachs (1891–1970) konnte 1940 aus Deutschland nach Schweden emigrieren. Ihre Gedichte kreisen vielfach um die Shoa.

Wir Geretteten,
Aus deren hohlem Gebein der Tod
    schon seine Flöten schnitt,
An deren Sehnen der Tod
    schon seinen Bogen strich –
Unsere Leiber klagen noch nach
Mit ihrer verstümmelten Musik.

Wir Geretteten,
Immer noch hängen die Schlingen
    für unsere Hälse gedreht
Vor uns in der blauen Luft –
Immer noch füllen sich die Sanduhren
    mit unserem tropfenden Blut.

Wir Geretteten,
immer noch essen an uns die Würmer der Angst.
Unser Gestirn ist vergraben im Staub.

Wir Geretteten bitten euch:
Zeigt uns langsam eure Sonne,
Führt uns von Stern zu Stern im Schritt.
Lasst uns das Leben leise wieder lernen.
Es könnte sonst eines Vogels Lied,
Das Füllen des Eimers am Brunnen
Unsern schlecht versiegelten Schmerz
    aufbrechen lassen
Und uns wegschäumen –
Wir bitten euch:
Zeigt uns noch nicht einen beißenden Hund –
Es könnte sein, es könnte sein,
Dass wir zu Staub zerfallen –
Vor euren Augen zerfallen in Staub.
Was hält denn unsere Webe zusammen?
Wir odemlos Gewordenen,
Deren Seele zu IHM floh aus der Mitternacht,
Lange bevor man unseren Leib rettete
In der Arche des Augenblicks.

Wir Geretteten,
Wir drücken eure Hand,
wir erkennen euer Auge –
Aber zusammen hält uns nur noch der Abschied,
Der Abschied im Staub
Hält uns mit euch zusammen.

Aus: Nelly Sachs, Die Gedichte. © Suhrkamp Verlag, Frankfurt am Main 1961

V.17   Gedichte zur Shoa I: Nelly Sachs, Chor der Geretteten

Todesfuge

Schwarze Milch der Frühe wir trinken sie abends
wir trinken sie mittags und morgens wir trinken sie nachts
wir trinken und trinken
wir schaufeln ein Grab in den Lüften da liegt man nicht eng
Ein Mann wohnt im Haus der spielt mit den Schlangen der schreibt
der schreibt wenn es dunkelt nach Deutschland
dein goldenes Haar Margarete
er schreibt es und tritt vor das Haus und es blitzen die Sterne
er pfeift seine Rüden herbei
ein Grab in der Erde
er befiehlt uns spielt auf nun zum Tanz

Schwarze Milch der Frühe wir trinken dich nachts
wir trinken dich morgens und mittags wir trinken dich abends
wir trinken und trinken

Ein Mann wohnt im Haus der spielt mit den Schlangen
der schreibt
der schreibt wenn es dunkelt nach Deutschland
dein goldenes Haar Margarete
dein aschenes Haar Sulamith wir schaufeln ein Grab
in den Lüften da liegt man nicht eng

Er ruft stecht tiefer ins Erdreich ihr einen ihr andern singet und spielt
er greift nach dem Eisen im Gurt er schwingts seine Augen sind blau
stecht tiefer die Spaten ihr einen ihr andern spielt weiter zum Tanz auf

Schwarze Milch der Frühe wir trinken dich nachts
wir trinken dich mittags und morgens wir trinken dich abends
wir trinken und trinken
ein Mann wohnt im Haus dein goldenes Haar Margarete
dein aschenes Haar Sulamith er spielt mit den Schlangen

er ruft spielt süßer den Tod der Tod ist ein Meister aus Deutschland
er ruft streicht dunkler die Geigen dann steigt ihr als Rauch in die Luft
dann habt ihr ein Grab
in den Wolken da liegt man nicht eng

Schwarze Milch der Frühe wir trinken dich nachts
wir trinken dich mittags der Tod ist Meister aus Deutschland
wir trinken dich abends und morgens wir trinken und trinken
der Tod ist ein Meister aus Deutschland sein Auge ist blau
er trifft dich mit bleierner Kugel er trifft dich genau
ein Mann wohnt im Haus dein goldenes Haar Margarete
er hetzt seine Rüden auf uns er schenkt uns ein Grab in der Luft
er spielt mit den Schlangen und träumt der Tod ist ein Meister aus
Deutschland

dein goldenes Haar Margarete
dein aschenes Haar Sulamith

Paul Celan (1920–1970), deutschsprachiger jüdischer Schriftsteller aus Rumänien, lebte nach dem Zweiten Weltkrieg in Paris. Das Gedicht „Todesfuge" ist ein Requiem, das den Opfern des Holocaust gewidmet ist.

© Deutsche Verlags-Anstalt, Stuttgart

Oberrabbiner Lau
(geb. 1937)

Das orthodoxe Judentum hält streng an den überlieferten jüdischen Gesetzen fest.

Professor Abraham J. Heschel
(1907–1972)

Das konservative Judentum will die jüdischen Traditionen bewahren, ohne Änderungen auszuschließen.

Schalom Ben Chorin
(geb. 1913)

Das Reformjudentum versucht, die jüdischen Überlieferungen der modernen Zeit anzupassen.

David Ben Gurion **Golda Meïr**
(1886–1973) (1898–1978)

Der Zionismus ist eine politische Bewegung, die seit dem Ende des 19. Jahrhunderts eine Heimstätte für das jüdische Volk in Palästina anstrebte. Es gibt religiöse und nichreligiöse Zionisten.

Etwa 30 bis 40% der jüdischen Bevölkerung in Israel versteht sich als religiös, etwa 25% der Bevölkerung kann man zur Orthodoxie rechnen.

	Orthodoxe Juden		Konservative Juden		Reform-Juden	
	Ja	Nein	Ja	Nein	Ja	Nein
Ernennen eine Frau zur Rabbinerin						
Es gibt eine Geschlechtertrennung in der Synagoge						
Mädchen feiern Bat-Mizwa						
Es wird streng darauf geachtet, dass Milch- und Fleischspeisen nicht vermischt werden						
Rabbiner nehmen im Staat Israel staatliche Funktionen wahr (Eheschließung, Scheidung, Aufsicht über die Speisegesetze)						
Die Männer tragen immer eine Kopfbedeckung						
Die Männer tragen bei religiösen Handlungen eine Kopfbedeckung						
Bibelkritik ist erlaubt						
Benutzen am Sabbat ein Fahrzeug						
Verwenden das traditionelle Gebetbuch						
Glauben an eine messianische Friedenszeit						
Glauben an einen persönlichen Messias						
Anerkennen den Staat Israel						
Befürworten das jüdisch-christliche Gespräch						

V.19   Jüdische Gruppen in Israel

Bis in die Zeit nach der Shoa herrschte – bis auf wenige Ausnahmen – zwischen Christen und Juden Feindschaft, selbst dort, wo ihre Theologen miteinander im Disput standen.

Die Feindschaft zwischen Christen und Juden findet im Mittelalter ihren bildhaften Ausdruck in der Gegenüberstellung von Kirche (Ecclesia) und Synagoge.

Aufgeklärte Menschen, wie der Dichter Gotthold Ephraim Lessing, zollten dem jüdischen Glauben und den gebildeten Juden ihrer Zeit interessierten Respekt und Toleranz. Der Schweizer Theologe Johann Kaspar Lavater (rechts) versuchte vergeblich, den jüdischen Gelehrten Moses Mendelssohn zum Christentum zu bekehren.

Am Vorabend des Dritten Reiches fanden in Deutschland erste zaghafte religiöse Gespräche zwischen christlichen Theologen und jüdischen Gelehrten statt. Den stärksten Anstoß dazu gab Martin Buber, der in Frankfurt und Stuttgart ein jüdisches Lehrhaus gegründet hatte.
Am 14. 1. 1933 fand in Stuttgart das letzte öffentliche Gespräch mit dem ev. Theologen Karl Ludwig Schmidt statt. Martin Buber sagte dort:

„Die Gottestore sind offen für alle. Der Christ braucht nicht durch das Judentum, der Jude nicht durch das Christentum zu gehen, um zu Gott zu kommen."

Nach 1945 wurde in mehreren offiziellen evangelischen-kirchlichen Verlautbarungen das Ziel der Judenmission aufgegeben.

V.20 **Von der Disputation zum Dialog I**

„Ermutigung zum Gespräch"
Terrakotta-Relief von Biagio Frisa – Evangelische Kirche Bartholomä

Auf evangelischer Seite gibt es seit dem Deutschen Evangelischen Kirchentag in Berlin 1961 eine Arbeitsgruppe „Juden und Christen", in der Juden gleichberechtigt mitarbeiten.

Aus der Gründungserklärung:
„Juden und Christen sind unlösbar verbunden. Aus der Leugnung dieser Zusammengehörigkeit entstand die Judenfeindlichkeit in der Christenheit."

Die 1958 auf einer EKD-Synode gegründete „Aktion Sühnezeichen" sucht durch Freiwilligeneinsätze einen Weg des „Friedens durch Versöhnung" zu gehen. Seit 1969 sind auch Freiwillige der Aktion in Israel im Einsatz.

Ehemalige Synagoge Freudental

Papst Johannes Paul II. im Gespräch mit dem Oberrabbiner Elio Toaff in der Synagoge von Rom

In mehreren nicht zerstörten ehemaligen Synagogen in Deutschland gibt es Einrichtungen, die das Gespräch mit Juden suchen.

1979 wurde die Hochschule für jüdische Studien in Heidelberg gegründet. An ihr studieren christliche und jüdische Studenten gemeinsam Fragen des Judentums.

In der katholischen Kirche stellt das Zweite Vatikanische Konzil (1962–1965) einen Wendepunkt in der Einstellung zum Judentum dar:
„Die Juden sind nach dem Zeugnis der Apostel immer noch von Gott geliebt um der Väter willen."

V.21 Von der Disputation zum Dialog II

Israel und die besetzten Gebiete (bis 1991)

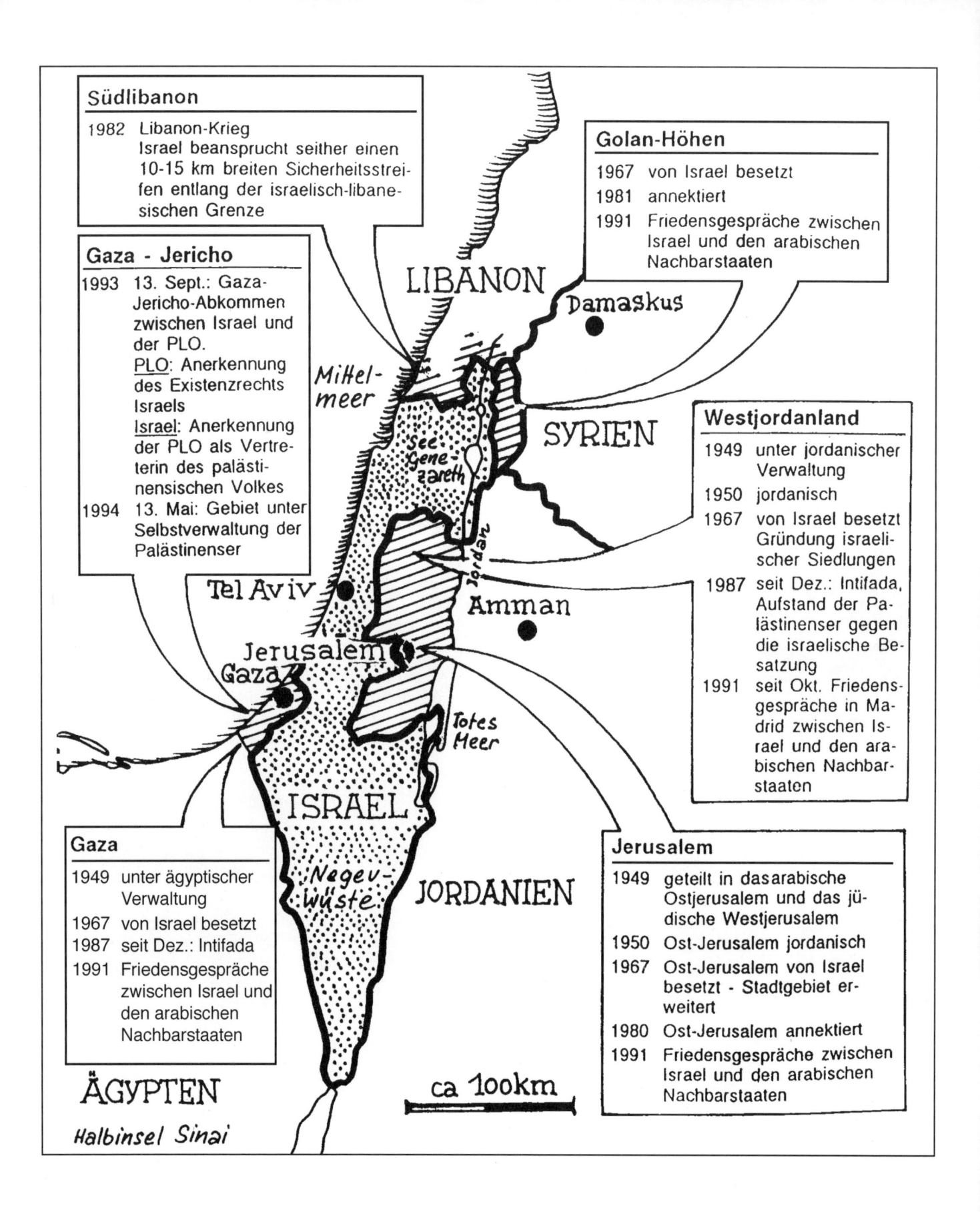

Südlibanon
- 1982 Libanon-Krieg
  Israel beansprucht seither einen 10-15 km breiten Sicherheitsstreifen entlang der israelisch-libanesischen Grenze

Gaza - Jericho
- 1993 13. Sept.: Gaza-Jericho-Abkommen zwischen Israel und der PLO.
  PLO: Anerkennung des Existenzrechts Israels
  Israel: Anerkennung der PLO als Vertreterin des palästinensischen Volkes
- 1994 13. Mai: Gebiet unter Selbstverwaltung der Palästinenser

Golan-Höhen
- 1967 von Israel besetzt
- 1981 annektiert
- 1991 Friedensgespräche zwischen Israel und den arabischen Nachbarstaaten

Westjordanland
- 1949 unter jordanischer Verwaltung
- 1950 jordanisch
- 1967 von Israel besetzt Gründung israelischer Siedlungen
- 1987 seit Dez.: Intifada, Aufstand der Palästinenser gegen die israelische Besatzung
- 1991 seit Okt. Friedensgespräche in Madrid zwischen Israel und den arabischen Nachbarstaaten

Gaza
- 1949 unter ägyptischer Verwaltung
- 1967 von Israel besetzt
- 1987 seit Dez.: Intifada
- 1991 Friedensgespräche zwischen Israel und den arabischen Nachbarstaaten

Jerusalem
- 1949 geteilt in das arabische Ostjerusalem und das jüdische Westjerusalem
- 1950 Ost-Jerusalem jordanisch
- 1967 Ost-Jerusalem von Israel besetzt - Stadtgebiet erweitert
- 1980 Ost-Jerusalem annektiert
- 1991 Friedensgespräche zwischen Israel und den arabischen Nachbarstaaten

Map labels: LIBANON, Damaskus, Mittelmeer, See Genezareth, SYRIEN, Jordan, Tel Aviv, Amman, Jerusalem, Gaza, Totes Meer, ISRAEL, Negev-Wüste, JORDANIEN, ÄGYPTEN, Halbinsel Sinai, ca 100km

V.22 Israel und die besetzten Gebiete (bis 1991)

Der Aufstand der Juden gegen die Römer, der jüdische Krieg (66–70 n. Chr.), endete mit der Eroberung und Zerstörung Jerusalems und des Tempels durch Titus; die Bergfeste Massada, auf die sich die letzten Aufständischen zurückgezogen hatten, fiel im Jahre 73. Nach der Niederschlagung des Bar-Kochba-Aufstandes (132–135 n. Chr.) benannten die Römer das Land Israel nach den Philistern in Palästina um; Jerusalem wurde zur römischen Stadt Aelia Capitolina, der Zutritt in die Stadt war für Juden verboten. Das geistige Zentrum des Judentums war nach der Zerstörung Jerusalems zunächst Jabne, nach dem Jahr 135 dann Galiläa (Beth Shearim, Sepphoris); hier wurde die mündliche Lehre weitertradiert, was dann zur Abfassung der Mischna und des (Jerusalemer) Talmud führte; im 6. Jahrhundert war Tiberias die wichtigste Stadt der Region. In der byzantinischen Zeit (ab 330 n. Chr.) lebten auch wieder Juden in Jerusalem.

Mosaik-Karte aus Madaba: Jerusalem im 6. Jahrhundert.

Darstellung auf dem Titusbogen in Rom: Die Geräte aus dem Tempel in Jerusalem werden im Triumphzug durch Rom getragen.

Die Reste vieler Synagogen legen noch heute Zeugnis davon ab, dass Galiläa in dieser Zeit das geistige Zentrum des Judentums war.

Hamat Tiberias aus dem 4. Jahrhundert

Mosaikboden der Synagoge von Beth-Alpha aus dem 6. Jahrhundert

Baram aus dem 3. Jahrhundert

VI.1 Die römische und die byzantinische Periode (70–638 n. Chr.)

VI.2 Die erste muslimische Periode (638–1099 n. Chr.)

Im Jahre 638 eroberte Kalif Omar Jerusalem; um 700 wurden auf dem Tempelplatz der Felsendom und die El-Aksa-Moschee erbaut. Das geistige Zentrum des Judentums in Palästina verlagerte sich wieder nach Jerusalem. Der fanatische Kalif Hakim (969–1021) ließ Synagogen und Kirchen in Jerusalem zerstören und vertrieb die Juden zeitweilig aus Jerusalem; die jüdische Akademie (Jeschiwa) siedelte nach Ramla um.

Jüdische Einrichtung zum Färben von Kleidern im südwestlichen Bezirk des Tempelberges aus dem 9. Jh. Offensichtlich war es den Juden erlaubt, im Tempelbezirk zu leben.

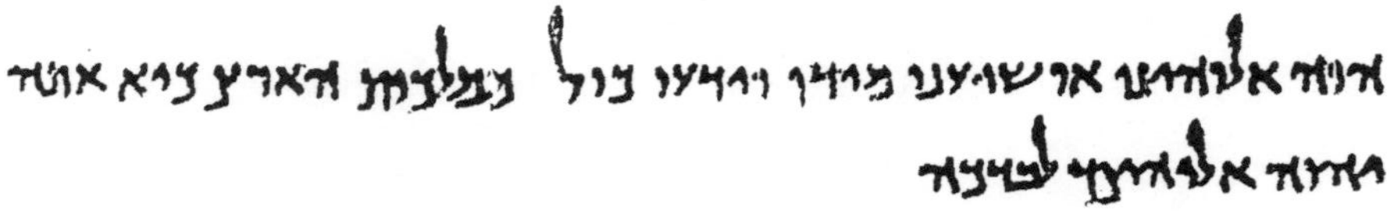

Jesaja-Rolle 1QJes aus Qumran

Im 8.–10. Jahrhundert wurde die hebräische Konsonantenschrift mit Vokalen, dargestellt durch Striche und Punkte, versehen. Die Gelehrten, die für die getreue Überlieferung des Bibeltextes verantwortlich waren, nennt man Masoreten.

Nun aber, Herr, unser Gott, rette uns aus seiner Hand, damit alle Reiche der Erde erkennen, dass du, Jahwe, Gott bist, du allein.

Jesaja 37,20

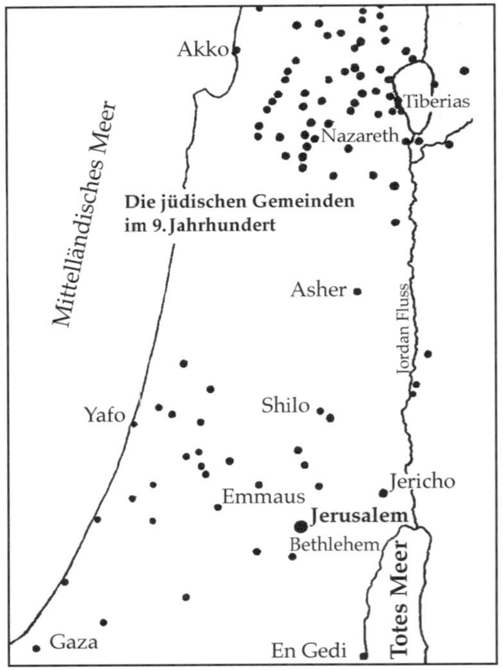

Die jüdischen Gemeinden im 9. Jahrhundert

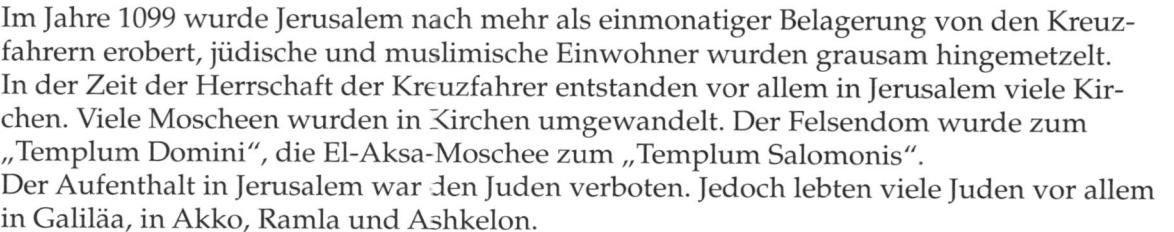

Im Jahre 1099 wurde Jerusalem nach mehr als einmonatiger Belagerung von den Kreuzfahrern erobert, jüdische und muslimische Einwohner wurden grausam hingemetzelt. In der Zeit der Herrschaft der Kreuzfahrer entstanden vor allem in Jerusalem viele Kirchen. Viele Moscheen wurden in Kirchen umgewandelt. Der Felsendom wurde zum „Templum Domini", die El-Aksa-Moschee zum „Templum Salomonis". Der Aufenthalt in Jerusalem war den Juden verboten. Jedoch lebten viele Juden vor allem in Galiläa, in Akko, Ramla und Ashkelon.

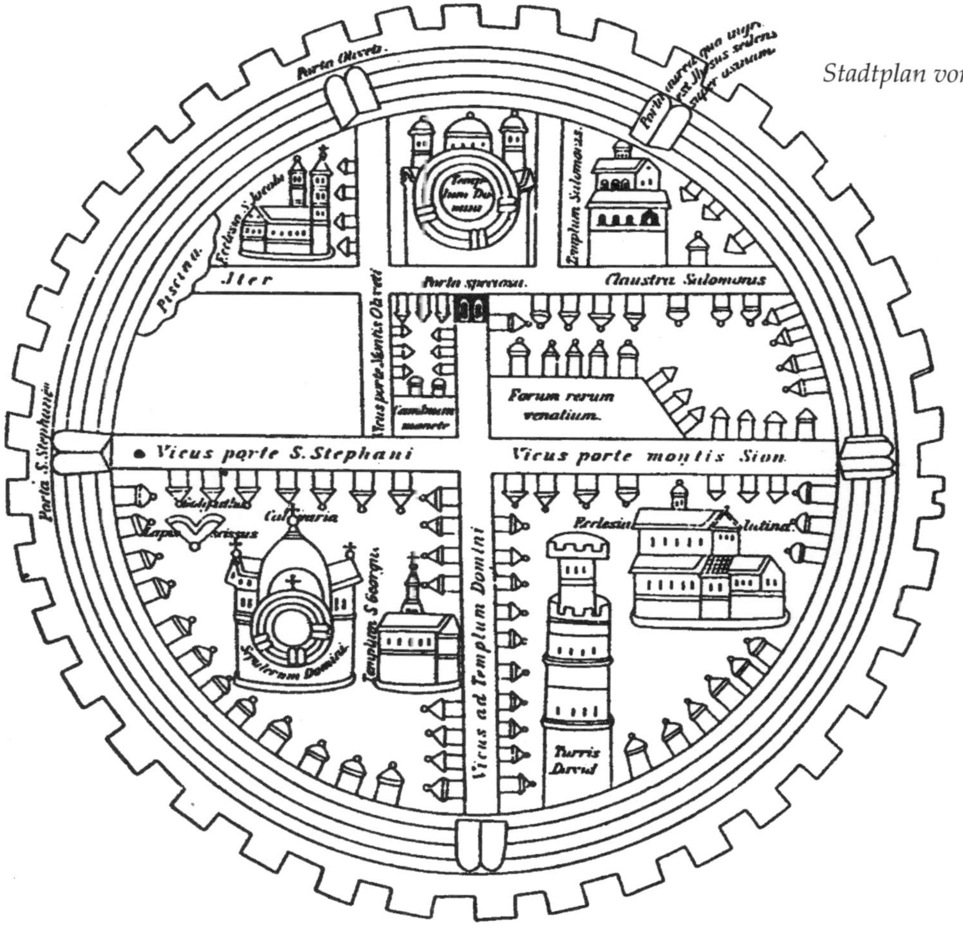

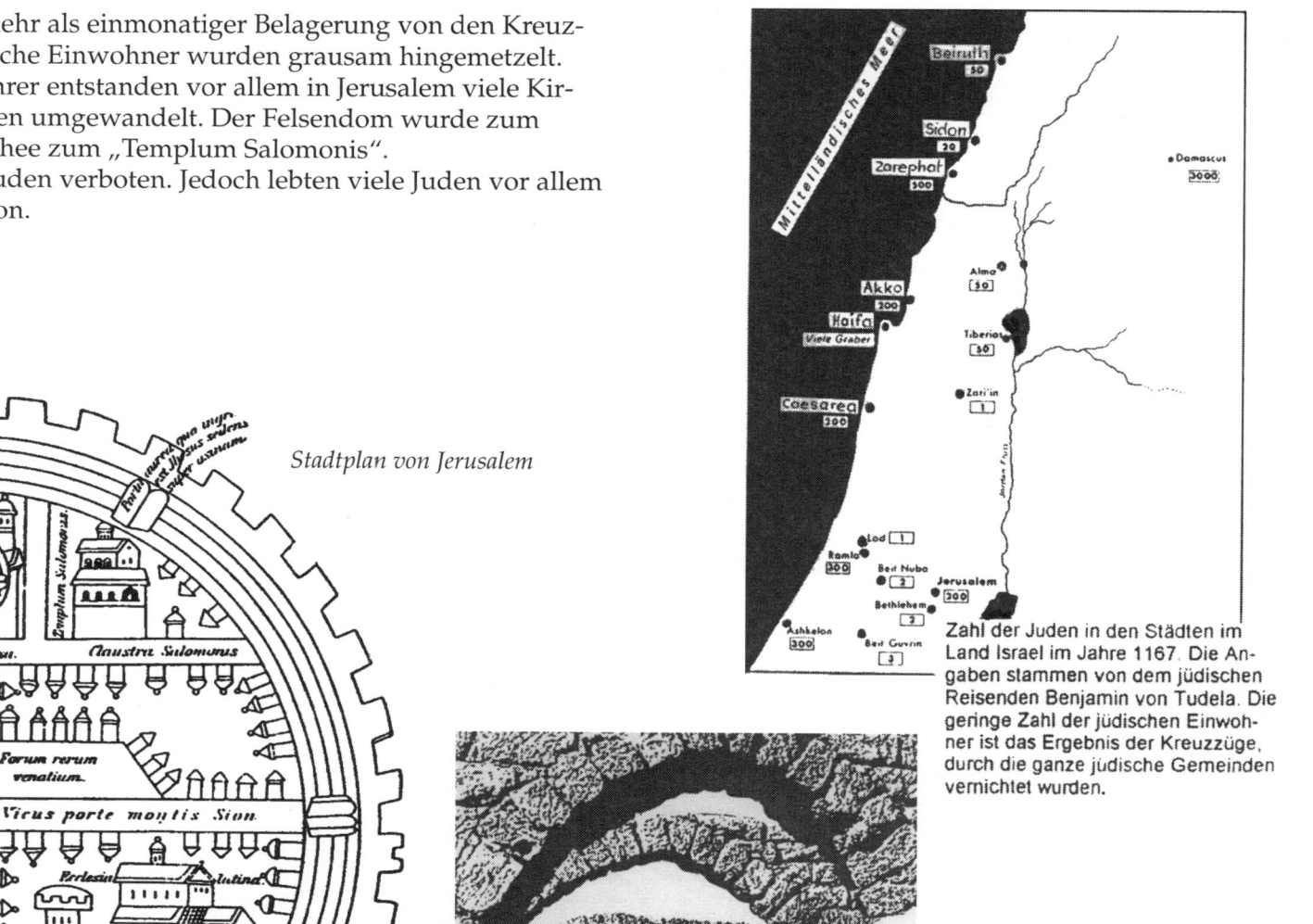

Zahl der Juden in den Städten im Land Israel im Jahre 1167. Die Angaben stammen von dem jüdischen Reisenden Benjamin von Tudela. Die geringe Zahl der jüdischen Einwohner ist das Ergebnis der Kreuzzüge, durch die ganze jüdische Gemeinden vernichtet wurden.

Kreuzfahrerstraße in Caesarea

Stadtplan von Jerusalem

VI.3 Die Kreuzfahrerperiode (1099–1291)

Die Familie der Ajubiden und die Mamelucken (ab 1250) beherrschten das Land Palästina von Ägypten aus. Der Sieg Saladins über die Kreuzfahrer im Jahre 1187 bei den Hörnern von Hittim bedeutete praktisch das Ende der Herrschaft der Kreuzfahrer über das Heilige Land. Im selben Jahr eroberte Saladin Jerusalem. Mit dem Fall von Akko 1291 war die Herrschaft der Kreuzfahrer in Palästina endgültig zu Ende. Nach der Eroberung Jerusalems durch Saladin gewann die jüdische Gemeinde in Jerusalem wieder an Bedeutung. Auch in Caesarea, Tyrus, Akko und in Galiläa lebten Juden. Im 15. Jahrhundert nahm die Einwanderung von Juden aus europäischen Ländern zu.

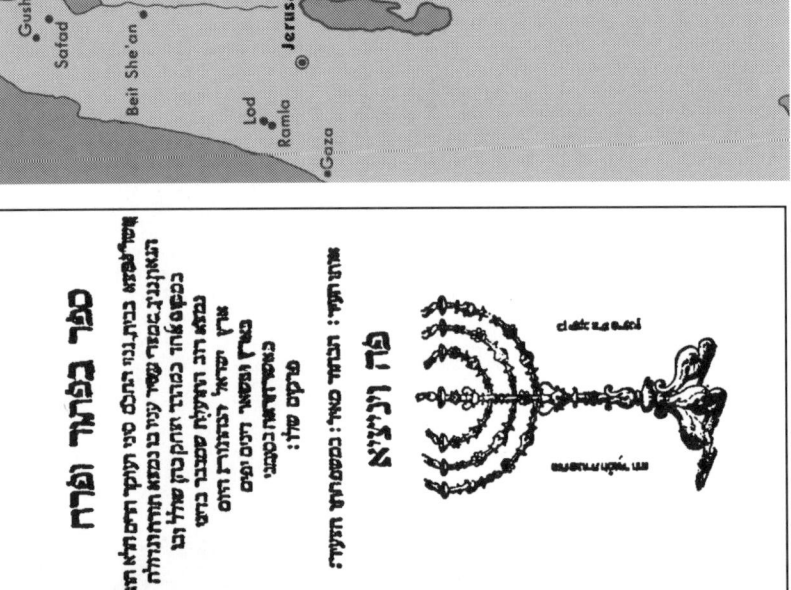

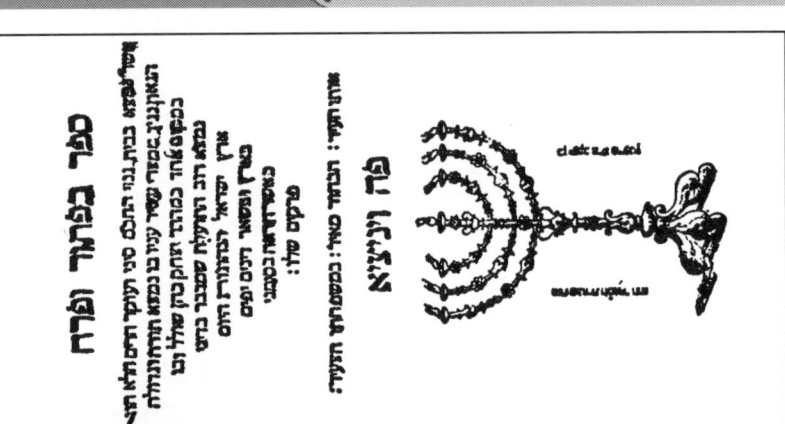

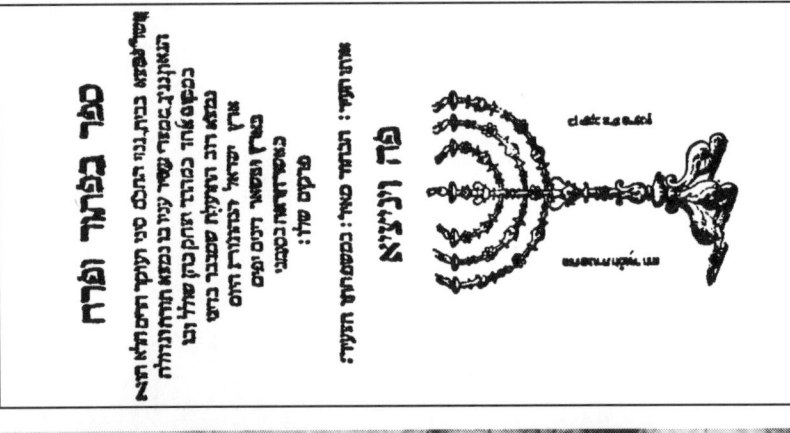

Ramban-Synagoge in Jerusalem. Älteste, noch heute benutzte Synagoge Jerusalems. Sie wurde 1267 von Nachmanides (genannt Ramban) errichtet.

Titelblatt des Buches „Kaftor Waferach", des ersten hebräisch-jüdischen Werkes über die Geographie Palästinas. Das Buch wurde 1322 von Ashtory verfaßt und 1549 in Venedig gedruckt. Ashtory Ha-Parchi war von Spanien ins Land Israel eingewandert und lebte in Jerusalem und Beth Shean, von wo er ausgedehnte Reisen im Land unternahm. Die Karte zeigt Städte im Land Israel, in denen es im 14. Jh. jüdische Gemeinden gab. Diese Orte werden von Ashtory Ha-Parchi in seinem Buch erwähnt. Wahrscheinlich gab es aber eine deutlich größere Zahl jüdischer Gemeinden im Land Israel.

Das Siegel des Nachmanides. Mose ben Nachman, genannt Nachmanides oder Ramban, wurde 1194 in Spanien geboren. Er ist einer der bedeutendsten Bibelexegeten des Mittelalters. Er wurde vom Papst verbannt und lebte seit 1267 in Jerusalem und Akko, wo er 1270 starb.

VI.4 **Die Periode der Ajubiden und Mamelucken (1291–1517)**

Im 16. Jahrhundert waren insbesondere Jerusalem, Hebron, Safed und Tiberias Zentren jüdischen Lebens in Palästina. Nach der Vertreibung der Juden aus Spanien im Jahre 1492 und aus Portugal im Jahre 1497 wanderten zahlreiche Juden nach Palästina aus. Vor allem nach der Eroberung des Landes durch die (ottomanischen) Türken siedelten sich Juden in Palästina an. Dadurch stieg die Zahl der Juden in Jerusalem auf etwa 1200, in Safed auf etwa 10 000 an. Sie waren in erster Linie Händler und Handwerker. Safed wurde im 16. Jahrhundert zu einem geistigen Zentrum der jüdischen Mystik.

Im 17. und 18. Jahrhundert verschlechterte sich die Sicherheitslage in Palästina immer wieder. Auch die Zahl und die Bedeutung der Juden nahm zunächst ab; im 17. Jahrhundert lebten etwa 15000 Juden im ganzen Land. Im 18. Jahrhundert verstärkte sich die Einwanderung von Juden nach Palästina wieder. Zu Beginn des 19. Jahrhunderts betrug die Gesamtbevölkerung in Palästina 250 000 Menschen. Mit dem Aufkommen des Zionismus gegen Ende des 19. Jahrhunderts nahm die Zahl der jüdischen Einwanderer nach Palästina systematisch zu.

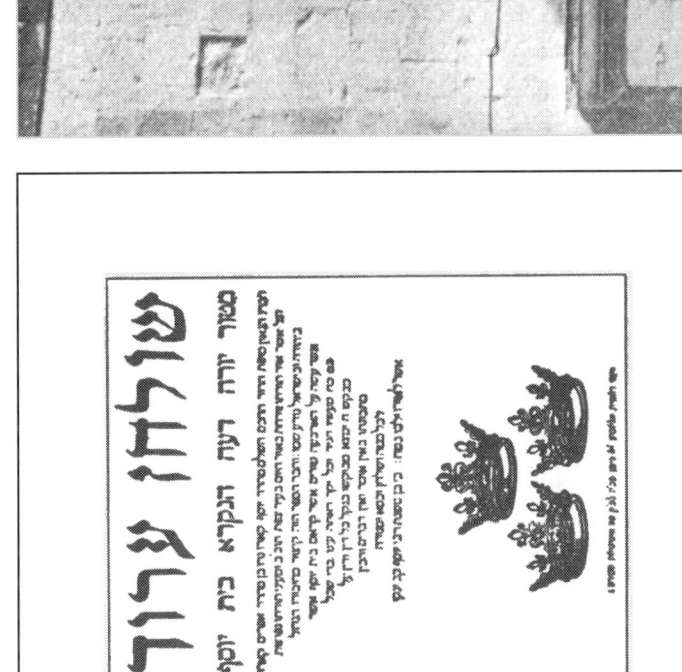

Die Haari-Synagoge in Safed aus dem 16. Jahrhundert. Rabbi Isaak Luria (genannt Haari = der Löwe) machte Safed im 16. Jh. zu einer Stadt der jüdischen Mystik.

Josef Karo (1488–1575) mußte 1497 aus Portugal fliehen und siedelte sich 1538 in Safed an. Er wurde zu einem der geistigen Führer des damaligen Judentums. Sein bekanntestes Werk ist der Schulchan Aruch, in dem die jüdischen Gesetze zusammengefasst sind.

Ab 1536 ließ Suleiman der Prächtige Jerusalem mit einer Mauer befestigen, die bis heute vollständig erhalten ist.

VI.5 **Die türkische Periode** (1517–1917)

Im Gefolge des von Theodor Herzl einberufenen ersten Zionistenkongresses in Basel (1897) begann eine systematische Einwanderung von Juden nach Palästina. Man spricht von sechs Einwanderungswellen (Alijah): Bereits vorher hatte es – allerdings nicht besonders erfolgreiche – Einwanderungsversuche gegeben.

Die sechs Einwanderungswellen von Juden nach Palästina/Israel von 1882 bis 1948

1. Erste Alijah, 1882–1903, 30000
Herkunft: Herrschaftsbereich des russischen Zaren. Grund: Verfolgungen nach der Ermordung des Zaren (1881). Die meisten verließen das Land wieder: „Das gelobte Land war ihnen lobenswert, doch wenig lebenswert" (Wolfssohn).

2. Zweite Alijah, 1904–1914, etwa 40000
Herkunft: Osteuropa (Herrschaftsbereich des russischen Zaren). Grund: Verfolgungen in Folge des verlorenen Krieges gegen Japan (1904/05) und der Revolution gegen den Zaren (1905). Ritualmordvorwürfe. Typ des „neuen jüdischen Menschen": nicht beten, sondern arbeiten (Landwirtschaft, Kibbuzim, Gleichstellung der Frauen). Ein Großteil verließ Palästina wieder. Die Bleibenden wurden die „Väter des Staates Israel" (z. B. David Ben Gurion), Herkunftsländer:

3. Dritte Alijah, 1919–1923, 35000
Herkunftsland: Rußland. Enttäuschte jüdische Kommunisten und Dissidenten (Kommunisten und Atheisten). Ziel: sozialistisch-zionistisches Gemeinwesen: Kibbuzim, Moshawim.

4. Vierte Alijah, 1924–1931, 82 000
Herkunftsland: hauptsächlich Polen. Regierung des neugegründeten Polen machte Juden für die wirtschaftlichen Schwierigkeiten verantwortlich. 3 Millionen Juden sollten Polen verlassen. Großteil ging nach Amerika. 1924 schlossen die USA die Grenzen. Folge: Ziel = Israel. Keine Pioniere, sondern Sehnsucht nach einem bürgerlichen Leben, politisch eher rechts stehend. Stadtmenschen. Härterer Kurs gegenüber Arabern.

5. Fünfte Alijah, 1932–1939, 265 000
Herkunftsland: hauptsächlich Deutschland, aber auch aus Polen und anderen osteuropäischen Staaten. Grund: Die Tore anderer Länder blieben ihnen weitgehend verschlossen. Viele Akademiker (Rechtsanwälte, Ärzte, Künstler, Kaufleute). Folge: Weitere Verbürgerlichung der jüdischen Gemeinschaft. Die wenigsten waren überzeugte Zionisten oder Sozialisten. Folge: Zunehmende Konflikte zwischen Juden und Arabern.

6. Sechste Alijah, 1940–1948, 160 000
Viele „Displaced Persons" aus ganz Europa drängten nach Israel. Beschränkung der Einwanderungszahlen durch die Engländer. Illegale Einwanderung (z. B. „Exodus").

Die Herkunft der Juden in Israel

Im Staat Israel lebten 1987 etwa 3,5 Mio. Juden und 800000 Palästinenser. Von den 3,5 Mio. Juden sind 2,1 Mio. im Lande geboren und 1,4 Mio. eingewandert.

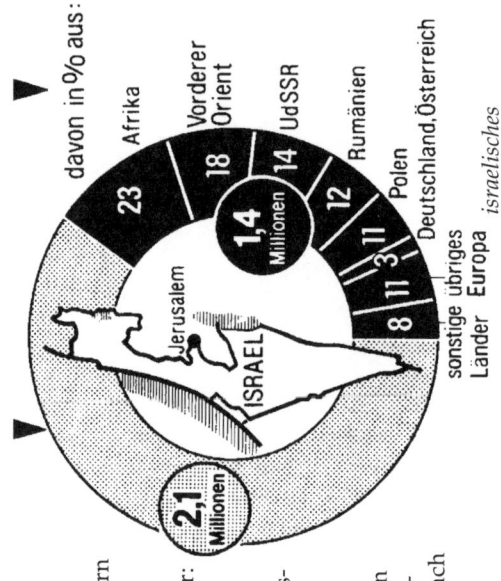

davon in % aus:
- Afrika 23
- Vorderer Orient 18
- UdSSR 14
- Rumänien 12
- Polen 11
- Deutschland, Österreich 3
- sonstige Länder 8
- übriges Europa 11

1,4 Millionen / 2,1 Millionen

Staatswappen / *israelisches Staatswappen*

israelische Staatsflagge

Theodor Herzl (1860–1904) ist der Begründer des Zionismus. 1896 veröffentlichte er das Buch „Der Judenstaat", das den Anstoß zur Gründung der zionistischen Bewegung gab. Diese hatte die Gründung einer „Heimstätte des jüdischen Volkes" in Palästina zum Ziel.

VI.6 **Die britische Mandatszeit (1920–1948)**

Sabbatkerzen

Mit dem Entzünden der Sabbatkerzen und einem Segensspruch begrüßt die Mutter die eintretende Königin Sabbat.

J

Kiddusch-Becher

Zu Beginn des häuslichen Sabbatmahls erhebt der Vater den Kiddusch-Becher und spricht den Weinsegen. Alle trinken einen Schluck Wein.

u

Berches

= Sabbatbrot. Bei der Sabbatmahlzeit liegen zwei zugedeckte, geflochtene Brote auf dem Tisch; häufig sind sie mit Mohn bestreut.

de

VII.1   Domino I

Hawdala-Kerze und Hawdala-Becher

Hawdala = Trennung. Zum Abschied vom Sabbat wird die Hawdala-Kerze entzündet, die später mit Wein aus dem Hawdala-Becher gelöscht wird. Das Entzünden der geflochtenen Hawdala-Kerze, die mindestens zwei Dochte haben muss, zeigt an, dass die Arbeit wieder gestattet ist; die Kerze erinnert außerdem an den ersten Schöpfungstag.

i

Besamimbüchse

Behälter mit wohlriechenden Gewürzen. Um den Abschied vom Sabbat zu erleichtern, riecht man kurz vor Sabbatende an der Besamimbüchse.

s

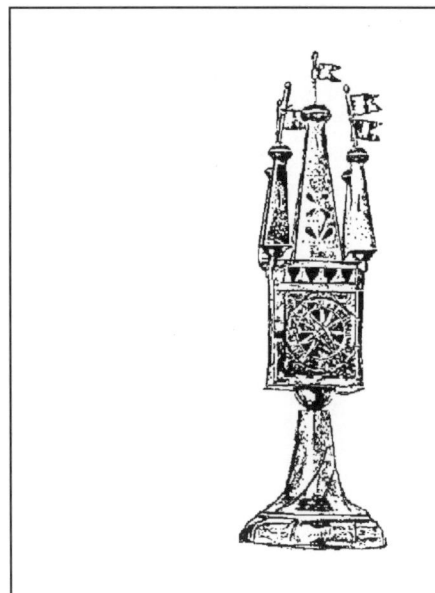

Synagoge

Die Synagoge ist Ort des Gottesdienstes und Ort der Lehre. Um einen jüdischen Gottesdienst abhalten zu können, müssen mindestens 10 Männer versammelt sein, die bereits Bar Mizwa gefeiert haben. Im Synagogengottesdienst wird im Laufe eines Jahres die gesamte Tora, unterteilt in 52 Wochenabschnitte, vorgelesen.

t,

Torarolle

Die Torarolle enthält die fünf Bücher Moses. Für den gottesdienstlichen Gebrauch ist der Text von Hand auf Pergament geschrieben.

we

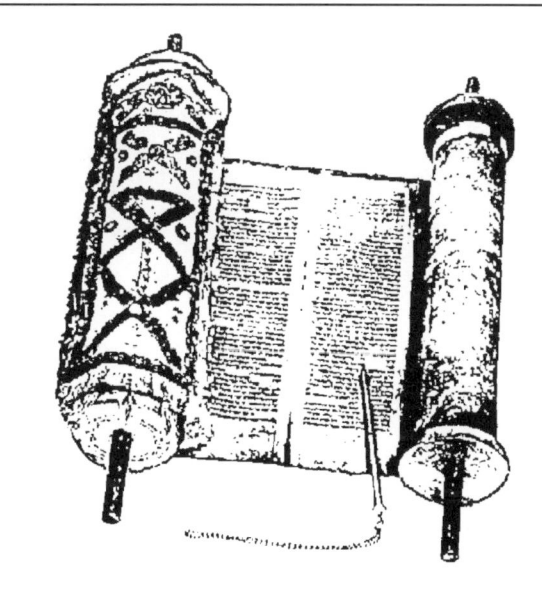

Jad

= Hand. Die Buchstaben der Tora dürfen beim Vorlesen aus Ehrfurcht und zum Schutz des Pergaments nicht mit der Hand berührt werden. Deshalb benützt man einen Zeiger, der die Form einer Hand hat.

r

Toramantel

Die Torarollen werden mit einem Toramantel umhüllt und mit einem silbernen Toraschild geschmückt.

v

VII.1   Domino III

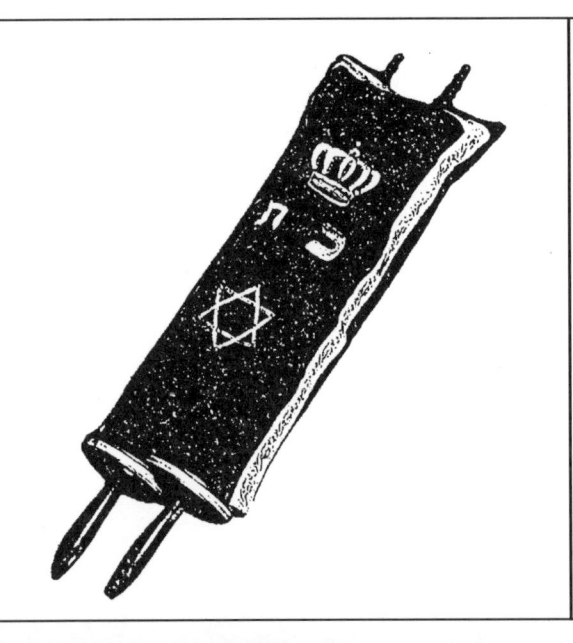

Rimmonim

= Granatäpfel. So werden die Toraaufsätze genannt, die mit Glöckchen geschmückt sind.

o

Keter Tora

= Torakrone. An bestimmten Festtagen wird der Tora die meist fein gearbeitete silberne Torakrone aufgesetzt. Die Krone symbolisiert die königliche Bedeutung der Lehre.

n

Beschneidungsbank

Jüdische Jungen werden am 8. Tag nach der Geburt durch die Beschneidung in den Bund Abrahams aufgenommen. Beschneidungsbänke haben oft zwei Sitze. Auf dem einen sitzt der Pate, der das Kind bei der Beschneidung hält. Der andere Sitz ist für den unsichtbar anwesenden Propheten Elia reserviert.

ei

Bar Mizwa, Bat Mizwa

Mit Vollendung des 13. Lebensjahres wird der jüdische Junge ein Bar Mizwa (Sohn des Gebotes), d. h. er wird religiös mündig. Mädchen werden mit Vollendung des 12. Lebensjahres Bat Mizwa (Tochter des Gebotes).

n

Talmudseite

Talmud bedeutet „Lehre", „Lernen". Der Talmud ist die Sammlung der ursprünglich mündlich überlieferten Auslegung der Tora.

e

Tallit und Zizit

Für das Gebet trägt der Jude einen Gebetsmantel (Tallit). An seinen Enden befinden sich die Schaufäden (Zizit). Sie sollen den Frommen immer an die Einhaltung der Gebote erinnern.

r

VII.1   Domino V

Kippa

Der fromme Jude bedeckt beim Beten sein Haupt mit einer Kippa als Zeichen der Ehrfurcht vor Gott. Viele Juden tragen die Kopfbedeckung immer, wenn sie sich außer Haus befinden.

j

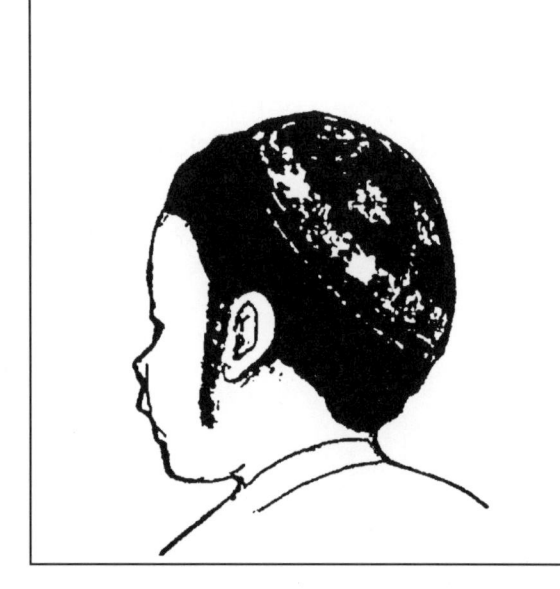

Tefillin

= Gebetsriemen. Der fromme Jude bindet sich die Gebetsriemen mit den Gebetskapseln an den linken Arm und auf die Stirn. Die Gebetskapseln enthalten Worte aus der Tora. Diese Worte erinnern an den Gehorsam gegenüber den Geboten Gottes.

ü

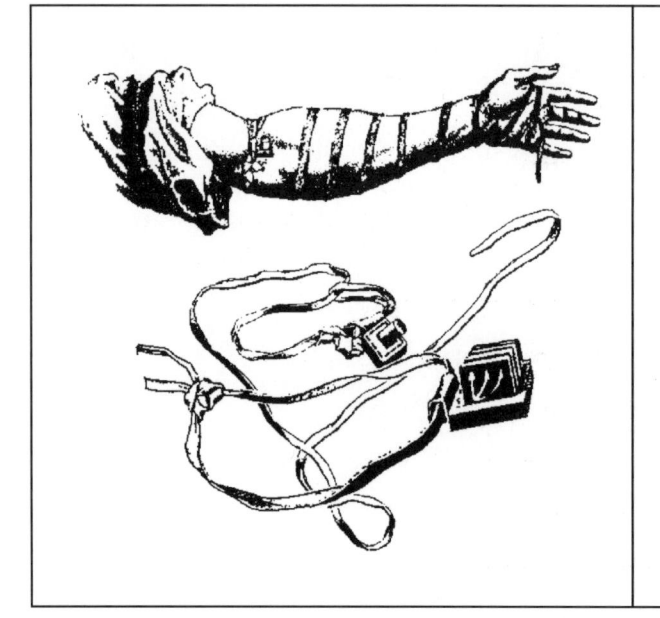

Mesusa

= Türpfostenkapsel. An der Tür des jüdischen Hauses ist eine Mesusa angebracht. Sie enthält Worte aus der Tora.

d

VII.1 **Domino VI**

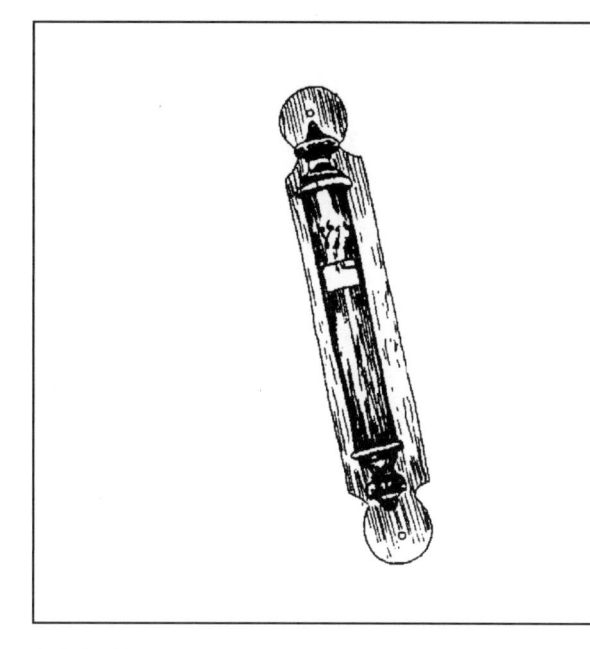

Mikweh

= rituelles Tauchbad. Bei besonderen Anlässen reinigt man sich durch ein rituelles Tauchbad, in dem sich fließendes Wasser befindet.

i

Chuppa

= Baldachin. Die Trauung findet unter einem Baldachin (Chuppa) statt.

sch

Ehering

Bei der Heirat übergibt der Mann der Braut einen reich geschmückten Ring zum Zeichen der Verbindung. Dieser Ring wird nur am Hochzeitstag getragen.

e

VII.1   Domino VII

Jüdische Gräber

Juden ehren ihre Verstorbenen nicht durch Blumen, die sie auf das Grab legen. Zur Erinnerung an einen Besuch legt man einen kleinen Stein auf den Grabstein.

n

Schofar

= Widderhorn. Wird vor allem beim jüdischen Neujahrsfest geblasen und mahnt zur Buße.

M

Channukaleuchter

Der achtarmige Chanukkaleuchter wird bei dem acht Tage dauernden Channukafest verwendet. Täglich wird ein weiteres Licht entzündet. Ein neunter Arm nimmt die Kerze auf, mit der die übrigen Kerzen entzündet werden. Das Channukafest erinnert an das Wunder bei der Wiedereinweihung des Tempels in der Zeit der Makkabäer. Es war nur geweihtes Öl für einen Tag vorhanden; es reichte aber für acht Tage, bis neues geweihtes Öl gewonnen war.

u

VII.1   Domino VIII

Purim-Rassel

Das Purimfest erinnert daran, wie die Jüdin Ester die persischen Juden vor der Verfolgung durch Haman bewahrt hat. Die Geschichte wird aus der Ester-Rolle vorgelesen. Es ist Brauch, immer wenn der Name Haman genannt wird, mit Hämmern und Rasseln zu lärmen. Am Purimfest herrscht ausgelassene Freude.

tt

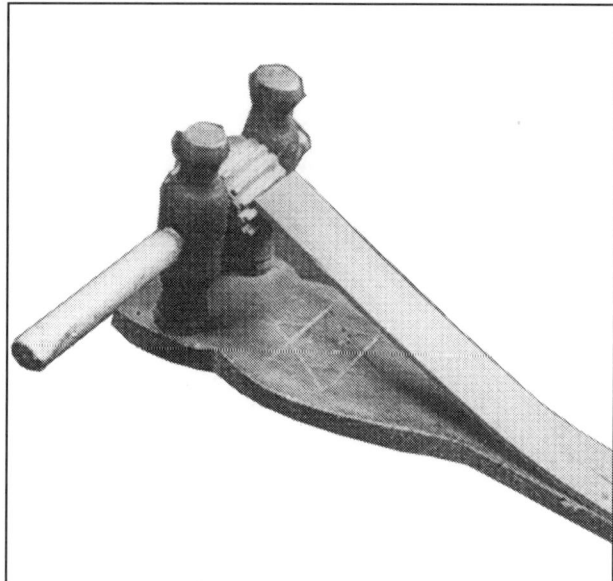

Sederteller

Der erste Abend der Pessachwoche wird Sederabend genannt. Im Zentrum des Sedermahls steht der Sederteller, auf dem verschiedene Speisen angeordnet sind, die alle an die Knechtschaft in Ägypten erinnern.

e

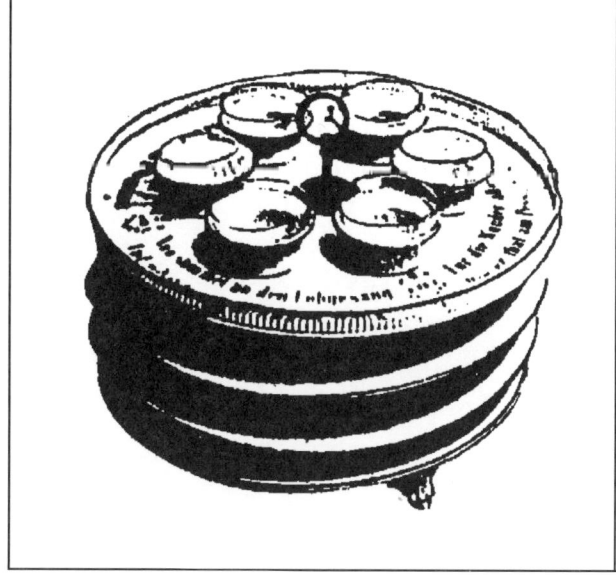

Mazzot, Mazzen

= ungesäuerte Brote. In der Pessach-Woche wird zur Erinnerung an den Auszug aus Ägypten nur ungesäuertes Brot gegessen. Weil die Israeliten schnell aufbrechen mussten, war keine Zeit, den Brotteig gehen zu lassen.

r

VII.1   Domino IX

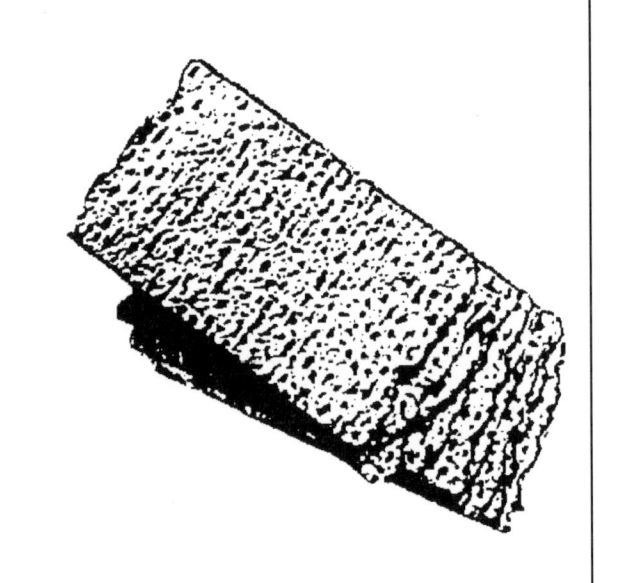

Pessach-Haggada

Haggada bedeutet Erzählung. Beim Sedermahl wird aus der Pessach-Haggada vorgelesen. Sie enthält die Geschichte vom Auszug aus Ägypten und weitere Texte, die beim Sedermahl gelesen werden.

g

Laubhütte, Sukka

Das Laubhüttenfest (Sukkot) wird zur Erinnerung an die Wüstenwanderung der Israeliten gefeiert; damals wohnten sie in Zelten (Hütten). Während des neuntägigen Herbstfestes nimmt man noch heute die Mahlzeiten in einer Laubhütte ein.

e

Feststrauß mit Etrog

Beim Laubhüttenfest wird ein Feststrauß in die Synagoge getragen. Er besteht aus vier Teilen: einem Etrog (Zitrusfrucht) und drei verschiedenen Zweigen.

bo

VII.1　Domino X

Menora

= siebenarmiger Leuchter. Dieser Leuchter stand in dem im Jahre 70 n. Chr. zerstörten Tempel von Jerusalem. Er war in der Antike ein häufig gebrauchtes Symbol für das Judentum. Seit 1948 ist die Menora offizielles Emblem des Staates Israel.

r

Tempel

Modell des herodianischen Tempels. Unter König Salomo wurde der erste Tempel in Jerusalem gebaut, der von den Babyloniern zerstört wurde. Nach der Rückkehr aus dem Exil wurde der zweite Tempel errichtet, den Herodes d. Gr. ab 20 v. Chr. prächtig ausbauen ließ. 70 n. Chr. wurde dieser Tempel von den Römern zerstört.

e

Klagemauer, Westmauer

Der Westteil der Umfassungsmauer des herodianischen Tempelplatzes dient den Juden heute als Gebetsplatz. Er ist in einen Männer- und einen Frauenbezirk unterteilt. An der Westmauer finden viele Bar-Mizwa-Feiern statt.

n

VII.1   Domino XI

Felsendom

Auf dem Platz des jüdischen Tempels ließ Kalif Abd el-Malik im Jahre 691 n. Chr. die sogenannte „Omar-Moschee" oder „Felsendom" errichten. Dieser steht über dem Felsen, auf dem der jüdische Brandopferaltar stand. Nach der Überlieferung war dies auch der Ort im Lande Morija, an dem Abraham seinen Sohn Isaak opfern sollte.

w

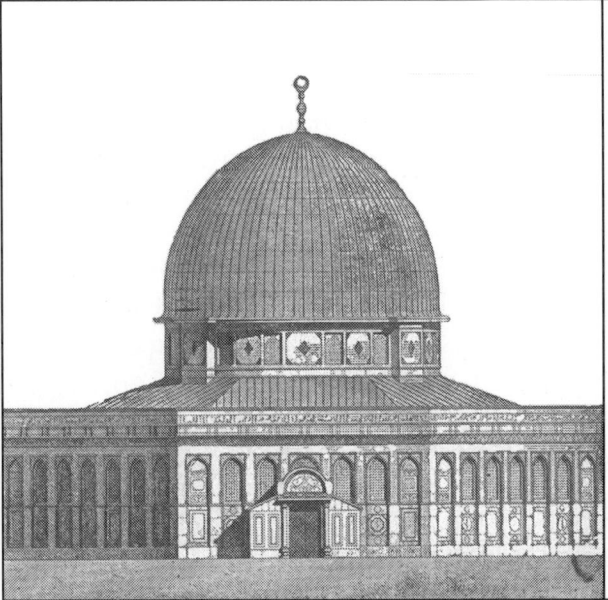

Goldenes Tor

An der Ostseite des alten Tempelplatzes befindet sich das heute zugemauerte Goldene Tor. Nach jüdischer Überlieferung wird der Messias durch dieses Tor in die Heilige Stadt einziehen.

ur

Synagogenbesuch

Der Vater und die Kinder besuchen zu Beginn des Sabbat den Gottesdienst in der Synagoge, während die Mutter zu Hause die Sabbatmahlzeit vorbereitet.

de

VII.1 Domino XII

Über das Spiel

Während der acht Tage des Chanukka, des Lichterfestes, spielen jüdische Kinder gern Dreidel. Der einfache, vierseitige Drehwürfel entstand im Mittelalter in Deutschland, wo er bei Glücksspielern sehr populär war. Die deutschen Symbole wurden in die Initialen der hebräischen Botschaft *nes gadol haja scham* (ein großes Wunder ist dort geschehen) verwandelt. *Im Hebräischen wird dies abgekürzt durch* ש (= SCH), ה (= H), ג (= G) *und* נ (= N) *im modernen Israel wird* ש (= SCH) *ersetzt durch* פ (= P), *den Anfangsbuchstaben von* poh (hier).

Das Wunder geschah dem Talmud zufolge, als die Makkabäer 165 v. Chr. den Tempel von Jerusalem von den Syrern zurückeroberten. Es gab dort nur einen winzigen Vorrat an Öl für die Lampen: Wunderbarerweise reichte es acht Tage lang, bis neues Öl kam.

Herkömmlich macht man Dreidel aus Holz oder Blei. Es existieren aber auch Stücke aus Silber; die meisten wurden im 19. Jahrhundert in Europa hergestellt.

Material
- Je ein Holzwürfel mit 3 bis 4 cm Kantenlänge
- Je ein Buchenstab, Durchmesser ca. 3 bis 4 mm, ca. 10 cm lang (Baumarkt)

Bauanleitung
- Auf einer Hirnholzfläche des Würfels den Mittelpunkt anzeichnen und mit Hilfe einer Ständerbohrmaschine senkrecht durchbohren (Durchmesser entsprechend der Buchenstabstärke)
- Buchenstab an einem Ende mit Bleistiftspitzer anspitzen und verschleifen
- Würfelkanten und -ecken mit Schleifpapier (und Raspel) abrunden
- Rundstab so in den Würfel leimen, dass sein angespitztes Ende ca. 1,5 cm herausragt
- Würfelseiten mit wasserfestem Filzstift beschriften
- Den ganzen Würfel mit Wachsbeize anmalen und nach Trocknung gründlich bürsten

Wie man spielt

Die beliebig vielen Teilnehmer sitzen um den Tisch, den Dreidel in der Mitte. Jeder Spieler hat eine gleiche Anzahl von Münzen oder Marken und zahlt zwei in die Kasse. Es wird ausgelost, wer anfängt. Dieser dreht den Dreidel mit Daumen und Zeigefinger am langen Ende so, dass er rotiert.

Kommt er zur Ruhe und zeigt ein N, gewinnt er nichts und gibt ihn seinem linken Nachbarn. Zeigt er ein H, gewinnt er die Hälfte der Kasse. Bei S muss er eine Marke in die Kasse zahlen. Bei G gewinnt er die ganze Kasse. Sieger ist jener Spieler, der nach 10 Runden die meisten Marken besitzt.
(Aus: Spiele der Welt, herausgegeben vom Schweizer Komitee der UNICEF)

Vereinfachte Spielweise

Jedem Teilnehmer wird der Zahlwert, der nach jedem Drehen oben liegt, als Punkte angerechnet. Sieger ist, wer nach der vereinbarten Rundenzahl die höchste Punktzahl erreicht hat.

Form	Name	Zahlwert	Umschrift und Aussprache
ג	Gimel	3	g
ה	Hè	5	h (deutsches h)
נ	Nûn	50	n
ש	Sín	300	ś (deutsches sch)

VII.2   Chanukka-Dreidel

Quiz zum Thema Judentum

1. Auf welchem Berg ist die Stadt Jerusalem erbaut?
a) Berg Zion ☒
b) Berg Karmel ☐
c) Berg Tabor ☐
d) Berg Sinai ☐
e) Ölberg ☐
f) Berg Morija ☐

2. a) Das Leben Abrahams datiert man etwa auf: (A)
b) Den Auszug des Volkes Israel aus Ägypten und die Einwanderung in das Land Kanaan datiert man etwa auf: (E)
c) David lebte um: (D)

a) 6000 v. Chr. ☐
b) 4000 v. Chr. ☐
c) 2000 v. Chr. ☐
d) 1800 v. Chr. ☐
e) 1650 v. Chr. ☐
f) 1500 v. Chr. ☐ A
g) 1250 v. Chr. ☐ E
h) 1100 v. Chr. ☐
i) 1000 v. Chr. ☐ D
j) 850 v. Chr. ☐
k) 587 v. Chr. ☐
l) 535 v. Chr. ☐

3. Wer hat Jerusalem zur Königsstadt Israels gemacht?
a) Abraham ☐
b) Saul ☐
c) David ☒
d) Salomo ☐

4. Wer hat den ersten israelitischen Tempel erbauen lassen?
a) Abraham ☐
b) Mose ☐
c) Saul ☐
d) David ☐
e) Salomo ☒
f) Herodes d. Große ☐
g) Pontius Pilatus ☐

5. Wie heißt die Urgroßmutter von König David?
a) Mirjam ☐
b) Rut ☒
c) Ester ☐
d) Rebekka ☐
e) Sara ☐
f) Debora ☐

6. Welche Frauen werden im Stammbaum Jesu erwähnt?
a) Das Freudenmädchen Rahab aus Jericho ☒
b) Die Ausländerin Rut ☒
c) Batseba, die David zu seiner Frau machte, nachdem er ihren Mann hatte ermorden lassen ☐
d) Sara, die Frau Abrahams, die erst im hohen Alter einen Sohn gebar ☐
e) Mirjam, die Schwester des Mose ☐
f) Thamar, die Juda (Sohn Jakobs) als Prostituierte aufsuchte und mit ihr einen Sohn zeugte ☒

7. Wie heißt das erste der Zehn Gebote (nach jüdischer Zählung)?

Ich bin der HERR, dein GOTT, der ich dich aus Ägyptenland, aus der Knechtschaft, geführt habe.

_____

_____

_____

8. Wann beginnt die jüdische Woche?
a) Freitag ☐
b) Samstag ☐
c) Sonntag ☒
d) Montag ☐

9. Wann beginnt der jüdische Tag?
a) am Abend bei Sonnenuntergang ☒
b) um Mitternacht ☐
c) morgens bei Sonnenaufgang ☐

VII.3 **Quiz**

10. **Tora**
   a) Prophetische Schrift ☐
   b) Gesetz/Weisung ☒
   c) Pforte des Tempels von Jerusalem ☐
   d) die 5 Bücher Mose ☐
   e) brotähnliche jüdische Speise ☐

11. **Talmud**
   a) Salbe für den Hohenpriester ☐
   b) Sammlung der mündlichen jüdischen Tradition ☒
   c) Jüdische Geheimlehre ☐
   d) Jüdischer König im Mittelalter ☐

12. **Sabbat**
   a) wöchentlicher jüd. Ruhetag am Samstag ☒
   b) wöchentlicher jüd. Ruhetag am Freitag ☐
   c) Der 7. Tag im Schöpfungswerk Gottes ☒
   d) wöchentlicher jüd. Ruhetag am Sonntag ☐
   e) monatlicher jüdischer Feiertag am 13. eines Monats ☐

13. **Tefilim**
   a) jüd. Kopfbedeckung ☐
   b) Räucherwerk im jüd. Gottesdienst ☐
   c) jüd. Gebetsriemen ☒
   d) jüd. Türpfostenkapsel ☐
   e) Getränk bei der jüdischen Hochzeitsfeier ☐
   f) Weihrauch ☐
   g) Siebenarmiger Leuchter ☐

14. **Mesusa**
   a) jüd. Kopfbedeckung ☐
   b) Räucherwerk im jüd. Gottesdienst ☐
   c) jüd. Gebetsriemen ☐
   d) jüd. Türpfostenkapsel ☒
   e) Getränk bei der jüdischen Hochzeitsfeier ☐
   f) Weihrauch ☐
   g) Siebenarmiger Leuchter ☐

15. **Kippa**
   a) jüd. Kopfbedeckung ☒
   b) Räucherwerk im jüd. Gottesdienst ☐
   c) jüd. Gebetsriemen ☐
   d) jüd. Türpfostenkapsel ☐
   e) Getränk bei der jüdischen Hochzeitsfeier ☐
   f) Weihrauch ☐
   g) Siebenarmiger Leuchter ☐

16. **Menora**
   a) jüd. Kopfbedeckung ☐
   b) Räucherwerk im jüd. Gottesdienst ☐
   c) jüd. Gebetsriemen ☐
   d) jüd. Türpfostenkapsel ☐
   e) Getränk bei der jüdischen Hochzeitsfeier ☐
   f) Weihrauch ☐
   g) Siebenarmiger Leuchter ☒

17. **Morija**
   a) Heerführer Davids, der Jerusalem eroberte ☐
   b) Eine Göttin der Kanaanäer ☐
   c) Land, in dem Abraham seinen Sohn opfern sollte ☒

18. **Pessach** (Passa)
   a) Tier (Kamelart) ☐
   b) Jüd. Fest zur Erinnerung an den Auszug aus Ägypten ☒
   c) Jüd. Fest zur Erinnerung an den Tempelbau ☐
   d) Gedenktag an den Holocaust ☐
   e) Jüdisches Neujahrsfest ☐

VII.3 **Quiz** (Fortsetzung)

19. Koscher?   Ja   Nein

	Ja	Nein	
a) Hummer	☐	☐	Nein
b) Fisch (mit Schuppen)	☐	☐	Ja
c) Schweinefleisch	☐	☐	Nein
d) Rindfleisch mit Rahmsoße	☐	☐	Nein
e) Kaninchenfleisch	☐	☐	Nein
f) Kuhfleisch	☐	☐	Ja
g) Kamelfleisch	☐	☐	Nein
h) Hammelfleisch	☐	☐	Ja
i) Aal	☐	☐	Nein
j) Ziege	☐	☐	Ja
k) Schaf	☐	☐	Ja

20. „schächten"   a) eine bestimmte Art der Schlachtung ☐ ×
               b) Religiöse Vorschrift beim Hausbau
                  (Fundamente) ☐
               c) Körperbewegung beim Beten ☐

21. Was lag in der Bundeslade?
   a) die Schaubrote ☐   b) die Zehn Gebote ☐ ×
   c) der siebenarmige Leuchter ☐

22. Wer war der erste Jude?
   a) Adam ☐   b) Noah ☐   c) Abraham ☐ ×
   d) Mose ☐   e) David ☐

23. Beginn des jüdischen Jahres:
   a) im Januar/Februar ☐
   b) im April/Mai ☐
   c) im September/Oktober ☐ ×

24. Der See Genezareth liegt:
   a) 100 m über dem Meeresspiegel ☐
   b) auf Meereshöhe ☐
   c) 100 m unter dem Meeresspiegel ☐ ×
   d) 200 m unter dem Meeresspiegel ☐
   e) 400 m unter dem Meeresspiegel ☐

25. Das Tote Meer liegt:
   a) 100 m über dem Meeresspiegel ☐
   b) auf Meereshöhe ☐
   c) 100 m unter dem Meeresspiegel ☐
   d) 200 m unter dem Meeresspiegel ☐
   e) 400 m unter dem Meeresspiegel ☐ ×

26. Der Salzgehalt des Toten Meeres beträgt:
   a) 3–5 % ☐   b) 10–15 % ☐   c) 18–20 % ☐
   d) 25–30 % ☐ ×   e) 35–40 % ☐   f) 50–60 % ☐

VII.3   **Quiz** (Fortsetzung)

Bibeltexte zum Quiz Judentum

3. 2. Samuel 5, 6–14 — David erobert die Jebusiterstadt Jerusalem. Eindringen durch einen Wasserschacht (Warren-Schacht).

4. 2. Samuel 24, 18–25 — David kauft den späteren Tempelplatz.
   2. Samuel 7, 1–16 — Natanweissagung: Ewiges Königtum für David und seine Nachkommen. Aber nicht David, sondern Salomo soll dem Herrn ein Haus bauen.

5. Das Buch Rut — Die Moabiterin Rut und ihr Mann Boas bekommen in Bethlehem einen Sohn, Obed. Obed ist der Vater Isais, Isai der Vater Davids.

6. Matthäus 1, 1–6 — Aus dem Stammbaum Jesu.

7. 2. Mose 20, 1 ff. — Die Zehn Gebote; Vers 2 bleibt nach jüdischer Zählung das erste „Gebot".

9. 1. Mose 1, 5 usw. — Aus Abend und Morgen wurde der erste Tag: der jüdische Tag beginnt am Abend des Vortages.

10. Psalm 1 — Der Fromme hat Lust am Gesetz (Tora) des Herrn.

12. 1. Mose 2, 1–3 — Gott segnet den Siebten Tag, 8.1. Mose 2,2.3 Gott ruht am 7. Tag (Sabbat).
    5. Mose 5, 6 ff. — Den Sabbat als Ruhetag.

13. 5. Mose 6, 1–9 — Das „Sch'ma Jisrael"

14. 5. Mose 6, 8–9 — Der Fromme soll sich die Weisungen an den Arm und auf die Stirn binden und sie an die Türpfosten schreiben.

16. 2. Mose 37, 17–24 — Der siebenarmige Leuchter.

17. 1. Mose 22, 1–19 — Opferung Isaaks im Land Morija.

18. 2. Mose 12, 21–28 — Das erste Pessach. Das hebr. Wort pesach bedeutet: „vorübergehen", „überschreiten".

19. 2. Mose 23, 19 — Du sollst das Böcklein nicht kochen in der Milch seiner Mutter.
    3. Mose 11, 1–46 — Tiere, die gegessen werden dürfen, und solche, die nicht gegessen werden dürfen.

20. 1. Mose 9, 1–5 — Noah: Fleisch von Tieren, jedoch
    3. Mose 17, 8–16 — nicht das Blut, darf gegessen werden. Im Blut ist das Leben.

21. 2. Mose 25, 10–22 — Die Gesetzestafeln in der Bundeslade.

VII.4   Bibeltexte zum Quiz

Die Pessach~Haggadah.

IV. Der vierte Becher Wein *wird eingeschenkt.*

PSALM 118 *(Lehrer und Schüler im Wechsel)*

Danket dem HERRN; denn er ist freundlich,
und seine Güte währet ewiglich.
In der Angst rief ich den HERRN an;
und der HERR erhörte mich und tröstete mich.
Es ist gut, auf den HERRN vertrauen
und nicht sich verlassen auf Menschen.
Ich danke dir, dass du mich erhört hast
und hast mir geholfen.
Danket dem HERRN; denn er ist freundlich,
und seine Güte währet ewiglich.

PSALM 103 *(Lehrer und Schüler im Wechsel)*

Lobe den HERRN, meine Seele, und was
in mir ist, seinen heiligen Namen!
Lobe den HERRN, meine Seele, und
vergiss nicht, was er dir Gutes getan
hat:
der dir alle deine Sünde vergibt und
heilet alle deine Gebrechen,
der dein Leben vom Verderben erlöst, der dich krönet mit Gnade und
Barmherzigkeit,
der deinen Mund fröhlich macht, und du wieder jung wirst wie ein Adler.
Barmherzig und gnädig ist der Herr, geduldig und von großer Güte.
Wie sich ein Vater über Kinder erbarmt, so erbarmt sich der Herr über die,
die ihn fürchten.

*Der vierte Becher Wein wird (angelehnt) getrunken. Dazu wird folgender Segensspruch
vom Vater gesprochen und von den Anwesenden wiederholt:*

Gepriesen seist Du, Ewiger unser Gott, Herr der Welt, der die Frucht des
Weinstocks erschaffen hat.
Beendet ist die Ordnung (Seder) von Pessach nach seiner Vorschrift, nach
allem seinem Recht und seiner Satzung. Wie es uns vergönnt war, Pessach
zu feiern, so möge es uns auch in Zukunft vergönnt sein. Ewiger, der in
den Himmelshöhen thront, richte auf Dein Volk. Führe bald Deine Spröss-
linge nach Zion in Freude.
„Leschana habaah bijeruschalajim"
Nächstes Jahr in Jerusalem!
– Der Abend wird mit Liedern beendet –

Die Mutter entzündet die Kerzen.

I. Der erste Becher Wein

Der erste Becher Wein wird eingeschenkt.

1. Das Kiddusch-Gebet

Jeder nimmt ein Glas Wein in die and, der Vater sagt die Segenssprüche:

1. Gelobt seist du, Ewiger unser Gott, König der Welt, der du die Frucht des Weinstocks erschaffen hast.

2. Gepriesen seist du, Ewiger unser Gott, Herr der Welt, der Du uns aus allen Völkern der Welt erwählt, über alle Nationen erhoben und uns durch Deine Gebote geheiligt hast. Du gabst uns, Ewiger unser Gott, in Liebe bestimmte Zeiten zur Freude, Feste und Feiertage zur Wonne, wie diesen Festtag der ungesäuerten Brote, die Zeit unserer Befreiung, ein Ruf zur Heiligung, zum Andenken an unseren Auszug aus Ägypten.

Jeder Anwesende lehnt sich auf die linke Seite als Zeichen der Freiheit, sagt den ersten Segensspruch und trinkt den ersten Becher Wein.

2. Händewaschen

Der Vater (der Sedergebende) wäscht sich die Hände, sagt aber keinen Segensspruch.

3. Die Petersilie wird verzehrt

Der Vater taucht Petersilie oder ein Radieschen in Salzwasser und spricht den Segensspruch:

Gepriesen seist Du, Ewiger unser Gott, Herr der Welt, der Du die Frucht der Erde erschaffen hast.

Nachdem der Vater davon gegessen hat, gibt er allen von dieser Vorspeise; alle essen davon zur Erinnerung an die karge Mahlzeit des Volkes in Ägypten und sprechen den Segensspruch.

4. Teilen der Mazza

Der Vater bricht von der mittleren Mazza die Hälfte ab, wickelt sie in eine Serviette ein und bewahrt sie bis zum Schluss der Mahlzeit auf; er nimmt das Fleisch und das Ei von der Sederschüssel, hebt diese hoch und spricht zusammen mit der Tischgemeinschaft:

Er gibt das Bitterkraut den anderen weiter, die den Segensspruch sprechen und (nicht angelehnt) essen. Der Vater bricht zwei Stücke von der unteren Mazza ab, legt dazwischen Bitterkraut (z. B. Meerrettich) und spricht:

Eine Erinnerung an den Tempel nach Hillel. So tat Hillel zur Zeit, als der Tempel noch stand. Er legte Mazza und Bitterkraut aufeinander und aß beides zusammen, um das Gebot zu erfüllen: „Zusammen mit Mazza und Bitterkraut soll man das Passaopfer essen." [4. Mose 9,11]

Es folgt die festliche Mahlzeit. Zu Beginn der Mahlzeit wird als Zeichen der Trauer über die Zerstörung des Tempels ein hartes Ei gegessen. Am Ende der Mahlzeit wird der Afikoman, die halbe Mazza, die man am Anfang beiseite gelegt hat, verzehrt. Dieses Stück Mazza wird anstatt des Pessachlamms gegessen, von dem man einst ein Stück ganz am Ende der Mahlzeit aß, um den Geschmack davon im Mund zu behalten.

III. Der dritte Becher Wein wird eingeschenkt.

1. Der Vater betet das Tischgebet

Gepriesen seist Du, Ewiger unser Gott, Herr der Welt, der die ganze Welt in seiner Güte ernährt. Aus Gnade gibt er allen Geschöpfen Brot. Wir danken Dir, Ewiger unser Gott.

Alle: Gelobt sei Er, gelobt sei Sein Name.

Gepriesen seist Du, Ewiger unser Gott, der die Frucht des Weinstocks erschaffen hat.

Man lehnt sich auf die linke Seite und trinkt den dritten Becher Wein.

2. Für Elia wird die Tür geöffnet

(Ihm ist der 5. Becher Wein zugedacht, der unberührt in der Mitte des Tisches steht.)

Der Becher wird gefüllt; alle erheben sich.

Vater: Wir erwarten einen hohen Gast, den Propheten Elia. Ihm ist der besondere Becher Wein zugedacht. Elia ist der Vorbote der Menschheitserlösung.

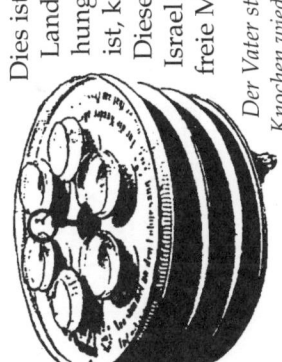

Dies ist das Brot des Elends, das unsere Väter im Lande Ägypten gegessen haben. Jeder, der hungrig ist, komme und esse! Jeder, der in Not ist, komme und feiere mit uns das Pessachfest! Dieses Jahr noch hier, nächstes Jahr im Land Israel! Dieses Jahr noch Sklaven, nächstes Jahr freie Männer!

Der Vater stellt die Sederschüssel wieder hin, er legt Ei und Knochen wieder darauf.

II. Der zweite Becher Wein

Wein wird eingeschenkt.

1. Der Jüngste der Tischgesellschaft stellt die vier Fragen:

Warum ist diese Nacht so ganz anders als die übrigen Nächte? In allen anderen Nächten können wir Gesäuertes und Ungesäuertes essen, in dieser Nacht nur Ungesäuertes.

In allen anderen Nächten essen wir beliebige Kräuter, in dieser Nacht nur bittere Kräuter.

In allen anderen Nächten tauchen wir nicht ein einziges Mal ein, in dieser Nacht zwei Mal.

In allen anderen Nächten essen wir frei sitzend oder angelehnt, in dieser Nacht sitzen wir alle angelehnt.

2. Die Mazzen werden aufgedeckt

Die Tischgesellschaft antwortet:

Einst waren wir Sklaven des Pharao in Ägypten, da führte uns der Ewige, unser Gott, von dort heraus mit starker Hand und ausgestrecktem Arm. Und hätte der Heilige, gelobt sei er, unsere Väter nicht aus Ägypten geführt, dann wären wir und unsere Kinder und Kindeskinder auf ewig Knechte des Pharao geblieben.

Und wären wir auch alle weise, alle erfahren und in der Schrift gelehrt, es bliebe dennoch unsere Pflicht, vom Auszug aus Ägypten zu erzählen:

Die Mazzen werden wieder zugedeckt.

Alle erheben das Glas mit Wein und sagen:

Gepriesen seist Du, Ewiger unser Gott, Herr der Welt, der uns und unsere Vorfahren erlöst hat aus Ägypten und uns erreichen ließ diese Nacht, in ihr zu verzehren Mazza und Bitterkraut …

Gepriesen seist Du, Ewiger unser Gott, Herr der Welt, der die Frucht des Weinstocks erschaffen hat.

Alle lehnen sich auf die linke Seite und trinken den zweiten Becher Wein.

(4. Händewaschen aller

Alle waschen sich die Hände, dabei wird folgender Segensspruch gesprochen:

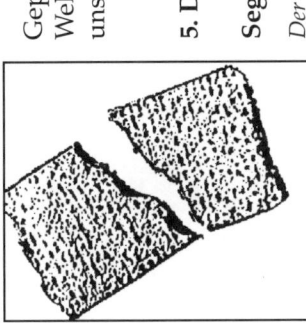

Gepriesen seist Du, Ewiger unser Gott, Herr der Welt, der uns durch Seine Gesetze geheiligt und uns das Händewaschen geboten hat.)

5. Die symbolischen Speisen werden gegessen

Segnung über die Mazzen

Der Vater nimmt die oberste Mazza und spricht:

Gepriesen seist Du, Ewiger unser Gott, Herr der Welt, der das Brot wachsen lässt aus der Erde.

Der Vater nimmt die mittlere (halbe) Mazza und spricht:

Gepriesen seist Du, Ewiger unser Gott, Herr der Welt, der uns durch seine Gebote geheiligt, und uns befohlen hat, Mazzen zu essen

Der Vater bricht von der oberen und mittleren Mazza ein Stück ab, isst es und gibt es an die anderen weiter, die die beiden Segenssprüche sprechen und angelehnt essen.

Bitterkräuter

Der Vater nimmt ein Stück Bitterkraut, tunkt es in den Charosset und spricht:

Gepriesen seist Du, Ewiger unser Gott, Herr der Welt, der uns durch seine Gebote geheiligt und uns befohlen hat, bittere Kräuter zu essen.

(Nicht eine also, sondern viele und vielfältige Wohltaten erwies uns der Allmächtige. Er hat uns aus Ägypten herausgeführt, über sie Strafgerichte verhängt, ihre Götter nicht davon verschont, ihre Erstgeborenen getötet, ihre Habe uns gegeben, für uns das Meer gespalten, uns trockenen Fußes hindurchgeführt, unsere Verfolger darin versenkt, für unsere Bedürfnisse in der Wüste vierzig Jahre reichlich gesorgt, uns mit dem Manna gespeist, uns den Berge Sinai hingeführt, uns die Tora gegeben, uns zum Sabbat geschenkt, uns ins heilige Land gebracht und uns den Tempel erbaut, um all unsere Sünden zu sühnen.)

Statt dieser Worte kann auch vom Auszug und von der Errettung am Schilfmeer erzählt werden.

Rabbi Gamaliel lehrte: Wer folgende drei Dinge am Pessach nicht bespricht, der hat seine Pflicht nicht erfüllt, und diese sind es: das Pessachopfer (das Pessachlamm), die Mazza und das Bitterkraut.

Das Pessachopfer, welches unsere Vorfahren gegessen haben, als noch der Tempel stand – worauf deutet es hin? Es deutet darauf hin, dass der Heilige, gepriesen sei er, in Ägypten die Häuser unserer Väter überschritten hat, als er die Ägypter erschlug und unsere Häuser verschonte.

Die Mazza, die wir essen, worauf deutet sie hin? Sie deutet darauf hin, dass der Teig unserer Väter nicht Zeit hatte zu säuern. Wie es heißt: „Sie buken von dem Teige, den sie aus Ägypten mitgenommen hatten, ungesäuerte Brote, denn es war noch nicht gesäuert, weil sie aus Ägypten hinausgetrieben wurden und sich nicht aufhalten konnten; nicht einmal Wegzehrung konnten sie sich bereiten." (2. Mose 12,39)

Dieses Bitterkraut, das wir essen – worauf deutet es hin? Es deutet darauf hin, dass die Ägypter unseren Vätern das Leben verbittert haben.

In allen Zeitaltern ist es Pflicht eines jeden Einzelnen, sich vorzustellen, als sei er selbst aus Ägypten gezogen. Daher ist es unsere Pflicht, Ihm zu danken, Ihn zu loben, zu preisen, zu verherrlichen, Ihn anzubeten und zu feiern, Ihm, der für unsere Väter und uns alle diese Wunder gewirkt hat: Aus Knechtschaft führte er uns zur Freiheit, aus Kummer zur Freude, aus Trauer zur festlichen Feier, aus Finsternis zum hellen Licht, aus Sklaverei zur Erlösung.

3. Erzählung des Auszugs

Einst lebten unsere Vorfahren in Ägypten. Sie waren aus der Wüste in das reiche Land Ägypten gekommen. Dort gab es genug zu essen und sie hofften, unter dem Schutz des Pharaos leben zu können.
Doch die Ägypter unterdrückten sie und legten ihnen schwere Arbeit auf.
Und sie schrieen zu dem Gott ihrer Väter und Gott erhörte ihr Gebet. Er erwählte Mose und gab ihm den Auftrag, das Volk aus Ägypten zu führen. Aber der Pharao wollte das Volk nicht ziehen lassen.
Aber zu unserer Rettung sandte der Heilige, unser Gott, zehn Plagen. Dies sind die zehn Plagen, die der Heilige, gepriesen sei Er, über die Ägypter gebracht hat. Folgende sind es:

Bei der Nennung der einzelnen Plagen taucht man den kleinen Finger in das Weinglas, um einen Tropfen (auf einen Teller) zu verschütten; so wird etwas von der Freude (Wein) geopfert zum Andenken an das Leid der Ägypter.

BLUT
FRÖSCHE
UNGEZIEFER
WILDTIERE
PEST
AUSSATZ
HAGEL
HEUSCHRECKEN
FINSTERNIS
ERSCHLAGEN DER ERSTGEBURT

In der Pessach-Haggada folgen jetzt Aussagen der jüdischen Weisen, die alle um die Wohltaten Gottes kreisen; dann werden in fünfzehn Steigerungen der Liebestaten Gottes aufgezählt; es folgt eine Zusammenfassung: